Bill Emmott

Vision 20|21

Die Weltordnung
des 21. Jahrhunderts

Aus dem Englischen
von Hans Günter Holl

S. Fischer

2. Auflage Februar 2003
Die amerikanische Originalausgabe erschien 2003 unter dem Titel
›20:21 Vision. The Lessons of the 20th Century for the 21st‹
im Verlag Allan Lane, The Penguin Press, London

Satz: Pinkuin Satz- und Datentechnik, Berlin
Druck und Bindung: Clausen & Bosse, Leck
Printed in Germany
ISBN 3-10-017012-1

Inhalt

1. Vision 20|21

Der Journalistenberuf hat viele wundervolle Seiten: das Erregende, im Nachrichtenstrom zu schwimmen und sich dennoch einen Reim darauf zu machen; die Herausforderung, ständig die Spreu vom Weizen, das Wichtige vom Trivialen, das Echte vom Falschen, das Sinnvolle vom Verqueren zu trennen; die intellektuelle und persönliche Unabhängigkeit und der damit auch einhergehende Sinn für Komik, die dem außen stehenden Beobachter von Ereignissen, Entwicklungen oder Organisationen im Unterschied zum direkt Beteiligten zu Gebote stehen; die Tatsache, dass so viele Menschen lesen oder hören, manche sogar beherzigen, was du zu sagen hast; das Privileg, auch noch gegen Bezahlung, schreiben oder senden zu können, was man mit Fug und Recht als einen ersten Entwurf der Geschichte bezeichnen darf – wiewohl unausweichlich mit allen typischen Fehlern und Schwächen des Vorläufigen.

Doch genau darin liegen auch die Grenzen des Arbeitsfeldes. Wir Journalisten haben immer eine recht kurzfristige Perspektive, denn unsere Leser wollen in erster Linie wissen, wie das Heutige mit dem Gestrigen oder dem Letztmonatigen zusammenhängt. Außerdem sind unsere jeweiligen Interessen stets anfällig für aktuelle Moden und Marotten mitsamt ihren Hoffnungen, Ängsten und Sorgen. Zwar mag, wer für ein Wochenmagazin wie den *Economist* mit seiner globalen, hoch motivierten Leserschaft und einem eindeutig analytischen Anspruch schreibt, dankbar vor bestimmten dieser Anfälligkeiten geschützt sein, indes nicht vor allen. Immerhin müssen auch wir über die Themen und Probleme schreiben, die gerade auf der Tagesordnung stehen, selbst wenn ihre Hervorhebung nicht wirklich gerechtfertigt ist und wir vor allem die Aufgabe haben, das einfach klar herauszustellen. Und wie alle Spontananalytiker laufen wir immer Gefahr, die kurzfristigen Trends überzubetonen und dafür weniger Augenmerk oder Gewicht auf die längerfristigen zu legen. Etwas, das gestern noch gar keine Rolle zu spielen schien, kann offenbar schon morgen alles andere in den Schatten stellen.

So galt der internationale Terrorismus religiöser Fanatiker am 10. September 2001 noch nicht als ein besonders wichtiges Thema, sondern war lediglich eine von vielen, und nicht einmal sehr akuten, Standardängsten auf der Liste gegenwärtiger und zukünftiger Bedrohungen. Doch am nächsten Tag, um 8.46 Uhr New Yorker Ortszeit, verwandelte sich eben dieser Terrorismus für eine ganze Weile in das einzige überhaupt noch relevante Thema.

Dieser Perspektivwechsel war absolut verständlich, angesichts der Größenordnung, Dramatik und Schrecklichkeit der Ereignisse und insofern auch völlig angemessen. Alle starrten gebannt auf die unfassbaren Vorfälle, suchten nach plausiblen Erklärungen dafür und dachten zugleich an die möglichen Konsequenzen. Im Nachhinein stellt sich jedoch ganz deutlich heraus, dass weder die Sichtweise des 10. noch die des 12. September zutraf.

Die Gefahr internationaler Terrorgruppen wie jener, die das New Yorker World Trade Center und das Washingtoner Pentagon zerstörten und Tausende von Zivilisten töteten, hatte bereits vor dem schwarzen Dienstag virulent gedroht. Zahllose seriöse Berichte, Referate und Artikel setzten sich mit der Frage auseinander, ob die erwarteten Anschläge, wie dann geschehen, mit »konventionellen« oder, noch beunruhigender, mit »hochtechnisierten« Waffen wie atomaren, chemischen oder biologischen Massenvernichtungsmitteln erfolgen würden. Da dies indes nur als eine theoretische Möglichkeit, als eine Gefahr unter vielen galt, ordneten ihr weder Gelehrte noch Politiker hohe Priorität zu, obwohl man ja schon, sogar in den Vereinigten Staaten selbst, mehrere solcher Terrorakte mit knapper Not abgewendet hatte. So blieb der internationale Terrorismus bloß ein latentes Thema und außerhalb der Schlagzeilen.

Überdies war die Gefahr des internationalen Terrorismus in den Tagen und Wochen nach den Anschlägen vom 11. September und nach dem anschließenden Feldzug in Afghanistan weder die einzige Bedrohung für den Frieden und Wohlstand des Westens noch der einzig prägende Faktor der Weltpolitik – und bildete dennoch eine ganze Zeit lang das Hauptthema in den meisten westlichen Metropolen und Medien. Zudem schien es abends noch so, als nähmen zwei große Weltzivilisationen einander überhaupt nicht zur Kenntnis und lebten getrennt vor sich hin, doch am nächsten Morgen herrschte weithin die Überzeugung, dass sich jene Zivilisationen, die islamische und der jüdisch-christliche Westen, vielmehr in einer gewaltigen, epochemachenden Kollision befanden.

Dadurch erhielt ein wahrhaft kapitaler Vorfall eine noch größere Bedeutung, als er verdiente. Dies ist ein aufschlussreiches Beispiel für eine der größten Schwächen des Journalismus, nämlich voreilig Schlüsse zu ziehen. Zwar besaß der 11. September das Potenzial, zu einem welterschütternden Jahrhundertereignis zu werden, doch ist das gewiss nur ein mögliches Ergebnis. Auch wenn wir den Tag in absehbarer Zeit wahrscheinlich nicht als unbedeutend betrachten werden, lässt sich heute gleichwohl noch keineswegs sicher beurteilen, ob er wirklich das herausragende Ereignis im ersten Jahrzehnt des 21. Jahrhunderts gewesen sein wird. Die eher alltäglichen Beispiele für die erwähnte Schwäche betreffen indes den durchaus üblichen Vorgang, dass Journalisten ziemlich banalen Anlässen einen irreführend hohen Stellenwert beilegen. Dabei mag es sich einfach um Fehlurteile handeln, denkbar wäre allerdings auch das Motiv, Sachverhalte zu dramatisieren, um die Auflage zu steigern. Schließlich sind Nachrichtenmedien ja im Grunde nichts anderes als ein Zweig der Kulturindustrie. Welches auch der Grund sein mag, der von Journalisten abgefasste Entwurf der Geschichte weist nicht nur viele Schwächen und Mängel auf, sondern unweigerlich auch Entstellungen.

Spontane Urteile müssen nicht schlecht, sondern können sogar sehr scharfsinnig sein. Was in ihnen jedoch verloren geht, ist das richtige Augenmaß, der Sinn für das jeweilige Gewicht der verschiedenen Ereignisse, Tendenzen, Ideen oder Personen. Verantwortlich für diesen Verlust sind das Nachrichtenwirrwarr und die Kakophonie der einander übertönenden Stimmen sowie der Umstand, dass sich die Halbwertszeit von Ideen oder Themen heutzutage nach Monaten, Wochen oder sogar nur Tagen bemisst, nicht zuletzt jedoch auch die simple Tatsache, dass wir einfach nicht wissen, was als Nächstes geschehen wird.

Verglichen mit den Historikern, die in fünfzig oder hundert Jahren über bestimmte Ereignisse schreiben werden, sind wir Journalisten in zweierlei Hinsicht schwer benachteiligt. Zum einen sind Jahrzehnte für Historiker nur Momente im Rahmen großer Themen oder Trends, und ihre Vorfälle dienen lediglich als konkrete Belege für oder gegen eine übergeordnete These, wohingegen Journalisten schon ein Jahr wie eine halbe Ewigkeit erscheint, wo doch ein jeder Monat offenbar alles von Grund auf verändern kann. Das heißt, sowohl unsere Leser als auch wir selbst zwingen uns regelrecht zur Kurzsichtigkeit.

Der andere Nachteil liegt darin, dass uns etwas wahrhaft Entscheidendes fehlt, um Ereignisse zutreffend beurteilen zu können, nämlich die Kenntnis davon, was infolge der beschriebenen Sachverhalte direkt im Anschluss daran oder später geschah. Unser »erster Entwurf der Geschichte« enthält also neben bekannten Tatsachen auch immer ein hohes Maß an Spekulation über den zukünftigen Kontext, in dem man den betreffenden Vorgang schließlich implizit oder explizit wahrnehmen wird. Jener Anarchist, der am 28. Juni 1914 den Erzherzog Franz Ferdinand von Österreich und seine Frau bei einem Besuch in der bosnischen Hauptstadt Sarajewo erschoss, mag angenommen haben, dass er lediglich für einen Paukenschlag im regionalen Kampf um Macht und Unabhängigkeit sorgte; seinerzeit wäre das durchaus keine unvernünftige Deutung gewesen. Erst später ließ sich das Attentat in einen völlig anderen Kontext stellen, dem eines schweren Konflikts zwischen alten und neuen Reichen, der in den folgenden vier Jahrzehnten zwei Weltkriege gebar.

Banal, aber wahr – schon um die Gegenwart verstehen zu können, brauchen wir eine größere Perspektive: Woher kamen wir? Welches sind, zum Guten und zum Schlechten, die stärksten Kräfte der heutigen Welt? Warum sind die einen reich, die anderen arm, die einen friedfertig, die anderen kriegerisch, die einen zufrieden, die anderen verzweifelt? Ohne Abstand können wir die gegenwärtigen Ereignisse, Probleme und Konflikte nicht angemessen begreifen. Doch zugleich benötigten wir auch hellseherische Fähigkeiten, denn nur damit ließe sich klar skizzieren, was die Zukunft bereithält, wie sich die Gegenwart in den Kontext der Geschichte einfügt. Nun müsste es anhand einer guten Skizze auch möglich sein, klug vorauszuplanen.

Nur leider verfügen wir eben nicht über die Gabe der Hellseherei. Um einen schon ziemlich abgegriffenen Spruch von Sam Goldwyn zu zitieren: »Stelle nie Prognosen, besonders keine über die Zukunft.« Niemand weiß, was vor uns liegt, und nur Scharlatane behaupten, weiter als bis zum Nächstliegenden vorausschauen zu können. Ähnlich wie Wettervorhersagen für mehrere Tage und Wirtschaftsprognosen für mehrere Monate grundsätzlich unzuverlässig sind, kann es auch keine verlässlichen allgemeinen Aussagen über langfristige politische, ökonomische, technische und gesellschaftliche Entwicklungen geben – ja, in aller Regel sogar nicht einmal über kurzfristige. Daher sollte man die Futurologie als das nehmen, was sie ist, nämlich eine flankierende Spekulation. Mehr kann sie nicht sein.

Das ist gelinde gesagt misslich, zumal es auch im Widerstreit zur menschlichen Natur steht. Denn nicht nur weckt die Zukunft unser aller Neugier, sondern wir nähern uns ihr auch stets mit einer Vielzahl unausgesprochener Erwartungen. Wir alle stehen unter der Kuratel einer gewissen Antizipation der Zukunft, die unsere Sicht der Gegenwart prägt. Sie beherrscht unsere Überzeugungen und Diskussionen über aktuelle Probleme des Alltags, der Politik, der Wirtschaft, der Wissenschaft und der Religion, durchdringt auch unsere Annahmen über die Sicherheit von Arbeitsplätzen, über erstrebenswerte Ausbildungsgänge, über die Wahl eines Wohnorts und Berufs sowie unsere durch Tun oder Unterlassen getroffenen Entscheidungen darüber, wie wir am besten für das Rentenalter oder für schlechte Zeiten vorsorgen. Das alles sind letzten Endes fortwährend abgeschlossene Wetten darauf, was die Zukunft bereithalten könnte.

Ähnlich findet sich unsere Sicht des Morgen in den Themen, bei denen wir Protest einlegen oder durch mildtätige Gaben und Spenden karitative Zwecke fördern, in den Bindungen und Bündnissen, die wir für unser Land akzeptieren, in den Beziehungen, die unsere führenden Politiker mit denen anderer Staaten knüpfen – worin sich meist keine persönliche »Chemie« widerspiegelt, sondern eher eine Reihe festgefügter Urteile über nationale und internationale Interessen, Prioritäten und Konstellationen. Und viele Entscheidungen, besonders solche von Großunternehmen oder Regierungen, könnten am Ende ihrerseits starken Einfluss auf gerade die Zukunft nehmen, über die wir uns den Kopf zerbrechen: durch stärkere oder schwächere Belastung der Umwelt, Schaffung oder Vernichtung von Arbeitsplätzen, Ankurbelung oder Drosselung der Wirtschaft, Belebung oder Beruhigung der Finanzmärkte, kriegerische oder friedenserhaltende und bevölkerungspolitische Maßnahmen.

Kurz, die Zukunft spielt eine maßgebliche Rolle. Wir können sie nicht umgehen oder außer Acht lassen, nur weil in den Sternen steht, was sie uns bescheren wird. Was also können wir tun? Am besten bemühen wir uns gar nicht erst vorauszuschauen und blicken stattdessen in die Vergangenheit zurück, um die Zukunft zu verstehen. Das klingt paradox – und ist es auch. Dennoch gibt es keinen besseren Weg, die Gegenwart zu begreifen und ein gutes Gespür für jene Kräfte zu entwickeln, die bei der Ermittlung des vor uns Liegenden wirklich ins Gewicht fallen. Zwar können wir aus der Vergangenheit keine sicheren Prognosen ableiten, wohl aber gewisse Prioritäten, um unsere gegenwärtigen Orientierungen kritisch zu prüfen. Wem das zu skeptisch erscheint, der höre wenigstens auf einen der größten Männer des 20. Jahrhunderts – Sir Winston Churchill, der nicht nur Politiker, Hobbymaler und britischer Kriegspremier war, sondern auch ein populärer Historiker. Dieser sagte einmal: »Je weiter man zurückschaut, desto mehr kann man voraussehen.«

In diesem Satz ist der Geist und auch die Zielsetzung meines Buches zusammengefasst, denn ich möchte einen Schritt zurücktreten von den kurzfristigen Belangen des Journalisten und so versuchen, einen größeren Bogen zu schlagen. Dabei geht es um eine doppelte Blickrichtung. Vor allem betrachte ich, welchen Lehren aus der Vergangenheit heute und zukünftig – womit bequemlichkeitshalber das 21. Jahrhundert gemeint sein soll – die größte Relevanz zukommt. Indes spielt es kaum eine Rolle, ob wir hundert, fünfzig oder lediglich fünfundzwanzig Jahre überschlagen, denn für diese Einschätzung genügt ein Tableau der Zukunft in groben Zügen, und nur das willkürliche Diktat des Kalenders könnte uns zwingen, eine solche Skizze exakt mit den Anfangs- und Enddaten des gesamten neuen Dezenniums zusammenfallen zu lassen. Und das Urteil darüber, was entscheidend und maßgeblich sein wird, resultiert seinerseits aus der Vergangenheit – die ich hier, erneut aus Gründen kalendarischer Bequemlichkeit, mit dem 20. Jahrhundert gleichsetze, wiederum ohne damit den präzisen Zeitraum zwischen 1900 und 2000 zu meinen.

Doch die breitere Perspektive dieses Buches umfasst auch, welche Aspekte der heutigen Welt den stärksten Einfluss auf jene grundlegenden, zukunftweisenden Themen haben und was uns die Erfahrungen aus der Vergangenheit langfristig darüber lehren können. Auch wenn jemand also nicht meiner generellen Hypothese darüber zustimmen kann, welches heute die wahrhaft brisanten, zukunftweisenden Probleme sind, wird er hier zumindest eine Auseinandersetzung mit dieser Frage finden, bezogen vor allem auf die Wechselwirkung zwischen Geschichte und allgemeinen Prinzipien, aus der nicht nur die wesentlichen Kriterien der Bedeutung, sondern auch jene Faktoren erwachsen, von denen die weitere Entwicklung abhängt.

Welches also waren die großen, lebensentscheidenden Themen des 20. Jahrhunderts? Müssen wir annehmen, dass sie unser Los auch im 21. prägen werden? Oder können wir sie hinter uns zurücklassen? Nein, lautet die Antwort, das können wir nicht – und zwar deshalb nicht, weil einer der beiden Hauptstränge des 20. Jahrhunderts gleichsam Ewigkeitscharakter besaß und durch den technischen Fortschritt noch stärker ausgeprägt und unterstrichen wurde, sodass er in der einen oder anderen Form auch das 22. und 23. Jahrhundert beherrschen dürfte. Ähnlich plagt uns das zweite große Problem, das schon im 19. Jahrhundert aufzutreten begann, noch heute unvermindert. Vor einem Jahrzehnt scheinbar gelöst, besteht es in Wirklichkeit nach wie vor; angesichts der Natur des modernen Lebens und eines tiefen Widerspruchs im innersten Kern der Menschheit wird es wahrscheinlich auch nie endgültig lösbar sein.

Das alles klingt bisher ziemlich rätselhaft. Welches sind denn nun die beiden Probleme? Das erste zeichnet sich in der Feststellung ab, dass das 20. Jahrhundert hauptsächlich durch Kriege geprägt war – auch wenn parallel dazu dank des Zusammenwirkens von Verbesserungen der Medizintechnik, der Ernährung und der Hygiene die Lebenserwartung im Allgemeinen ganz erheblich stieg. Um 1900 lag sie, selbst in reicheren Industrieländern, noch bei fünfundvierzig bis fünfzig, allerdings gegenüber zwanzig bis vierzig Jahren in den Armutszonen, um bis zum Ende des Jahrhunderts auf fünfundsiebzig bis achtzig respektive fünfzig bis sechzig Jahre zu klettern. Abgesehen vom bloßen Zufall entschied noch etwas anderes mit darüber, ob jemand länger oder kürzer lebte, stark gefährdet oder relativ sicher war – der Umstand nämlich, ob in der betreffenden Region Krieg oder Frieden herrschte. Eine ebenso wichtige Rolle spielte, ob man unter den grausamen

Bedingungen einer Diktatur oder unter den zivilen der Demokratie lebte.

Alle Epochen der Menschheitsgeschichte standen unter dem Einfluss von Krieg und anderen Formen der Gewalt. Das 20. Jahrhundert bildete hiervon nur insofern eine Ausnahme, als es über alle Stränge schlug. In ihm entspann sich erstmals ein wahrhaft weltweiter Konflikt, der Staaten beider Hemisphären einbezog. Und wie um das mit allem Nachdruck zu bekräftigen, entfachte es nicht nur einen, sondern gleich zwei solcher Weltbrände.

Manche Historiker neigen zu der Annahme, dass die beiden Weltkriege im Grunde ein einziger waren, nur unterbrochen durch ein kurzes Zwischenspiel des Friedens. Diese Einschätzung mag zwar für die europäischen Mächte eine gewisse Berechtigung haben, zieht aber zu wenig ins Kalkül, dass der Zweite sehr viel raumgreifender war als der erste und einer der maßgeblichen Kombattanten, Japan, in diesem noch auf der Gegenseite gestanden hatte. Im Übrigen wurde der heutige Zustand Chinas entscheidend durch den Krieg geprägt, der auf seinem Gebiet im Jahr 1931 begann und faktisch erst mit der kommunistischen Machtübernahme 1949 endete. Dennoch könnten einige Historiker der Zukunft die Definition des 20. Jahrhunderts als eines einzigen großen Konfliktes noch erweitern, indem sie den »Kalten Krieg« von 1947 bis 1991 zwischen der Sowjetunion und den Vereinigten Staaten mit einbeziehen, obwohl die beiden Länder in den herkömmlich als heiß definierten Kriegen des Jahrhunderts formal demselben Bündnis angehörten und erst der Ausgang des Zweiten eine grundlegende Rivalität zwischen ihnen herauskristallisierte. Darüber hinaus fixierte die Nachkriegsregelung von 1945 diverse Staaten in der unerfreulichen Lage, die bei Kriegsende bestand, womit zum Beispiel Ost- und Mitteleuropa weitgehend unter russisches Mandat geriet und der Balkan die künstliche Einheit von Titos kommunistischem Jugoslawien annahm. Selbst wenn man es ablehnt, diese gesamte Zeitspanne als ein einheitliches Phänomen zu betrachten, trifft es doch gewiss zu, dass sich die Welt noch in den neunziger Jahren nicht wirklich von den mittelfristigen Auswirkungen dieser aufeinander folgenden Konflikte erholt hatte.

Die Kriege und Diktaturen des 20. Jahrhunderts stellten aber nicht nur räumlich, sondern auch durch ihren schier unfassbaren Verlust an Menschenleben eine beispiellose Neuerung dar. In der folgenden Tafel kompiliere ich Schätzungen des amerikanischen Forschers R. J. Rummel, der in seinem Buch *Death by Government* von 1994 untersucht hat, wie viele Menschen durch Kriege oder deren direkte Folgen ihr Leben verloren, und aktualisiere die Zahlen für den Rest des Jahrhunderts. Solche Annäherungen werden immer strittig bleiben, da im Krieg niemand dabeisteht, um die Namen der Toten aus einer großen Liste zu streichen, und viele in Diktaturen umkamen, die ein starkes Interesse daran hatten, alle vorhandenen Berichte zu fälschen. Auch wenn also die Schätzungen im Einzelnen falsch sein mögen, geben sie doch einen guten Eindruck vom ungefähren Ausmaß des Grauens. Unter die Rubrik der »kriegsbedingten« Toten fallen auch zivile Opfer der Staatsgewalt (zum Beispiel in Deutschland selbst des Naziregimes oder im Ausland der nationalsozialistischen Besatzungsmacht), solche kollateraler Bürgerkriege (etwa im China der dreißiger Jahre) oder von resultierenden Hungersnöten (eine sehr große Gruppe). Dabei ist anzumerken, dass diese Katastrophen meist nicht auf Nahrungsmangel zurückgehen, sondern auf einen durch Kriege oder behördliche Maßnahmen verursachten Zusammenbruch der Versorgung.

Nach der hier zitierten Schätzung sollen allein in der Sowjetunion und im kommunistischen China fast hundert Millionen Menschen eines unnatürlichen Todes gestorben sein, womit die letzte Kategorie der Opfer staatlicher Willkür alle anderen überträfe. Doch sind gerade diese Zahlen besonders umstritten, und viele Studien verwerfen sie, teils als zu niedrig, teils als zu hoch. Allerdings kommt es für unseren Zweck nicht wirklich darauf an, ob der richtige Wert bei sechzig oder hundertvierzig Millionen läge. Wie Stalin sarkastisch bemerkte: »Der Tod eines Menschen ist eine Tragödie, der von Millionen eine Statistik.« Diese Statistik lässt den Grad des Schreckens erahnen. Sie umfasst direkten staatlichen Massenmord, teils in Vernichtungs- oder Arbeitslagern, teils (wie im China der »Kulturrevolution« von 1966 bis 1977) inmitten staatlich verhängter Anarchie. Die weitaus meisten Opfer dürften jedoch verhungert sein, als die Regierungszentralen beider Staaten zu verschiedenen Zeiten, sei es aus Unvermögen, sei es aus brutalem politischem Kalkül, ein Chaos in der Landwirtschaft anrichteten.

Staatliche Massenmorde des 20. Jahrhunderts

1. Tote in erklärten Kriegen	
Weltweit	29,0 Mio
Zivilisten	5,0 Mio
Zwischensumme	34,0 Mio
2. Kriegsbedingte zivile Opfer, auch unerklärter Kriege	
Deutschland (1933–1945)	21,0 Mio
China (Kuomintang, 1928–1949)	10,0 Mio
Japan (in China, 1936–1945)	6,0 Mio
Zwischensumme	37,0 Mio
3. Zivile Opfer direkter oder indirekter staatlicher Gewalt	
Sowjetunion (1917–1991)	62,0 Mio
China (1949–)	35,0 Mio
Kambodscha	2,0 Mio
Türkei	1,8 Mio
Zwischensumme	100,8 Mio
Gesamtsumme	171,8 Mio

Quelle: R. J. Rummel, *Death by Government*, bis zum Jahrhundertende aktualisiert

Selbstverständlich müsste die Liste der einzelnen Staaten und Täter viel länger sein. So wurde zwar Kambodscha aufgenommen, weil Pol Pots Rote Khmer in nur vier Jahren fast ein Drittel der Gesamtbevölkerung ausrotteten, aber auch in Vietnam kamen mehr als eine Million Menschen aus Gründen um, die nicht direkt mit dem Konflikt zwischen Nord und Süd oder mit Amerika zu tun hatten. Die brutale Niederschlagung eines angeblich kommunistischen Aufstandes im Indonesien der sechziger wäre, ebenso wie der Genozid im Ruanda der neunziger Jahre, mit mindestens sechshunderttausend Opfern anzusetzen. Niemand weiß, wie viele Menschen ihr Leben in Nordkorea durch behördliche Morde, Arbeitslager oder Hungersnöte verloren. Doch hätten diese Einzelheiten nichts am Gesamtbild geändert: Trotz seiner gewaltigen Fortschritte in der Medizin-, Agrar- und Organisationstechnik war das 20. Jahrhundert vor allem dadurch geprägt, dass Staaten, sei es aus purer Willkür oder in Kriegen, mehr als hundertsiebzig Millionen Menschen töteten, was bezogen auf den Stand von 1900 rund zehn Prozent der Weltbevölkerung entsprach.

Aber warum? Dafür gibt es viele Erklärungen: Ideologie, Ehrgeiz, Gier, Angst, Wahnsinn, das Erbe des Kolonialismus und so fort. Zwei Ansätze ragen jedoch als besonders relevant für die Gegenwart und für die Zukunft heraus. Der erste, einfachste und beständigste ist der Hinweis auf die moderne Technik.

Die Entwicklungen der elektronischen Kommunikationssysteme und des Verkehrswesens am Ende des 19. und zu Beginn des 20. Jahrhunderts machten den Diktatoren ihre Sache leichter, indem sie es ihnen ermöglichten, immer größere Gebiete und Menschenmengen unter strenge Kontrolle zu bringen. Wohl hatte es Diktatoren auch schon vorher gegeben, doch konnten sie kaum je oder vielleicht niemals »totale Herrschaft« ausüben. Telegraph und Telefon ebneten den Weg, um Befehle oder andere Informationen im Nu über große Entfernungen hinweg zu übermitteln, was militärischen, geheimdienstlichen und propagandistischen Belangen diente. Auf ähnliche Weise trugen Eisenbahnen, Automobile und Flugzeuge zur raschen Entfaltung und Ausbreitung der Macht bei. Wenn wir noch die wachsende Zerstörungskraft der Waffen hinzunehmen, besonders der Panzer, Maschinengewehre und Bomber, so ergibt sich fast von selbst ein Rezept für despotische Macht, eingeschüchterte Bevölkerungen und Massenmord.

Zwar besteht dieser technische Unterbau brutaler Diktaturen nach wie vor und entwickelt sich sogar ständig weiter, aber in einer Hinsicht hat der technische Fortschritt jüngst die Macht des Staates geschwächt: Die durch Computer, Telefone, Satelliten und das Internet eröffnete noch weiter reichende Kommunikation lässt es fast nicht mehr zu, Wissensmonopole durchzuhalten und die Bevölkerung hinters Licht zu führen. Wenn George Orwells »Big Brother« in seinem Roman *1984* die Menschen geistig manipuliert, so durfte er im Europa der Jahrtausendwende gerade noch für den Titel eines geschmacklosen Fernsehspektakels herhalten. Allerdings muss man diese willkommene Veränderung gegen andere abwägen. Auch wenn sich heute leichter feststellen lässt, ob eine Regierung aus Spitzbuben oder Dummköpfen besteht, um Widerstand gegen sie zu mobilisieren, stieße dieser auf noch gewaltigere Hindernisse als früher, denn mit den dissidentenfreundlichen Informationstechniken haben sich auch die staatlichen Methoden verbessert, Oppositionelle aufzuspüren – vom Zerstörungspotenzial der Waffen ganz zu schweigen. Chinas Diktatur wurde bisher mit den Protesten auf dem Platz des Himmlischen Friedens, der Falun-Gong-Sekte sowie der Organisationen und dem Austausch über das Internet fertig. Bei vielen Aspekten des Alltags und der Wirtschaft erwies sie sich als anpassungsfähig, allerdings nicht in dem Sinne, sie politisch kontrollieren zu können.

Das hilft auch zu erklären, warum eine Gruppe amerikanischer Waffenfanatiker einst in ihrem Magazin eine Anzeige mit dem staunenswerten Vorwurf publizierte, ich träte für Genozid ein. Zuvor hatte der *Economist* in einem Artikel für eine schärfere staatliche Kontrolle der Abgabe von Waffen in den USA plädiert, und die Logik der Waffenlobby ging nun so: Wenn man die Bewaffnung von Privatleuten erschwert, kippt das Machtgleichgewicht zugunsten des Staates, und in der Geschichte kam es immer nur dann zu Genoziden, wenn eine Bevölkerung nicht in der Lage war, der Staatsgewalt zu trotzen. Das mag zwar halbwegs schlüssig klingen, scheint mir jedoch die Gefahr überzubetonen, dass die

Vereinigten Staaten heute oder morgen in eine Diktatur abgleiten könnten. Gleichwohl trifft es zu, dass ein Diktator wie Saddam Hussein im Irak, der durchaus bereit wäre, gegen seine nur leicht oder gar nicht bewaffnete Bevölkerung neben mächtigen konventionellen auch chemische oder biologische Waffen einzusetzen, nur unter Aufbietung aller Mittel zu vertreiben sein kann.

Auf lange Sicht stoßen Diktaturen indes vor allem an wirtschaftliche Grenzen, denn derartige Regimes können sich nur halten, solange sie über genügend Finanzmittel verfügen, um ihren militärischen Apparat im Inland zu festigen oder ihre größeren Ziele im Ausland zu erreichen. Zwar können diese Gelder aus dem Verkauf von Bodenschätzen wie Erdöl stammen, doch im Allgemeinen, und besonders auf längere Sicht, muss die Gesamtwirtschaft dafür einstehen. In letzter Konsequenz führte dieser Widerspruch zwischen schwacher Wirtschaft und kolossalen militärischen oder totalitären Ansprüchen den Fall der Sowjetunion herbei. Längerfristig sind Diktaturen also dem Untergang geweiht, wenn oder besser, sofern es ihnen nicht gelingt, ihre jeweilige Volkswirtschaft dauerhaft leistungsfähig zu machen. Doch, um einen Satz von Lord Keynes zu zitieren: Längerfristig wären aber auch schon viele weitere Bürger tot.

Das Potenzial für Diktatoren, mit mörderischer Brutalität vorzugehen, ist zwar ungebrochen, wird aber wie erwähnt vor allem durch ökonomische Faktoren begrenzt. Nur reiche Staaten können sich die anspruchsvollsten Angriffs-, Verteidigungs- oder Unterdrückungstechniken leisten. Komplexe, flexible Systeme kamen jedoch nur da auf, wo sich die Wirtschaftskraft auf weite Kreise verteilte und man den einzelnen Unternehmern freien Lauf ließ, und gerade solche Entwicklungen wirken der Diktatur entgegen, zumal sie den Aufwand für repressive Maßnahmen steigern. Allerdings ist es, wie gerade das Beispiel der Kommunistischen Partei Chinas zeigt, dennoch keineswegs ausgeschlossen, ein diktatorisches Regime über lange Zeit hinweg durchzusetzen. Im Übrigen bringt der Zentralismus grundsätzlich nur relative ökonomische Nachteile mit sich, erschwert es doch vor allem der wachsende Wohlstand anderer Länder mit freien Märkten dem Diktator, die Bedürfnisse seiner Bevölkerung im Zaum zu halten, um den Konkurrenten organisatorisch und militärisch Paroli bieten zu können.

Abgesehen davon ist die freie globale Marktwirtschaft kein unabdingbares Nebenprodukt der Modernisierung. In dem Maße, wie sie existiert (das heißt, bislang noch unvollständig), sollte man sie vielmehr als Nebenprodukt einer allgemeinen Friedensordnung betrachten, die stabil und zuverlässig genug erscheint, damit Unternehmen und Einzelne weltweit bereit sind, sich am internationalen Handels- und Finanzwesen zu beteiligen, wozu naturgemäß auch das nötige Vertrauen in die Rechtssicherheit und den Schutz von Investitionen gehört.

Das führt uns zum zweiten wichtigen Grund, warum das 20. Jahrhundert so stark durch Krieg und Gewalt gekennzeichnet war, denn in seinen ersten vierzig bis fünfundvierzig Jahren hatte es keine Garantien für eine solche Friedensordnung gegeben – weder ein Machtgleichgewicht zwischen den Nationen noch Vertrauensschutz oder Grundlagen der Geltung völkerrechtlicher Normen. Mit anderen Worten, es fehlte an einem Hegemon, einer überlegenen Macht, bis die Vereinigten Staaten von Amerika nach 1945 in diese Rolle hineinwuchsen.

Ab 1945 konkurrierten sie zunächst mit der Sowjetunion um diese Position, doch bald fügten sich die kleineren Staaten zunehmend in die neue Weltordnung, sodass schließlich kaum noch militärischer Aufwand erforderlich war, um sie zu schützen. Heute, nach dem Niedergang der Sowjetunion, scheint es daher gar nicht mehr ganz angemessen, die USA als einen Hegemon zu bezeichnen, auch wenn viele ihrer Gegner und Kritiker diesen Begriff verwenden. Ähnlich wäre es wohl zu einfach, Großbritannien als den Hegemon des 19. Jahrhunderts zu betrachten, obwohl das Präfix »Groß« im Namen eines Reiches damals wahrhaftig noch etwas bedeutete. Wie dem auch sei, die Briten bauten ihr Weltreich auf, in dem »die Sonne nie unterging« und das in den

Atlanten britischer Schulkinder alles mit Rosa zu überziehen schien. Das »Empire« beruhte auf Seemacht, und diese verdankte sich, ebenso wie die große, schlagkräftige Armee, dem Rückhalt der frühen industriellen Revolution mit ihrem rasanten Wirtschaftswachstum. Obwohl Großbritannien seit dem Verlust von Calais im 16. Jahrhundert kein Territorium des europäischen Festlandes mehr besetzt oder anderweitig regiert hatte, trug es durch politische Eingriffe stets dazu bei, das Machtgleichgewicht in Europa zu bewahren und zu verhindern, dass irgendein anderer Staat zur Dominanz und damit zum potenziellen Rivalen aufzusteigen vermochte. Während des halben Jahrhunderts im Anschluss an den Sieg über Napoleon 1815 drohte Großbritannien auf dem Kontinent keine politische und militärische Konkurrenz mehr. Zwar hatte das Empire 1776 einen empfindlichen Verlust erlitten, als die viel versprechendste Kolonie, Amerika, ihre Unabhängigkeit erklärte, doch den machte es später durch Expansion ostwärts nach Indien und südwärts nach Afrika wieder wett, wobei das Wichtigste von allem war, dass die ehemalige Kolonie selbst keinerlei Interesse daran zeigte, den Briten auf der Weltbühne Konkurrenz zu machen, sondern sich lieber auf seine interne Entwicklung und außenpolitisch auf die eigene Hemisphäre konzentrierte.

Ab 1815 stellte sich das 19. Jahrhundert als eine relativ friedliche Epoche dar, in der weltweit nur ganz vereinzelte Konflikte zwischen den Großmächten ausbrachen. Wiewohl Frankreich, Deutschland, Italien und sogar das junge Belgien (1830) zum Ende versuchten, eigene kleine Kolonialreiche zu gründen, besonders in den unerforschten Gebieten Afrikas, hielt es keiner dieser Staaten für lohnend, zumindest nicht auf Dauer, Großbritannien direkt zu attackieren. Zwar dehnte Russland sein angrenzendes Reich ost- und südwärts aus und stand schließlich an seinen neuen Grenzen den Briten gegenüber, speziell in Afghanistan, allerdings nie in der Weise, dass es eine beständige oder raumgreifende Bedrohung bedeutet hätte. Infolgedessen bildete sich ein internationales Verkehrssystem mit Handels- und Kapitalströmen heraus, im Wesentlichen von den Briten, die es auch federführend durch ihre Marine schützten, gestaltet und organisiert. Allerdings war das keine Ideallösung, zumal sie darauf beruhte, dass die Briten in zahlreichen Ländern Besatzungstruppen und Verwaltungsstäbe unterhielten, die Myriaden von Menschen unterdrückten. Doch das System hatte, mehr oder weniger friedlich, jahrzehntelang Bestand, da es die anderen Mächte anerkannten oder zumindest duldeten.

Doch zu Beginn des neuen Jahrhunderts löste sich dieser Konsens auf. Durch den Vormarsch der industriellen Technik und des Welthandels holten andere Nationen auf und erwarteten daher einen angemessenen Einfluss auf die Weltpolitik und auf ihre eigenen Kolonialreiche. Ältere, kleinere Gebilde – wie das Österreich-Ungarn der Habsburger in Mitteleuropa oder das Osmanische Reich in Nahost – brachen ein, da sich nationalistische Tendenzen in den verschiedenen Teilstaaten mit dem Konkurrenzdruck von außen verbanden, um sie zu unterhöhlen. Anstelle der klaren britischen Weltherrschaft über andere Mächte, die entweder schwach oder neutralisiert waren, gab es im 20. Jahrhundert mehrere Großmächte – Großbritannien, Deutschland, Frankreich, Russland, Japan, die Vereinigten Staaten, die Türkei –, von denen jedoch keine finanziell oder technisch stark genug war, um den Rest dominieren oder in Schach halten zu können. So führte eine verhängnisvolle Mischung aus Ehrgeiz und Unsicherheit zum Krieg und zur Zersplitterung des alten, unter britischer Leitung stehenden Systems des Welthandels mit internationalen Finanzströmen und Investitionen.

Ein Gefüge, das hauptsächlich auf Gewalt basierte, insbesondere auf der Gewalt einer kleinen Inselwirtschaft jenseits der europäischen Küste, musste irgendwann zusammenbrechen. Doch lag das folgenschwere Problem darin, dass nichts – oder besser niemand – bereitstand, um es zu restaurieren oder von Grund auf zu erneuern. Am besten versteht man die erste Hälfte des 20. Jahrhundert als eine Geschichte des Unterganges von Reichen und des durch den Sieg der Technik und des Kapitals geförderten Aufstiegs neuer Mächte, vor allem jedoch eines daraus resultierenden Machtvakuums. Dieses füllte sich in der Tat erst nach 1945, als die Vereinigten Staaten von Amerika die Führungsrolle aufgriffen, wenngleich in Rivalität mit der schwächeren Sowjetunion. Damit war das Hauptmotiv des Jahrhunderts – zumindest im Rückblick – die Ablösung Großbritanniens durch die Vereinigten Staaten, also weder die Konkurrenz Deutschlands mit seinen europäischen Nachbarn noch die Rivalität zwischen Kommunismus und Kapitalismus, noch auch diejenige zwischen Sowjetrussland und anderen Ländern. Im Prinzip hätte sie schon lange vorher erfolgen können, doch waren zum einen die Amerikaner nicht geneigt, auf der Weltbühne eine der Größe und Stärke ihrer Volkswirtschaft entsprechende Rolle zu übernehmen, und zum anderen die Briten noch nicht schwach genug, um die Überreste der eigenen Vorherrschaft freiwillig preiszugeben. Erst der Zweite Weltkrieg änderte beides, indem er Großbritannien schwächte und in Washington eine neue Motivlage aufkommen ließ.

Die Folgen zeigten sich sowohl in der Wirtschaft als auch in der Politik. In der zweiten Hälfte des 20. Jahrhunderts ging es den meisten Menschen weltweit deutlich besser als in der ersten. So verdoppelte sich die pro Kopf erzielte jährliche Zuwachsrate der Produktion bei den heute reichen Mitgliedern der Organisation für wirtschaftliche Zusammenarbeit und Entwicklung – eines exklusiven Klubs, der ursprünglich Ende der vierziger Jahre ins Leben gerufen worden war, um die amerikanische Wirtschaftshilfe für Westeuropa zu verwalten und zu überwachen. Insgesamt stieg die Wachstumsrate der OECD-Länder zwar von den jährlich im Durchschnitt 1,3 Prozent der ersten Jahrhunderthälfte auf jetzt 2,6 Prozent, im bevölkerungsreichen Asien aber sogar von 0,1 auf drei Prozent. Obwohl es Kriege zuhauf gab – Korea, Vietnam, Afghanistan, Indien–Pakistan, Israel, Iran–Irak, Kongo, Angola, Äthiopien, Exjugoslawien, um nur einige zu nennen –, war die zweite Jahrhunderthälfte im Großen und Ganzen doch viel friedlicher als die erste. Daher starben weniger Menschen in Kriegen, doch nach wie vor gab es viele Opfer staatlicher Gewalt. Kriege zerstören Volkswirtschaften, und der Frieden baut sie wieder auf.

Die Friedenszeit nach 1945 lässt sich nicht durch ein neues Kolonialreich erklären. Während das britische Empire in den drei Jahrzehnten nach 1945 demontiert wurde, trat keine stärkere Macht die Nachfolge an. Zwar unterhielt Amerika Militärstützpunkte in Übersee, so in Japan, Südkorea, auf den Philippinen, in Deutschland, Großbritannien und andernorts, jedoch immer mit Zustimmung oder sogar auf Ersuchen des Gastlandes. Regeln für den Welthandel waren im 1947 von dreiundzwanzig Staaten ratifizierten Allgemeinen Zoll- und Handelsabkommen (GATT) festgelegt worden. Zwei 1946 gebildete Institutionen mit heute hundertdreiundachtzig Mitgliedstaaten, die Weltbank und der Internationale Währungsfonds, erhielten die Aufsicht über einen neuen Rahmen, der für ein stabiles Finanzwesen bürgen sollte.

Bei den Staaten Westeuropas und Japan könnte unter anderem die kriegsbedingte Entkräftung erklären, warum sie nach 1945 internationale Regeln und Konventionen akzeptierten und um jeden Preis militärische Konflikte zu vermeiden suchten. Doch grundsätzlich verdankt sich der relative Frieden und Wohlstand der letzten fünfzig Jahre einem Umstand: der Existenz einer wirtschaftlich, technisch und militärisch dominierenden Macht, der Vereinigten Staaten von Amerika. Außerdem waren diese bereit, ihre Vorherrschaft über den Globus praktisch auszuüben, sooft sich eine schwere Bedrohung für den Weltfrieden abzeichnete, und ihre Führungsrolle wahrzunehmen, sobald der Wohlstand ernsthaft gefährdet erschien.

In den ersten Jahrzehnten nach 1945 trat dies wegen der Existenz der Sowjetunion als zweiter atomar bewaffneter Supermacht noch nicht mit aller Deutlichkeit zutage, und so kam es, dass in den fünfziger Jahren manche zu der irrigen Annahme gelangten, die UdSSR könne den kapitalistischen Widersacher sogar überholen. Tatsächlich war Amerika schon immer die stärkere Macht, und nur das Eingeständnis dieser Tatsache gebot der UdSSR (die durchaus um ihre Schwächen wusste) Einhalt. Während überdies

Amerika einem Handels- und Finanzsystem vorstand, dem ein Großteil der Welt angehörte, übernahmen nur wenige Staaten das Konkurrenzsystem der UdSSR.

Gewiss verhielt sich Amerika in jener Phase nicht gerade vorbildlich und blockierte mehrfach bewusst den Aufbau umfassender internationaler Institutionen (etwa 1948 die vorgeschlagene Umwandlung des GATT in eine »Welthandelsorganisation« oder Ende der neunziger Jahre die Einrichtung eines Internationalen Strafgerichtshofes); auch ist es nach wie vor nicht immer gleichermaßen bereit, sich bei internationalen Disputen und Problemen zu engagieren. Maßgeblich ist jedoch das Wissen, dass Amerika im Extremfall eingreifen wird, um Bedrohungen des Weltfriedens und der Stabilität abzuwenden und die Grundlagen eines freien Weltmarktes zu sichern. Amerika ist weder ein echter Hegemon im Sinne einer Macht, die allen und jedem ihren Willen aufzuzwingen versucht, noch ein regelrechter Weltpolizist, sondern eher eine Art großer Bruder, ein Garant für Sicherheit, Vertrauen und Stabilität.

Deshalb lautet die wichtigste geopolitische Frage für das 21. Jahrhundert, ob Amerika diesen Führungsanspruch als großer Überbruder durchhalten können oder den Weg Großbritanniens im 20. Jahrhundert gehen und abbauen wird. Amerika könnte seinen Status in einem von drei Szenarien verspielen: durch Entkräftung, durch Rückzug auf die eigenen Belange oder durch die Unterordnung unter eine neue Supermacht. Prinzipiell mag sich sogar erweisen, dass der Verlust seiner Führungsrolle nur noch eine Frage der Zeit ist, denn man kann kaum erwarten, dass ein Land mit knapp dreihundert Millionen Einwohnern auf alle Ewigkeit eine Welt führt, deren Bevölkerung heute bereits zwanzig- und 2050 aller Wahrscheinlichkeit nach dreißigmal größer sein dürfte. Doch für uns alle ist die Zeit von entscheidender Bedeutung. Daher wollen wir letzten Endes wissen, ob die Dominanz Amerikas nur noch dreißig Jahre oder ein weiteres Jahrhundert und länger andauern wird. Genau davon handelt der erste Teil dieser Studie.

Der zweite Teil soll dem anderen herausragenden Thema des 20. Jahrhunderts gewidmet sein, das auch im 21. noch eine überragende Rolle spielen wird. Es hatte sich wie erwähnt schon im 19. Jahrhundert abgezeichnet, als die industrielle Revolution den Niedergang eines agrarisch verwurzelten Feudalismus beschleunigte und ihn in den fortgeschrittensten Ländern durch einen neuartigen, urbanen Industriekapitalismus ablöste. In jener Ära, als Karl Marx und Friedrich Engels 1848 ihr »Kommunistisches Manifest« veröffentlichten und Charles Dickens 1835 bis 1870 das Elend des modernen London skizzierte, begann ein Konflikt nicht allein zwischen gegensätzlichen Prinzipien, sondern zwischen zwei Seiten der menschlichen Natur selbst: auf der einen das zutiefst konkurrente, egoistische, gewinnsüchtige Streben und auf der anderen die bekannte intellektuelle oder moralische Abneigung gegen die Konsequenzen des eigenen Egoismus.

Ab 1917 nahm der Konflikt einen systemischen, ideologischen, geopolitischen Beigeschmack an, als die bolschewistische Revolution das zaristische Regime Russlands stürzte und die erste kommunistische Regierung überhaupt ausgerufen wurde, und zwar mit dem erklärten Ziel, für die weltweite Ausbreitung des Kommunismus zu sorgen. Von da an bis 1989/91 hieß es, dass Kapitalismus und Kommunismus um die Vorherrschaft kämpften. Es ging darum zu beweisen, welches von beiden Konzepten zum einen die besseren Lösungen der großen wirtschaftlichen und politischen Organisationsprobleme bot und zum anderen die tiefere Einsicht in die wahre Natur der menschlichen Triebe und Begierden enthielt. Mit dem Fall der Berliner Mauer 1989 und dem Zusammenbruch der Sowjetunion zwei Jahre später galt dieser Konflikt als entschieden: Der Kapitalismus hatte gesiegt.

Doch auch wenn es begreiflich sein mochte, die politische Entwicklung des Jahrhunderts und besonders des Kalten Kriegs in diesem abschließenden Sinne aufzufassen, war das bestenfalls kurzsichtig und schlimmstenfalls ziemlich einäugig. Zweifellos war der Kalte Krieg zwischen den Vereinigten Staaten und der Sowjetunion beendet, und ebenfalls zweifellos hatten uns die vorausgegangenen Jahrzehnte mit aller Deutlichkeit vor Augen geführt, dass zentrale Planung keine geeignete Methode ist, eine moderne Wirtschaft zu betreiben. Gleichgültig, über wie viel politische oder militärische Macht ein Planer gebietet, sein Wissen reicht niemals aus, um seine Vorhaben in einer fortgeschrittenen Ökonomie auszuführen oder durchzusetzen. Die zentrale Planung ist somit gescheitert. Aber was besagt das über den Erfolg des Kapitalismus? Nun, zunächst lediglich, dass er besser abschnitt als die Planwirtschaft.

Vor weiteren Aussagen sollten wir uns zuerst einmal fragen, warum dieser Konflikt überhaupt aufkam. Die kommunistischen Ideale entstanden ja nicht im luftleeren Raum – als ein aus dem Nichts geborener Gegenentwurf zum Kapitalismus –, sondern verdanken sich der Tatsache, dass der eigentliche Konflikt anderswo liegt, nämlich im Kapitalismus selbst. Wenn das 20. Jahrhundert eine bisher beispiellos rasante und raumgreifende Wirtschaftsentwicklung erlebte, so existierte zugleich eine Vielzahl von Spannungen innerhalb der kapitalistischen Systeme, mit zutiefst beunruhigenden Tendenzen. Genau diese ließen den Kommunismus aufkommen und machten ihn für große Bevölkerungsteile so attraktiv.

Zu den erwähnten beunruhigenden Tendenzen des Kapitalismus gehört vor allem die ihm eigene Unbeständigkeit, der Wechsel zwischen Auf- und Abschwung, Hoch und Tief. Neben Wohlstand, Produktivität und Innovation bringt er viel Unsicherheit: der Arbeitsplätze, der Unterkünfte, der Renten, der Sozialfürsorge – ja, sogar des Familienlebens. Grundsätzlich muss jedes Wirtschaftssystem, das eine schwere Krise wie die der dreißiger Jahre zulässt, mit sinkenden Einkommen und erschreckend hoher Arbeitslosigkeit, Zweifel nähren und zum Widerspruch reizen. Auch wenn es sich bei den besagten Extremen um Jahrhundertereignisse handelte, erweist sich die fortwährende Unbeständigkeit des Kapitalismus in jedem Jahrzehnt aufs Neue. Davon zeugten allein in den neunziger Jahren der Zusammenbruch Mexikos 1995; die Finanzkrise Ostasiens 1997–98, in der Währungen, Unternehmen und ganze Staaten scheinbar über Nacht einbrachen, Millionen ihre Arbeitsplätze verloren und Indonesien einen Volksaufstand erlebte; der außerordentliche Boom auf den amerikanischen Finanzmärkten, insbesondere für Hightech-Aktien, gefolgt von einem ebenso außerordentlichen Crash; und die lange Phase des Stillstandes in Japan im Anschluss an ein ähnliches Auf und Ab der dortigen Wertpapier- und Immobilienmärkte. Manche mögen einwenden, dass moderne Wirtschaftssysteme »eingebaute Stabilisatoren« in Form von Staatsausgaben und -anleihen besitzen, die verhindern, dass diese Unbeständigkeit sich verheerend auswirkt, oder dass die Zentralbanken inzwischen genügend aus der Geschichte gelernt haben, um eigene Stabilisierungsmechanismen anzuwenden. Zwar dürfte das zutreffen, aber dennoch bleiben die manchmal vorhergesagten Zusammenbrüche nicht aus.

Immerhin, könnte man sagen, trifft die Unbeständigkeit alle. Aber das stimmt nicht, denn die bereits Armen und Verwundbaren haben unter Abstürzen oder Rezessionen immer erheblich mehr zu leiden als die Reichen und Mächtigen, sowohl innerhalb der einzelnen Nationen als auch im Vergleich zwischen reicheren und ärmeren Ländern. Diese ungleiche Verteilung der Mittel und der Macht ist ein weiterer beunruhigender Wesenszug des Kapitalismus. Ja, mehr noch, der Drang, Ungleichheit zu schaffen, gehört sogar zu seinen Haupttriebkräften, denn er beruht eben auf Konkurrenz. Der Anreiz, Wohlstand zu begründen und profitable Unternehmen aufzubauen, läuft prinzipiell auf Ungleichheit hinaus. Während eine gut organisierte kapitalistische Wirtschaft langfristig dafür sorgt, dass es allen besser geht, akzentuiert sie zugleich die Unterschiede. Dabei lässt sich wahrscheinlich kaum vermeiden, dass sich auch dagegen Widerstand regt und alternative Organisationsformen oder Reformen des Kapitalismus herbeigesehnt werden. Politiker beschreiben das Ziel solcher Forderungen gerne als »soziale Gerechtigkeit«. Das lässt tief blicken, denn dieses Konzept setzt voraus, dass der Kapitalismus gerade wegen der Ungleichheit im Ergebnis irgendwie ungerecht ist.

Je wohlhabender ein Land, desto häufiger finden jene, die vom Kapitalismus profitiert haben, ein weiteres Motiv, ihn abzulehnen: die Umwelt. Alle Wirtschaftstätigkeit, ob nun unter dem Siegel des Kapitalismus oder des Kommunismus, verändert die natürlichen Verhältnisse, und viele der schlimmsten Umweltsünden gehen auf das Konto des sowjetischen und chinesischen Plansystems. Allerdings rettet das den Kapitalismus kaum vor Kritik: Weniger schlecht heißt keineswegs gut genug. Sofern Industrialismus bedeutet, Bodenschätze zu verarbeiten, wird er dies immer tun. Damit dürfte er auch immer schwierige Kontroversen auslösen zwischen jenen, die verlangen, dass man die Erde (also im Allgemeinen ihr Stück davon) unangetastet lässt, und den anderen, die an Arbeitsplätzen, Einkommen und Gewinn interessiert sind. Und da die Weltbevölkerung im Lauf des 21. Jahrhunderts von heute sechs auf dann neun Milliarden wachsen dürfte, werden immer neue Regionen auf dem Globus angetastet.

Der Kapitalismus bescherte uns im 20. Jahrhundert direkt oder indirekt große Verbesserungen der Lebensverhältnisse. Seine Mittel und Anreize schufen jene technischen Neuerungen – von Antibiotika bis zur Endoskopie, vom Telefon bis zum Computer, vom Auto bis zum Düsenjet, von der Ölraffinerie bis zur Klimaanlage –, die den Alltag von Grund auf verändert haben. In den Staaten, die am Fortschritt teilhatten, finanzierte er das Bildungs- und Gesundheitswesen, die Sozialfürsorge, die Urlaubsregelungen und die Renten. Ab Mitte des 20. Jahrhunderts, vor allem jedoch in den achtziger und neunziger Jahren, übten diese Segnungen einen so starken Reiz aus, dass die meisten Menschen den Kapitalismus zumindest akzeptierten, auch wenn sie ihn nicht völlig befürworten konnten.

Zudem ist das als »Globalisierung« bezeichnete Phänomen in Wahrheit nichts anderes als der Export dieses Prinzips der offenen Märkte in immer neue Länder der Erde, die zuvor versucht hatten, sich dagegen abzuschotten. China, Vietnam, die Sowjetunion und ihre osteuropäischen Satellitenstaaten taten das wegen des Bekenntnisses zum Kommunismus, die meisten Länder Lateinamerikas im Bemühen um Eigenständigkeit, Indien aus einer Mischung beider Motive. In den letzten zwanzig Jahren haben für insgesamt etwa drei Milliarden Menschen, die Hälfte der Weltbevölkerung, zuständige Regierungen geeignete Maßnahmen ergriffen, um entweder ein grundsätzlich kapitalistisches Wirtschaftssystem einzuführen oder ihre Binnenmärkte für den internationalen Waren- und Kapitalverkehr zu öffnen. Globalisierung ist also einfach nur die freiwillige Übernahme des Weltkapitalismus.

Man muss jedoch kein gelernter Ökonom sein, um zu erkennen, dass selbst dieses freiwillige Eintreten in den Klub äußerst umstritten ist. In vielen Städten weltweit sind, meist anlässlich der Jahrestagungen internationaler Verbände (mit dem begleitenden Medienrummel), heftige Proteste gegen die kapitalistische Globalisierung ausgebrochen. Auch innenpolitisch werben bestimmte Gewerkschaften und Unternehmen dafür, Importe ausländischer Konkurrenten zu begrenzen, wenn die eigenen Umsätze stark darunter leiden. Das geschieht besonders häufig in den traditionellen Stahl-, Textil- und Agrarbranchen Europas und Amerikas. Unterdessen fordern Umweltschützer allerorten Einschränkungen des Kapitalismus ungeachtet dessen, ob es um nationale oder multinationale Unternehmen geht und ob die Schäden regional begrenzt (wie bei der Luft- oder Wasserverschmutzung) oder weitreichender sind (wie beim Treibhauseffekt).

Da alle bisherigen und künftigen technischen wie auch sozialen Fortschritte undenkbar wären ohne kapitalistische Initiativen und da sich keine Alternativmodelle abzeichnen, um den armen Ländern Hoffnung zu machen, auf anderen Wegen mit den reicheren gleichziehen zu können, darf man annehmen, dass der Kapitalismus im 21. Jahrhundert schlicht eine Gegebenheit sein und den Alltag in den nächsten hundert Jahren so oder so prägen wird. Das trifft zwar gewiss zu, aber hier kommt es ganz entscheidend auf das »so oder so« an. Wie weit sich die Technik entwickeln, welche Form sie annehmen, wie reich sie uns in materieller Hinsicht machen, vor wie große Probleme die Rückständigkeit der

Dritten Welt die Industrieländer stellen, wie die Umwelt des Planeten unser Tun hemmen oder fördern, uns einengen oder beflügeln wird: All diese Fragen hängen damit zusammen, welche Richtung der Kapitalismus nimmt oder besser nehmen darf.

Diese Thematik gehört wahrscheinlich, ebenso wie der Einfluss führender Politiker auf die Wahrung des Friedens, zu den zeitlosen Grundproblemen der Menschheit. Auch wenn die Einstellungen gegenüber dem Kapitalismus immer schon gespalten waren und sein werden, er funktioniert. Er spricht den inneren Wettbewerbsimpuls an, dieses instinktive Wissen, dass wir uns, um zu überleben und Erfolg zu haben, immer wieder durchsetzen und dafür Risiken eingehen müssen. Allerdings verfügt der Mensch auch über andere Antriebe; als soziale Wesen ziehen wir aus gemeinsamen Projekten ebenso viel Freude wie Nutzen. Der Kapitalist verbindet Kooperation mit Wettbewerb – bleibt also nicht beim Kampf aller gegen alle stehen. Daneben gibt es indes auch, was Adam Smith, der größte Theoretiker des freien Marktes, im 18. Jahrhundert (zustimmend) als »moralische Regungen« bezeichnete: Gefühle, Sinn für Gerechtigkeit, Sympathie. Über solche Regungen setzt sich der Kapitalismus oft hinweg, sodass sogar die so genannten Gewinner des Systems eine Kluft zwischen ihren egoistischen und ihren moralischen Impulsen verspüren. So kommt es zu den Verbesserungen, Reformen oder gar zur Abschaffung des Kapitalismus. Daraus folgt, dass der Kapitalismus immer bedroht ist und zur Debatte steht. Welche besondere Form diese Bedrohung annimmt, und wie er ihr begegnet, wird entscheidend für das 21. Jahrhundert sein.

Die Argumentation dieses Buches könnte in ihrer Einfachheit trügerisch wirken, da sie besagt, dass aus all den Problemen und Lösungen, die wir für zukunftsrelevant halten mögen, bei näherem Hinsehen nur zwei wirklich ins Gewicht fallen werden. Dabei handelt es sich genau um jene Komplexe, die auch am stärksten zur Bestimmung unseres gegenwärtigen Standortes beitrugen, da sie bereits den Lauf des 20. Jahrhunderts prägten. Der eine gruppiert sich um die Frage, ob der Kapitalismus überleben, gedeihen und weiterhin die ungewöhnlich hohe Anerkennung finden wird, die er heute weltweit genießt; der andere folglich um die, ob die Vereinigten Staaten von Amerika auch weiter den Weltfrieden und damit die Ausbreitung des Kapitalismus sichern werden, indem sie ihre gegenwärtige unangefochtene Vorherrschaft als politische, militärische, ökonomische und kulturelle Großmacht verteidigen und nicht von ihrem Entschluss abrücken, für Frieden und Fortschritt über ihre Interessen hinaus einzutreten. Das klingt einfach genug, sind es doch nur zwei Fragen. Wären sie doch nur auch so einfach zu beantworten.

Erster Teil

Bedrohungen des Friedens

2. Die Führungsrolle Amerikas

Wie so oft brachte Winston Churchill das Problem auf den Punkt: »Die Amerikaner«, sagte er, »werden immer das Richtige tun – nachdem sie alle Alternativen bemüht haben.«

Was stand dahinter? Nun, vor allem sein grundlegender Glaube an die Macht, Ausdauer und Moral Amerikas. Allerdings auch ein festes Vorurteil Europas: dass die Neue Welt gegenüber der Alten, mit ihrer verfeinerten, traditionsreichen Kultur und Diplomatie, doch einigermaßen burschikos, vulgär und unreif war und im großen Ganzen eine ziemlich schlechte Figur abgab.

John Maynard Keynes, der größte britische Ökonom der zwanziger und dreißiger Jahre, fand dieses Bild 1941 bei seinem Besuch in Washington bestätigt, wo er über die Bedingungen der amerikanischen Finanzhilfe für die britischen Kriegsanstrengungen verhandeln sollte. Seinem Biographen Robert Skidelsky zufolge war Keynes sprachlos über die scheinbare Inkompetenz der amerikanischen Regierung, ihrer stümperhaften Bürokratie, mangelhafter Autorität und eklatanter Führungsschwäche. Lord Skidelsky berichtet, was Keynes einem Freund schrieb: »Ich vergleiche Besuche [in den USA] immer mit schweren Krankheiten, von denen man nur genesen kann.« So viel über den engsten politischen und militärischen Verbündeten der Briten, zu dem sich britische Politiker später in »der Sonderbeziehung« sehen.

Diese Unwissenheit und entfernungsbedingte Unkenntnis sollten zwar inzwischen verflogen sein, doch hört man heute noch allerorten, dass die amerikanische Regierung erschreckend unflexibel und unentschlossen sei, dass in Washington einfach zu viele Juristen herumlungern, dass die amerikanische Diplomatie tolpatschig, ahnungslos, arrogant, sehr schematisch, absolutistisch, kurzsichtig, egoistisch, überpolitisiert und vieles andere dieser Art mehr sei. Man zitiert auch Gerüchte darüber, wie wenige amerikanische Kongressabgeordnete im Besitz von Reisepässen sind (im Jahr 2000 waren es einer Umfrage der *New York Times* zufolge immerhin dreiundneunzig Prozent) oder wie wenig die meisten Amerikaner über den Rest der Welt wissen. Ausländer stellen mit Entsetzen und Verachtung fest, dass Botschafterstellen in wichtigen Hauptstädten (zumindest aus der Sicht ihrer überheblichen Bewohner) nicht an Berufsdiplomaten vergeben werden, sondern oft an politische Neulinge, oft Golfpartner frisch gewählter Präsidenten, die sich ansonsten nur durch ihre hohen Wahlkampfspenden empfehlen – das heißt, wenn diese Posten überhaupt besetzt würden, denn oft blieben sie monatelang vakant, bis das Weiße Haus über eine Berufung entschieden habe und diese auch vom launischen Senat abgesegnet worden sei. Gesetze von rein internationaler Bedeutung wie solche über die Zahlung von Beiträgen an die Vereinten Nationen würden durch Verfassungszusätze zur Lösung innenpolitischer Probleme wie zum Beispiel der Abtreibungsfrage ausgehebelt und blockiert.

Europäer rümpfen heute darüber noch immer ganz ähnlich die Nase wie ehemals Churchill. Unterdessen hoffen einige, dass sie dank der Einheit und wirtschaftlichen Integration ihres Kontinents in Zukunft ein »Gegengewicht« zu der verflixten, mit ihnen verbündeten Supermacht bilden können. Von den Europäern neigt zwar die Führungsriege Großbritanniens zu einer freundlichen Aufnahme der amerikanischen Sicht- und Handlungsweisen, Öffentlichkeit und Medien dagegen lassen, ebenso wie viele Kontinentalregierungen, oft skeptischere Töne verlauten. So wurde Präsident Ronald Reagan Anfang der achtziger Jahre zur bevorzugten Zielscheibe europäischen Spottes, nachdem er die Sowjetunion als »ein Reich des Bösen« bezeichnet hatte. Im Januar 2002 zog dann Präsident George Bush mit seiner Regierungserklärung, in der er den Irak, den Iran und Nordkorea auf »einer Achse des Bösen« anordnete, den Hohn vieler Europäer auf sich. Gewiss äußerten sich auch in den Vereinigten Staaten selbst Hohn und Spott auf gerade diese beiden Präsidenten, allerdings mit dem Unterschied, dass inländische Kritiker ihnen bloß attestieren, nach traditionellen amerikanischen Maßstäben töricht und einfältig zu sein, wogegen jene im Ausland sie als Bestätigung dafür sehen, dass die amerikanischen Maßstäbe an sich töricht und einfältig sind.

Von Hohn und Spott kann die Kritik nahtlos ins Ressentiment übergehen. So betrachten viele Russen nach wie vor jeden Gewinn für Amerika zwangsläufig als einen Verlust für sie selbst. Chinesische Beamte lesen, mehr oder weniger stereotyp, von einem Standardskript das Urteil ab, die Amerikaner seien arrogant, rücksichtslos und »hegemonial«. Die Japaner treten heute zwar nicht mehr so schüchtern auf wie in den achtziger Jahren, als der Einzelgänger Shintaro Ishihara zusammen mit dem sehr bekannten Geschäftsmann Akio Morita (vom Sony-Konzern) unter dem Titel *Japan kann auch nein sagen* (womit natürlich »... zu Amerika« gemeint war) einen Bestseller landete, doch die entsprechende Gefühlslage ist nach wie vor weit verbreitet. Japans Finanzbeamte scheinen zu unterstellen, dass jeder ihrer Vorschläge (wie zum Beispiel der aus den späten neunziger Jahren für einen Asiatischen Währungsfonds) automatisch vom amerikanischen Fachministerium abgeblockt wird. Einige Angehörige der älteren Generation haben den Amerikanern die Besetzung ihres Landes von 1945 bis 1951 noch nicht verziehen, zumal sie ihnen dabei eine als erniedrigend empfundene Verfassung auferlegten.

Die Südkoreaner halten Amerika teils für ihren Retter, der seine dortigen Stützpunkte nutzte, um eine Invasion des kommunistischen Nordens abzuwenden, teils machen sie es gerade für die Spaltung ihrer Halbinsel verantwortlich. In allen Staaten mit Militärbasen der USA – und von diesen gab es nach der letzten Zählung 725, darunter siebzehn Großanlagen – gibt es begründete Einwände dagegen, zum Beispiel wegen der Lärmbelästigung, der

Landnahme, der begleitenden Sexindustrie und den gelegentlichen Straftaten von Soldaten. Die ansonsten heftig verfeindeten Staatschefs Malaysias und Singapurs treffen sich in ihrer Forderung nach »asiatischen«, das heißt vor allem nichtamerikanischen Werten. Araber in vielen nahöstlichen Ländern meinen, dass Amerika sich rücksichtslos über ihre Interessen hinwegsetzt, kaum um ihre Lage schert und die herrschenden korrupten Regimes unterstützt. Vor allem aber werfen sie Amerika Doppelzüngigkeit vor, da es einem in ihren Augen brutalen israelischen Regime als Besatzungsmacht auf palästinensischem Boden den Rücken stärkt.

Weltweit haben die Führung und das internationale Engagement Amerikas nach einem halben Jahrhundert etwas sehr Bedenkliches bewirkt: Heute lebt der Großteil der Menschheit in Ländern, die in dieser Zeitspanne von den USA angegriffen wurden. Daher nimmt es kaum Wunder, dass manche Kritiker die Ansicht vertreten, Amerika mische sich zu häufig in Übersee ein. Viele andere meinen dagegen, es vernachlässige den Rest der Welt schmählich und müsse sich mehr engagieren. Und eine dritte Gruppe erhebt den Vorwurf, es greife einfach zu ungeschickt ein.

Kritik von so vielen Seiten und so widersprüchlicher Natur ist in Wahrheit gewissermaßen ein Kompliment, eine Verbeugung vor der überwältigenden Macht und vor der Außergewöhnlichkeit Amerikas. Denn dreierlei ist kaum zu bestreiten. Erstens hat Amerika die Führungsrolle im 20. Jahrhundert von Großbritannien übernommen, ohne dabei auf größere Widerstände zu stoßen, und das muss, angesichts seiner vermeintlichen Inkompetenz, als ein bemerkenswerter Erfolg gelten. Zweitens besteht zwischen der militärischen Schlagkraft Amerikas und der eines jeden anderen Landes ein größerer Abstand, als es je zuvor der Fall war. Das lässt sich schon an den Etats ablesen: Die für das laufende Jahrzehnt geplanten Rüstungsausgaben der USA erreichen mit jährlich mehr als vierhundert Milliarden Dollar das Zehnfache des nächsthöchsten Wertes und übertreffen noch die Gesamtsumme der vierzehn folgenden Budgets. Damit ragt Amerika im absoluten wie relativen Sinn als der mächtigste Koloss heraus, den die Welt je gesehen hat. Punkt drei steht jedoch scheinbar im Widerspruch dazu: Nie zuvor konnte eine Weltmacht die Vorherrschaft ausüben, ohne förmlich ein Reich zu begründen, das heißt, ohne andere Staaten zu besetzen und gewaltsam zu unterdrücken oder zumindest systematisch die Weltlage direkt zum eigenen Vorteil zu ordnen.

Man könnte argumentieren, dass dieser dritte Aspekt lediglich eine Folge der neuen Zeit und ihrer Technik ist, zumal es ja bisher noch nicht sehr viele Weltmächte gegeben hat: Vor dem britischen Empire des 19. Jahrhunderts könnten eigentlich nur Spanien im 16. sowie das Alte Rom einen solchen Rang beanspruchen, doch sogar die Macht der Römer blieb in Wirklichkeit regional begrenzt, wenngleich sie vom äußersten Nordwesten Europas bis weit nach Vorder- und Mittelasien hinein reichte.

Wenn die Vorherrschaft Amerikas nach 1945 nicht mehr den Stempel des Imperialismus trug, so lag dies an den neuen Möglichkeiten durch Telefone, Satelliten, Langstreckenraketen, Düsenjets und Schnellboote – und am schieren Ausmaß der militärischen Überlegenheit. Macht kann sich in vielen Formen äußern: durch direkte Militäreinsätze oder ihre Androhung, durch wirtschaftlichen oder diplomatischen Druck und sogar durch den sanfteren Einfluss von Gedanken, Kulturinhalten und Idealen. Auch wenn Amerika streng genommen kein Imperium bildet, genügt es einer lockeren Definition des Begriffs, da es das Schicksal anderer Staaten stark beeinflussen kann.

Dennoch muss man zugeben, dass Amerika die erste Weltmacht ist, die ihre Vorherrschaft im Großen und Ganzen wohlwollend ausübt. Obwohl das viele bestreiten würden, trifft es gewiss im Verhältnis gesehen zu. Großbritannien neigte seinerzeit stärker als heute Amerika dazu, die regierten Völker zu unterdrücken und die Handelsbeziehungen zwischen dem Mutterland und den Kolonien offen und direkt zugunsten britischer Unternehmen auszubeuten.

Doch absolut betrachtet kommt es maßgeblich auf die salvatorische Klausel »im Großen und Ganzen« an, da Amerika zweifellos nur dem eigenen Interesse gehorchte und im Ausland gegen Prinzipien und Werte verstieß, die es daheim nicht im Traum antasten würde, mal Diktatoren verteidigte, mal Demokraten stürzte oder Menschenrechtsverletzungen geflissentlich übersah. Das hatte Großbritannien im 19. Jahrhundert ebenfalls getan, sich in der Heimat als Bollwerk der Freiheit und Wiege der Parlamente gerühmt, im Ausland dagegen als ein oft skrupelloser Diktator gewütet. Zwar ging das Empire weniger drakonisch vor als andere damalige Kolonialisten, nach heutigen amerikanischen Maßstäben indes durchaus noch brutal. Amerika hat seit 1945 ein überwiegend kooperatives Imperium aufgebaut, das praktisch allen seinen Mitgliedern zum Vorteil gereichen soll, statt lediglich Zwang auszuüben. Warum das? Teils aufgrund der eigenen demokratischen und liberalen Werte, die über lange Zeit hinweg stärker universalistisch und utopisch eingefärbt waren als die britischen des 19. Jahrhunderts, teils aber auch aus einer eher pragmatischen Erwägung: Grundsätzlich wird die Unterhaltung eines kooperativen Systems immer viel kostengünstiger sein als Repressalien.

Ein weiterer ausgesprochen ungewöhnlicher Zug des amerikanischen Imperiums liegt gewiss darin, dass die Mehrzahl der US-Bürger fast das gesamte 20. Jahrhundert hindurch eigentlich gar kein solches zu wünschen schienen. Mit ihrer Tradition des Immigrantentums wollten sie nun nicht wieder in die zurückgelassene Welt hinausziehen, nur um sie zu unterdrücken; und viele teilen den Glauben der Gründungsväter an das »manifeste Schicksal« Amerikas, das vor allem in der Lossagung und Abgrenzung vom Altüberkommenen liege. Manche, wie Andrew Bacewich, Professor für internationale Beziehungen an der Universität Boston und Autor des Buches *American Empire*, halten die Vorstellung von der »Supermacht wider Willen« für ein Märchen; bereits vor gut einem Jahrhundert hätten sich bedeutende Amerikaner nach Kräften darum bemüht, den Einfluss ihres Landes in

Übersee zu stärken. Und dieses selbst sei ja eine Art Imperium, bestehe es doch aus einem Territorium, das man durch Besiedelung, Kauf und rohe Gewalt erworben habe.

Das trifft zwar zu, jedoch mit zwei Einschränkungen: Zum einen hat Amerika nach dem Ende seiner Expansion in direkte Nachbargebiete und einigen begrenzten Abenteuern auf Kuba und den Philippinen faktisch nicht mehr versucht, Reiche in Übersee zu erobern; und zum zweiten standen den Fürsprechern der Expansion stets jene gegenüber, die auf Einhalt oder zumindest Mäßigung drängten. Die Verfassung des Landes sieht auch ausdrücklich vor, Eroberungszüge der Exekutive streng zu unterbinden. Infolgedessen ist das amerikanische Imperium seit 1945 durch das recht ungewöhnliche Bestreben geprägt, die von ihm abhängigen Völker in Europa, Asien und andernorts zu stärken und ihre Eigenständigkeit zu fördern – selbstverständlich nur solange diese Maßnahmen nicht den Interessen der USA zuwiderlaufen.

Die vor uns liegende Frage kann also nicht lauten, ob das amerikanische Imperium, zumindest in seiner derzeitigen Form, nun bewunderns- oder verachtenswert ist. Für das 21. Jahrhundert wird es vielmehr auf zwei Hauptaspekte ankommen: Was wird Amerika aus seiner gegebenen Vorherrschaft machen? Und wird diese Dominanz überhaupt fortbestehen?

Der erste Punkt schien während des Kalten Kriegs 1947 bis 1990 klar, in den Jahren 1990 bis 2002 ziemlich schleierhaft und nach dem 11. September 2001 wieder viel eindeutiger zu sein. Niemand weiß, wie lange die neue Klarheit anhalten wird, doch darf man sich auf mindestens ein Jahrzehnt einstellen. Dabei zeichnen sich auch schon die groben Umrisse einer der danach zu erwartenden Hauptbedrohungen ab.

Jedenfalls im abgeklärten Rückblick liegt auf der Hand, dass die Welt in der ersten Hälfte des 20. Jahrhunderts stark unter dem Fehlen einer dominierenden oder auch nur führenden Macht litt. 1914 standen die europäischen Großmächte wirtschaftlich und militärisch etwa gleich, und dann schwächte der Krieg gegen Deutschland die Briten so sehr, dass sie ihr Empire nicht mehr halten, geschweige denn ausdehnen konnten. Der »Große Krieg« von 1914 bis 1918 war erst beendet, als die Protagonisten erschöpft darniederlagen und Amerika dann zugunsten der britischen und französischen Seite eingriff. Angesichts der enormen finanziellen Verluste und wirtschaftlichen Schäden sowie der verspielten Glaubwürdigkeit konnten die Staaten Europas dann ab 1918 auch nicht mehr die Weltwirtschaft steuern, wie sie es vor dem Krieg (unter der Führung Großbritanniens) getan hatten. Amerika gewährte zwar eine Reihe hoher Kredite und investierte kräftig, indes nicht mit dem Anspruch oder Engagement, die für eine ökonomische Wiederbelebung erforderliche Stabilität herbeizuführen. Im Zweiten Weltkrieg war es erneut der Eintritt Amerikas (Ende 1941), diesmal im Verbund mit der Entscheidung Hitlers für eine Invasion der Sowjetunion, der letztendlich über den Ausgang entschied. Nach 1945 dirigierte Amerika ebenso wie zuvor die Kriegs- nun auch die Friedensanstrengungen, rang den schwer angeschlagenen Briten die Führungsrolle ab und trug dazu bei, Institutionen zum Schutze der Geldwertstabilität und des freien Handels aufzubauen – und, ganz entscheidend, sich jetzt mit vollem Anspruch und Engagement dahinter zu stellen.

Im Rückblick verfolgte die amerikanische Politik vom Beginn des Kalten Kriegs (den man in der Regel auf das Jahr 1947 datiert) bis zum Niedergang der Sowjetunion somit ein ziemlich deutliches Ziel, nämlich zu verhindern, dass sich der Kommunismus über den ganzen Erdball ausbreiten und die kapitalistischen Demokratien – insbesondere die Vereinigten Staaten selbst – bedrohen konnte. Damit ging das Bestreben einher zu gewährleisten, dass jene Verhältnisse, die zum Ausbruch des Zweiten Weltkriegs geführt hatten – wirtschaftliches Chaos, Isolation einzelner Staaten und Verbreitung totalitären Gedankenguts –, niemals wiederkehren würden. Man kann beide Punkte auch anders, nämlich im Sinne des Eigennutzes, als Bemühen darum deuten, dass Amerika allein Supermacht blieb und sich nicht von der Sowjetunion usurpieren ließ, aber letzten Endes liefe es auf das Gleiche hinaus.

Diese klare Zielsetzung hatte große Vorteile. Sie stellte Amerika Verbündete an die Seite und hielt sie aus Furcht vor einem gemeinsamen Feind bei der Stange, trug auch dazu bei, dass die amerikanische Öffentlichkeit anhaltend hohe Rüstungsausgaben, eine starke Militärpräsenz in Übersee und häufige Eingriffe in die Weltwirtschaft unterstützte. Analog hierzu machte es die sowjetische Bedrohung Europa leichter, sich auf Verteidigungsfragen und die Wahrung guter Beziehungen zwischen den demokratischen Staaten zu konzentrieren. Im Großen und Ganzen war es eine Erfolgsgeschichte: Der Kommunismus blieb eingedämmt und brach schließlich in seinem Mutterland, der Sowjetunion, zusammen.

Allerdings gingen damit auch einige Auswüchse einher, zumal die Sicht der ganzen Welt aus einer einzigen engen Perspektive – in diesem Fall der Bannung des Kommunismus – bei manchen Politikern die Urteilskraft über Sinn und Ausmaß bestimmter Engagements trübte. Daraus können sich Verwicklungen ergeben, mit denen man viel länger zu kämpfen hat, als ursprünglich beabsichtigt oder geplant war. So verhielt es sich offenbar im Fall des Vietnamkriegs: In diesen Konflikt trat Amerika mit den besten antikommunistischen Vorsätzen ein, als es sich jedoch gut ein Jahrzehnt später wieder daraus zurückzog, gab es mehr als siebenundvierzigtausend Opfer bei den eigenen Soldaten und 1,4 Millionen auf der vietnamesischen Seite (davon eine Million im Norden, der Rest im Süden), waren sein Ansehen und sein Selbstvertrauen schwer erschüttert und lagen seine Minen und Blindgänger in ganz Indochina verteilt. Zwar mag es sein, dass sich der Kommunismus ohne den amerikanischen Eingriff in Vietnam nach Art »fallender Dominosteine« über Südostasien ausgebreitet hätte; vielleicht wäre dieses Ziel indes schon mit begrenzteren Mitteln erreichbar gewesen.

Ein damit verwandtes sekundäres Übel bestand darin, dass die alleinige Konzentration auf die Eindämmung und Bekämpfung des Kommunismus einen Vorwand für gewisse Personen und Institutionen lieferte, sich brutal, frech selbstherrlich oder eindeutig manipulativ zu verhalten. Macht korrumpiert, wie bekanntlich Lord Acton sagte; im Fall Amerikas muss man allerdings hinzufügen, dass die ausgezeichneten Antikorruptionsmechanismen der Verfassung zunichte gemacht oder außer Kraft gesetzt werden, sofern die Politik nur noch eine Perspektive kennt. Während des Kalten Kriegs mochte man solche Maßnahmen noch mit guten Absichten ergriffen haben – von manchen Fällen vielleicht abgesehen –, doch ihre Ergebnisse waren oft fatal. Zu den Beispielen dafür gehören der Sturz des Allende-Regimes im Chile der siebziger, die Einmischung in die Politik diverser zentralamerikanischer Staaten oder die Waffenverkäufe an den Iran Mitte der achtziger sowie der Einsatz jener Erlöse, um die »Contra«-Rebellen in Nicaragua zu finanzieren. Bei einer anderen Einflussnahme, Amerikas heimlicher Unterstützung der Mudjahedin-Milizen Afghanistans, die in den achtziger Jahren gegen eine sowjetische Besatzungsmacht kämpften, ist es heute für einen leidenschaftslose Beurteilung vielleicht noch zu früh. War das eine notwendige und letztendlich geeignete Maßnahme, um die Sowjetunion zu schwächen, indem man sie in Zentralasien in einen langen, kostspieligen Krieg verstrickte, was zum Niedergang der UdSSR 1989 bis 1991 beitrug? Oder trieb dieser Eingriff Afghanistan lediglich in das allgemeine Chaos der neunziger Jahre und ließ dort das extrem fundamentalistische Taliban-Regime erstarken, das Osama bin Laden und seinem Al-Qaida-Terrornetzwerk Schutz gewährte? Wahrscheinlich werden die meisten zukünftigen Historiker eher die erste als die zweite Annahme bevorzugen, denn der Afghanistan-Krieg hat die Sowjetunion in der Tat erheblich geschwächt, und ihre Auflösung folgte fast auf dem Fuße. Das könnte sich indes noch ändern, falls Al-Kaida langfristig erfolgreicher sein sollte, als es derzeit den Anschein hat.

Eine andere Betrachtungsweise der Entwicklungen in Afghanistan führte zu dem Urteil, dass dieses Land das besondere Pech hatte, unter einem Wechsel der amerikanischen Außenpolitik leiden zu müssen: Während die Supermacht in der ersten Phase, von 1947 bis 1990, noch ein klares Ziel verfolgte, verlor sie dieses danach mit dem Ende des Kalten Kriegs mehr und mehr aus den Augen. In den neunziger Jahren ließ die Außenpolitik der USA gar keinen roten Faden mehr erkennen, sondern schien vor allem dadurch geprägt, hier und da Feuer zu löschen und ebenso wohlwollend wie selektiv die Demokratie zu fördern und die Menschenrechte zu schützen. So kürzte man die Entwicklungshilfe, schloss die US Information Agency (als den bedeutendsten Propagandakanal), und der Kongress betrachtete das Äußere zunehmend mit Desinteresse bis offener Feindseligkeit. In diesem Klima spielte Afghanistan neben einer ganzen Reihe anderer Unruheherde keine Rolle mehr.

Das ist vorbei, denn die Anschläge vom 11. September 2001 eröffneten schlagartig eine neue Epoche in der Einstellung und Rolle der führenden Weltmacht. Jetzt rückte auch Afghanistan wieder ins Blickfeld, doch hauptsächlich deshalb, weil sich dort erneut ein klares Ziel für die amerikanische Vorherrschaft abzeichnete, eine singuläre Perspektive der Weltsicht – obwohl diese heute nicht mehr so einfach definierbar ist wie im Kalten Krieg. Ursprünglich stand sie unter dem Motto »Krieg dem Terrorismus«, aber das erwies sich bald als unangemessen, ging es doch in Wirklichkeit darum, Bedrohungen der Weltsicherheit und damit auch der Amerikas abzuwenden, die vornehmlich von zwei Lagern ausgehen: internationalen Terrorgruppen wie Al-Qaida und unberechenbaren Despoten, die Massenvernichtungswaffen auf dem Weltmarkt zu kaufen oder selbst zu entwickeln suchen. Das sind zwar verschiedenartige Probleme, die je eigene Maßnahmen erfordern, zusammen genommen wecken sie aber genau die Besorgnisse und Ängste, deren es bedarf, um eine singuläre Perspektive über längere Zeit durchzuhalten. Denn ein kaum zu übertreffender Albtraum ist, dass die beiden Probleme sich überlappen, indem Terroristen mit oder ohne Unterstützung eines unberechenbaren Despoten atomare, chemische oder biologische

Waffen einsetzen. Die Unruheherde der Welt sind heute nicht mehr nur irritierend oder lästig, sondern unmittelbare, potenziell höchst zerstörerische Bedrohungen für Amerika selbst und werden auch so wahrgenommen.

Vereinfacht diese singuläre Perspektive zu stark? Wie im Kalten Krieg kann und wird sie nicht die einzige Leitlinie der Außenpolitik sein. Amerika und die übrige Welt stehen vor zu vielen weiteren Problemen, die lediglich zum Teil mit dem Kampf gegen Bedrohungen der globalen Sicherheit zusammenhängen. Zum Beispiel könnte auch eine mögliche Auseinandersetzung mit China wegen Taiwan eine große Gefahr bedeuten und entweder bereits den Auftritt einer neuen Weltmacht ankündigen oder vielleicht, wie das dritte Kapitel ausführen wird, von einer innenpolitischen Labilität Chinas zeugen. Auch Finanz- oder Wirtschaftskrisen in gewichtigen großen Staaten wie Japan, Brasilien, Indonesien oder Russland könnten gefährliche politische Verwerfungen herbeiführen, denen es zu begegnen und besser noch vorzubeugen gelte. Doch auch wenn die amerikanische Politik jene anderen heiklen Problemfelder zweifellos genau im Auge behalten wird, dürfte die erwähnte singuläre Perspektive in nächster Zeit den stärksten Einfluss auf sie haben. Und schließlich exemplifiziert sie ja, warum die Welt überhaupt eine führende Macht wie Amerika benötigt: weil jedes zwischenmenschliche Chaos sich über den ganzen Erdball ausbreiten kann wie eine Seuche, was die erste Hälfte des 20. Jahrhunderts reichlich bezeugt, und die moderne Technik in diesem Fall ein wahrhaft beängstigendes Ausmaß der Zerstörung gewärtigen ließe.

Die singuläre Perspektive geht indes mit den gleichen Stärken und Schwächen einher wie die des Kalten Kriegs, wobei die Mängel besonders ins Auge springen werden, auch wenn man heute noch nichts über ihre Größenordnung und Bedeutung sagen kann. Bei einer Politik der Bekämpfung und Ausschaltung des internationalen Terrorismus sowie dem Bemühen, die Entwicklung von Massenvernichtungswaffen durch Despoten zu unterbinden, könnte es unter dem dann herrschenden Druck durchaus zu übereilten Militärschlägen kommen. Noch wahrscheinlicher ist jedoch, dass CIA, National Security Agency, FBI oder die Armee im In- und Ausland kleinere subversive oder manipulative Aktionen durchführen werden. Daneben droht ein neues Unheil, das sich bereits in Israel und Indien abzeichnet: Andere Länder könnten versuchen, das simple Konzept des Kriegs gegen den Terror auszunutzen, um eigene Maßnahmen zu rechtfertigen.

Und wo liegen die Stärken? Vor allem in der klaren Zielsetzung und festen Entschlossenheit: Wenn das außenpolitische Interesse Amerikas in den neunziger Jahren erlahmt war, so einten die terroristischen Anschläge das Land plötzlich wieder hinter einem Engagement in Übersee. Überdies führte die Furcht vor einem gemeinsamen Feind, ähnlich wie einst im Kalten Krieg, sofort nach den Anschlägen vom 11. September viele Verbündete an die Seite Amerikas. Das Terrornetzwerk Al-Qaida bedroht alle, denn es stellt seit inzwischen einem Jahrzehnt seine Bereitschaft unter Beweis, weltweit mörderische Anschläge zu verüben und dabei beliebig viele zivile Opfern in Kauf zu nehmen. Zwar ist meist Amerika Ziel der Aktionen – seine Botschaften, Kriegsschiffe oder das World Trade Center –, aber es kamen auch Bürger anderer Staaten zu Tode. Und viele der beteiligten oder aufgespürten Terroristen hatten ihren Wohnsitz außerhalb Amerikas – in Großbritannien, Frankreich, Deutschland, Italien, Singapur und so fort.

Gerade in ihrer Diffusität liegt jedoch auch die Problematik dieser Bedrohung. Anders als bei einem feindlichen Staat wie einst der Sowjetunion wird es immer schwer ermittelbar sein, ob sie zu- oder abgenommen hat, ob Gegenmaßnahmen anschlugen oder nicht. Daher dürfte ihre bündnisbildende Kraft von der jeweiligen Lagebeurteilung abhängen. So traten schon im Lauf des Jahres 2002 Spannungen zwischen Amerikanern und Europäern auf, die sich weitgehend durch unterschiedliche Einschätzungen der Gefahr neuer Terroranschläge erklären lassen. Ein Vorteil des messianischen oder islamistischen Terrorismus liegt freilich darin, dass die Front gegen ihn potenziell viel geschlossener ist, als es das westliche Bündnis im Kalten Krieg war: Sie wird neben den Staaten der Europäischen Union und Japan aller Wahrscheinlichkeit nach auch Russland, eine Vielzahl von Entwicklungsländern (die sich im Kalten Krieg meistens für »nicht linientreu« erklärten) und in gewisser Hinsicht auch China umfassen. Im Übrigen könnte jedes Attentat der Terroristen das Bündnis gegen sie neuerlich stärken. Dagegen steht jedoch, dass die Auffassungen der Alliierten darüber, ob jene singuläre Perspektive die Politik völlig beherrschen oder nur ein Schwerpunkt unter anderen und gegen diese abzuwägen sein sollte, zuzeiten voneinander abweichen dürfte.

Solche Meinungsverschiedenheiten hatte es zwar auch schon im Kalten Krieg gegeben, doch diesmal könnte die Diffusität und Untergründigkeit der terroristischen Gefahren sie vertiefen. Ähnliches gilt, vielleicht in noch verstärktem Maße, für jenen anderen Aspekt der singulären Perspektive: das Bemühen, so genannte Schurkenstaaten und Massenvernichtungswaffen unter Kontrolle zu halten. Zwischen den Verbündeten mag strittig sein, welche Staaten wirklich zu den üblen Schurken gehören und welche nur um ihrer Sicherheit willen auf Abwege geraten und solche Waffen erwerben. Präsident Bush prangerte 2002 vor allem Irak, Iran und Nordkorea an. Ein paar Jahre zuvor hätte er vielleicht Pakistan und Libyen hinzugenommen. Gewiss werden die Verbündeten auch darüber heftig diskutieren, wie man mit solchen Staaten verfahren sollte, was die beste Mischung aus Diplomatie, ökonomischen und militärischen Maßnahmen ist und welche Länder noch als Partner im Krieg gegen den Terrorismus gelten dürfen. Im Jahr 2002 drohten sowohl Israel als auch Indien die Bündnisse Amerikas zu spalten, da man sich uneins in der Frage war, ob man den Kampf dieser Länder gegen den Terrorismus unterstützen oder darauf drängen sollte, Friedensgespräche mit jenen aufzunehmen, die selbst Terror anwandten (den Palästinensern respektive Pakistanis).

Daraus folgt, dass Amerika abwägen muss zwischen Bewahrung und Pflege seiner Bündnisse, um sich seine Aufgabe zu erleichtern, und gelegentlichen Alleingängen, um entschlossen und ungehindert handeln zu können. Washington wird also entscheiden müssen, wie hegemonial es denn sein will. Die Vergangenheit legt nahe, dass man wahrscheinlich eigenwilliger reden als handeln wird. Eine weitere Komplikation ergibt sich daraus, dass zugleich andere internationale Probleme auf der Tagesordnung stehen – darunter der Treibhauseffekt, die Liberalisierung des Handels, die Geldwertstabilität, die Armut in der Dritten Welt, der Aufstieg Chinas und die Kriege in Afrika. Amerika wird wie nach dem Zweiten Weltkrieg entscheiden müssen, ob ein Engagement bei diesen Aufgaben den eigenen Zielen dienen oder schaden würde.

Ein Risiko für Amerika liegt darin, dass sein Tun (oder, bei den größeren Herausforderungen, sein Lassen) andere Staaten provozieren könnte, sich gegen es zusammenzuschließen – wobei ein solcher Trend wiederum die Bereitschaft der USA beeinträchtigen würde, sich weiter international zu engagieren. Ein weiteres Risiko bildet der Einfluss dieser Anstrengungen auf die Wirtschaftskraft der Vereinigten Staaten: Könnte ein neues Wettrüsten, verbunden mit der nochmaligen Zunahme von Auslandsaufgaben, Amerika auf Dauer schwächen wie zuvor andere Weltmächte? Daraus ergibt sich schließlich die wichtigste Frage von allen: Was kann Amerika im Umgang mit den Turbulenzen und dem Terrorismus letztendlich erreichen? Wird es erneut Frieden schaffen und die Terroristen und Despoten in Schach halten? Oder könnten seine Maßregeln faktisch die inneren Grenzen der Militärgewalt offenbaren und zeigen, dass selbst der bislang stärkste Staat der Welt gegen solche Bedrohungen machtlos ist?

Die erwähnten Gefahren und Risiken sollen zwar nachfolgend und besonders in den nächsten vier Kapiteln den roten Faden dieser Studie bilden, aber einen der Punkte muss ich hier schon ansprechen: das Problem, ob die amerikanische Wirtschaft belastbar genug sein wird, um dem Druck eines größeren militärischen Engagements in Übersee und damit auch höherer Rüstungsausgaben ohne Rückschläge standzuhalten. Mit anderen Worten: Wird die führende Militär- auch die führende Wirtschaftsmacht der Welt bleiben?

Schließlich hatten schon in den achtziger Jahren viele diagnostiziert, dass Amerika im Begriff sei, seine wirtschaftliche Vormachtstellung einzubüßen. Die Ölkrisen der Siebziger verbunden mit dem von der Finanzierung des Vietnamkriegs ausgehenden Inflationsdruck hatten bereits das Wachstum der Produktion wie auch der Produktivität verlangsamt und den Anschein erweckt, als seien Amerikas Unternehmer respektive seine Wirtschaft erschöpft. So entstand in der Folge ein gewaltiges Zahlungsbilanzdefizit, die Staatsschulden stiegen, und ausländische Investoren kauften Firmen und Immobilien auf. All das geschah, während sich die USA noch in einem kostspieligen Wettrüsten und globalen Konkurrenzkampf mit der UdSSR befanden, bei dem Präsident Ronald Reagan mit der Raketenstationierung im Ausland und dem Projekt »Star Wars« für einen weltraumgestützten Abwehrschirm den Einsatz noch erhöht hatte. Der seinerzeit in Yale lehrende britische Historiker Paul Kennedy untersuchte diese Kombination aus wirtschaftlicher Schwäche und ehrgeizigen Rüstungsprogrammen und wies in dem 1988 veröffentlichten Buch *Aufstieg und Fall der großen Mächte* darauf hin, dass eine derartige »Überdehnung des Imperiums« schon andere Großmächte zu Fall gebracht habe und auch den Niedergang Amerikas herbeiführen könne.

Darüber hinaus beanstandeten andere Kommentatoren, dass die Amerikaner im Unterschied zu den gewieften Japanern an einem veralteten Wirtschaftsmodell festhielten. Ihnen zufolge schienen die Amerikaner nicht zu begreifen, warum Staaten ihre Unternehmen mit industriepolitischen Vorgaben lenken, Arbeitnehmer vor dem sozialen Chaos mutwilliger Kündigungen schützen und die Finanzmärkte von der Fixierung auf kurzfristige Quartalsgewinne abbringen müssen, um langfristige Investitionen nicht allein dem Management aufzubürden. Ein »Analyst« nach dem anderen zählte vor, in wie vielen Jahren oder Monaten

Japan die Vereinigten Staaten als führende Wirtschaftsmacht abgelöst haben würde. Und selbst als das nicht planmäßig eintrat, übernahm Japan von Amerika den Rang als größte Gläubigernation und als das Land mit den höchsten Finanzanlagen in Übersee, während sich dort gewaltige Schulden besonders bei Japan auftürmten. Und nicht nur Japan würde die Vereinigten Staaten an schierer Wirtschaftsmacht übertreffen, denn China stand schon in den Startblöcken, um ein oder zwei Jahrzehnte später nachzuziehen.

Doch gegen Ende der neunziger Jahre bot sich ein völlig anderes Bild. An Kennedys Maßstab der »Überdehnung des Imperiums« gemessen führte der Niedergang der Sowjetunion zu einer erheblichen Abnahme der Rüstungsausgaben, die zwischen Mitte der achtziger und Ende der neunziger Jahre von sechs auf drei Prozent des Bruttoinlandsprodukts sanken, und daneben zu einer gewissen Entlastung bei den Auslandsverpflichtungen. Als der Druck nachließ, erstarkte die Wirtschaft insgesamt. Einige jener Maßnahmen, die in den Augen der Japanverehrer als Sünden galten, wurden nun regelrecht angebetet. Zwar kauften Ausländer nach wie vor amerikanische Unternehmen und Wertpapiere, aber das bewies jetzt Vertrauen in die Wirtschaft statt die Absicht, sich ihrer zu bemächtigen. Das Zahlungsbilanzdefizit blieb auf astronomischen Höhen, da Amerika netto Kapital und Waren importierte, doch das wiederum zeugte lediglich von der Zuversicht seiner Bürger, die mehr ausgaben, als sie verdienten. Dann beschleunigte sich das Wachstum, und die Produktivität stieg rasant. Gestützt auf das Internet und sonstige Informationstechniken blühten die Finanzmärkte, Unternehmen kauften wie wild Computer und Programme, und eine »new economy« war geschaffen.

Nun bot sich Amerika wieder als Führungsmacht dar, zumal seine Konzerne den neuen Markt für Software aller Art dominierten, Asien wichtige Segmente des Halbleitergeschäfts abjagten und ihr Management auch in den älteren Branchen strafften. Was dieses moderne Land damit augenfällig brauchte, war keine staatliche Lenkung, sondern vielmehr eine flexible Wirtschaft mit liberalem Kündigungsrecht und möglichst geringen Auflagen. Zugleich hieß es, dass sich Börsen besser als Banken oder andere Kreditinstitute eigneten, um den Managern die nötigen Maßregeln und Anreize zu geben. Zur Förderung dieser Denkweise trug massiv bei, dass sich Japan noch nicht ganz vom Krach seiner Finanzmärkte im Jahr 1990 erholt hatte und auch die Europäische Union nur schleppend vorankam. Verglichen mit dieser Konkurrenz sah Amerika wie der eindeutige Gewinner aus.

Doch seit den turbulenten Zeiten von 1999 und 2000 ist etwas vom Glanz der amerikanischen Wirtschaftsmacht abgebröckelt. Die Konkurse häufen sich, die Arbeitslosigkeit steigt, und die Aktienkurse sinken oder stagnieren. Auch wenn kaum zu befürchten ist, dass sich in der ersten Dekade des 21. Jahrhunderts die große Depression der dreißiger Jahre wiederholen wird, dürfte die hohe Schuldenlast des privaten und öffentlichen Sektors die Wirtschaft kaum so stark zur Entfaltung kommen lassen wie in den neunziger Jahren. Während neue Erfindungen – etwa in den Bereichen Computerwesen, Telekommunikation, Biotechnik und Energiewirtschaft – die Investitionen und den Konsum anregen müssten, könnten andere Faktoren – insbesondere die Verschuldung und Überkapazitäten der Industrie – hemmend wirken.

Geschicke und deren Wahrnehmung wechseln von Jahr zu Jahr, doch in diesem Buch möchte ich über die kurzzeitige Perspektive hinausgehen und die Basis für eine längerfristige Betrachtung legen. Wie lässt sich von Amerikas derzeitiger Stärke auf sein künftiges Durchsetzungsvermögen schließen? Derlei Schlüsse sind oft irreführend. Anfang des 19. Jahrhunderts war China die bedeutendste Wirtschaftsmacht der Erde, leitete daraus aber keinen Führungsanspruch ab; Anfang des 20. lief Amerika diesen Rang Großbritannien ab, jedenfalls gemessen am Bruttoinlandsprodukt pro Kopf der Bevölkerung, übernahm die politische Führungsrolle aber erst fünfzig Jahre später (als sein BIP bereits den anderhalbfachen Wert des britischen erreicht hatte). Demnach kommt es nicht allein auf die Größe und den Wohlstand an, sondern auch auf die Bereitschaft und Fähigkeit, beide gegenüber dem Ausland geltend zu machen.

Allerdings muss man sich auch folgendes Paradoxon vor Augen halten: Die »imperiale« Rolle Amerikas, für die Wahrung des Weltfriedens und den Ausbau der Globalisierung durch freien Handel und Kapitaleinsatz einzustehen, kann ihrem Wesen nach nur darauf hinauslaufen, den wirtschaftlichen Vorsprung der USA allmählich schrumpfen zu lassen. Je stärker sich Frieden und freier Handel durchsetzen, desto wahrscheinlicher dürften andere Länder beim Wohlstand und der Produktivität mit den Vereinigten Staaten gleichziehen.

Genau das geschieht seit 1945 tatsächlich, jedoch nur im erlesenen Kreis der Industriestaaten. Das Ende des Zweiten Weltkriegs sah Amerika auf dem Höhepunkt der Dominanz, da die vor dem Krieg starken Volkswirtschaften Westeuropas und Japans jetzt in Trümmern lagen. 1950 erzielte sein Bruttoinlandsprodukt pro Kopf das Doppelte des europäischen Durchschnitts und das Fünffache dessen Japans, doch 1992 hatten sich diese Zahlen auf das 1,2- respektive 1,1-fache nivelliert. Die deutliche Annäherung brachte beiden Seiten fast nur Vorteile und ging in hohem Maße auf Initiativen Amerikas zurück, den Handel und die Demokratie zu fördern. So waren viele Länder, die in den dreißiger Jahren diktatorische Regimes besaßen – Deutschland, Italien, Japan, Spanien, Portugal, Griechenland und schließlich Sowjetrussland –, spätestens in den Neunzigern demokratisch verfasst. Die amerikanische Politik der Vierziger und Fünfziger zielte ausdrücklich nicht auf die Bestrafung, sondern vielmehr auf die Rehabilitation besiegter Staaten. Diesem Zweck diente sowohl das Allgemeine Zoll- und Handelsabkommen als auch der Aufbau von Institutionen zum Schutz der Geldwertstabilität wie etwa dem Internationalen Währungsfonds oder der Weltbank. Hinzu kamen eigene Kreditprogramme wie der Marshallplan.

Wie noch zu zeigen sein wird, dürfte das wahrscheinlichste – und gewiss beste – Ergebnis für das nächste halbe Jahrhundert, bei weiter freiem internationalen Handels- und Kapitalverkehr, darin bestehen, diese Errungenschaften auf weite Teile der übrigen Welt zu übertragen, um es Staaten wie Indien, China, Nigeria, Mexiko, Pakistan, Indonesien, Südafrika und/oder anderen zu ermöglichen, den enormen Abstand zum reichen Amerika zu verringern. Ähnlich wie schon 1945 bis 2000 dürften das Wachstum und die Entwicklung Amerikas stark von einem gleichzeitigen Aufschwung in den ärmeren Teilen der Welt profitieren.

Wenn alles gut geht, sollte also die wirtschaftliche Dominanz Amerikas schrumpfen. Doch wie stünde es dann um sein Potenzial, die Wirtschaftskraft für politische Zwecke einzusetzen? Um das zu untersuchen, müssen wir eigentlich über zwei ökonomische Dimensionen nachdenken: Zum einen das Leistungsvermögen der Vereinigten Staaten und zum anderen das Ausmaß der darauf zu stützenden weltweiten Verpflichtungen und Interessen – also um nochmals mit Paul Kennedy zu sprechen, die Belastbarkeit des Imperiums. Konzentrieren wir uns zunächst ganz auf den ersten Aspekt, so gilt es zu ermitteln, welches Wundermittel das Leistungsvermögen erhalten wird, um dann über seine Nutzung zu spekulieren. Doch selbstverständlich geht es so nicht. Niemand kann voraussagen, inwieweit makroökonomische Maßnahmen das Wachstum des Landes fördern oder hemmen werden. Die Erfahrung zeigt, dass alles möglich ist, je nach den Marotten und Irrtümern von Politikern und Beamten. Allerdings lässt sich eine auffällige Abweichung der amerikanischen Wirtschaft gegenüber denen anderer Länder beobachten, in der sich die großen Stärken der neunziger Jahre widerspiegeln, was die Aussichten eher gut erscheinen lässt.

Die maßgebende Besonderheit Amerikas liegt darin, dass man sich dort relativ wenige Sorgen um die Übel dessen macht, was Kritiker die »zügellose Marktwirtschaft« und Anhänger einfach nur »Kapitalismus« nennen. Dieser zehrt, so der österreichische Ökonom Joseph Schumpeter, von Zyklen »kreativer Vernichtung«, dank deren das Alte, Fehlerhafte durch Konkurs, Schließung, Arbeitsplatzabbau, Verkauf und Übernahme ausgelöscht wird, um so frei werdende Mittel für die Erschließung neuer Gebiete, Märkte, Techniken und Ideen zu nutzen. Schumpeter sagte in der ersten Hälfte des 20. Jahrhunderts voraus, dass die »Orgien« der Vernichtung dereinst zum Sozialismus führen würden. Doch in den USA, wo es viel wilder zuging als andernorts, kam es trotz einiger heftiger Arbeitskämpfe in der ersten Hälfte des 20. Jahrhunderts nicht dazu. Dort kämpfen Gewerkschaften gegen Betriebsstilllegungen und Entlassungen, regeln auch Gesetze den Kündigungsschutz und die Mindestlöhne, wie Sozialisten es fordern könnten. Im Übrigen gelten strenge Vorschriften über die Gesundheit und Sicherheit am Arbeitsplatz, flankiert von ebenso strengen Umweltauflagen mit Schadenersatzpflicht und Strafandrohung bei Verstößen. Doch im Unterschied zu anderen Ländern blockieren diese Auflagen die Unternehmen nicht. Konkurse wirken fast nicht stigmatisierend, Firmen können Arbeitskräfte einstellen und schon im nächsten Jahr einige wieder entlassen, wenn sich dieser Schritt als falsch erweist. Die Folge ist eine außerordentliche Vielseitigkeit und Flexibilität, um immer neue Möglichkeiten und Angebote zu nutzen.

Das verschaffte Amerika gegenüber anderen reichen Ländern einen Vorsprung. Dennoch trugen ab Ende der siebziger Jahre mehrere Regierungen nacheinander durch eine Anzahl von deregulativen Maßnahmen dazu bei, dieses Potenzial gegenüber der Konkurrenz noch stärker auszubauen. Vermutlich ebneten diese Reformen, zusammen mit einer besseren Bekämpfung der Inflation durch den Zentralbankrat, den Weg für die wirtschaftliche Erholung des Landes in den neunziger Jahren. Wird das besagte Potenzial fortbestehen? Dazu gibt es eine Reihe von Expertisen, sogar differenziert nach Segmenten, Branchen, Techniken und Einzelstaaten, doch im Endeffekt läuft alles auf ein paar ganz einfache Punkte hinaus.

Einer dieser Punkte, teils Ursache, teils bloß Symptom, ist eine gesellschaftliche Frage. Wird die Masse der Amerikaner auch in Zukunft jene Phasen »kreativer Vernichtung« und damit jene

Form des Kapitalismus hinnehmen, die manche Europäer für unerträglich brutal halten? Derzeit sieht es jedenfalls nicht so aus, als wollten sie dagegen anrennen. Es gibt keine Bewegung für mehr Schutzrechte, lediglich lokale und sektorale Forderungen nach Schutz vor Importen, wie 2002 in der Stahl- und Agrarbranche. Trotz heftigen Widerstandes gegen Änderungen im Sozial- und Krankenversicherungswesen stieß die in den neunziger Jahren seitens der Clinton-Administration eingeführte Senkung der Sozialhilfesätze kaum auf ernsthafte Opposition. Ein weiteres Indiz liegt darin, dass immer mehr Menschen in Richtung USA streben: Wenn das Fehlen »sozialer Schutzrechte« etwas wahrhaft Schreckliches wäre, würde dann ein so großer Andrang herrschen? Dagegen könnten Europäer einwenden, dass viele der Bewerber aus Ländern stammen, in denen noch schlimmere Verhältnisse herrschen. Das trifft zwar zu, aber heute gut situierte Amerikaner könnten das Land verlassen, wenn ihnen der Sinn danach stünde. Allerdings gibt es keinerlei Anzeichen für eine massenhafte Abwanderung, weder in der Flaute 1975 bis 1990 noch selbstverständlich in der Blütezeit nach 1990.

Andere soziale Probleme haben sich in der Vergangenheit als brisant erwiesen und könnten in Zukunft erneut aufflackern: die Rassenunruhen der sechziger bis siebziger und die in Elend und Kriminalität versinkenden Slums der achtziger Jahre; Drogenhandel und damit verbunden Bandenkriege, die Spannungen zwischen Schwarzen und Weißen. Sie und nicht die Brutalität des Kapitalismus führten zur wichtigsten Sozialrechtsreform der Zeit nach 1945, dem »großen Gesellschaftsprojekt« Lyndon Johnsons. Nur Roosevelts »New Deal« der dreißiger Jahre hatte die Launen des Kapitalismus als ein wahrhaft schwer wiegendes, die Tagesordnung prägendes Thema behandelt, doch das geschah im Ausnahmezustand der großen Depression. Wenn also jene anderen gesellschaftlichen Bürden in Zukunft nicht derart überhand nehmen, dass sie die soziale und politische Stabilität des Landes insgesamt gefährden, dürften sie die langfristigen wirtschaftlichen Aussichten Amerikas kaum beeinträchtigen. Ihnen kommt zwar für sich eine große Bedeutung zu, jedoch ohne direkten Einfluss auf die Wirtschaft.

Allerdings ergibt sich ihr Einfluss aus einem anderen einfachen Aspekt, namentlich dem, dass die Achillesferse Amerikas längerfristig im Bildungswesen liegt. Die oben erwähnten sozialen Probleme resultieren nicht nur aus dieser Schwäche, sondern tragen auch zu ihrer Festschreibung bei. Indessen zählt die Bildung auch zu den Stärken Amerikas, da sein Erziehungssystem die ganze Bandbreite von trostlos bis hervorragend abdeckt. Das Land hat, besonders in den ärmeren Regionen, eine schwache Bilanz bei den staatlichen Schulen. Doch beherbergt Amerika gewiss die in allen denkbaren Disziplinen besten Universitäten der Welt und hat auch ein makelloses Tertiärsystem, von staatlichen Fachhochschulen bis zu kommunalen Colleges.

Nun besteht ein Risiko darin, dass eine minderwertige Ausbildung der breiten Masse die Entwicklung der Produktivität hemmen könnte, womit es amerikanischen Unternehmen nicht mehr gelänge, die Billigkonkurrenten in Übersee durch höhere Qualität und Geschick in ihre Schranken zu verweisen. Eines der Rätsel des Produktivitätssprungs Ende der neunziger Jahre liegt darin, wie es der Industrie gelang, scheinbar immer mehr ungelernte Kräfte einzustellen, die zuvor wegen ihrer mangelhaften Ausbildung als untauglich gegolten hatten, und dennoch ein rasantes Wachstum der Produktivität zu erreichen. Wahrscheinlich muss man das besagte Wachstum, zum Teil wenigstens, als ein Trugbild ansehen.

Auch birgt das mögliche Abgleiten von Spitzenuniversitäten wie Stanford, Harvard, Yale, Princeton, Cornell, Caltech und MIT eine weitere Gefahr. Wenn es dazu käme, wäre es wirklich an der Zeit, über den künftigen Niedergang Amerikas zu spekulieren. Eine derartig verheerende Entwicklung könnte sich einstellen, sofern Lehre, Forschung und industrielle Nebenprodukte der Universitäten durch andere Prioritäten ersetzt würden. Wenn zum Beispiel die soziale Ungleichheit ins Zentrum des politischen Interesses rückte, vielleicht infolge von Krawallen und Unruhen, könnte es verlockend genug sein, Abhilfe zu schaffen, indem man die Aufnahmeprüfungen lockert und dadurch für »mehr Gleichheit« beim Zugang sorgt, zugleich aber das universitäre Leistungsprinzip aufweicht. So würden, anders gesagt, die ohnehin schon schädlichen und umstrittenen Bemühungen um eine »aktive Förderung« ethnischer Minderheiten sogar noch ausgedehnt. Klüger wäre es indessen, die Primar- und Sekundarstufe besser auszustatten (auch finanziell), um jene Lern- und damit Qualifikationsdefizite abzubauen, die ja der Ungleichheit hauptsächlich zugrunde liegen. Doch könnte politische Ungeduld zu Flickschusterei führen, da sich Patentrezepte nun einmal rasch anwenden lassen; bleibt das Thema Ungleichheit dagegen im Hintergrund, ohne Wahlkämpfe zu dominieren, so dürfte sich stets die bedächtigere und bessere Lösung durchsetzen.

In den letzten Jahren war das meist der Fall, denn Amerikaner nehmen gewöhnlich weit mehr Ungleichheit in Kauf als die Bewohner anderer Industriestaaten, sie sind also bereit, in einem Land mit geringerer sozialer Absicherung gegen Erwerbslosigkeit und Armut zu leben und zu arbeiten. Darin deutet sich ein weiterer einfacher, aber bedeutsamer Aspekt für die zukünftige Entwicklung Amerikas an: Dort wird die Ungleichheit toleriert – sogar begrüßt –, weil sie mit wirtschaftlicher Flexibilität sowie mit dem Leistungsprinzip einhergeht. Die Tatsache, dass ein Unternehmer oder Firmenchef viele Millionen, wenn nicht gar Milliarden Dollar verdient, löst keine sozialen Krawalle aus, solange die Menschen annehmen, ihnen selbst oder ihren Söhnen und Töchtern stünden grundsätzlich die gleichen Aufstiegschancen offen. Verglichen mit der britischen, französischen oder deutschen ist die amerikanische Gesellschaft seit langem derart mobil oder weckt zumindest augenfällig diesen Eindruck. Das dürfte im 21. Jahrhundert ganz entscheidend für den Erhalt seiner Leistungsfähigkeit sein, denn es stärkt die nötige Toleranz gegenüber der »kreativen Vernichtung«.

Wie steht es nun mit jener anderen Gefahr, dass die Bürde der Führungsrolle immer schwerer auf Amerika lasten und es letzten

Endes niederdrücken und von seinem wirtschaftlichen Kurs abbringen könnte? Etwas Ähnliches wäre fast schon in den siebziger Jahren geschehen, als der hohe Kostenaufwand für den Vietnamkrieg die Inflation anheizte, was wiederum massiv auf die Investitionen und das Wirtschaftswachstum zurückwirkte. Gewiss könnte sich dergleichen wiederholen, falls der Kampf gegen den Terrorismus und die Ausbreitung von Nuklearwaffen mit langwierigen Kriegen einhergeht.

Allerdings sind hier auch zwei relativierende Aspekte zu berücksichtigen. Zum einen bedurfte es einer langen Zeitspanne und eines wahrhaft außergewöhnlichen Ereignisses im Umfeld des Kalten Kriegs – Vietnam –, damit sich dergleichen zutragen konnte. Kurz, das amerikanische System ist überaus belastbar und knickt nicht so leicht ein. Zum zweiten neigt die heute kaum noch regulierte und damit flexiblere Wirtschaft, zumal im internationalen Kontext des freieren Handels mit stärkerer Konkurrenz, weniger zur Inflation als noch in den siebziger Jahren – aus denen der Zentralbankrat das Nötige gelernt haben sollte, um wirksame Gegenmaßnahmen zu ergreifen. Diese Faktoren bürgen zwar nicht dafür, dass die Wirtschaft unbeeinträchtigt bleibt, und im Übrigen drohen ja stets unvorhersehbare Gefahren, doch vorerst gibt es keinen Grund anzunehmen, dass die amerikanische Wirtschaft ein sperriges Hindernis für die Außenpolitik darstellen wird oder umgekehrt.

Derlei einfache Elemente – Toleranz für die Härten des Kapitalismus, Einfluss der Erziehung, Akzeptanz des Leistungsprinzips – können zwar keine wirtschaftlichen Prognosen begründen, haben aber im Großen und Ganzen zur ökonomischen Ausnahmestellung Amerikas im letzten Jahrhundert beigetragen und werden auch im nächsten über sein Schicksal entscheiden. Dabei gibt es gute Gründe, optimistisch zu sein. Hinzu kommt, dass besagte Ausnahmestellung ganz entscheidend für das Selbstbild Amerikas ist. Grob gesagt, wanderten die Siedler und späteren Emigranten in die Neue Welt aus, um die Alte endgültig hinter sich zu lassen und eine bessere Gesellschaft aufzubauen. Ein Paradox des 20. Jahrhunderts lag darin, dass ihre Nachkommen schließlich wieder in diese Welt zurückkehren mussten, um die Verhältnisse dort zu ordnen.

Das taten sie mit bemerkenswertem Erfolg – doch werden auch ihre Nachkommen wiederum bereit sein, diese Führungsrolle auf sich zu nehmen und, um einen bekannten Ausspruch Jack Kennedys von 1961 zu zitieren, für Frieden und Freiheit »jede Last zu tragen und jeden Preis zu zahlen«? Vor dem 11. September 2001 lautete die Antwort eindeutig: Nein. Die Probleme der Welt zu lösen verhieß zu geringen und flüchtigen Nutzen für Amerikaner, als dass es der Kosten, der Mühe und der speziell militärischen Opfer wert gewesen wäre. Nachdem jedoch die Anschläge mit aller Klarheit eine neue Bedrohung aufgezeigt hatten, der man sich stellen musste, konnte es bei diesem Kalkül nicht bleiben. Jetzt waren die Amerikaner wieder bereit, Bürden auf sich zu nehmen und einen hohen Einsatz zu leisten.

So lautet zumindest die herkömmliche Lesart der Ereignisse. Doch tatsächlich bringt Amerika seit langem erhebliche Opfer. Noch in den späten neunziger Jahren, als längst die seit Ende des Kalten Kriegs angefallene »Friedensdividende« einbezogen war, belief sich sein Rüstungsetat mit jährlich gut dreihundert Milliarden Dollar auf mehr als das Anderthalbfache aller NATO-Partner und sogar das Fünffache der Pazifischen Alliierten zusammen genommen. China gibt offiziell jährlich rund fünfzehn Milliarden Dollar für Verteidigung aus: Selbst wenn man den Betrag verdoppeln oder verdreifachen würde, um versteckte Aufwendungen einzukalkulieren, ergäbe sich dennoch nicht mehr als ein Sechstel des amerikanischen Budgets, und das, obwohl die Vereinigten Staaten bis zum 11. September 2001 seit der Attacke auf Pearl Harbor 1941 keinen größeren Angriff auf eigenem Boden mehr erlebt hatten.

Ungeachtet der hohen Ausgaben herrschte in den neunziger Jahren weithin die Annahme, dass sich die amerikanische Öffentlichkeit prinzipiell gegen Militäreinsätze in Übersee sperrte. Das war oberflächlich betrachtet eine merkwürdige Unterstellung. Immerhin betreibt Amerika mit 725 Militäreinrichtungen im Ausland und weiteren 88 in eigenen Gebieten jenseits der fünfzig Bundesstaaten eine (wie es Militärexperten nennen) aufwendige »Vorwärtsentwicklung«, und es gab auch keine öffentlichen Forderungen, sie einzuschränken. Ernsthafte Opposition gegen die Stationierung amerikanischer Truppen regte sich nur in den Gastländern, aber nicht in der Heimat. Als die USA 1992 ihren großen Flottenstützpunkt von Subic Bay auf den Philippinen schlossen, geschah dies infolge örtlicher Anfeindungen und nicht wegen Bedenken innerhalb der eigenen Bevölkerung.

Allerdings bleibt die entscheidende Frage der Opfer. In den Augen der Amerikaner kommt es vor allem darauf an, ob ihren Soldaten im Ausland Gefahr droht, was schon oft genug der Fall war.

Amerikanische Kriegsgefallene

Erster Weltkrieg (1917–1918)	53 513
Zweiter Weltkrieg (1941–1945)	292 131
Koreakrieg (1950–1953)	33 870
Vietnamkrieg (1964–1973)	47 072
Beirut (1983)	241
Golfkrieg (1991)	148
Somalia (1992/93)	18
Saudi-Arabien/Khobar (1966)	19
Kosovokrieg (1999)	0
Afghanistankrieg (2001–2002)	~ 41

Quelle: Walter Russell Mead, »Special Providence«, US-Verteidigungsministerium

Doch insgesamt lässt sich sagen, dass die Zahlen der Kriegsgefallenen seit dem Ersten Weltkrieg bis zum Afghanistan-Einsatz merklich zurückgegangen sind. Der technische Fortschritt macht es möglich, den Einsatz von Bodentruppen weitgehend durch Luftangriffe zu ersetzen, und dann waren die Kriege der neunziger Jahre auch von völlig anderer Art als Vietnam oder Korea. Ist jedoch die Öffentlichkeit heute auch weniger bereit, Opfer hinzunehmen? Meinungsumfragen geben darüber keinen direkten Aufschluss. Allerdings hat eine Forschergruppe der University of Maryland im Rahmen ihrer Studie »Program on International Policy Attitudes« (PIPA) die Umfragedaten im Anschluss an sämtliche Medienberichte der neunziger Jahre über Opfer der amerikanischen Truppen ausgewertet und Folgendes herausgefunden: In der Woche nach den Todesfällen von Somalia trat nur eine Minderheit für sofortigen Rückzug ein. Laut Umfragen von CNN/USA Today, ABC und NBC befürworteten sogar 55, 56 respektive 61 Prozent, aufgrund der Vorfälle weitere US-Soldaten zu entsenden. Zwar lagen die Dinge beim Golfkrieg einfacher, aber hier zeigte sich ein engerer Zusammenhang zwischen Opfern und Intervention als im Fall Somalias. Nach dem Terroranschlag von Saudi-Arabien 1996 ergab die im Auftrag der Zeitschrift *Newsweek* durchgeführte einzige Umfrage mit direktem Bezug auf das Thema, dass 55 Prozent der Befragten trotz der Verluste die Fortsetzung der Militärpräsenz bejahten.

Daraus darf man schließen, dass die amerikanische Öffentlichkeit stolz auf ihre Streitkräfte in Übersee ist. Das folgt aus den PIPA-Umfrageanalysen, und allem Anschein nach ist die Öffentlichkeit sogar absolut erpicht auf solche militärischen Erfolge und fordert nach Verlusten eine schärfere Gangart. Allerdings sieht es so aus, als nähmen die Politiker und ihre Führungsriege einen anderen Standpunkt ein: Sie hat Vietnam das Fürchten gelehrt, zumal im TV-Zeitalter jeder Rückschlag sehr schnell und schmerzhaft sichtbar wird. Die Öffentlichkeit mag den Erfolg wünschen und auch bereit sein, die dafür erforderlichen Risiken längerfristig einzugehen, doch die Politiker befürchten, nicht zu Unrecht, für Misserfolge am Wahltag abgestraft zu werden – wie Jimmy Carter, der 1980 nach einem fehlgeschlagenen Stoßtruppunternehmen zur Befreiung amerikanischer Geiseln im Iran das Präsidentenamt verlor.

Generell müssen sich Politiker immer vor Augen halten, dass Auslandseinsätze eine schwierige Angelegenheit sind, da sie es meist nicht zulassen, klare Ziele zu formulieren und verbindlich zu definieren, an welchem Punkt man seine Truppen wieder zurückziehen oder das politische Engagement beenden kann. Die nach General Colin Powell, Generalstabschef des Golfkriegs und Außenminister Präsident George W. Bushs beim Afghanistankrieg, benannte Doktrin ist eine natürliche Reaktion darauf. Sie besagt, dass Amerika nur dann eingreifen sollte, wenn es bereit ist, alle erforderlichen Mittel aufzubieten und eine klare Rückzugsstrategie formulieren kann. Nähme man das wörtlich, so kämen Interventionen praktisch nicht mehr infrage, denn diese Klarheit ist kaum je erreichbar. Daher betrachtet man es besser lediglich als allgemeines Symptom einer beträchtlichen militärischen und politischen Vorsicht, die wahrscheinlich auch noch so raffinierte Techniken nicht ganz werden beseitigen können. Wie es die Generäle sind, die ihre Männer schützen wollen, so müssen vor allem Politiker und Diplomaten die Folgen eines Fehlschlags fürchten, da ihre innen- und außenpolitische Glaubwürdigkeit geschädigt wäre.

Doch auch das gilt seit dem 11. September nicht mehr, da sich nun die Erwartungshaltung der Öffentlichkeit gegenüber Politikern und Diplomaten verändert hat. Solange eine konkrete und akute Gefahrenlage zu bestehen scheint, dürften amerikanische Politiker – und auch Generäle – daher die politischen Konsequenzen der Untätigkeit für noch schlimmer halten als die demonstrativer Maßnahmen. Also werden sie weiter in Zentralasien kämpfen und auch in andere Konflikte eingreifen, sofern Terroristen aus diesen Kapital schlagen könnten. Und sie könnten es für fast unumgänglich halten, den Irak anzugreifen, um Saddam Hussein zu entmachten und die UNO-Resolution von 1991 gegen seine Rüstungsprogramme gewaltsam durchzusetzen. Zwar dürften die Generäle erneut warnen wie schon 2001–2002 im Fall Afghanistans, dann aber doch die Befehle der Politiker ausführen. Wie lange kann dieses Szenario einer konkreten und akuten Gefahr anhalten? Das lässt sich nicht voraussagen, denn es wird davon abhängen, ob weitere Terroranschläge folgen oder nach den Erkenntnissen der Geheimdienste bevorstehen. Doch wahrscheinlich bleibt es mindestens so lange bestimmend, wie sich Saddam Hussein im Irak an der Macht halten kann.

Zweifellos mögen es Amerikaner, als eine Macht zu gelten, mit der man weltweit rechnen muss, und sie genießen ihre Führungsrolle. Doch folgt daraus, dass sie zukünftig im Alleingang oder von oben herab handeln werden, ohne andere zu konsultieren? Das ist eine in Europa ziemlich weit verbreitete Annahme oder vielleicht Sorge. Das Interessante an den vielen nach 1945 von Amerika mit aufgebauten multilateralen Institutionen ist, dass Gremien wie der Internationale Währungsfonds, die Weltbank, die Vereinten Nationen und die Welthandelsorganisation unter anderem dazu beitragen, herrische Allüren Washingtons zu begrenzen. Doch ärgerlicherweise ermöglichen sie es umgekehrt anderen, sich gegen die USA zusammenzuschließen.

Experten für internationale Beziehungen beschäftigt besonders dieser Aspekt der Koalitionen gegen Amerika. Traditionelle Studien ergaben eine globale Tendenz zum Machtgleichgewicht und nicht zur erdrückenden Überlegenheit eines einzelnen Staates. Sofern das zuträfe, müsste man damit rechnen, dass andere Länder mit Allianzen auf die Macht Amerikas reagieren.

Doch im Großen und Ganzen ist das eher unwahrscheinlich – und zeichnet sich derzeit gewiss nirgends ab. Seit dem Ende des Kalten Kriegs hat die Schar der Verbündeten Washingtons zu- und nicht abgenommen. Angesichts eines solchen Kolosses, dessen weltpolitische Werte und Ziele keineswegs bedrohlich erscheinen, neigen offenbar die meisten Staaten nicht zur Konfrontation, sondern zur Kooperation. Weltwirtschaftlich gesehen ging überdies der Trend in den letzten Jahrzehnten verstärkt zur Annäherung an den amerikanischen Weg, nicht zuletzt deshalb, weil ja auch die Abhängigkeit vom Handel mit den USA selbst stetig zunahm. Ausnahmen bestätigen die Regel.

Wenn man Gelehrte über die Vorzüge multilateraler respektive unilateraler Beziehungen und über die Frage diskutieren hört, ob Amerika auf eigene Faust vorgehen oder mit den Partnern zusammenarbeiten sollte, kann man oft den Eindruck gewinnen, sie sprächen über militärische Strategien. Doch da liegt der Fall anders. Bei militärischen Angelegenheiten werden die USA immer dazu neigen, die Führungsrolle zu übernehmen, da ihre Streitkräfte denen der anderen technisch himmelweit überlegen sind und Kooperation prinzipiell die ohnehin schon knifflige Logistik des Kriegs zusätzlich kompliziert. Fern der eigenen Küsten dürften sie indes niemals ganz allein agieren, sondern müssen aus geographischen wie diplomatischen Gründen die Mitwirkung anderer suchen. Bei den großen internationalen Institutionen und Vertragsverhandlungen, also beim Konflikt zwischen nationaler Souveränität und multilateraler Kooperation, steht dagegen vielmehr zur Debatte, wie Amerika sich verhalten sollte – und wird.

Schließlich gehört zu multilateralen Beziehungen etwas mehr, als lediglich die eigenen Pläne absegnen zu lassen, nämlich ein kollektiver Entscheidungsprozess, den man nicht immer nach Belieben steuern kann. Für eine Supermacht ist das umso schwerer zu verdauen, als führende Größen gerne ihren eigenen Willen haben. Doch genau einem solchen Verfahren unterwarfen sich die Vereinigten Staaten 1947, als sie auf die Gründung des IWF und der Weltbank drängten und dann im gleichen Jahr das Allgemeine Zoll- und Handelsabkommen unterzeichneten. Zudem sind sie integraler Bestandteil der seinerzeit ebenfalls ins Leben gerufenen Einrichtungen der Vereinten Nationen, wenngleich Washington darin zumindest – als eines der »fünf ständigen« Mitglieder des Sicherheitsrates – ein Vetorecht gegenüber Resolutionen und Maßnahmen der UNO besitzt.

In der Regel ist die staatliche Exekutive (sprich: das Weiße Haus) eher bereit, sich auf solche multilateralen Verfahren einzulassen als der Kongress, der Beschlüsse häufig nicht ratifiziert. Zu den Beispielen hierfür gehören der Beitritt Amerikas zum Völkerbund 1919, die Initiative von 1949, das GATT zu einer stärkeren Welthandelsorganisation umzubauen, und das Kioto-Protokoll zum Treibhauseffekt (das der Senat 1997, somit lange vor dem Rückzug George W. Bushs aus den internationalen Gesprächen darüber im Jahr 2001, einstimmig abgelehnt hatte). Internationalen Abkommen muss der Senat mit Zweidrittelmehrheit zustimmen, und diese ist schwer zu erlangen. Infolgedessen haben nach 1945 viele Administrationen lieber, sofern der Kongress mitspielte, so genannte »Staatsverträge« geschlossen, die lediglich eine einfache Mehrheit erfordern.

Die Auswirkungen dieser Meinungsverschiedenheit werden noch dadurch verstärkt, dass gemäß der amerikanischen Verfassung das innerstaatliche Recht stets Vorrang vor internationalen Abkommen hat. In den meisten anderen Ländern liegt es dagegen umgekehrt. So kann der Kongress sie in allen Punkten abändern, und jedes dieser Abkommen bedarf einer Ratifizierung durch nationale Gesetze. Amerika ist also nicht bloß kein einzelner, einheitlicher Akteur, sondern die Gründungsväter haben die Verfassung auch ganz bewusst so angelegt, um zu verhindern, dass sich eine führende Staatsgewalt herausbilden kann. Die verschiedenartigen Elemente sollen für wechselseitige Kontrolle und Überwachung sorgen und gezielt alle Schritte der Exekutive prüfen. Auf dem internationalen Parkett sind die USA deshalb ein besonders schwieriger Fall, da andere Staaten einander gewöhnlich als souveräne Regierungen mit umfassender Handlungsvollmacht begegnen. Dagegen ist das amerikanische System ganz darauf angelegt, die Verhandlungsbefugnisse des Weißen Hauses zu beschränken.

Vor diesem Hintergrund erscheint es umso bemerkenswerter, dass die förmliche Übernahme der Führungsposition 1945 mit der Einrichtung einer solchen Vielzahl multilateraler Gremien und Verfahren einherging, fast wie in bewusster Selbstverleugnung. In der Wirtschaft war das verständlich, denn es spiegelte die damals herrschende liberale Ansicht wider, dass dezentrale Entscheidungsprozesse auf möglichst breiter Basis – freilich nach vereinbarten Gesetzen oder Regeln – den Interessen aller inklusive der Vereinigten Staaten am besten dienen. Auch wenn der Kongress nicht wünschte, dass die Welthandelsorganisation Schritte gegen amerikanische Unternehmen einleiten konnte – was ihm bei dem 1995 schließlich doch gegründeten Pendant nach wie vor ein Dorn im Auge ist –, und daher den Plan 1948 ablehnte, erkannte er nach den Erfahrungen der dreißiger Jahre an, dass freier Handel Amerika zum Vorteil gereichen würde. In diesem Sinne erschien das GATT als ein guter Anfang, da es in anderen Ländern nicht den Eindruck erweckte, Amerika wolle den Handel dirigieren. Ähnlich darf man den IWF und die Weltbank als eine Lösung der großen internationalen Währungsprobleme der zwanziger und dreißiger Jahre betrachten, die auch im Interesse Amerikas lag: Zum einen würde das Konzept umso mehr Akzeptanz finden, je mehr Nationen darin mitarbeiten konnten, und zum anderen bedeuteten diese Institutionen potenziell eine enorme Entlastung Amerikas. Für die Ökonomie gilt im Grund nach wie vor: Der IWF und andere Gremien nehmen Druck von den USA, doch aufgrund ihrer Finanz- und Wirtschaftskraft behalten sie maßgeblichen Einfluss darauf.

In anderen Bereichen scheinen die multilateralen Einrichtungen Amerika jedoch nicht so gute Dienste zu leisten. Zwar hat es bei Projekten wie dem internationalen Seerecht und dem neuen Strafgerichtshof das Seine beigetragen und oft gestaltend eingegriffen, sich dann aber offiziell herausgehalten, um ja keine Nachteile zu erleiden: Man plant die globalen Verfahren und Regeln mit, befolgt sie *de facto* auch oft, behält sich indes *de jure* vor, sie gegebenenfalls außer Acht zu lassen, um anders zu handeln und Sanktionen zu umgehen.

Die erwähnte Debatte über unilaterale oder multilaterale Beziehungen betrifft demnach keine prinzipielle, sondern lediglich eine graduelle Alternative. Im Großen und Ganzen hat sich der differenzierte Umgang mit ihr bewährt, für die Staatengemeinschaft ebenso wie für Amerika. Allerdings könnte man bald in ein schwierigeres Fahrwasser geraten, denn vieles weist darauf hin, dass gewisse Entwicklungen und Stimmungen in Amerika künftig zusammenwirken, um das Gewicht zugunsten unilateraler Akzente zu verschieben – und das gerade zu einer Zeit, in der sich die Welt in die Gegenrichtung bewegt.

Sofern die Globalisierung anhält, müssten immer mehr Länder

imstande sein, zu wachsen und sich industriell weiterzuentwickeln, was – wie oben dargelegt – die Kluft gegenüber den USA verringern wird. Das mag in militärischer Hinsicht nicht gelten, da der Vorsprung hier sowohl technisch als auch finanziell enorm groß ist. Auch wenn nicht alle Staaten wirtschaftlich aufholen werden, so doch gewiss viele, und diese dürften dann nicht nur mehr Einfluss auf die Weltwirtschaft nehmen, sondern auch ein stärkeres Mitspracherecht in den internationalen Einrichtungen fordern. Zwar könnte eine solche Entwicklung als ein beachtlicher Erfolg der Vereinigten Staaten gelten (und mag sogar von künftigen Administrationen als Ziel formuliert werden), würde jedoch ihr Bekenntnis zur multilateralen Kooperation auf eine schwere Probe stellen. Sie hätten jetzt ihre Überlegenheit weitgehend eingebüßt, und der Hauptnachteil multilateraler Konzepte für eine Supermacht – die Formierung einer Gegenmacht – nähme dadurch bedrohliche Züge an.

Im Kalten Krieg geschah nichts dergleichen, da die ökonomisch erfolgreichen Länder ihr Heil allein im starken Zusammenhalt sahen, doch seit dessen Ende gab es viele Zusammenschlüsse gegen Amerika – besonders in Handels- und Umweltfragen, bei denen die Europäische Union und Japan gemeinsam mehr Gewicht besitzen als die Vereinigten Staaten. Da die Supermacht sowohl militärisch als auch kulturell fast allgegenwärtig ist, bildet sie natürlich eine hervorragende Zielscheibe für Kritik, Hohngelächter und Schuldzuweisungen. Das ärgert viele Amerikaner, die ihr Land als ein Ideal ansehen, dem alle nachstreben sollten, und naturgemäß ohnehin alles auf ihre eigene Art geregelt sehen wollen. Im Übrigen neigen sie zur Hybris, und die Lobbys aller möglichen Interessengruppen versuchen ständig, die Außenpolitik in ihrem Sinne zu beeinflussen. Wenn man dabei noch die Vorbehalte der amerikanischen Verfassung gegen internationale Verträge und Institutionen mit einbezieht, ergeben sich Spannungen fast von selbst, und es liegt auf der Hand, dass die USA ihr Heil in unilateralen Maßnahmen, gewisse andere Staaten dagegen im Zusammenschluss suchen.

In der scheinbar noblen und gewiss feudalen Welt akronymbeladener Weltorganisationen wie des IWF und der Weltbank mag sich diese Verschiebung nicht verheerend auswirken, könnte jedoch unangenehme Folgen haben und angemessene Reaktionen auf Krisen verhindern. Für den Welthandel wäre sie schon schädlicher, zumal wenn sie direkt das Wirtschaftswachstum beeinträchtigen und die Globalisierung zum Teil wieder rückgängig machen würde.

Wirklich katastrophal wären solche Verwerfungen bei den internationalen Maßnahmen gegen die Verbreitung atomarer und biologischer Waffen. Abkommen dieser Art bestehen vor allem aus Ermahnungen und Versprechungen, deren wesentliches Element das Vertrauen darauf ist, dass alle Beteiligten sich daran halten. Die Einhaltung dieser Verträge ist schwer nachprüfbar und in Extremfällen sogar kaum zu erzwingen, wie die UNO in den neunziger Jahren bei ihren Waffeninspektionen im Irak und in Nordkorea feststellen musste. Wenn sich nun die führende Weltmacht weitgehend aus den Regelungsmechanismen zurückziehen würde in der Hoffnung, dass andere auch ohne ihr besonderes Engagement vertragstreu bleiben, wird es zu Verstößen kommen, sodass die Abkommen bestenfalls noch Makulatur wären – wenn sie am Ende nicht sogar genau das fördern, was sie eigentlich verhindern sollten.

Diese Aussicht mag Amerika davon abhalten, in diesem Bereich der Außenpolitik zu sehr auf unilaterale Prinzipien zu setzen. Wenn man tatsächlich gegen den Irak zu Felde zieht, so wäre das eine unilaterale Maßnahme im Dienste multilateraler Ziele. Vorausgesetzt, dadurch käme es im Irak zum erwünschten Regimewechsel, sollten die USA anschließend möglichst schnell eine internationale Konferenz einberufen, um neue multinationale Schritte zur Durchsetzung der Nichtverbreitungsabkommen in die Wege zu leiten. Da Moskau Washington seit dem 11. September viel freundlicher gesonnen ist und sich auch andere Großmächte wie China durch den Terrorismus und die zügellose Verbreitung von Kernwaffen für verwundbar halten, sollte eine solche Konferenz ganz gute Erfolgschancen haben – das heißt, sofern die Amerikaner ihr wachsendes Missfallen an Verträgen überwinden können.

Die USA werden gewiss auch in Zukunft bereit sein, ihre Streitkräfte im Ausland einzusetzen und dabei selbst Opfer in Kauf zu nehmen. Der 11. September 2001 hat ihnen eine einzigartige ganz klare Perspektive für außenpolitische Zielsetzungen und den konsequenten Einsatz ihrer Macht eröffnet. Diese mag ihren Verbündeten zwar ebenfalls als Leitmotiv dienen, allerdings mit schwankender Intensität. Amerika wird sich seine internationalen Engagements zwar weiterhin leisten können und wirtschaftlich potent bleiben, zugleich aber zunehmend auf unilaterale Prinzipien setzen, um dem wachsenden Gewicht anderer Staaten zu begegnen. Mit dieser Einschränkung dürfte die Führungsmacht USA ein großer Hoffnungsträger für den Rest der Welt bleiben, auch wenn es zu Spannungen kommen wird.

Solche freundlichen Prognosen hören sich theoretisch bestens an, doch die Realität ist unerbittlich. Auch wenn Amerika willens und fähig ist, seine Macht einzusetzen: Wie groß sind die Erfolgsaussichten? In einem konventionellen Kampf wäre das ein klarer Fall, doch die mit entführten Flugzeugen verübten Selbstmordanschläge vom 11. September haben bewiesen, dass gewisse Gegner mit durchaus unkonventionellen Mitteln die militärische Supermacht USA angreifen können.

Die Bedrohung wächst mit der schieren Anzahl instabiler Länder. Wer meint, ein mächtiger Staat könne alles erreichen, was er will, muss nur in Richtung Israel und Palästina schauen, wo Amerika schlicht keine Handhabe besitzt, um die Ereignisse maßgeblich zu beeinflussen. Oder in Richtung Indien und Pakistan, wo in den letzten Jahren ständig ein bewaffneter Konflikt, vielleicht sogar ein Atomkrieg drohte. Unterdessen geraten die tektonischen Platten der Geopolitik bereits in Bewegung wie bei einem Erdbeben, da sich das bevölkerungsreichste Land der Welt, China, aus einer jahrhundertelangen Erstarrung löst, wohlhabender, stärker und zugleich auch ehrgeiziger wird. Sogar der Umgang mit den anderen Großmächten, den Europäern und den Japanern, dürften für die amerikanische Führungsriege fortan beileibe keine klare Sache mehr sein.

Jedenfalls wäre die Welt ohne amerikanische Führung noch viel schwieriger und chaotischer. In dieser Hinsicht hat das 21. Jahrhundert mit besseren Aussichten begonnen als das 20. Dank der Führungsrolle Amerikas speziell in Fragen der Sicherheit, aber auch der Wirtschaft, steht zu hoffen, dass heute die vom Terrorismus und von den Massenvernichtungswaffen ausgehenden Gefahren eingedämmt, wenngleich niemals völlig gebannt werden können und dass der allen zum Wohlstand verhelfende Prozess der Globalisierung andauert. Dennoch liegt der Schatten einer weiteren Frage über dem 21. Jahrhundert: Für wie viel Ordnung kann Amerika wirklich sorgen?

3. Chinas Ehrgeiz

Sooft man westliche Politikwissenschaftler, Konfliktforscher oder Futurologen fragt, welche Faktoren im 21. Jahrhundert potenziell den Weltfrieden, die Führungsrolle der USA oder das geopolitische Gleichgewicht bedrohen könnten, steht China auf den Listen immer weit oben. Vor den Terroranschlägen des 11. September 2001 hatte es meistens sogar den Spitzenplatz belegt und galt unter vielen ranghohen Beamten der neuen republikanischen Administration Washingtons langfristig als die heikelste Herausforderung überhaupt. Dass von China ab dem 12. September plötzlich eine so viel geringere Gefahr ausgehen sollte als noch ein, zwei Tage zuvor, bezeugt auf eindrucksvolle Weise, wie stark sich jene Terroranschläge in die Vorstellung eingebrannt haben und das Denken fokussieren.

Der Grund lag hauptsächlich darin, dass uns zeitnahe kurzfristige Analysen und Projektionen gewöhnlich blind machen für längerfristige Trends und Prioritäten. Hinzu kam später jedoch, dass China zu jenen Staaten gehörte, die den USA im Kampf gegen Osama bin Laden und Konsorten eine erstaunlich weit reichende Unterstützung oder zumindest Entgegenkommen anboten. Man hielt sogar still, als Japan den Afghanistankrieg ausnutzte, um ein altes Tabu seiner Verfassung zu brechen, nämlich keine Streitkräfte mehr an ferne Kriegsschauplätze zu entsenden. Vielleicht fühlte sich China selbst durch den Terrorismus bedroht – oder vielleicht will es in Wirklichkeit künftig die Kooperation gegenüber der Konfrontation bevorzugen, um sein Wirtschaftswachstum zu beschleunigen und den allgemeinen Lebensstandard rascher zu heben. Schließlich erreichte das Land im Herbst 2001 ein viel versprechendes Ziel, da es nach langjährigen Verhandlungen in die Welthandelsorganisation aufgenommen wurde, was bedeuten könnte, dass dieses ehemalige Bollwerk der zentralen Planwirtschaft bald als Vollmitglied in den Klub des internationalen Kapitalismus eintritt.

Allerdings wäre es leichtgläubig, darin den Beginn einer wunderbaren Freundschaft zu sehen. Die Gelehrten wussten schon, warum sie China für eine potenzielle Gefahr hielten, und daran haben auch die Entwicklungen im Herbst 2001 nichts ändern können. Kurzfristig dürfte China indes keine Bedrohung (oder Herausforderung) darstellen, denn dafür ist das Land einfach zu arm und vorerst zu sehr auf Hilfe und Förderung von außen angewiesen. Längerfristig jedoch legen sowohl die aus der Geschichte zu ziehenden Lehren als auch die innere Logik der heute zu beobachtenden Entwicklungen nahe, dass China in der Tat die größte Herausforderung von allen für den gegenwärtigen Status quo der Welt – das heißt die Führungsrolle der Vereinigten Staaten von Amerika – verkörpern wird.

Zugegeben, die historischen und zeitgenössischen Entwicklungen verschränken sich zu einem recht verwirrenden Bild. Von den beiden kommunistischen Supermächten der Nachkriegszeit ist allein China übrig geblieben, und manche ziehen alarmierende Parallelen zum Deutschland der Jahrhundertwende – einer aufstrebenden Macht, die nach der Wiedervereinigung abwechselnd enttäuscht und besorgt war über ihren Status, ihre Beziehungen und ihre Sicherheitslage, zunächst nur im regionalen und dann im globalen Kontext. In der bisherigen Geschichte, so heißt es, mussten solche neuen Mächte schließlich immer in die Schranken verwiesen werden, manches Mal im Guten, häufiger jedoch mit Gewalt. Gewiss sind diese Aspekte heute auch auf China anwendbar, mit seiner wachsenden Wirtschaft und seinem stark ausgeprägten Bewusstsein für vergangene Demütigungen, mit seiner Geschichte der Zersplitterung, die 1949 endete, mit seiner Vielzahl von Grenzkonflikten, mit seiner Schicksalsergebenheit und mit seinem Gefühl der Verwundbarkeit angesichts einer prekären Lage inmitten von vierzehn anderen Staaten.

Allerdings ist diese Vorstellung auf den ersten Blick auch seltsam – oder zumindest in hohem Maße übertrieben. Abgesehen von seinen 1,3 Milliarden Einwohnern und der enormen Größe ist das heutige China ein in jeder Hinsicht bestenfalls mittelmäßiges Land. Selbst im Hinblick auf die Bevölkerungszahlen holt Indien rasch auf und wird China, sofern es bei den aktuellen Trends bleibt, in den nächsten Jahrzehnten übertreffen. Zwar macht sich China derzeit einen Namen als Exporteur, aber noch vor kurzem lag sein Weltmarktanteil (im Jahr 2000 rund 3,9 Prozent, ohne Hongkong) etwa auf dem Niveau der Niederlande, deren Einwohnerzahl jedoch mit sechzehn Millionen nur 1,2 Prozent der chinesischen beträgt. Erst 1993 erreichte Chinas Anteil am Welthandel wieder den Höchstwert der Phase vor 1939. Heute ist seine Wirtschaft dank der enormen Bevölkerung die sechstgrößte der Welt, liegt aber weiterhin deutlich etwa hinter der viertplazierten Großbritanniens, das sich normalerweise, wenn auch leicht wehmütig, als eine zweitrangige Macht ansieht.

Trotz gewisser Enklaven des Wohlstandes und Mercedes-Staus in einigen Küstenstädten sind die Menschen in China arm, viele leben sogar im Elend. Der Weltbank zufolge rangierte das Land im Jahr 2000 beim pro Kopf erwirtschafteten Bruttoinlandsprodukt mit bloß 870 Dollar weltweit auf Rang 141, ausgenommen das kleine, aber feine Hongkong mit immerhin 22 180 Dollar. Damit stand China etwa auf dem Niveau Sri Lankas und kurz hinter den Philippinen, die ehemalige britische Kronkolonie Hongkong hingegen auf dem Frankreichs und Belgiens. Berücksichtigt man die »Kaufkraftparität«, also die vergleichsweise niedrigen Preise Chinas, so erscheint die chinesische Wirtschaft größer als die japanische und nahezu halb so groß wie die amerikanische, wobei ihr Pro-Kopf-Einkommen etwa auf den heutigen Stand der Ukraine oder Bulgariens anstiege. Allerdings läge sie auch dann noch etwa hinter dem schwächlichen kleinen Thailand und erreichte nur ein Viertel des Wertes Südkoreas.

Grundsätzlich gelten die Statistiken Chinas als sehr zweifelhaft, weshalb es sogar sein könnte, dass seine Wirtschaft viel kleiner ist als angegeben und damit die Bevölkerung noch ärmer, als die offiziellen Zahlen vermuten lassen. Das trifft gleichermaßen auf die nach Kaufkraftparität bereinigten Werte zu, da auch diese von den fragwürdigen Größen des Bruttoinlandsprodukts und von Preisdaten abhängen, die ihrerseits wacklig sein können. Wie dem auch sei, wenn es darum geht, die relative Stärke von Volkswirtschaften zu beurteilen, eignet sich das Merkmal der Kaufkraftparität dafür weniger gut als herkömmliche Kriterien, da es nur innere und nicht internationale Maßstäbe anlegt.

China gehört zweifellos zu den (wiewohl immer weniger) exklusiven Atommächten der Erde. Doch das gilt ja auch für Indien, das meist nicht zu den potenziellen Störenfrieden oder (um es neutraler auszudrücken) zu den angehenden Weltgrößen gezählt wird. Und Chinas Arsenal an Interkontinentalraketen, die Amerika oder Westeuropa bedrohen könnten, umfasst – nach einer Schätzung des Internationalen Instituts für Strategische Studien – nur ungefähr zwanzig Stück, verglichen mit Tausenden der USA und Russlands. Zwar können diese Geschosse erheblichen Schaden anrichten und kleinere Länder einschüchtern, jedoch nicht die Verhandlungsposition Chinas gegenüber den Großmächten stärken. Seine Streitkräfte sind eindrucksvoll – etwa 2,5 Millionen Mann, plus 1,1 Millionen in der paramilitärischen Bewaffneten Volkspolizei sowie rund sechshunderttausend Reservisten –, allerdings schlecht ausgebildet und ausgerüstet. Der offizielle Rüstungsetat Chinas belief sich im Jahr 2000, mit 14,5 Milliarden Dollar, auf knapp ein Drittel des japanischen, doch dürften die tatsächlichen Aufwendungen etwa denen Japans entsprechen – eines Landes, dessen Nachkriegsverfassung den Rüstungshaushalt strikt auf die Erfordernisse der Selbstverteidigung begrenzt. Wie im zweiten Kapitel ausgeführt, erreichen die chinesischen Ausgaben damit kaum ein Sechstel der amerikanischen, doch das genügt bei Lage der Dinge, um die Wirtschaft und die Staatsfinanzen schwer zu belasten.

Viele Unternehmer betört die Perspektive, im bevölkerungsreichsten Land der Erde – und auf einem der letzten großen unerschlossenen Märkte – Geschäfte zu machen, doch daran hat sich seit Hunderten von Jahren nichts geändert. Der Traum von gestern, ein Vermögen zu machen, indem man »den Hemdschoß eines jeden Chinesen nur um einen Zoll verlängert«, findet sein heutiges Äquivalent in der Vision, all diesen Menschen – so arm sie gegenwärtig noch sind – Autos, Filme oder Limonaden zu verkaufen. Bisher haben nur sehr wenige Auslandsfirmen in China größere Gewinne erzielen können, die meisten überhaupt keine. Trotzdem erhielt es in den neunziger Jahren von allen Entwicklungsländern mit Abstand die höchsten ausländischen Direktinvestitionen – also solche in Anlagen und Maschinen: Mit ungefähr vierzig Milliarden Dollar jährlich floss im Zeitraum 1995 bis 2000 mehr Geld ins Land als in den gesamten Rest Asiens. Dennoch darf man die Zahl nicht überbewerten, denn im Vergleich entspricht sie etwa dem Aufkommen Frankreichs 1999, liegt bei einem Drittel Schwedens und der Hälfte Großbritanniens im selben Jahr, versinkt aber gegenüber den 275 Milliarden der USA in der Bedeutungslosigkeit. Die oft geäußerte Vorstellung, zu den Direktinvestitionen in China komme es darum, weil so viele Fertigungsbetriebe auf der Suche nach billigen Arbeitskräften ins Land drängten, ist schlicht Unsinn. Außerdem umfasst die chinesische Zahl auch gewisse Beträge, die eigentlich als Inlandskapital gelten müssten, da sie lediglich auf Umwegen übers Ausland reinvestiert werden, um die einschlägigen Steuervorteile zu nutzen.

Also spielt China doch keine so wichtige Rolle, könnte man nun denken. Weit davon entfernt, sich wirtschaftlich oder militärisch zu einer echten Weltmacht zu mausern, kann es gewiss die Liga der Großen noch nicht das Fürchten lehren. Am Anfang des 21. Jahrhunderts ist es nicht einmal so stark, wie Deutschland zu Beginn des 20. war, das Großbritannien praktisch bereits gegen Ende des 19. industriell und wirtschaftlich auf vielen Gebieten überholt hatte, und sein Abstand zu den USA beträgt mindestens mehrere Jahrzehnte. Zutreffender wäre es indes, das heutige China mit dem Japan des frühen 20. Jahrhunderts zu vergleichen. Damals befand sich das Land seit etwa 1860 im Prozess der Modernisierung, importierte fleißig Ideen, Techniken und Kapital, um sie dem eigenen Bedarf anzupassen. Japan konnte sich auch militärisch behaupten, wie der Sieg gegen China selbst im Krieg von 1894/95 und der gegen Russland 1905 zeigte. Doch war es damals weder stark genug noch überhaupt daran interessiert, sich auf ein Kräftemessen mit Großbritannien, Deutschland oder den Vereinigten Staaten einzulassen. Schließlich importierte Japan nach wie vor Ideen aus den in seinen Augen drei wichtigsten Staaten der Erde, was eine gewisse Abhängigkeit begründete.

In kurz- und mittelfristiger Perspektive wirkt dieser Vergleich ziemlich beruhigend. China ist noch nicht stark genug, um es im direkten Konflikt mit den größeren Mächten aufnehmen zu können, und dabei zu abhängig von ausländischem Fachwissen und Kapital, als dass es einen Bruch mit dem Westen riskieren könnte. Auf längere Sicht ist jedoch genau das Gegenteil der Fall: In den dreißiger und vierziger Jahren ging vom ehemals abhängigen Japan eine enorme Gefahr für den Frieden nicht nur seiner Region aus. Als es immer stärker und ehrgeiziger wurde, damit zuzeiten verzweifelt auf die Wahrung der neuen Position bedacht, änderten sich Japans Verhalten und Strategie. Etwas Ähnliches könnte schließlich auch mit China passieren.

Man muss also die von China ausgehende »Bedrohung« im richtigen Verhältnis sehen. Zwar kann es heute und in nächster Zukunft den Vereinigten Staaten auf der Weltbühne noch nicht Paroli bieten, wohl aber in seiner Region für Unruhe sorgen und dadurch auch die wirklichen Großmächte involvieren. Japans Werdegang im 20. Jahrhundert macht deutlich, woran das liegt, doch muss man auch die Differenzen zwischen dem damaligen Japan und dem heutigen China berücksichtigen.

Zwei dieser Unterschiede stechen hervor, zumal sie eng miteinander verwandt sind. Zum einen könnte es sein, dass die chinesische Gefahr nicht wie die japanische im frühen 20. Jahrhundert nur aus wachsender Stärke resultieren wird, sondern eher aus Schwäche oder besser aus einer gewissen Brüchigkeit angesichts des Auf und Ab der Wirtschaftskraft. Das politische System Chinas – das heißt die Kommunistische Partei – ist in puncto Ideologie schon längst korrumpiert. Man hat es versäumt, die ab Anfang der achtziger Jahre laufende Entwicklung marktwirtschaftlicher Leitlinien mitzuvollziehen, die alten Kontrollmethoden funktionieren nicht mehr. Wirtschaftlicher Misserfolg begleitet von Enttäuschung könnte zur Folge haben, dass die Partei abdankt oder zerbricht. Dies allerdings zöge dann weitere Kreise als im Fall des alten Japan: Wäre dessen politisches System seinerzeit zusammengebrochen, so hätte sich das fast nur auf die zuvor kolonisierten Gebiete Taiwan und Korea ausgewirkt. Doch ein Kollaps Chinas in den nächsten Jahrzehnten oder der Ausbruch interner Konflikte gingen mit großen Gefahren für die Region Asien und die ganze Welt einher. Risiko Nummer eins wäre, dass ein solcher innerer Machtkampf dem chinesischen Nationalismus zum Aufstieg verhülfe, was aggressive Maßnahmen gegen Nachbarstaaten und insbesondere gegen Taiwan nach sich ziehen könnte.

Dieses Risiko und die mit ihm verbundene Ungewissheit leiten über zum zweiten Unterschied: Heute schon meinen die chinesischen Kommunisten, allen Grund zu haben, die führenden Weltmächte abzulehnen oder gar zu fürchten, während dieses Ressentiment bei Japan erst in den zwanziger und dreißiger Jahren aufkam. Sie fühlen sich belagert, allerdings ohne Verbündete zu haben, und ihnen missfällt die Dominanz der USA in Asien. Im Fall einer Krise, ob durch internen Streit oder äußere Ursachen ausgelöst, könnte Chinas Führungsriege daher versucht sein, sich aufzuspielen, um jene Empörung über den Zustand der Region Asien im Allgemeinen oder – wahrscheinlicher – der »abtrünnigen Provinz« Taiwan im Besonderen auszunutzen.

In Kriminalromanen achten Detektive bei Verdächtigen vor allem auf drei Dinge: Tatwaffe, Motiv und Anlass. Auch wenn China im Weltvergleich heute noch ziemlich schwach ist, legen sein faktisches Wirtschaftswachstum der letzten beiden und das potenzielle der nächsten Jahrzehnte nahe, dass es zukünftig in der Lage sein dürfte, zumindest auf der regionalen Ebene geopolitische Veränderungen herbeizuführen. Seine Streitkräfte mögen bescheiden sein, doch verglichen etwa mit denen von Saddam Husseins Irak stellen sie heute schon eine gefährliche Bedrohung dar. Wer es mit ihnen aufnehmen und auf eine Kraftprobe ankommen lassen will, sollte besser zweimal darüber nachdenken. Anlass? Dieser Begriff impliziert, dass die chinesische Führung geneigt sein könnte, einen Moment der Schwäche bei den Weltmächten zu nutzen, um ihre Ziele etwa in Taiwan zu verfolgen. Das wäre denkbar, wahrscheinlicher ist jedoch, dass China nicht von außen her, sondern durch interne Konflikte und nationalistische Impulse zu derlei Schritten veranlasst wird. Und das Motiv? Es könnte, wie schon gesagt, aus nationalistischen Anwandlungen erwachsen, die sich hauptsächlich in der neueren Geschichte des Landes ansiedeln lassen.

Die meisten Westler halten Europa für den Kontinent, auf dem sich die brutalsten Tragödien des 20. Jahrhunderts ereigneten – zwei kontinentale Kriege, Hitlers Holocaust sowie Stalins Massenmorde und Hungersnöte –, aber auch für den Schauplatz eines anderen Dramas, in welchem mit dem britischen Empire eine Weltmacht unterging. Doch beide Aspekte lassen sich analog auch auf China übertragen. Mit einem despotischen Regime, das nach wie vor über mehr als eine Milliarde Menschen herrscht, 1999 sein fünfzigjähriges Bestehen (und 2001 den achtzigsten Gründungstag der Kommunistischen Partei) »feierte«, erscheint es heute wie eine schallende Ohrfeige ins Gesicht jener, die bereits den Sieg der liberalen Demokratie und »das Ende der Geschichte« verkündet hatten. Denn aus der Sicht Tibets und teilweise auch der westlichen Provinz Xinjiang muss China vor allem als eines der letzten Imperien gelten.

Aus der Vogelperspektive betrachtet ist die Geschichte Chinas durch einen anhaltenden außerordentlichen Niedergang geprägt – der spätestens 1820 einsetzte und bis 1952, wenn nicht gar 1978 dauerte, gefolgt von einer bislang noch kurzen wirtschaftlichen Erholung. Frühe technische Errungenschaften und die Größe der Bevölkerung – die 1820 auf 380 Millionen geschätzt wurde, gegenüber 170 Millionen für ganz Europa – hatten zur Folge, dass China, absolut gesehen, die führende Wirtschaftsmacht der Welt war, bis es etwa 1880 von den Vereinigten Staaten überholt wurde. In der ersten Hälfte des Jahrtausends war es, gemessen am Pro-Kopf-Einkommen, sogar das reichste Land der Erde.

Heute sollte es, mit 1,3 Milliarden Einwohnern, jene Führungsposition wieder einnehmen, vielleicht im Wettstreit mit Indien. Die ließe sich auch schon mit relativ geringen Wachstumsraten erreichen, sofern sie über einige Jahrzehnte bestünden. Denn stiege sein Pro-Kopf-Einkommen auch nur auf ein Viertel des amerikanischen Niveaus, so näherte es sich bei einer um das gut Viereinhalbfache größeren Bevölkerung dem absoluten Wert des in den USA jährlich erwirtschafteten Bruttoinlandsprodukts. Und sofern es bei den seit 1978 beobachteten Trends bleibt, wird genau das bereits in der zweiten oder dritten Dekade des 21. Jahrhunderts geschehen.

Wenn es dazu käme, müsste man diesen Vorgang als Wiederherstellung der China naturgemäß gebührenden Position betrachten. Der übrigen Welt sollte es als willkommenes Zeichen dafür dienen, dass die Not in einem der größten und lange Zeit ärmsten Länder der Erde tatsächlich besiegt werden konnte. Manche Kommentatoren bezeichnen die Entwicklung Chinas in den neunziger Jahren als außergewöhnlich, sogar beunruhigend. Noch viel beunruhigender müsste jedoch sein, wenn es China nicht gelänge, spätestens in der ersten Hälfte des 21. Jahrhunderts die ihm angemessene Stellung als weltgrößte Volkswirtschaft einzunehmen. Denn andernfalls hätte das Land fast sicher unterdessen einen wirtschaftlichen und damit höchstwahrscheinlich auch politischen Zusammenbruch erlitten. Eine große Chance wäre verspielt worden, wiewohl nicht zum ersten Mal. Solche Rückschläge gehören nämlich, leider, zum üblichen Muster der neueren Geschichte Chinas, denn schließlich erklären oder beschreiben sie zumindest, wie es anderthalb Jahrhunderte vor dem Machtantritt der Kommunisten zum Absturz kam.

Wie Japan bis zum 19. Jahrhundert hatte auch China lange Zeit alles getan, um sich gegenüber fremden Einflüssen, Ideen und Pressionen abzuschotten, doch anders als dieses unterstand es einem Regime von Bürokraten, deren stark zentralistische und oft willkürliche Herrschaft das Aufkommen einer nennenswerten Kaufmanns- oder Unternehmerschicht nicht zuließ – zumal solche Bestrebungen sogar als bedrohlich galten. Und während Japan auf die ab Mitte des 19. Jahrhunderts zunehmende technische und wirtschaftliche Überlegenheit des Westens mit der Entscheidung reagierte, gewisse westliche Methoden in modifizierter Form zu übernehmen, versuchte sich China weiterhin abzuschirmen; die wenigen Befürworter einer Öffnung konnten sich nicht durchsetzen.

Das führte, direkt oder indirekt, zur zunehmenden Schwächung des Landes, zunächst in einem Bürgerkrieg (der Taiping-Rebellion von 1850 bis 1864), der sich weit verheerender auswirkte als der gleichzeitige innere Zwist Japans, und dann mehreren militärischen Niederlagen gegen ausländische Mächte, insbesondere Japan selbst im Jahr 1895. Wirtschaftlich gesprochen, war das Resultat ein sinkendes Pro-Kopf-Einkommen, auch in jener langen Phase (bis etwa 1914), als die Weltwirtschaft ansonsten ein starkes Wachstum verzeichnete.

Seitdem gilt China als Paradebeispiel für sämtliche Verallgemeinerungen, auf die Ökonomen zurückgreifen, um zu erklären, warum es den armen Ländern bisher in der Regel nicht gelang, die Kluft gegenüber dem Lebensstandard der reichen zu schließen; allerdings auch dafür, dass es katastrophal wäre, sich gegen die Globalisierung zu entscheiden, wie Demonstranten es heute bei Weltwirtschaftsgipfeln lautstark fordern. Die Argumentation besteht im Wesentlichen aus vier Punkten: Statt Techniken zu importieren, hat China Auslandskontakte verboten; statt für Rechtsstaatlichkeit und klare Eigentumsverhältnisse zu sorgen, blieben mehrere Regierungen nacheinander untätig oder plünderten Bürger sogar ihrerseits in willkürlichen Übergriffen aus; statt Bauern genug verdienen zu lassen, damit sie Konsumgüter kaufen konnten, wurden diese auch noch gezwungen, die Städte und ihre Industrien zu unterstützen; und statt den Frieden zu sichern, ließen sie sich auf Kriege ein oder provozierten selbst welche.

Dieser letzte Aspekt fiel besonders schwer ins Gewicht. Zwischen 1895 und 1952 war immer der eine oder andere Teil Chinas in militärische Konflikte verstrickt. Japan benutzte das Land als Hauptübungsfeld für koloniale Abenteuer, vielleicht mit der Überlegung, wenn man schon ein Imperium im Stil der europäischen anstrebte, könnte man zugleich auch den traditionellen Rivalen in der Region unterdrücken. So nahm man 1895 Taiwan und 1905 (von Russland) die südliche Mandschurei ein, näherte sich 1910 durch Eroberung Koreas weiter der chinesischen Grenze an, kaperte 1931 den Rest der Mandschurei und ließ 1937 eine groß angelegte Invasion Chinas folgen. Jene letzten beiden Aktionen bildeten faktisch den eigentlichen Anfang dessen, was dann im Zweiten Weltkrieg gipfelte.

Niemand weiß genau, wie viele zivile und militärische Opfer die blutige Invasion der Japaner forderte; die Schätzungen reichen von 1,5 bis mehr als sechs Millionen, und es kommen noch zehn bis fünfzehn Millionen hinzu, die verhungerten oder Seuchen erlagen. Doch unterdessen machte es Chinas eigene Regierung, die nationalistische Kuomintang unter Tschiang Kai-schek, den Japanern gleich: Im Bemühen, ihre Macht zu festigen, soll sie von 1928 an und später im Bürgerkrieg mit Maos Kommunisten bis zu zehn Millionen Chinesen umgebracht haben.

Dieser furchtbare und erschreckende Hintergrund mag das Verhalten der Kommunisten Mao Tse-Tungs nach ihrer Machtergreifung 1949 ein Stück weit erklären helfen, ebenso vielleicht jene seltsamen Sympathien, die man ihnen teilweise im Westen entgegenbrachte, selbst noch als sie es in den folgenden dreißig Jahren schafften, mindestens ebenso viele ihrer Landsleute zu ermorden wie Japan und die Kuomintang unter Tschiang Kai-schek zusammengenommen.

Dabei geht es nicht allein um die Brutalität Maos, sondern auch um seine überraschend harte Politik der Isolation von der Außenwelt, die allerdings zugleich seinen gezielten Kampagnen der Gehirnwäsche diente. Da ausländische Mächte in China jahrzehntelang stets Verwüstung angerichtet und sogar Sowjetrussland vorübergehend die Kuomintang gegen Mao unterstützt hatten, hielt man es für unerlässlich, sie alle fern zu halten – was Mao 1959 nach dem Bruch mit der Sowjetunion tat. Die Sympathien einiger Westler erwuchsen anfangs aus der romantischen Vorstellung, Maos Langer Marsch sei im Kern ein Widerstands- oder Befreiungskampf gegen die Japaner und die mörderische Kuomintang, und später aus dem nicht minder romantischen Trugschluss, seine Landkommunen und Massenorganisationen zeugten von einem echten und sogar erfolgreichen Alternativmodell zum westlichen Kapitalismus. Doch zunächst hatte Mao auch in der Heimat eine Vielzahl idealistischer Anhänger: egalitär denkende Männer und Frauen, die bereit waren, gemeinsam die Ärmel hochzukrempeln und China aufzubauen. Viele Chinesen und Chinesinnen hatten nun das Gefühl, von einer feudalen und patriarchalischen Gesellschaft befreit zu sein.

Das half, 1949 ein erstes Gemetzel an ein bis zwei Millionen Grundbesitzern zu kaschieren, ebenso Mitte der fünfziger Jahre Proteste gegen die Zwangskollektivierung der Landwirtschaft zu kolossalen Genossenschaften, die der verstorbene John King Fairbank, Amerikas führender China-Experte der letzten Jahrzehnte, als »eine moderne Form der Leibeigenschaft« bezeichnet hat. Das größte Blutbad richtete Mao 1958 bis 1961 bei dem Bemühen an, das Scheitern jener Kollektivierung wieder wettzumachen, um die Produktion zu steigern. Der so genannte Große Sprung nach vorn ging einher mit der massenhaften Mobilisierung von Landarbeitern für den Bau neuer Dämme, Bewässerungsanlagen und anderer Infrastrukturprojekte. Diese Menschen standen damit nicht für die Feldarbeit zur Verfügung, und zugleich ließen sich die Städte noch mehr Getreide abzweigen. Die anschließende Hungersnot auf dem Lande soll mehr als dreißig Millionen Opfer gefordert haben.

Schließlich rief, um diese grausige Addition zu komplettieren, Mao 1966 die Kulturrevolution aus, die sich als ein absichtlich herbeigeführtes zehnjähriges Chaos erwies mit dem Ziel, wenn das der richtige Ausdruck ist, alle Institutionen und Stammfunktionäre der Partei aufzurütteln. Diese Maßnahme trieb die alte Idee des »Teile und herrsche!« in ihr äußerstes Extrem. In den Krawallen und Verfolgungen der Kulturrevolution sollen mindestens eine Million Menschen ihr Leben gelassen und hundert Millionen körperliche oder seelische Schäden davongetragen haben.

All diese Opferzahlen sind Schätzungen, und China ist ein großes Land, sodass man auch mit hohen Zahlen rechnen muss. Mao soll in weniger als dreißig Jahren ungefähr dreiunddreißig Millionen Menschen auf dem Gewissen haben – etwa sechs Prozent der Gesamtbevölkerung Chinas von 545 Millionen im Jahr seiner Machtübernahme 1949. Noch heute hängt Mao Tse-Tungs Porträt an einer prominenten Stelle auf dem Platz des Himmlischen Friedens, dem großen Exerzierfeld mitten in Peking, nämlich am Eingang zur Verbotenen Stadt. Doch nimmt es nicht Wunder, wenn die Erinnerungen an ihn bei allen außer den hartgesottensten Kommunisten getrübt sind. Wie es in einem der Euphemismen heißt, in denen sich die Partei so gerne ergeht, hat er »viele Fehler« gemacht.

Einer davon war der Umgang mit Wirtschaftsfragen: daher die Hungersnöte und der nach wie vor nicht gänzlich überwundene Niedergang Chinas. Dennoch hatte China, als Deng Xiaoping 1978, zwei Jahre nach Maos Tod, die Macht übernahm, im vorausgegangenen Viertel- bereits mehr Wirtschaftswachstum gesehen als während des gesamten 19. Jahrhunderts. Nach chinesischen Maßstäben herrschten ungewöhnlich lange Frieden, Recht und Ordnung, verbunden mit einigen stalinistischen Techniken, besonders im Bereich der Organisation. Nur genügte das nicht, denn China wurde verglichen mit dem Rest der Welt immer schwächer und ärmer und hatte nach wie vor zu kämpfen, um seine wachsende Bevölkerung zu ernähren.

Dengs Lösung hieß einfach: Kapitalismus. Oder, um es anders auszudrücken: Gier. Nach und nach wandte er die meisten der gängigen wirtschaftswissenschaftlichen Verallgemeinerungen darüber an, wie arme Länder aufholen könnten. Er führte Marktpreise für Bauern ein, und mit dem Geld fingen diese an, Konsumgüter zu kaufen, gewährte erstmals seit 1949 in gewissem Umfang Eigentumsrechte, erlaubte Kleinstädten und Dörfern, in eigener Regie Leichtindustrien aufzubauen, öffnete China für ausländische Produkte und Investitionen, sodass auch Technik importiert werden konnte. Es war, wie er in einem weiteren glänzenden Euphemismus sagte, der »Sozialismus mit chinesischem Gesicht«, in dem es, nun schon etwas unverblümter, »als rühmlich galt, reich zu werden«.

Das Ergebnis fiel dramatisch aus und ist heute allseits bekannt. Chinas Bruttoinlandsprodukt stieg fast zwei Dekaden lang um jährlich sieben bis dreizehn Prozent, die Einkünfte wuchsen um das Vier- und die Gesamtwirtschaft um mehr als das Fünffache. Sein Anteil am globalen Bruttoinlandsprodukt wucherte (gemessen an der Kaufkraftparität) zwischen 1978 und 1998 von fünf auf 11,8 Prozent, das Pro-Kopf-Einkommen sechsmal so schnell wie der weltweite Durchschnitt. Diese Größen mögen irreführend sein, weil der zugrunde liegende Maßstab des Bruttoinlandsprodukts verzerrt und das Kriterium des Kaufkraftparität zumindest fragwürdig ist. Trotzdem liegt eines auf der Hand: China entwickelt sich rapide, denn es hatte aufgrund seiner traditionellen Labilität und der kriminellen Inkompetenz, mit der Maos Kommunisten die Wirtschaft 1949 bis 1976 verwalteten, einen gewaltigen Nachholbedarf. Und ebenso klar ist, dass dies schnell Früchte trug: Zwischen 1978 und 2000 kam mehr als ein Fünftel aller Einwohner – 270 Millionen – über das Subsistenzniveau hinaus. Zudem genossen die Bürger nun, verglichen mit den Erschütterungen und Repressalien der sechziger und siebziger Jahre, gewisse Freiheiten. Hunderte von Millionen konnten jetzt selbst darüber entscheiden, wofür sie ihr Geld ausgeben, und in vielen Fällen sogar, wo sie leben wollten, da sie zunehmend in die Großstädte mit den neuen Arbeitsplätzen ziehen durften.

Trotz aller dieser Fortschritte, trotz der eindrucksvollen modernen Hotels, Wolkenkratzer und Einkaufszentren Pekings, Shanghais und anderer Küstenstädte, trotz des Umstandes, dass die Fahrräder und Mao-Uniformen dort Staus und modischer Vielfalt weichen mussten, leben die meisten Chinesen nach wie vor in Armut und Unterdrückung. Westliche Besucher (der Autor inklusive) fragen sich oft, warum die Leute sich das gefallen lassen. In der Justiz herrscht die blanke Willkür. Dissidenten, ja sogar Behinderte und psychisch Kranke, werden grausam und brutal behandelt. Trotz des wirtschaftlichen Erfolges steigt die Arbeitslosigkeit, da ehemalige Staatsbetriebe entweder umgebaut oder stillgelegt werden. Die Ungleichheit nimmt rasant zu, sowohl in den einzelnen Städten und Regionen als auch zwischen den wohlhabenden und den vielen rückständigen Gebieten. Amtlichen Statistiken zufolge lag der Durchschnittsverdienst in Metropolen 1984 um das 1,7fache und 1999 schon um das 2,65fache über dem des Landes. Zeitungen sind bloße Propagandablätter. Unabhängige Kampagnen für mehr Demokratie oder bestimmte politische Ziele werden entweder von vornherein verboten oder unterdrückt, sobald sie nennenswerten Einfluss gewinnen.

Die Antwort darauf, warum das alles noch keine neue Revolution provoziert hat, liegt einfach in dem Umstand begründet, dass die Gegenwart zwar in vieler Hinsicht mangelhaft sein mag, aber immer noch erheblich besser ist als die turbulente Vergangenheit. Wer zum Beispiel die Kulturrevolution miterlebt hat, kann sich so schnell keine weitere Unordnung und Zerrüttung wünschen. Dies wären jedoch gewiss die Folgen, wenn es zu ernsthaften Bemühungen käme, die kommunistischen Despoten zu stürzen.

Zwar gelangen seit 1978 gewaltige wirtschaftliche Fortschritte, aber es war in vieler Hinsicht keine einfache Zeit. Im Übrigen beruhte das Wachstum vor allem darauf, dass man sich einen Teil des natürlichen Potenzials entfalten ließ, nachdem die Mängel des zwangskollektivierten Agrarsektors und der zentral geplanten Leichtindustrie beseitigt waren. Managementexperten sprechen von der Notwendigkeit, zuerst »die niedrig hängenden Früchte zu pflücken«, und in gewissem Sinne machte China genau dies, jedenfalls in den achtziger Jahren. Doch seit Mitte der Neunziger ist alles viel schwieriger geworden, und diese Tendenz scheint sich auch noch zu verschärfen. Der Hauptgrund liegt darin, dass zwar der Kapitalismus Fuß fassen und seine Wunder in der chinesischen Wirtschaft wirken konnte, aber noch nicht im vollen Umfang zur Geltung kam, da heute noch fast fünfzig Prozent der Unternehmen in staatlicher Hand liegen. Diese schlecht geführten, überbelegten Hinterlassenschaften des Zentralismus wären heute in der Regel bankrott, wenn man sie üblichen Buchhaltungsverfahren und dem normalen Druck der Banken unterwerfen würde, ihre Kredite zu bedienen. Doch auch jene Banken gehören ja dem Staat und wären nach westlichen Kriterien ihrerseits längst insolvent.

Nüchtern betrachtet zeugt das alles wiederum nur vom Ausmaß der Chancen. Man denke nur, wie viel China erreichen könnte, wenn es seine ganze Wirtschaft auf kapitalistische Methoden umstellen würde, denn gewiss sind noch nicht alle niedrig hängenden Früchte geerntet. Einige davon werden bereits gepflückt, da neue Straßen, Eisenbahnen, Flughäfen und Wasserstraßen entstehen, um die Transportkosten der Provinzen zu senken, alte Staatsbetriebe sich umbauen und ihre Aktien an den Börsen von Shanghai und sogar Hongkong notieren lassen. Der höchst erfolgreiche, leistungsstarke und gediegene Kapitalismus Hongkongs hatte sich schon vor der Rückgabe der einstigen Kronkolonie an Peking 1997 über große Teile Südchinas ausgebreitet, besonders rings um das Delta des Pearl-Flusses.

Doch auch das Ausmaß der Schwierigkeiten deutet sich bereits an: der in den Staatsbetrieben herrschende Widerstand gegen Strukturreformen, die mit diesen verbundene Übergangsphase hoher Arbeitslosigkeit und die Tatsache, dass die Unternehmer in den alten Industrien für alle Sozialleistungen zugunsten ihrer Belegschaften aufkommen müssen, darunter das Schul- und Gesundheitswesen, aber auch die Altersrenten, wogegen die Arbeitnehmer der neuen für sich selbst zu sorgen haben. Zudem sind Banken im heutigen China lediglich Vertriebskanäle, die private Ersparnisse, im Wesentlichen zwecks Vernichtung, an Staatsbetriebe weiterleiten, also keine Kreditinstitute im herkömmlichen Sinne, sondern tatsächlich eher feste Bestandteile des öffentlichen Kreislaufs von Besteuerung, Staatsausgaben und Geldschöpfung. Daher dürfte es nicht leicht sein, die Banken zu modernisieren und den Übergang vom alten System zu einem neuen zu vollziehen.

China steht zwar vor gewaltigen Aufgaben, lässt es jedoch auch nicht an Entschlossenheit und Ehrgeiz fehlen, sie zu bewältigen und weiteres Wirtschaftswachstum zu erreichen. Das zeigte sich in den Jahren 2000 und 2001, als die Führung sich mit aller Macht für die Aufnahme des Landes in die Welthandelsorganisation einsetzte. Nun wird die Mitgliedschaft gewiss im Lauf der Jahre immer neue Branchen für ausländische Konkurrenz öffnen und sie damit auch dem international vereinbarten Verhaltenskodex unterwerfen. Und es zeigte sich im Frühjahr 2001 in der überraschend ruhigen und freundlichen Reaktion Pekings auf die Notlandung eines bei der Kollision mit einem chinesischen Jäger beschädigten amerikanischen Spionageflugzeugs auf chinesischem Boden (Insel Hainan).

Trotz ausgiebiger Drohgebärden direkt nach dem Unfall blieben die Angriffe auf Washington am Ende für chinesische Verhältnisse ziemlich gemäßigt, konnte die Besatzung überraschend schnell wieder mit ihrer Maschine in die Heimat zurückkehren. Ich war gerade in Peking, als das Flugzeug noch auf Hainan stand, und hörte voller Erstaunen, wie moderat Beamte, selbst des Außenministeriums, und auch das Hauptpropagandablatt *People's Daily* über den Vorfall sprachen. Auf meine Frage, was man von den Vereinigten Staaten hielt, kamen neben einigen gemurmelten

Klagen über Arroganz und so fort auch schmeichelhafte Bemerkungen über die Errungenschaften Amerikas im Bereich der Wirtschaft und des Bildungswesens. Ich befragte den Rüstungskontrollbeauftragten des Außenministeriums und rechnete dort mit einer echten Standpauke, doch stattdessen war er seelenruhig und sogar ganz vergnügt – zumindest bis wir auf das Thema Taiwan kamen, bei dem er mit voller Wucht auf den Tisch schlug und erklärte, dass er persönlich bereit wäre, für die Rückeroberung Taiwans zu sterben.

Peking ist sich seiner Abhängigkeit vom Zugang zu westlichen Märkten und Fachkenntnissen wohl bewusst, ebenso der Notwendigkeit westlicher Unterstützung für seine Mitgliedschaft in der Welthandelsorganisation, die während der Flugzeugaffäre in der Schwebe blieb. Trotz der routinemäßigen Angriffe auf den »Hegemonismus« Washingtons setzt sich unter chinesischen Beamten zunehmend die Erkenntnis durch, dass es von der führenden Weltmacht manches zu lernen gibt und dass ihr Einfluss auf den asiatisch-pazifischen Raum Peking selbst zumindest kurzfristig Vorteile bringt; denn er sorgt für Stabilität und verhindert, dass Rivalen wie Japan oder Korea die Aufbauphase Chinas dafür nutzen können, sich eine alleinige Vorherrschaft in der Region zu sichern.

Bloße Entschlossenheit, die Wirtschaft zu reformieren und zu modernisieren, muss jedoch am Ende nicht unbedingt ausreichen. Die Führungsriege der Kommunistischen Partei ist offenbar davon überzeugt, dass es kein Zurück mehr gibt und keine Alternative zu Wachstums- und Modernisierungsprogrammen besteht. Theoretisch trifft das sicherlich zu, doch auch das Vorantreiben von Reformen bietet nicht gerade rosige Aussichten. Hohe Arbeitslosigkeit und verwandte Entwicklungen werden schwere soziale Probleme aufwerfen. Angesichts des wachsenden Arbeitskräftepotenzials und der mit steigender Produktivität des Agrarsektors zunehmenden Landflucht müsste China pro Jahr acht bis neun Millionen neue Arbeitsplätze schaffen, nicht eingerechnet jene bereits vier bis sieben Millionen, die jährlich ihre Posten in

Staatsbetrieben verlieren. Somit brauchen die Kommunisten nicht nur Wirtschaftswachstum, um selbst populär zu bleiben und das Land zu stärken, sondern auch um die Arbeitslosigkeit in Grenzen und sich auf Dauer an der Macht zu halten.

In den nächsten Jahrzehnten wird China einen ständigen Wettlauf erleben zwischen Schaffung neuer Arbeitsplätze in modernen Branchen und dem Abbau alter in Staatsbetrieben, das heißt hauptsächlich geprägt sein durch die bereits erwähnten, dem Kapitalismus eigentümlichen »Orgien der kreativen Vernichtung«. Daher fragt sich, ob sein politisches System solchen Stürmen standhalten kann. Sollte der Abbau etwa wegen innerer oder äußerer Wirtschaftskrisen längerfristig überwiegen, wird es unter politischen Druck geraten. Bislang konnte man den Unmut über die Unterdrückung, die Willkürjustiz und die Ämterkorruption in Grenzen halten, teils weil viele Chinesen wirklich zufriedener sind, teils durch straffe Organisation und Kontrolle. Doch darf man daran erinnern, dass 1989 eine Demonstration weniger Tausend Studenten auf dem Platz des Himmlischen Friedens als bedrohlich genug galt, um Panzer auffahren zu lassen, und man den Tod Hunderter billigend in Kauf nahm. Den Protesten lagen in der Tat auch wirtschaftliche Probleme zugrunde, da eine Flaute mit steigenden Inflationsraten einherging. Man stelle sich vor, was ein Heer von vielen Millionen Arbeitslosen bedeuten würde, die ihre Lage für unabänderlich hielten. Südwärts, in Hongkong, haben sie ein reicheres, ein freieres China vor Augen mit sowohl besseren Rechtsgarantien als auch Ansätzen von Demokratie. Warum nicht, könnten die Leidgeprüften sich fragen, die Lebensformen und Freiheiten Hongkongs auf ganz China ausdehnen?

Von dieser ökonomischen Ungewissheit geht die Hauptgefahr für die politische Stabilität des Landes aus, und seine maßgeblichen Entscheidungsträger sind etwa zweihundert meist ältere Männer – die Führung der Kommunistischen Partei –, denen eine ungeheure, weit verzweigte Bürokratie untersteht. Nun könnte man meinen, dass eine bürokratisch und militärisch streng organisierte Diktatur ganz gut gewappnet sein müsste, die Stürme der kreativen Vernichtung zu überstehen, da sie sich weder um Wahlen noch um die öffentliche Meinung scheren muss. Ihre große Schwäche liegt jedoch darin, dass sie keinerlei Stoßdämpfer hat, also kein zuverlässiges System, um sich mit öffentlicher Kritik auseinander zu setzen. In solchen Regimes ist auch die Regelung der Nachfolge schwierig, da es keine transparenten Verfahren der Wahl und Beförderung gibt. So folgten auf Maos Tod 1976 zwei Jahre des Chaos, bis endlich Deng Xiaoping, ein Veteran des Langen Marsches, der jahrelang als »Kapitalistenknecht« inhaftiert war, das Ruder übernahm. Nach dessen Tod 1997 fiel das Amt an ein Triumvirat – bestehend aus Jiang Zemin, Li Peng und Zhu Rongji –, das seither Beobachter durch seine Beständigkeit überrascht. Die lange Krankheit Dengs – er war 1995 in ein Koma gefallen – mag den Übergang ebenso erleichtert haben wie das seinerzeit herrschende rasante Wirtschaftswachstum.

Zwei der drei Führungsspitzen, Jiang und Zhu, lassen westliche Geschäftsleute und sogar den einen oder anderen Politiker regelrecht ins Schwärmen geraten. Jiang gilt als handlungssicher und sehr klug, Zhu als ein echter Star, ein glänzender Technokrat, der zwar unnachgiebig und politisch nicht gerade liberal sei, doch gleichwohl Visionen für sein Land habe und etwas auf die Beine stellen könne. Wichtige Gäste fühlen sich immens geschmeichelt, wenn man ihnen eine Audienz oder gar ein Essen mit einem dieser beiden Männer gewährt, und gelangen dann auch stets zu der Überzeugung, dass China in den besten Händen liegt; gar kein Vergleich mit diesen zweifelhaften, ahnungslosen Politikern, die wir hier drüben im Westen haben.

Das ist ein klassisches Missverständnis oder vielleicht eine klassische Selbsttäuschung wie die Annahme, dass alles in Ordnung sein muss, weil der Chef es gesagt hat: Die Vorstellung, dass eine Hand voll Männer, so genial und weitsichtig sie auch sein mögen, ein derart riesiges Land mit seiner zunehmend unüberschaubaren Wirtschaft steuern könnten, und damit die, dass ihre Auffassung von Ordnung und Stabilität zwangsläufig jedem alternativen Organisationsmodell überlegen sein müsse.

Man muss sich nur Indonesien in den späten neunziger Jahren vor Augen halten, um zu sehen, wie falsch diese Vorstellung sein und wie schwer es einer Diktatur fallen kann, mit politischen Krisen und ihren Folgen umzugehen. Präsident Suharto, der mehr als drei Jahrzehnte lang als Despot geherrscht hatte, gebot zwar nicht über einen fest verwurzelten Apparat wie jenen der Kommunistischen Partei Chinas, wohl aber über eine Armee und, mit Golkar, auch über eine gut organisierte Partei. Trotzdem musste er angesichts des wirtschaftlichen Zusammenbruchs und anhaltender Massendemonstrationen zurücktreten, weil ihn sogar die eigene Armee nicht mehr unterstützte. Und sein Abgang verschlimmerte die Wirtschaftslage noch, da Indonesien echte Rechtsstaatlichkeit genauso wenig kannte wie sicheren Eigentumsschutz. Alte Verträge, die Unternehmen, unter jetzt falschen Annahmen, mit einem korrupten, willkürlichen Regime geschlossen hatten, wurden plötzlich infrage gestellt. Damit schwand jedes Vertrauen dahin, und eine durch Auslandsschulden und den Kollaps der Währung verursachte Wirtschaftskrise wurde durch mangelnde Investitionen noch verschärft.

Auch China bietet keine Rechtsgarantien, und die Gültigkeit von Verträgen hängt hauptsächlich davon ab, dass die Regierung, mit deren Beamten sie geschlossen wurden und die dafür bürgt, an der Macht bleibt. Wie im Fall Indonesiens besteht die Gefahr, dass eine Wirtschaftskrise sich ausweitet, weil bestehende Verträge nichts mehr zählen und jedes Vertrauen in Regelungsmechanismen dahinschwindet.

Die Kommunistische Partei hat ihre Machtstellung bereits durch Abgabe von Kompetenzen an Einzelne, an Unternehmen und an die Regionen geschwächt. Aufgrund der wirtschaftlichen Entwicklung war ihre Dezentralisierung sowohl unvermeidlich als auch wünschenswert, und falls dieser Prozess anhielte oder sich sogar beschleunigte, würde die Partei dabei gewiss auf der Strecke bleiben. Zwar könnte sie als eine bequeme Fiktion fortbestehen, doch die Macht läge in Wahrheit woanders. Dieser Ausblick lädt dazu ein, mit dem Gegenteil dessen zu rechnen, was manche der westlichen Geschäftsleute schlussfolgern, die sich von Zhu Rongji fürstlich bewirten und beeindrucken lassen. Diese meinen, dass die Demokratie unter solchen Bedingungen keiner elitären Führungsriege mehr bedürfte, sondern sich schlicht aus eigenem Antrieb als Interessenausgleich zwischen denen entwickeln könnte, die dann tatsächlich die Macht innehätten. Doch vielleicht wird bis zum Ausbruch einer Wirtschaftskrise ja schon ein politischer Mechanismus entstanden sein, um sie zu bewältigen oder wenigstens doch im Rahmen zu halten.

Weltweite Erfahrungen legen nahe, dass eine freie Wirtschaft alsbald auch die entsprechenden politischen Freiheiten erzwingt. Das zeigten nicht nur die reichen westlichen Staaten, sondern zum Beispiel auch Südkorea und Chinas »abtrünnige Provinz« – Taiwan. Der Druck geht teils von der Freiheit selbst aus, teils von den Erfordernissen des Krisenmanagements, teils einfach davon, dass man die Belange Einzelner und nichtstaatlicher Organisationen dann wegen ihrer gewachsenen Bedeutung schützen und zudem durch Eigenverantwortung sichern muss. Sogar in Singapur, dem kleinen Stadtstaat mit seinem obskuren Einparteiensystem, bilden Instanzen wie Rechtshilfe und regelmäßige Wahlen, bei denen die Herrschenden – zumindest im Prinzip – abgestraft werden könnten, ein wichtiges Sicherheitsventil.

Insofern dürfte wahrscheinlich auch in China irgendeine Art von Demokratie aufkommen, da sie sowohl notwendig als auch nützlich erscheinen wird. Fragt man wiederum in China tätige westliche Geschäftsleute, ob die Menschen dort demokratische Lebenformen wünschen, mag die Antwort absehbar sein: »Natürlich nicht! Die wollen vor allem Stabilität und Reichtum.« Vielleicht stimmt das, in beiderlei Hinsicht, verfehlt aber dennoch das Wesentliche. Rezession bedeutet Arbeitslosigkeit, diese wiederum Armut und diese Labilität. Wie schon erwähnt, strömten bei der letzten Flaute 1989 in Peking Menschenmengen auf dem Platz des Himmlischen Friedens zusammen, um mehr Demokratie zu fordern. Unter wirtschaftlich schlechten Bedingungen lautet die Forderung immer Verantwortlichkeit und Partizipation, und je besser die Bürger dastehen, desto heftiger verlangen sie danach, wollen sie doch ihren neuen Wohlstand vor staatlicher Misswirtschaft und Konfiszierung schützen.

Die wesentliche Zukunftsfrage lautet, ob Verantwortlichkeit in China wahrhaftig Demokratie oder wenigstens einen steten Fortschritt in ihre Richtung bedeuten wird. Dabei sollte man sich angesichts der Geschichte des Landes auch zwei andere Möglichkeiten vor Augen halten. Die eine wäre, dass die Forderung nach Verantwortlichkeit in einen Bürgerkrieg mit anhaltendem Blutvergießen mündet, gefolgt wie gehabt von jahrzehntelangem Stillstand. Die andere liefe darauf hinaus, dass jemand wegen der blutigen Revolte oder doch schon quasi demokratischer Massenproteste versucht sein könnte, eine moderne Form von Diktatur aufzubauen, indem er sich auf die konfuzianische Tradition Chinas beruft, derzufolge der Einzelne dem Staat dienen soll und nicht umgekehrt. Alle müssen zusammenstehen, so würde dann argumentiert, um ihre Pflicht zu tun und China groß zu machen. Doch würde man es eben nicht mehr Kommunismus nennen.

Ein solches autoritäres Regiment, das die neuerdings von Malaysia und Singapur propagierten »asiatischen Werte« der kollektiven Verantwortung und Pflicht benutzt, würde wahrscheinlich nur den Zeitpunkt hinauszögern, an dem mit aller Deutlichkeit zutage tritt, dass die Marktwirtschaft nicht mit Zentralismus vereinbar ist. Indes konnte sich der Kommunismus selbst, ähnlich wie die kapitalistischen Diktaturen Indonesiens und Chiles, ja erstaunlich lange halten. Die These der Liberalen, dass eine freie Wirtschaft stets politische Freiheiten nach sich zieht, gilt nur im langfristigen Rahmen und lässt viele kurzfristige Unebenheiten außer Acht.

Manche wenden ein, kollektivistische Strategien könnten sich ohnehin nur in überschaubaren Stadtstaaten wie Singapur bewähren, aber nicht in einem Milliardenland wie China. Das mag zutreffen, doch sofern man den Nationalismus anheizt und den

Ärger über alte Demütigungen schürt, könnte es anders aussehen. Schließlich wird Taiwan seit etwa vierzig Jahren auf diese Weise geführt. Für das heute demokratische Taiwan wäre ein solches Ergebnis furchtbar, und es würde Japan, als die derzeit stärkste Regionalmacht Asiens, vor ein echtes Dilemma stellen. Doch könnte es wiederum eine gewisse Unterstützung im Westen finden, wo viele Menschen auf beunruhigende Weise bereit sind zu unterstellen, dass jene Freiheiten, die sie für sich so hoch schätzen, für die Armen nicht unbedingt erstrebenswert sind.

Das derzeit Wichtigste ist jedoch nicht, über die politischen Ziele Chinas zu spekulieren, sondern seine unmittelbaren Zukunftsaussichten klar zu umreißen. Ein chinesischer Beamter würde, sofern er zugäbe, dass immer alle möglichen Veränderungen denkbar sind, darauf antworten, dies sei eine rein innerchinesische Angelegenheit, die den Rest der Welt nicht betreffe. Schließlich, würde er anfügen, sei China im Lauf seiner Geschichte noch nie als Aggressor oder Eroberer aufgetreten, habe weder sein Territorium zu vergrößern noch andere zu überfallen gesucht.

Das könnten die Tibeter und die Uighuren von Xinjiang etwas anders sehen. Dennoch stimmt es, dass China in der Vergangenheit nicht dazu neigte, zum Beispiel in Japan oder gar in dem direkten Nachbarland Korea einzumarschieren – außer in den fünfziger Jahren, als der Koreakrieg bereits im Gange war –, und Ähnliches gilt für die Inseln und Halbinseln Südostasiens. Allerdings kann das aus zwei Gründen nicht gänzlich beruhigend wirken.

Zum einen reklamiert China, trotz der angeblich fehlenden Gebietsansprüche, große Teile der Territorien rings um das Südchinesische Meer und maßt sich insbesondere das Recht an, auf dem Meeresgrund nach Mineralien, Erdöl und Erdgas zu suchen sowie auf den verschiedenen Riffen und Inseln dort, von denen es einige schon besetzt hat, Flottenstützpunkte einzurichten. Verständlicherweise meint Peking, sich diese Optionen im Sinne seiner eigenen Interessen für den Fall offen halten zu müssen, dass es künftig auf jene Mineralien, Energieträger oder Basen angewiesen sein wird. Ähnlich wie Japan in den zwanziger und dreißiger Jahren könnte China also dann am gefährlichsten werden, wenn Engpässe aufträten und es den Eindruck gewänne, man wolle ihm den Zugriff auf diese und andere Rohstoffe verwehren.

Zum anderen muss auch der Dauerstreit über die reiche Insel Taiwan als Warnung dienen, die von 1895 bis 1945 japanische Kolonie war und ab 1948/49 zur neuen Heimat der Kuomintang im Exil wurde. Offiziell gilt Taiwan als ein Teil Chinas, und aus Pekinger Sicht ist es nur eine Frage der Zeit, dass die »abtrünnige Provinz« wieder mit dem Mutterland vereint wird. Heute, da Hongkong (1997) und Macao (1999) in den Schoß der Partei zurückgekehrt sind, muss als Nächstes, so meinen die Festländler, Taiwan an der Reihe sein. Derzeit herrscht zwischen den beiden ein misslicher, aber dauerhafter Status quo, unter dem die Kommunisten, solange sich Taiwan nicht wirklich für unabhängig erklärt, bereit zu sein scheinen, einfach abzuwarten und lediglich ihre Ansprüche anzumelden. Taiwans Streitkräfte mit ihren hochmodernen, von den USA gelieferten Waffensystemen könnten die Kommunisten im direkten Konflikt fast sicher bezwingen, solange keine Atomwaffen ins Spiel kommen.

Sehr wahrscheinlich käme es im konkreten Konfliktfall zu einer Blockade, zu einer lang anhaltenden Einschüchterung Taiwans durch die chinesische Armee mit dem Ziel, die Taiwanesen zum Einlenken zu zwingen. Denn in China bekennen sich sogar politische Dissidenten beim Problem der Wiedervereinigung mit Taiwan zum Patriotismus. Da dieses für alle nationalistischen Bestrebungen ein heißes Eisen ist, kann es sich kein führender chinesischer Politiker leisten, in puncto Einigung nicht als Hardliner zu gelten. Daraus folgt aber auch, dass eine jede Fraktion bei politischen Spannungen oder gar Kämpfen versuchen wird, die Karte Taiwan auszuspielen und Anhänger zu gewinnen, indem sie die tiefsten nationalistischen Gefühle anspricht. Wenn dem so wäre, müssten sie jedoch darauf setzen, dass die internationale Staatengemeinschaft, das heißt in erster Linie Amerika, im Fall militärischer Maßnahmen nicht einschreiten würde, um Taiwan zu helfen. Allerdings lassen die amerikanischen Regierungen seit langem keinen Zweifel daran, dass sie bestimmt nicht zögern würden, auf Seiten Taiwans in einen solchen Krieg einzutreten.

Wenn es jedoch zu wirtschaftlichen Problemen oder einem erneuten Isolationismus der Vereinigten Staaten käme, so könnte dergleichen die einheimischen Militärstrategen an der Verteidigungsbereitschaft der USA zweifeln lassen und zu gefährlichen Schritten verleiten. Kriege resultieren oft aus Fehlkalkulationen, und wenn jemals ein Konflikt zwischen den Vereinigten Staaten und China ausbrechen sollte, dann würde ihm gewiss die größte und verhängnisvollste Fehlkalkulation in der bisherigen Menschheitsgeschichte zugrunde liegen.

4. Japans Verwundbarkeit

Zwar mögen die amerikanischen Militärstützpunkte im Pazifik und sogar im Südchinesischen Meer Peking ein Dorn im Auge sein, was es aber noch tiefer treffen würde als die amerikanische Präsenz in Asien wäre ein Wiedererstarken Japans in der Region. Als die japanische Wirtschaft während der siebziger und achtziger Jahre unaufhörlich wuchs, muss das China einige Sorgen bereitet haben.

Und nicht nur China: Wer damals über die künftige Konstellation der Weltmächte nachdachte, bezog zweifellos auch Japan mit ein. Einige gingen noch weiter und sagten sogar irgendeine Form von japanischer Dominanz voraus – eine »Pax Nipponica« als Ablösung der »Pax Americana«, die seit 1945 in der freien Welt geherrscht hatte. Nippon schien unaufhaltsam voranzustürmen, wuchs weitaus schneller als Amerika oder Westeuropa, und das schon seit gut zwanzig Jahren. Mitte der Achtziger baute es seinen Vorsprung durch enorme Kapitalexporte stetig aus. Ähnlich wie Großbritannien im 19. Jahrhundert avancierte Japan zu einer robusten Gläubigernation, der andere Geld und Ehrerbietung schuldeten. In seiner Wirtschaft und vor allem Fertigungsindustrie machte Japan auf mysteriöse Weise alles richtig, ohne dass die dekadenten Staaten jenseits des Pazifiks oder in Westeuropa es ihm hätten nach- oder gleichtun können. Und mit seinen blühenden Aktien- und Immobilienmärkten hatte es auch noch eine neue Methode gefunden, sein Wachstum zu finanzieren, da Kapital scheinbar kostenlos in Hülle und Fülle bereitstand. Diese starke neue Wirtschaftsmacht, so hieß es, würde zwangsläufig auch nach mehr politischer Macht streben, um die Welt im eigenen Interesse umzugestalten.

Heute behauptet das fast niemand mehr. Nach dem Zusammenbruch des japanischen Aktien- und Immobilienmarktes 1990 erlebte das Land immer neue Enttäuschungen, und die ohnehin schon geschwächte Wachstumsrate stürzte vollends ab. Seine ehemals weltweit gefürchteten Banken wurden dann zu Zielscheiben des Spottes, berüchtigt für ihr schlechtes Management und die gewaltige Last zweifelhafter Forderungen. Die Einkommen sanken immer tiefer, und die Arbeitslosigkeit stieg. Dadurch gerieten auch die 1989 noch grundsoliden und deutlich im Plus stehenden Staatsfinanzen auf die schiefe Bahn – mit einem allgemeinen Haushaltsdefizit im Jahr 2002 von fast zehn und einer Staatsverschuldung von mehr als hundertvierzig Prozent des Bruttoinlandsprodukts.

Viele der Hersteller, die man in den achtziger Jahren noch als eine Art Übermenschen gefürchtet hatte, schrumpften plötzlich auf Taschenformat. Nissan, der zweitgrößte Automobilkonzern Japans, musste sich vom französischen Konkurrenten Renault retten lassen. Ende der neunziger Jahre rangierte kein japanisches Computerunternehmen mehr auf den Spitzenplätzen. Zwar blieben japanische Telekommunikationsanbieter in dieser Wachstumsbranche recht erfolgreich, doch vor allem als Zulieferer. Von hoch spezialisierten Nischen abgesehen, zählten nur noch Toyota und Sony zur Weltelite. Die engen Verbindungen zwischen Unternehmen, Geschäftsleuten, Bürokraten und Politikern, die man als Japans Stärke gesehen hatte, wurden nun als starr, eigennützig und korrupt verhöhnt, als Inbegriff eines Amigo-Kapitalismus, der mit erklärte, warum es dem Land so schwer gefallen war, sich zu erneuern und warum es seine klare Zielsetzung verloren hatte.

Japans schwarzes Jahrzehnt der Neunziger könnte nur allzu leicht Schadenfreude auslösen, da der – am Ende der achtziger Jahre auch enorm arrogante – Koloss nun ganz klein und mickrig dasteht. Andere freuen sich zu Lasten all der vielen Analysten, besonders in Amerika, die in den achtziger Jahren aufgewühlt vor der unmittelbar bevorstehenden Dominanz Japans gewarnt und verlangt hatten, der Westen müsse sofort entweder die japanischen Methoden nachahmen oder ihnen etwas entgegensetzen. Eine solche Schadenfreude ist zum einen nicht gerade konstruktiv und wird zum anderen in einigen Jahrzehnten aus dem Nachhinein betrachtet auch nicht gerade als angemessen oder intelligent erscheinen.

Unter anderem deshalb nicht, weil eine solche Denkungsart ihrem Wesen nach kurzlebig ist – ebenso kurzlebig wie die damaligen Prognosen über die bevorstehende Dominanz Japans. Der Fehler liegt darin, langfristige Entwicklungen aus kurzfristigen Trends ableiten zu wollen. Wie Japan 1990 hatten die Vereinigten Staaten 1929, nach einem Jahrzehnt immensen Wachstums, einen verheerenden Börsenkrach erlebt und danach die gesamten dreißiger Jahre hindurch an der großen Depression gelitten. Doch Amerika zu jener Zeit abzuschreiben, da seine Banken zusammengebrochen waren und seine Arbeiter vor Suppenküchen Schlange standen, wäre ein wahrhaft historischer Irrtum gewesen. 1945 besaß diese scheinbar gescheiterte Nation einen bis dahin vermutlich beispiellosen militärischen und ökonomischen Vorsprung vor dem Rest der Welt, wie er wahrscheinlich auch nie mehr seinesgleichen finden wird. Aus diesem Beispiel folgt selbstverständlich nicht, dass Japans Entwicklung ähnlich verlaufen muss. Doch mag die Parallele als Mahnung dienen, sich nicht von kurzfristigen Phänomenen täuschen zu lassen, sondern immer nach den zugrunde liegenden Strömungen zu forschen.

Daraus folgt, dass die Überschätzung der potenziellen Leistungskraft Japans in den achtziger und ihre mutmaßliche Unterschätzung ab den neunziger Jahren vor allem eines deutlich macht: Viele – auch wissenschaftliche – Analysen heften sich an die falschen Kennzeichen der Macht, des Führungspotenzials und – in diesem Zusammenhang am wichtigsten – der geopolitischen Bedeutung.

Vermutlich liegt es daran, dass Macht selbst ein schwer fassbarer, kontextabhängiger und relativer Begriff ist, dessen Bedeutung sich einer klaren, verbindlichen Definition entzieht; als weitere Erklärung bietet sich an, dass statistische Machtindikatoren wegen der Währungsbewegungen meist selbstverstärkend wirken: Kurz vor dem Zenit seiner Kurve scheint ein Land anderen in jeder Hinsicht besonders weit voraus zu sein, weil gleichzeitig sein Geldwert zulegt. So stand Japan wegen des steigenden Yen von 1985 bis 1990 (und, mit kurzen Unterbrechungen, 1995) in vielen Tabellen weit oben – beim Pro-Kopf-Einkommen, der gewährten Entwicklungshilfe, den öffentlichen Mitteln, ja sogar den Rüstungsausgaben –, genau wie der starke Dollar 1995 bis 2001 den offenkundigen Vorsprung Amerikas in vielen Bereichen noch ausweitete.

Schuld ist allerdings auch, dass die Analysen zu Bewertung von Macht und Potenzial vielfach falsch herum ansetzen. Wenn der Eindruck entsteht, dass ein Land jetzt mächtig ist oder es in naher Zukunft werden könnte, suchen Wissenschaftler und Gelehrte nach Indikatoren, um ihre Annahme zu begründen oder zu erhärten. Folglich richten sie ihr Augenmerk ebenso sehr auf bloße Korrelationen wie auf Ursachen. So war die Wahrnehmung des japanischen Aufstieges in den achtziger Jahren durch dreierlei geprägt: den Export von Fertigwaren, besonders Autos und Elektronik, verbunden mit einem hohen Handelsbilanzüberschuss; starke Kapitalexporte; und den Wert der Tokioter Börse. Entsprechend fokussierten sich Klagen über die Schwäche Amerikas und Europas auf den Niedergang ihrer Fertigung, Handelsdefizite, Kapitalimporte (die zeigten, dass immer mehr westliche Unternehmen von Japanern übernommen wurden) und die wechselhaften Aktienkurse, besonders nach dem Krach an der Wall Street von 1987.

Doch betrachtet man die späten neunziger Jahre, so erscheint alles auf den Kopf gestellt. Jetzt sollten ganz andere Aspekte die wirtschaftliche Stärke, ja sogar Dominanz Amerikas erklären: Der Import von Hightechgeräten und ihr Einsatz im Dienstleistungssektor, besonders über das Internet und die modernen Telekommunikationsmittel; Kapitalimporte, die nunmehr aber bezeugten, dass der amerikanische Markt weit reizvollere Renditen bot als jeder andere; und, als das einzige identische Kriterium, der US-Börsenwert. Defizite standen nun für Stärke und nicht mehr für Schwäche; erfolgreiche Fertigung galt nicht mehr als Selbstzweck, sondern nur noch als ein Aspekt der Anwendung modernster Technik und des Bemühens, die Produktivität in der gesamten Wirtschaft zu steigern. In erster Linie sollte es nun auf Computersoftware und die Nutzung des Internets ankommen. Und wie stand es mit den fortdauernden Handelsbilanz- und Kapitalüberschüssen Japans? Na, die bewiesen lediglich, dass Japans Binnennachfrage zu schwach war und dass seine Ersparnisse im Inland keine rentablen Investitionsmöglichkeiten fanden. Unter Stärken versteht man etwas anderes.

Was bedeutet das für Japans Zukunft? Wohl mögen frühere Prognosen falsch oder irreführend gewesen sein, aber wie käme eine bessere zustande? Zunächst müsste man sich von der in den achtziger Jahren verbreiteten Vorstellung trennen, Japan könnte bald die neue »Nummer eins« werden, das heißt die Führungsrolle übernehmen. Auch wenn sie nicht in sich unplausibel ist, hängt das Schicksal Japans weniger von dessen eigener Stärke ab als vom künftigen Kurs der Vereinigten Staaten.

Damit Japan (oder ein anderer Konkurrent) die Führung erringen könnte, müsste Amerika sie also verspielen. Der Grund dafür liegt in den Größen- und sonstigen Verhältnissen der beiden Länder. Auf der einen Seite haben wir ein 280-Millionen-Volk und die heute mit Abstand stärkste Wirtschaft der Welt, auf der anderen lediglich 126 Millionen Einwohner und auch eine etwa gleichermaßen schwächere Ökonomie. Währungsschwankungen könnten den Abstand in dieser oder jener Richtung verringern, würden jedoch nichts Wesentliches am Bild ändern. Mittel- und langfristig gesehen vermag kein noch so fulminanter »Erfolg« Japans die Rangfolge zwischen den beiden Ländern umzukehren, sondern nur ein Versagen der USA selbst – etwa durch wirtschaftliche oder vielleicht soziale Zerrüttungen, die ihr Wachstum für mindestens eine Generation, und nicht nur für ein, zwei Jahre, verlangsamen oder gar lähmen würden, und damit verbunden die nachhaltige Entscheidung, sich gänzlich aus dem globalen Engagement zurückzuziehen. Gewiss wäre eine solche Entwicklung möglich, auch wenn ich weiter oben argumentiert habe, dass sie höchst unwahrscheinlich ist.

Die Rückkehr Japans als wirtschaftliche Supermacht wäre derart gewunden und abenteuerlich, dass man nicht lange bei dem Gedanken verweilen muss. Gleichwohl, wenn es tatsächlich zu einem andauernden Scheitern Amerikas mit Rückzug aus der Weltpolitik käme, wäre Japan – falls nicht noch andere außerordentliche politische und wirtschaftliche Erdbeben einträten – in Wirklichkeit gewiss nur eine unter mehreren mächtigen Nationen. Dies wäre keine Welt mehr, in der es für ein Land der Größe und Gewichtigkeit Japans sehr viel bedeuten würde, die »Nummer eins« zu sein.

Deshalb erscheint es lohnend, sich mit einem anderen Thema auseinander zu setzen: dem Zustand der japanischen Wirtschaft und ihrem Verhältnis zur Gesellschaftsstruktur des Landes. In jüngerer Zeit scheint dort einiges gründlich schief gegangen zu sein, sodass sich jeder, den Japans künftiger Beitrag zur Konsolidierung oder Verunsicherung der Weltpolitik interessiert, ein Urteil darüber bilden muss, ob diese Entwicklung von grundlegenden Schwächen und Problemen zeugt oder nur ein vorübergehendes Phänomen ist. Denn Japans wirtschaftliche Bilanz wird wohl oder übel seine Prioritäten und damit auch Strategien beeinflussen.

Ein zweites gewichtiges Thema ist die Sicherheitslage im ostasiatischen Umfeld Japans: Muss das Land Umbrüche in der Region befürchten, und könnten solche Sorgen – ob nun berechtigt oder nicht – sein Tun und Lassen maßgeblich bestimmen? Japans Reaktionen auf Vorgänge in benachbarten Gebieten, beim gegenwärtigen Stand der Dinge besonders auf der Koreanischen Halbinsel und in China, dürften ungeachtet dessen, ob die Wirtschaft weiter auf der Stelle tritt oder prosperiert, eine weltpolitisch beachtliche Rolle spielen. Denn schon bei seiner heutigen Wirtschaftskraft hat Japan sowohl die Mittel als auch die strategische Bedeutung, um regional und global einiges aus dem Lot zu bringen – sofern es einschneidende Maßnahmen ergreift.

Zuerst gilt es die Wirtschaft zu analysieren, zumal viele sie fast mit Japan selbst gleichsetzen. Was einst Japans Stolz und Freude war – und Frankreichs Präsident Charles de Gaulle zu der Spöttelei veranlasste, es sei eine Nation von »Transistorverkäufern« –, stellt sich in den letzten Jahren eher als eine Verlegenheit dar. So begann man das 21. Jahrhundert mit diversen Handicaps: einem stark unter wertlosen Aktiva leidenden Finanzwesen; fehlendem Vertrauen der privaten Haushalte, ihre hohen Ersparnisse für Konsumausgaben einzusetzen; durch starre Vorschriften und weit verbreitete Widerstände gegen Reformen blockierte Unternehmen. Jedermann schien genau zu wissen, was zu tun war – das Finanzsystem neu ordnen, deregulieren, die Nachfrage durch Erhöhung der Geldmenge anregen –, jedoch nicht, wie es anzufangen sei. Angesichts verkrusteter Strukturen und überkommener Besitzstände waren Veränderungen offenbar zugleich dringend notwendig und unmöglich.

Das Ausmaß des Widerstandes gegen Neuerungen und die nahezu totale Lähmung angesichts widriger Umstände haben viele überrascht. Auch jene Analytiker – darunter ich selbst in dem Buch *Japans begrenze Macht* –, die durchaus mit dem wirtschaftlichen Abschwung Japans zu Beginn der neunziger Jahre gerechnet hatten, nahmen dann im Allgemeinen an, dass Behörden und Unternehmen nur wenige Jahre brauchen würden, um die Krise gemeinsam zu bewältigen. Ein Klischee über die japanische Gesellschaft besagt, dass es infolge ihrer Grundorientierung am Zusammenhalt und Konsens zwar eine Zeit lang dauern kann, bis man sich auf die nötigen Schritte geeinigt hat, die getroffene Entscheidung dann aber schnell und zielstrebig in die Tat umgesetzt wird. Angeblich laufen die Japaner stets im Gleichschritt wie eine große Herde und bilden auch bei Richtungswechseln eine geschlossene Formation. Nach dem Börsenkrach von 1990 lautete eine weitere, vielleicht eher zynische Vermutung, in der japanischen Politik gäbe nichts stärker – man könnte sogar sagen: nichts anderes – den Ton an als Geld. Sobald also der Schmerz des Stillstandes die Geldgeber der großen Parteien, besonders der seit 1955 fast ohne Unterbrechung regierenden Liberaldemokraten, zu martern begänne, würden die Spender und Drahtzieher gewiss auf Reformen drängen.

Doch nichts davon erwies sich als zutreffend. Weder bog die Herde ab, noch übten die Geber politischen Druck aus. So zog sich ein gut binnen fünf Jahren lösbares Problem immer weiter in die Länge und hinterließ obendrein noch unnötig tiefe Spuren. Ein Grund für das Ausufern mag gewesen sein, dass es lange dauerte, bis man überhaupt den Ernst der Lage erkannte: Der Lebensstandard blieb hoch, und die Arbeitslosenquote hielt sich in Maßen. Dem Land ging es zwar nicht so gut wie möglich, aber auch nicht allzu schlecht. Damit bestand kein akuter Anlass, sich den Härten von Strukturreformen auszusetzen. Ein zweiter Grund war indessen, dass sich die in den neunziger Jahren zur Belebung der Wirtschaft angewandte Hauptmethode, nämlich die Finanzierung öffentlicher Bauarbeiten mit gewaltigen Staatsanleihen, als äußerst hilfreich für eine der größten Spendergruppen der Liberaldemokraten erwies: die Bauindustrie und ihre Zulieferer. Damit konnte die Annahme, dass kommerzielle Drahtzieher im wohlverstandenen Eigeninteresse Druck ausüben würden, um Deregulierungen und Neuerungen herbeizuführen, bestenfalls naiv sein.

Doch gab es noch einen dritten, tiefer liegenden Grund, die Tatsache nämlich, dass man nicht erst seit dem Börsenkrach der neunziger Jahre, den viele Japaner heute als das Platzen einer in den späten Achtzigern angeschwollenen »Seifenblase« auffassen, reformunfähig war, sondern bereits einige Zeit zuvor. Damit ließe sich erklären, wie es überhaupt zu der inflationären Entwicklung kommen konnte.

Ende der siebziger Jahre lotete Japan die Grenzen dessen aus, was sich seit den Fünfzigern als eine phänomenal erfolgreiche Periode des Wirtschaftswachstums darstellte. Ja, diese zwanzig Jahre bildeten den Höhepunkt eines sensationell guten Jahrhunderts, in dem Japan von einem ziemlich unterentwickelten Schüler des Westens zum Ebenbürtigen aufstieg. Es war eine Zeit gewaltiger wirtschaftlicher und gesellschaftlicher Umbrüche, da sich Japan, besonders in den fünfziger Jahren, von seinen weitgehend agrarisch geprägten Strukturen in hochgradig urbane transformieren musste. Im Grunde vollzog Japan die Industrialisierung währenddessen gleich zweimal, zunächst in den dreißiger Jahren im Schiffsbau, als es zum weltgrößten Hersteller aufstieg, und dann erneut in den Sechzigern, als es sich von der Kriegsniederlage erholt hatte und nun mit der gesamten Industrieproduktion an der Spitze lag.

Das rasante Wirtschaftswachstum der sechziger Jahre, angeführt von Exportbranchen wie dem Schiffs- und Fahrzeugbau und der Elektronik, kam 1971 plötzlich zum Erliegen, als Präsident Richard Nixon aus heiterem Himmel den Dollar gegenüber dem Yen und anderen Währungen abwertete, und dann erneut 1973/74, als sich der Erdölpreis wegen eines arabischen Embargos verzehnfachte. Wie nicht anderes zu erwarten, traf die Ölkrise Japan besonders schwer, da es fast seinen gesamten Energiebedarf importieren muss. Dennoch erholte es sich schnell wieder von der dadurch ausgelösten Rezession und Inflation, um unter dem Druck der hohen Preise – mittels staatlicher Anreize – zum besten Energieverwerter aller Industrieländer zu avancieren. Im Übrigen trug das steigende Haushaltsdefizit dazu bei, die Binnennachfrage anzukurbeln.

Damals besaß Japan im Grunde zwei parallele Wirtschaftssysteme. Das eine, bestehend aus den modernen Exportbranchen und ihren Zuliefernetzen, war offen für den internationalen Handel und Wettbewerb, für Innovation und neue Märkte, damit der Konkurrenz in aller Welt gewachsen. In diesem mächtigen Sektor dominierten schon in den fünfziger Jahren gegründete Unternehmen wie Honda und Sony zusammen mit einigen anderen, deren

Ursprünge noch vor dem Zweiten Weltkrieg lagen, als sie klein angefangen hatten, darunter vor allem Toyota und Matsushita Electric – bekannt durch die Marke Panasonic für Unterhaltungselektronik. Solche Unternehmen hatten ihren je eigenen Lieferanten- und Kundenstamm, gehörten jedoch keinen Großkonzernen an. Viele andere, die unter dem Dach von *keiretsu* standen, den modifizierten Nachfolgern der – ab 1945 durch die amerikanische Besatzungsmacht zerschlagenen – Kartelle namens *zaibatsu*, beteiligten sich ebenfalls an der Exportoffensive, jedoch nicht in vorderster Front. Namen wie Mitsubishi Electric, Hitatchi und Fujitsu bürgten dabei für niedrige Preise und hohe Produktivität.

Die andere Wirtschaft dagegen bestand aus relativ rückständigen geschützten Binnenmärkten. Zu den Beispielen hierfür gehören die Landwirtschaft, der Vertrieb, das Fernmeldewesen, die Fluggesellschaften, viele Konsumgüter, die Baubranche, der Einzelhandel, Immobilien und alle Finanzdienstleistungen, insbesondere das Bankwesen. Dort bestimmten hohe Preise, beschränkter Wettbewerb und geringe Produktivität das Bild. Zum Teil lässt sich diese wenig ersprießliche zweite Wirtschaft durch sozialpolitische Maßnahmen erklären: einen besonders in den fünfziger Jahren mit ihrer massiven Landflucht sehr ausgeprägten Wunsch, gerade den sensiblen Branchen Arbeitsplätze und Verdienstmöglichkeiten zu erhalten; allerdings nur zu einem geringen Teil. So mag die anfängliche Unterstützung der Bauern und die spätere der kleinen Ladeninhaber sozialpolitisch begründbar sein, aber nicht der Zustand der Banken, der Fernmeldeunternehmen, der Fluggesellschaften und vieler anderer Sparten. Diese wurden aus den in vielen Ländern angestellten Erwägungen geschützt und an die Kandare genommen: da eine Ware oder Dienstleistung (wie Telekommunikation oder zivile Luftfahrt) dem nationalen Interesse diente und daher am besten unter staatlicher Führung und Aufsicht verblieb, oder da sie (wie das Bankwesen) für einen freien Betrieb zu hohe Risiken bargen; da ein Industriellen- oder Arbeitnehmerverband (im Bauwesen, Einzelhandel, Vertrieb oder Konsumgüterbereich) den zuständigen Politikern und Bürokraten durch Lobbyarbeit besondere Hilfen oder Schutz vor Konkurrenz abringen konnten.

Im Idealfall wären die fortschrittlichen, international wettbewerbsfähigen Branchen nach ihrer Reifung langsamer gewachsen, woraufhin man andere Sektoren durch Deregulierung für neue Unternehmer, Investitionen und Modelle geöffnet hätte, um die Wachstumsbasis zu erweitern und zusätzliche Kraftquellen anzuzapfen. Zwar passierte das in gewissem Umfang tatsächlich, und sogar das Bankwesen erlebte Anfang der achtziger Jahre eine gewisse Deregulierung, die unter dem Druck von Handelspartnern, speziell der USA, auch andere Bereiche erfasste, doch – kaum überraschend – nur gegen massiven Widerstand der Unternehmen und Belegschaften, die um ihre sicheren Positionen bangten. Angesichts hoher staatlicher Schranken erscheint es momentan stets als das Beste und Rationellste, alle verfügbaren Mittel für die Lobbyarbeit aufzubieten, um die relevanten Entscheidungsträger durch Geld und gute Worte davon zu überzeugen, an den bestehenden Vorschriften festzuhalten oder Veränderungen nur im eigenen Sinne vorzunehmen.

Dieser Grundsatz gilt nicht allein für Japan. Allerdings kam ihm dort stark entgegen, dass die Staatsmacht einzig in der Hand der Liberaldemokratischen Partei (LDP) lag. Ihre Abgeordneten bildeten untereinander eigene Gruppen, genannt *zoku* oder »Stämme«, mit dem Ziel, die Gesetzgebung für einzelne Sektoren zu steuern oder, genauer, die Spendenströme der jeweiligen Unternehmen in die richtigen Kanäle zu leiten. Somit lief das eifrige Sammeln von Wahlkampfgeldern im Prinzip darauf hinaus, planmäßig Widerstand gegen die Deregulierung zu organisieren. Selbst die Opposition – im Japan der siebziger und achtziger Jahre vor allem die Sozialistische Partei, später auch die buddhistisch verankerte Komeito (was wörtlich übersetzt »Partei der sauberen Regierung« bedeutet) – trug teils aktiv, teils passiv mit zu diesem Gekungel bei und wurde so auch an den Spenden beteiligt.

Ende der siebziger Jahre ließ die Dynamik des Exportwachstums und mit ihr der Aufschwung verwandter Branchen nach.

Seit Nixons Abwertung war der Dollar stetig gesunken und hatte 1978 seinen Tiefstpunkt erreicht; entsprechend verteuerten sich die japanischen Exporte. Das Haushaltsdefizit wuchs in Schwindel erregende Höhen, und mit ihm der Reformdruck, um die Binnennachfrage und damit das Wachstum zu steigern. Doch die Chance blieb ungenutzt. Im Jahr 1980 trat Ronald Reagan das Präsidentenamt an, und seine Politik ließ den Wert des US-Dollar während der nächsten fünf Jahre ansteigen, sodass der Yen und die japanischen Exporte sich wieder entsprechend verbilligten. So erlebte Japan ein neues Wirtschaftswachstum, ohne sonderlich unter Deregulierungen leiden zu müssen. Man konnte die Sache langsam angehen oder vielleicht auch ganz auf sich beruhen lassen.

Auf diese Weise erhielt der Zweitsektor des Landes eine weitere Gnadenfrist von fünf Jahren. Der wachsende Handelsbilanzüberschuss führte zu einem Mehr an Kapital, das man exportieren konnte, zuerst über Investitionen in ausländische Wertpapiere, doch später dann sichtbarer durch den Kauf von Immobilien, Fabriken und Unternehmen. Zwar fiel das allgemeine Wirtschaftswachstum Anfang der achtziger Jahre mit durchschnittlich zwei bis fünf Prozent nicht spektakulär aus – doch im direkten Vergleich mit den USA, die gerade eine Rezession überwanden, ziemlich gut. Dann stieg der Druck seitens amerikanischer Industrien, die sich weder imstande sahen, auf den eigenen Märkten billige japanische Qualitätsprodukte abzuwehren, noch, wegen offizieller und inoffizieller Schranken, gleichermaßen Zugang zum japanischen Markt zu erringen. Unterdessen arbeiteten Japans Unternehmen jedoch nicht sehr rentabel, angeblich deshalb, weil sie mehr Wert auf Marktanteile als auf Gewinne legten. Das mag in gewissem Umfang zutreffen, doch waren japanische Betriebe in der Regel nicht so gut organisiert und besonders schwach in der Kapitalzuteilung.

Ab 1985 veränderte sich die Weltwirtschaftslage drastisch. Wegen des hohen amerikanischen Handelsbilanzdefizits übte der US-Zentralbankrat in einer konzertierten Aktion mit mehreren anderen gezielt Druck auf den Dollar aus, der daraufhin einbrach und seinen Wert gegenüber dem Yen in nur zwei Jahren halbierte. Als schließlich im Oktober 1987 ein Börsenkrach neue Krisenängste aufkeimen ließ, bemühten sich die Zentralbanken verstärkt um eine gemeinsame Währungspolitik mit dem Ziel, die Zinsen zu senken und die Geldmenge zu erhöhen. Um den freien Fall des Dollar zu stoppen, sollte Japan besonders harte Zinsmaßnahmen ergreifen, und damit begann die finanzielle Aufblähung der Jahre 1987 bis 1990.

Man pumpte nach Kräften Geld in die Wirtschaft, und der Wert des Yen stieg stetig an. Doch die Belastungen einer starken Währung wurden mehr als wettgemacht durch Vorteile billigen Geldes, noch verstärkt durch anziehende Aktien- und Immobilienpreise. Daraus resultierte ein Teufelskreis: Privatleute, Banken, Unternehmen und institutionelle Anleger nahmen gesichert durch hoch bewertete Grundstücke Geld auf, um Aktien zu kaufen. Deren daraufhin steigende Kurse ermöglichten es Gesellschaften, sich so gut wie kostenlos Kapital zu beschaffen, indem sie später in Aktien konvertierbare Anleihen auflegten. Da sie fest damit rechneten, dass diese Konvertierung dank starker Kapitalerträge hoch rentabel sein würde, verzichteten die Anleger auf Zinsen oder zahlten in manchen Fällen sogar selbst welche. So konnten die Unternehmen nach Belieben im In- und Ausland investieren oder expandieren. Die Konsumausgaben legten ordentlich zu, da es Geld in Hülle und Fülle gab, und das Wirtschaftswachstum beschleunigte sich um bemerkenswerte vier bis sieben Prozent jährlich. Doch musste man sich keine Sorgen über die Inflationsrate machen, da wegen des starken Yen die Einfuhrpreise und mit ihnen die Energiekosten sanken. Also konnte die Bank von Japan am niedrigen Zinsniveau festhalten.

Das Gefühl der Stärke und die Üppigkeit der fast mühelos zu nutzenden neuen Möglichkeiten wirkten ungemein berauschend, doch zwei Gruppen profitierten besonders stark vom hitzigen Börsenfieber: zum einen die Politiker, denen sich nun eine neue Quelle für Wahlkampfmittel auftat, denn mit Hilfe großer Wertpapierhäuser (die selbstverständlich Gefälligkeiten suchten) konnten sie mit Insidergeschäften schnelle und dazu durch wohl platzierte Käufe längerfristige Gewinne machen. Zum anderen die Privatunternehmen, die ansonsten stets knapp kalkulieren mussten, jetzt aber mit Aktien und Immobilien zusätzliches Geld verdienen konnten. Das kam besonders den Exporteuren entgegen, die mit einem rasanten Kursanstieg des Yen zu kämpfen hatten. Sie konnten nun eine als *zaiteku** bezeichnete Finanztechnik anwenden, um Verluste im Hauptgeschäft der Fertigung auszugleichen. So machten Wertpapiergewinne im Geschäftsjahr bis März 1988 bei Matsushita Electric 58,8, bei Nissan 65,3, bei der Matsushita-Tochter JVC 93 und bei Sharp 73 Prozent des Gesamtaufkommens vor Steuer aus.

Da Kapital nichts zu kosten schien und überall Gewinne winkten, schien Japan die ganze Welt kaufen zu können. Der Börsen- und Immobilienboom schob wiederum den gefürchteten Tag auf, an dem Deregulierungen und Reformen unvermeidlich sein würden, um die Basis für das Wirtschaftswachstum zu verbreitern. Auch so lief ja alles prima! Und die Bewunderer Japans im Ausland wussten dazu in den achtziger Jahren nur zu sagen, dass es einen eleganten neuen Weg gefunden habe, seine Wirtschaft zu verwalten. Warum also etwas verändern? Ja, warum. Der Boom nützte denen, die Veränderungen am stärksten getroffen hätten, und jenen anderen, darunter Politiker, Unternehmer und gewöhnliche Investoren, die sich direkt daran bereichern wollten. Und da die Wirtschaft brummte, ohne eine Inflation auszulösen, da die Herrschaften im Finanzministerium und in der LDP beifällig dazu nickten, sah man auch bei der Bank von Japan keinen Anlass, vorzeitig auf die Bremse zu treten.

Die Seifenblase platzte, als die Bank schließlich das Geld durch eine Zinserhöhung verteuerte. Wie immer in solchen Fällen

* *zaiteku* steht als Abkürzung für »zaimu tekunorojii« und bedeutet, den Unternehmensgewinn dadurch zu steigern, dass man Kapital in Wertpapiere, Devisen, Immobilien und Ähnliches investiert.

schwand daraufhin das Vertrauen in weiter steigende Kurse, und zurück blieb ein einziges Durcheinander. Unternehmen hatten sich mit zu hohen Investitionen und Schulden übernommen in dem Irrglauben, sie seien reich und das Geld kostenlos; ähnlich viele Privathaushalte auf der Basis ihrer plötzlich wertvollen Immobilien und Aktien. Und die Banken hatten das Ganze finanziert, sodass sie nun auf einem gewaltigen Berg nicht bedienter Kredite saßen. Eine wahre Flut von Konkursen kam auf. Unternehmen, die ihr Geld nicht auf normalem Wege, sondern mittels *zaiteku* verdient hatten, sahen nun ihre Schwächen entblößt. Viele Familien bangten sowohl um den Arbeitsplatz des Ernährers als auch um den Wert des in Form von Lebensversicherungen, Bankeinlagen, Fondsanteilen und Aktien Ersparten. Also begannen sie, weniger auszugeben und dafür mehr auf die hohe Kante zu legen, um Vorsorge für mögliche Verluste und eine ungewisse Zukunft zu treffen.

Am 2. Januar 1990 nahm der Börsenkrach seinen Anfang. Unter dem Strich fielen die Aktien- und Immobilienpreise um insgesamt zwei Drittel. Nach einem derart schweren Schock musste zwangsläufig eine Abkühlung oder Rezession einsetzen. In der Folge kam es vor allem darauf an, das Finanzwesen zu sanieren, die Nachfrage anzukurbeln, das Vertrauen der Privatleute in die Sicherheit ihres Ersparten wiederherzustellen und die zuvor brachliegenden Potenziale der Wirtschaft für neue Investitionen und Ausgaben einzuspannen. Allerdings begnügte man sich mit der zweiten hier genannten Maßnahme und schnürte eine Reihe enormer Haushaltspakete, um die Nachfrage zu stützen. Da jedoch weder die Staatsfinanzen saniert noch neue Energien entfesselt wurden, ging es mit dem Vertrauen der Privatleute weiter bergab.

Das Ausbleiben der erforderlichen Schritte hatte den gleichen Grund wie schon die spürbar zu schwachen Deregulierungs- und Modernisierungsreformen der siebziger und achtziger Jahre: Widerstand gegen alles Neue. Allerdings war dieser Widerstand nicht, wie die Mythologen es sehen wollten, ein mysteriöses, tief in dieser konformistischen und konsensorientierten Kultur verwurzeltes Merkmal des Nationalcharakters, sondern vielmehr eine Obstruktion bestimmter innerjapanischer Gruppen, deren Erfolg lediglich darauf beruhte, dass sie sich der Legislative bemächtigen oder sie zumindest blockieren konnten. Auch wenn jede dieser Fraktionen durch Linientreue oder eine Art Herdentrieb geprägt war, gilt dies nicht für das Land als Ganzes: Es gibt kein homogenes japanisches Bekenntnis zum Konservatismus! Bei mehreren Wahlen der neunziger Jahre wurden sogar eindeutige Plädoyers für den Wandel und gegen den Status quo abgegeben. Indessen hatte diese Richtung zu lange keine tragfähige Mehrheit im Parlament erhalten. Wäre die japanische Politik doch nur homogen gewesen – dann hätte das Neue vielleicht eine Chance bekommen!

Das erwies sich in den neunziger Jahren als die größte politische und damit auch ökonomische Schwäche Japans: die Fähigkeit zahlreicher Interessengruppen, hinter denen sich Banken und Lebensversicherungen, Bauern, das Fernmeldewesen, der Großhandel, die Postsparkasse, die Baubranche und andere verbargen, dringend notwendige Reformen zu blockieren oder massiv zu verzögern und in manchen Fällen die Bestrafung früherer Finanzvergehen zu verhindern. Gerade sie verwandelte eine ehemals eindrucksvoll kräftige und innovative Wirtschaft in eine zutiefst sklerotische.

Dieses Problem zu lösen ist im Wesentlichen eine politische Aufgabe, kann aber niemals ganz gelingen, weil es immer Interessengruppen gibt, die sich Neuerungen widersetzen. Allerdings versprach genau das Junichiro Koizumi von der LDP, ein reformfreudiger Außenseiter, als er im April 2001 das Amt des Ministerpräsidenten antrat. Dank seines Programmes erreichte er persönlich eine außerordentliche Popularität, die jedoch bald wieder schwand, als er wenig zu vollbringen schien. Ob Koizumi sich als erfolgreicher Reformer erweisen wird, ist jedoch nur von kurzfristigem Belang. Auf längere Sicht stehen zwei ganz andere Fragen im Vordergrund: In welchem Maße könnte die japanische Wirtschaft erstarken, wenn tatsächlich weit reichende Strukturreformen gelängen? Und was wären die Folgen, falls dies misslänge oder gar die Lethargie anhalten würde?

Trotz des enormen Reformstaus sprechen die Grunddaten des japanischen Systems mit großer Wahrscheinlichkeit für fortgesetztes Wachstum. So sind die Arbeitskräfte gut ausgebildet und erzielen laut OECD-Studien bei Rechnen, Schreiben, Lesen und dem naturwissenschaftlichen Verständnis deutlich bessere Werte als die amerikanischen. Die höhere Schulbildung rangiert unter den weltweit Besten und bringt im Verhältnis mehr Absolventen hervor als in den USA oder in Westeuropa. Zwar zählen die japanischen Universitäten nicht zur Weltelite, doch gibt es, besonders in den Naturwissenschaften, einige Enklaven mit Spitzenleistungen.

Ein Faktor, der mit über das künftige Schicksal der japanischen Wirtschaft entscheiden dürfte, ist das rapide ansteigende Durchschnittsalter. Dank des starken Babybooms der Nachkriegszeit hatte Japan bis Ende der achtziger Jahre eine jüngere (Erwerbs)-Bevölkerung als Amerika oder Westeuropa, was dazu beitrug, die Lohnkosten und Sozialabgaben in Grenzen zu halten. Doch heute ist Japans Arbeitnehmerschaft älter als die (durch Immigration verjüngte) Amerikas und liegt etwa auf dem Niveau mehrerer europäischer Länder. Im Jahr 1990 waren erst zwölf Prozent seiner Einwohner über fünfundsechzig, 2000 schon mehr als 16 Prozent, und 2020 schließlich soll ein Spitzenwert von 23,5 Prozent erreicht werden. Damit hätte Japan den verhältnismäßig höchsten Anteil von Senioren über fünfundsechzig aller großen Industrieländer.

Diese Alterspyramide wird sich in gewissem Umfang hemmend auf die Wirtschaft auswirken, da Löhne und Lohnnebenkosten entsprechend steigen. Alsbald müsste auch die legendär hohe Sparquote der Privathaushalte sinken, vielleicht sogar drastisch, wenn immer mehr Bürger ihre Ersparnisse ausgeben und dabei weniger Geld auf die hohe Kante legen. Doch auch wenn dies das potenzielle Wirtschaftswachstum ein bisschen beeinträchtigen könnte, spricht nichts gegen eine trotzdem gesunde Wachstumsrate. Falls die gegenwärtigen Trends anhalten, wird Japans Bevölkerung gegen Ende des 21. Jahrhunderts schrumpfen, denn die Geburtenrate ist niedrig, und es gibt fast keine Zuwanderung. Allerdings könnte sich im Lauf der Zeit manches ändern, sei es bei der Fortpflanzung oder bei der Immigration.

Auf kürzere Sicht scheint Japan jedenfalls gut gerüstet, die jeweils neuesten Errungenschaften der Informationstechnik zu adaptieren und auf eine breite Vielfalt von Branchen anzuwenden. Ähnliches gilt für die übrigen aktuellen Strömungen des technischen Fortschritts, darunter die Biotechnik und die Brennstoffzelle. Man verfügt also über ein hohes Niveau solide fundierten Fachwissens. Seit den fünfziger Jahren herrscht sozialer Friede. Zwar mag die offensichtliche Schwäche bei der Software-Entwicklung für das bevorstehende IT-Zeitalter ein maßgeblicher Nachteil sein, doch andererseits muss ein Land nicht in allen Bereichen gut sein, um wachsen zu können. Vielmehr genügt es, die Investitionen und den Konsum zu beleben sowie Jahr um Jahr auf breiter Front für steigende Produktivität zu sorgen. Kurz- bis mittelfristig sollte Japan in der Tat beste Aussichten für einen Produktivitätsschub haben, zumal es ein volles Jahrzehnt schwacher Leistungen nachholen muss, in dem viele seiner Industrien beim Einsatz von Hard- und Software regelrecht auf der Strecke blieben. Ja, ein wichtiger Maßstab für das vorhandene Potenzial Japans ist die Existenz dessen, was ich oben als seinen Zweitsektor bezeichnet habe, namentlich die bisher geschützten, überregulierten oder nur teilweise deregulierten Branchen. Würden diese wirklich dem Wettbewerb geöffnet, so ergäben sich wahrhaft atemberaubende Möglichkeiten für neue Unternehmen und ausländische Konkurrenten. Es gibt also noch viele »niedrig hängende Früchte« zu pflücken.

Ein Problem liegt vielleicht in der mangelnden Fähigkeit Japans, ganz neue Projekte ins Leben zu rufen und zu finanzieren; das Land hat keine Tradition wie Silicon Valley mit seinem auf Wagniskapital gestützten Pioniergeist. Doch das gilt auch für die meisten anderen Staaten. In dieser Hinsicht ist Amerika die rühmliche Ausnahme, nicht die Regel. Bei der Förderung von Initiativen steht Japan etwa genauso gut – oder schlecht – da wie Kontinentaleuropa. Doch könnte und sollte es mehr tun: Zum Beispiel wirkt sein Konkursrecht auf potenzielle Firmengründer unangemessen abschreckend und müsste deshalb geändert werden. Trotz der seit den frühen neunziger Jahren herrschenden widrigen Verhältnisse sind eine Masse kleiner Unternehmen entstanden und mit ihnen zwecks Finanzierung neue Börsen. Wenn im Bankwesen aufgeräumt und die Nachfrage sich wieder beleben würde, dürften viele weitere ihrem Beispiel folgen. Jedenfalls herrscht im Lande kein Mangel an Startkapital: Angesichts der hohen Sparquote bestünde kein Bedarf für Kapitalimporte.

Ein reformiertes, dereguliertes Japan hätte also beste Aussichten, und die gewaltigen Energien warten nur darauf, entfesselt zu werden. Doch wie steht es mit der zweiten Zukunftsfrage, der Möglichkeit ausbleibender Wirtschaftsreformen? Oder was geschähe, wenn die angemahnten Deregulierungen mehr Probleme schaffen würden, als sie lösen? Ja, was dann?

Das ist kein ökonomisches, sondern ein politisches Problem. Falls es weiterhin am politischen Willen fehlt, eine parlamentarische Mehrheit für Reformen zusammenzubringen und auf Kurs zu halten, um sich aus dem Würgegriff der Interessengruppen zu lösen, so wäre Verzweiflung die Folge. Wirtschaftlich hieße das weiter Stagnation, wahrscheinlich sogar Schrumpfung, mit sinkenden Einkommen, wachsender Arbeitslosigkeit und immer mehr Konkursen – wobei der Staat angesichts ohnehin schon hoher Schulden kaum noch neue Anleihen aufnehmen könnte. Japan stellt zwar kein internationales Kreditrisiko dar, weil seine Gläubiger nicht im Ausland, sondern in der Heimat selbst sitzen, doch auch deren Geduld dürfte ihre Grenzen haben.

Angesichts dessen wäre das wahrscheinlichste Szenario der Aufstieg extremistischer Parteien und Politiker – denn man hätte bereits alle herkömmlichen Rezepte durchprobiert oder, besser, sämtliche herkömmlichen Versuche unternommen, die üblichen

Mittel anzuwenden. Damit wäre der Ring frei für neue Ideen oder zumindest Parolen, die nun aus der finsteren Ecke des japanischen Nationalismus kommen könnten.

Der Begriff Nationalismus klingt seit 1945, wegen der Kriegserinnerungen und entsprechend starken Tabus, im Zusammenhang mit Japan sehr harsch. Nach der Tradition des Militarismus und den Atombombenabwürfen auf Hiroshima und Nagasaki hat das Land seither eine starke pazifistische Strömung. Doch naturgemäß gab es daneben auch immer einen Nationalstolz. In den achtziger und neunziger Jahren begann dieser sich auf der intellektuellen und politischen Ebene kundzutun, als Arbeitsgruppen versuchten, Japans Eigeninteressen und Besonderheiten zu definieren und zu fördern. Bei Handelsdisputen mit den USA brachten es gewisse Politiker zu Popularität, indem sie die Amerikaner angriffen, allen voran ein Einzelgänger von der LDP namens Shintaro Ishihara, der zusammen mit dem Sony-Chef Akio Morito das oben erwähnte Buch über Japan als Neinsager verfasste. Anschließend kehrte Ishihara der großen Politik eine Zeit lang den Rücken, um 1999 in Tokio als Unabhängiger erfolgreich für das Gouverneursamt zu kandidieren. Diese Position begriff er dann als Sprungbrett für eine eventuelle Rückkehr in die nationale Politik und warb unteressen für seine nationalistischen Ansichten, nun aber mehr auf Kosten Chinas als der USA.

Ishihara gehört eindeutig zu jenen, die nur darauf warten, ein Klima der Verzweiflung für ihre Zwecke zu nutzen. Zwar könnte ein hurrapatriotisches Programm kaum Wirtschaftsreformen ersetzen, aber immerhin die Menschen vorübergehend ablenken. Vielleicht käme es sogar als probates Mittel in Betracht, die für Reformen unabdingbare Mehrheit herbeizuführen. Um die nötige Propagandawirkung im Wahlkampf zu erzielen, mag man den Eindruck erwecken, dass die Außenwelt – Amerika wegen eigener Probleme oder der Verachtung Japans, China wegen seiner aggressiven Exportoffensive, gemeinsam mit Südkorea wegen des Grolls auf die japanische Vergangenheit – jetzt eher feindselig als freundlich gesonnen sei. Doch gewiss würde das auch große Gefahren in sich bergen. Eine Kampagne mit dem Ziel, das in der Nachkriegsverfassung festgeschriebene Verbot militärischer Auslandseinsätze aufzuheben, würde die Nation spalten. (Anlässlich des Afghanistankriegs wurde es 2001 schon gebeugt, allerdings nur, um Armeen anderer Staaten mit Versorgungsschiffen zu unterstützen.) Soziale Unruhen wären ein Risiko, das möglicherweise die ohnehin schon einschneidenden Konsequenzen einer Konjunkturkrise noch verschärfen würde. Ein drastischer Anstieg des Rüstungsetats könnte die Wirtschaft eine Zeit lang beleben helfen, ginge aber ebenfalls mit Kontroversen im In- und Ausland einher.

Kurz, die wahrscheinlichste Folge anhaltender Rezession wäre eine Hinwendung sowohl zum Nationalismus als auch zu einer extrem spaltenden, provokativen Innenpolitik. Ähnliches gilt für die wirtschaftlichen und politischen Umbrüche, die sich derzeit im ostasiatischen Umfeld Japans vollziehen. Ob Japan nun bestimmter für seine Interessen eintritt oder ängstlicher wird, voller Sorge darum, dass sein fünfzigjähriges Militärbündnis mit den Vereinigten Staaten bei all dem Wandel nicht mehr genügen könnte – sofern es überhaupt hält –, so oder so: Im Lauf der Zeit würde beides zur Wiederbelebung und zum Erstarken des japanischen Nationalismus führen. Und eine solche Entwicklung Japans könnte in den nächsten Jahren durchaus auch die größte geopolitische Bedeutung haben.

Seit 1945 hat Japan seine Außenpolitik weitgehend den Vereinigten Staaten überlassen; durch die Niederlage, seine pazifistischen Lobbys und seine Nachkriegsverfassung der Möglichkeit beraubt, selbst militärischen Druck auf andere Staaten auszuüben, hat es sich unter den Schutz eines 1951 geschlossenen und 1960 erweiterten Sicherheitsabkommens mit Amerika begeben, was diesem mehrere Stützpunkte auf japanischem Gebiet bescherte. Überdies haben, trotz des eigenen Bannes gegen Atomwaffen, die einzelnen Regierungen unter der Hand geduldet, dass die US-Marine ihre japanischen Basen benutzte, um ihre atomar bestückten Patrouillenschiffe für den Pazifik zu betanken und zu warten. Derweil entwickelte Japan eigene Beziehungen zu anderen Nationen, nicht nur mittels Diplomatie, sondern auch über ein stetig wachsendes Auslandshilfebudget, und sicherte seine Eigeninteressen in multilateralen Handelsabkommen. Und obwohl Tokio in Rüstungsbelangen weitgehend von Washington abhängig blieb, strebte es auch gewisse eigene militärtechnische Fähigkeiten an, zum Beispiel durch Aufträge für die Entwicklung einiger Kampfflugzeuge. Doch solange die Sicherheit Japans hauptsächlich vonseiten der Sowjetunion bedroht war und kleinere Gefahrenherde wie etwa Nordkorea im Wesentlichen durch den Geheimdienst und die militärische Abschreckung der USA in Schranken gehalten werden konnten, sah Japan keinen zwingenden Grund oder Anreiz, über das Bündnis mit den USA hinauszugehen.

Das jedoch ändert sich seit etwa zwanzig Jahren. Die militärischen Mittel Chinas, der Umfang seiner Flotten- und Luftwaffenmanöver nehmen ständig zu; ebenso die Spannungen zwischen der Volksrepublik und Taiwan. Während die Koreaner ihren ehemaligen Kolonialherren stets feindselig gesonnen blieben, sind die Taiwanesen freundlicher eingestellt und haben mit vielen japanischen Politikern enge Beziehungen geknüpft. Die Position Taiwans bürgt übrigens auch für den starken japanischen Handelsverkehr auf seinen Wasserstraßen. Trotz einer zunehmend miserablen Wirtschaftslage versucht Nordkorea verschiedenartige Massenvernichtungswaffen zu entwickeln, um seine Schwächen in allen anderen Gebieten wettzumachen.

Als Ganzes genommen wirkt Asien in letzter Zeit wahrhaft immer bedrohlicher. Viele Staaten der Region, besonders in Ostasien, können sich aufgrund ihres gewachsenen Reichtums jetzt größere Heeres-, Marine- und Luftwaffenverbände leisten; doch den gravierendsten Einschnitt brachte die Verbreitung moderner Atomwaffen und Langstreckenraketen. Dazu bemerkt Paul Bracken von der Yale University in seinem ebenso exzellenten wie provozierenden Buch *Fire in the East: The Rise of Asian Military*

Power and the Second Nuclear Age, dass heute fast alle Länder von Israel bis Nordkorea inklusive Syrien, Irak, Iran, Pakistan, Indien und China über Arsenale atomarer oder chemischer Waffen verfügen und Trägerraketen dafür entwickeln.

Die schlimmsten Brandherde liegen indes weit entfernt von Japan: Indien und Pakistan sowie die Kontrahenten des Nahen Ostens, Israel, Syrien, Iran und Irak, denen in Zukunft auch noch andere wie Saudi-Arabien angehören könnten. Zwei allerdings, China und Taiwan sowie Nordkorea, befinden sich sozusagen direkt im Hinterhof Japans. In den neunziger Jahren wurde das Tokio durch zwei Ereignisse deutlich demonstriert. Das erste Mal, als China 1995 und 1996 in der Straße von Taiwan eine Serie aggressiver Raketentests durchführte, nachdem in Taipei anscheinend verstärkte Debatten über die Unabhängigkeit der Insel aufgekommen waren. Die Antwort Washingtons war sowohl für die Taiwanesen als auch für die Japaner beruhigend: Es entsandte zwei Flugzeugträger zur Überwachung der Region, als Ausdruck der Besorgnis und zugleich der Unterstützung Taiwans – oder offiziell seines Widerstandes dagegen, den Konflikt zwischen China und Taiwan auf militärischem Weg zu lösen. Doch damit stand nun fest und war sogar unterstrichen worden: Ein Waffengang zwischen Taiwan und China gehörte in den Bereich des konkret Möglichen, und besonders wenn die USA zugunsten Taiwans eingriffen, konnte auch Japan mit in die Auseinandersetzung verwickelt werden.

Der zweite Vorfall ereignete sich, als Nordkorea eine Langstreckenrakete abfeuerte, die Japan überquerte und im Pazifik einschlug. Er offenbarte, dass nicht nur Japan, sondern in absehbarer Zukunft auch die Westküste Amerikas zum Ziel solcher Geschosse werden konnte. Eingedenk der Tatsache, dass Nordkorea versuchen sollte, biologische und chemische Waffen zu entwickeln, um damit Raketen dieser Art zu bestücken, war man in Japan darüber ziemlich entsetzt.

Wenig später schien Nordkorea mit den Erzfeinden des Südens in eine Phase der Entspannung einzutreten, da der Staatschef Kim

Jong-Il seinen südlichen Kollegen Kim Dae-Jung zu einem beispiellosen Gipfeltreffen in der Nordhauptstadt Pjöngjang einlud. Vielleicht wird durch eine stetige Annäherung Frieden einkehren und die Koreanische Halbinsel alsbald wieder zu einem guten demokratischen Staat geeint. Vielleicht. Aber Militärstrategen und -planer müssen sich nicht in allererster Linie um derartige Möglichkeiten kümmern, sondern vielmehr darum, wo bedrohliche Militärpotenziale heranwachsen. Und daneben müssen sie auf mögliche Veränderungen achten, die Einfluss auf die Motivation von Staaten nehmen könnten, das Potenzial zu nutzen. Die Wiedervereinigung Koreas oder ihre Anbahnung könnte eine solche Entwicklung sein.

Dieses Problem wirft zwei weitere, damit verwandte Fragen auf: Was würde nach der Einung aus den bestehenden amerikanischen Militärbasen in Südkorea? Und: Welche Stellung bezöge Peking gegenüber dem Ganzen? Je weiter sich diese Perspektiven in die Zukunft verschieben, desto mehr Ungewissheiten kommen auf bezüglich der dann in China oder in den Vereinigten Staaten herrschenden politischen Verhältnisse. Wie im dritten Kapitel erwogen, könnte China sich bis dahin selbst in einer labilen Lage befinden, doch beim heutigen Stand der Dinge wäre anzunehmen, dass die Volksrepublik der Einung nur zustimmen würde, sofern es einen festen Plan für den Abzug der US-Truppen aus dem neuen Korea gäbe – und ohne ihre Zustimmung, oder zumindest Duldung, ginge gewiss nichts, da sie eine gemeinsame Grenze mit Nordkorea hat und ihm lange als einziger Staat die Treue hielt. Dadurch würde also die Präsenz der USA in der Region geschwächt und, wie schon so oft geschehen, würde China das geeinte Korea zu einer Art Klient, zumindest aber von sich abhängig machen, um seine nordöstliche Küste und Grenze zu sichern. Da die Einung für Korea enorm kostspielig würde, kann man sich mühelos einen Wettstreit zwischen ausländischen Mächten vorstellen – vor allem Japan, China und die USA –, die ihre Hilfe anbieten, um damit künftige Gefälligkeiten zu erkaufen.

Wenn sich Korea tatsächlich wiedervereinigt und die USA ihre

Truppen abziehen, bliebe in dieser Region allein Japan als amerikanische Militärbasis. Doch sind die japanischen Stützpunkte – speziell, aber nicht nur, die südlichste auf der Insel Okinawa – ohnehin zunehmend umstritten: Dort verband sich Ärger über den Flächenbedarf und Lärm mit Empörung darüber, dass es zu Vergewaltigungen einheimischer Mädchen durch amerikanische Soldaten kam. Die Folge war eine starke örtliche Kampagne gegen die Stationierung. Zwar bringt die Basis einer ansonsten armen Insel auch Geld und hat deshalb ihre Befürworter, doch ihr Fortbestand ist keineswegs sicher.

Aus alledem folgt, dass Nippon sich zunehmend verwundbar fühlen dürfte. Zwar könnte seine Wirtschaft wieder beträchtlich erstarken, aber zunächst einmal wird es wohl einer Art Krise bedürfen, um die dafür unverzichtbaren politischen und strukturellen Reformen auf den Weg zu bringen. Wollen wir hoffen, dass Japan bald wieder auf die Füße kommt, damit es bei der zunehmend brisanten Sicherheitslage in der Region die Nerven behält.

Zur Unsicherheit Nordostasiens tragen Raketen, territoriale Spannungen und die Verbreitung von Atomwaffen bei. Japans alter Revierkonkurrent China baut seine Präsenz und seinen Einfluss aus. Zwar sind die USA in der Region nach wie vor stark vertreten und von fast allen Staaten hoch geschätzt, doch muss man sich fragen, ob Japan seine Sicherheit auch künftig im Wesentlichen auf das Bündnis mit Amerika wird stützen können. Dessen geplantes nationales Raketenabwehrsystem, das angeblich Schutzschilde für die Auslandsbasen, also potenziell für Japan selbst, umfassen soll, könnte zum Beispiel noch längere Zeit auf sich warten lassen und dann zu unzuverlässig sein, als dass Japan darauf bauen sollte. Zwar müssten erdrutschartige Entwicklungen stattfinden, um Japan aus seinem Bündnis mit den USA ausscheren zu lassen, aber auch ohne dergleichen könnte die Interessenlage sowohl Japans als auch der Vereinigten Staaten gebieten, darüber hinauszudenken.

Derlei Überlegungen erhielten zusätzliche Nahrung, sofern in

Japan aufgrund einer schweren Wirtschaftskrise der Nationalismus drastisch erstarken sollte. Umgekehrt könnten wachsende Sorgen über die regionale Sicherheit, insbesondere über Bedrohungen vonseiten Chinas oder Nordkoreas, den Aufstieg des Nationalismus ihrerseits beschleunigen. Solche Entwicklungen könnten durchaus selbstbestätigend wirken. Anzeichen dafür, dass die mit Abstand wichtigste Wirtschaftsmacht Asiens – auch noch mit einer neueren Tradition aggressiver Eroberungen – sich wiederzubewaffnen beginnt und anmaßender wird, könnten durchaus andere veranlassen, ebenfalls zügig aufzurüsten. Das würde eine Spirale in Gang setzen und einer der geopolitisch beunruhigendsten Tendenzen zu ungeahnter Kraft verhelfen.

Heute fühlt Japan sich mit seiner schwachen Wirtschaft verwundbar, und das wird in Zukunft sehr wahrscheinlich auch dann weiter zunehmen, wenn die Konjunktur wieder anspringt. Das Land hat derzeit schon den drittgrößten Rüstungsetat der Welt und eine stärkere Kriegsmarine als Großbritannien. Doch allein seine Verfassungsschranken und die prinzipielle Ächtung von Atomwaffen hindern es daran, noch mehr für die Sicherheit zu tun. Auch die Amerikaner sind mit ihrem Verbündeten nicht ganz glücklich: Wiewohl mit gewissen Vorbehalten, sähen sie es vermutlich gerne, wenn Japan einen solideren Beitrag zur Stabilität der Region leisten könnte. Ein nationalistischeres Regime, eine schlagkräftigere Marine und Luftwaffe, eine sichtbarere Präsenz in der Region und am Ende sogar ein öffentlich anerkanntes Programm der atomaren Forschung und Entwicklung: Mit alledem ist wahrscheinlich für Japan in den ersten Dekaden des 21. Jahrhunderts zu rechnen.

5. Die Aussichten Europas

Derzeit gibt es weltweit nur eine Region, die den Vereinigten Staaten von Amerika in puncto Wirtschaftskraft nach fast allen statistischen Kriterien – Gesamtertrag, Handelsvolumen, Pro-Kopf-Ausstoß, Ersparnisse, Steueraufkommen, Bevölkerungszahl, sogar Größe und Wert der Finanzmärkte – das Wasser reichen könnte: die Europäische Union (EU) als eine vertragliche Gemeinschaft von fünfzehn Staaten (Stand 2002) West- und Mitteleuropas, die ab etwa 2005 binnen eines knappen Jahrzehnts um bis zu abermals fünfzehn erweitert werden soll. Wer nun denkt, das moderne Amerika wäre dem trägen alten Europa schon immer voraus gewesen, befindet sich im Irrtum, denn auf den gesamten Zeitraum der letzten zwanzig Jahre gesehen haben die fünfzehn heutigen EU-Länder das Wirtschaftswachstum der USA eingeholt. Nur in den neunziger Jahren lagen die USA vorn, doch dieses Wachstum wurde zum Teil durch eine Überhitzung des Neuen Hightechmarktes und entsprechende Überinvestitionen in Amerika gespeist. Beseitigt man diese Ausreißer aus dem Wachstumsrennen zwischen Europa und Amerika, so wirkt der Wettkampf über lange Strecken bemerkenswert ausgeglichen, abgesehen von kleinen Zwischenspurts und Absackern auf beiden Seiten des Atlantiks.

Die Skepsis gegenüber der EU erscheint nur natürlich, da ihre Institutionen schwerfällig und reformbedürftig wirken. Dagegen stehen einzelne ihrer Mitglieder, zum Beispiel Deutschland, Frankreich, Großbritannien, Italien, für Länder mit einer langen bewegten Geschichte, die einem das Herz höher schlagen lassen könnte. Keiner dieser Staaten hat in jüngster Zeit in politischer oder ökonomischer Hinsicht großes Aufsehen erregt (wenngleich die deutsche Vereinigung ein historischer Augenblick war), doch muss man nach wie vor mit ihnen rechnen – insbesondere als Einheit oder Team.

Zum gleichen Kontinent gehört eine weitere Kraft, mit der man im Lauf des 20. Jahrhunderts praktisch immer rechnen musste – Russland. Gewiss sollte man es auch heute nicht unterschätzen, zumal es eine manchmal trotzige Atommacht mit sperrigen Verbündeten (wie Iran, Serbien oder Tadschikistan) ist und gemeinsame Grenzen nicht nur mit dem Rest Europas hat, sondern auch über den gesamten Kaukasus hinweg mit Georgien und Aserbaidschan sowie in Zentralasien mit Kasachstan und in Fernost mit der Mongolei und China.

Obwohl es ein Teil Europas ist und eine lange Tradition großer Beiträge zu dessen Kultur und Zivilisation hat, gilt Russland im Allgemeinen als ein davon getrennter Block. Der Grund liegt im Wesentlichen darin, dass es in neuerer Zeit oft Kriege mit Ländern in seinem Westen geführt hat, besonders mit Deutschland. Doch was wäre, wenn man es wirklich als einen Teil Europas verstünde? Schließlich hat Westeuropa einen Weg gefunden, seine alte martialische Tradition hinter sich zu lassen. Warum sollte das nicht auch für die Beziehungen zu Russland gelten?

Vielleicht ist Russland zu groß, zu schwerfällig und zu eigensinnig, um in absehbarer Zukunft eine Vollmitgliedschaft in der Europäischen Union ernsthaft zu erwägen. Doch jetzt, nachdem es den Sonderweg des Kommunismus wieder verlassen hat, könnte Russland seine Zukunft in einem engeren Verhältnis mit den reichen Ländern im Westen sehen, das auch ihm selbst eine Steigerung des Wohlstandes, des Lebensstandards und der Gesamtstärke bescheren würde.

Die wohl bedeutendste weltpolitische Entwicklung nach den Anschlägen vom 11. September war die Annäherung zwischen Russland und den Vereinigten Staaten. Offenkundig näherte der

Terrorismus und die Destabilisierung in Zentralasien, verbunden mit der Notwendigkeit, die Verbreitung von Massenvernichtungswaffen zu bekämpfen, die beiden einstigen Feinde einander an. Dies und die augenscheinliche Freundschaft zwischen den beiden Präsidenten Vladimir Putin und George Bush erweckte den Eindruck, als könnte ein russisch-amerikanisches Bündnis darauf zielen, die Westeuropäer zu übergehen oder sogar zu bezwingen. Zwar mag daran in der unmittelbaren Kriegsatmosphäre etwas Wahres gewesen sein, doch Putin hatte vor allem wirtschaftliche Motive, für die Sache Amerikas einzutreten: Er hält Russland für einen Kranken, dem nur Handelsbeziehungen mit und Investitionen aus dem Westen wieder auf die Beine helfen können. Gewisse Dosen dieser Arznei werden zweifellos US-Multis verabreichen, flankiert von offizieller Unterstützung für eine Mitgliedschaft Russlands in der Welthandelsorganisation, nachdem ja die G8 bereits seit 2002 beschlossene Sache ist. Doch besagt die Geographie mit all ihren Konsequenzen für die Wirtschaft, dass die Hauptquelle für Handel und Investitionen vor Russlands Haustüre liegen muss, das heißt in Europa. Sobald seine zurzeit noch junge Demokratie und Marktwirtschaft einigermaßen gefestigt sein werden, dürfte es auch eine vertiefte politische und ökonomische Verbindung mit den europäischen Nachbarn anstreben, um den Handel und die Sicherheit zu verstärken. Dann wird Russland seinen Platz am europäischen Tisch einnehmen. Bei manchen internationalen Problemen könnten Russland und das restliche Europa sogar an einem Strang ziehen, da sie viele gemeinsame Interessen haben dürften.

So betrachtet wird das – weit gefasste – Europa künftig auf der Weltbühne enorme Bedeutung gewinnen, jedenfalls im ökonomischen Sinne. Autoren und Historiker marxistischer Herkunft schließen aus dem wirtschaftlichen Potenzial gewöhnlich, dass Europa den USA zwangsläufig irgendwann auch politisch werde Paroli bieten können; schließlich hänge die politische Macht auf lange Sicht von der ökonomischen ab. Gewiss reden und handeln die entscheidenden EU-Mitglieder derzeit bei wichtigen auswärtigen oder militärischen Fragen noch nicht einheitlich. Sie sind Nationalstaaten, deren Vertreter miteinander kooperieren, wenn es ihnen passt, sonst indes meist getrennt denken und planen. Doch nach dem hier Dargelegten werden einige oder sogar die meisten von ihnen schließlich eine Art politische Union bilden wollen, die weit über das bisher Erreichte hinausgeht, weil das international überwältigende Machtvorteile verheißt. Und wenn das geschieht, wird es wieder zwei Führungsmächte anstatt nur einer geben.

Schon 1992 schloss Lester Thurow von der Sloan School of Management des Massachusetts Institute of Technology in seinem Buch *Head to Head: The Coming Economic Battle among Japan, Europe and America*, Europa werde die darin prognostizierte Schlacht für sich entscheiden. Dabei argumentierte er zum Teil mit dem Ausschlussverfahren. Japan hatte 1990 einen Börsenkrach erlebt, doch sein Hauptproblem lag in einer zu unflexiblen, zu stark an Produzenteninteressen orientierten Wirtschaft. Im Hinblick auf die USA schrieb er: »Wir wissen, dass das amerikanische System in seiner heutigen Form nicht funktioniert. Davon zeugen sinkende Reallöhne, stagnierendes Produktivitätswachstum und ein zunehmendes hochlohnbedingtes Handelsbilanzdefizit ...«

Wahrscheinlich wünschte Thurow heute, diese Sätze nicht geschrieben zu haben, blicken wir doch auf einen neunjährigen Aufschwung zurück mit rapidem Produktivitätszuwachs und steigenden Reallöhnen – eine Entwicklung, die fast in dem Moment einsetzte, als er sein Manuskript abschloss. Seine Voraussage für Amerika blieb ganz der damals herrschenden Meinung verhaftet, die heute ziemlich abwegig erscheint. Doch Thurows günstige langfristige Prognose für Europa könnte sich als zutreffend erweisen: Seine Vision war, dass die europäischen Volkswirtschaften zusammenwüchsen und die ehemaligen kommunistischen Staaten Mittel- und Osteuropas, vielleicht sogar Russland, in diesen großen gemeinsamen Markt mit einbezögen, was nicht nur die weltweit stärkste Wirtschaftsdynamik, sondern auch eine Union schüfe, die am Ende für den Welthandel derart bedeutend wäre, dass sie die internationalen Spielregeln im eigenen Interesse auslegen könnte. »Dereinst«, orakelte Thurow, »werden Historiker berichten, dass das 21. Jahrhundert dem Haus Europa gehörte.«

Heute, im Jahr 2002, wirkt diese Prognose etwas befremdlich. Die Europäische Union ist weit vom angestrebten Ziel entfernt, eher eine Ansammlung von Nationalstaaten als eine politische Einheit in noch so rudimentärer Form. Wenn man von einer neuen EU-Verfassung spricht, so deshalb, weil die bestehenden Vertragsregelungen als ein störendes Wirrwarr galten. Überdies erreichten die Volkswirtschaften der EU in den letzten Jahren nur ein enttäuschend schwaches Wachstum, wobei insbesondere Deutschland eine beunruhigende Neigung zeigt, fast direkt im Anschluss an eine überstandene Stagnation oder Rezession wieder in eine solche abzustürzen. Die Arbeitslosigkeit verharrte überall außer in Großbritannien und Holland auf relativ hohem Niveau. Zwar wurde mit dem viel gerühmten Einheitsgeld, dem Euro, ab 1999 erfolgreich die Währungsunion gestartet, aber bislang haben sich noch nicht die großen Hoffnungen ihrer Befürworter erfüllt, den Integrationsprozess und die Liberalisierung beschleunigen zu können. In der Außen- und Sicherheitspolitik reden die Europäer gern über Kooperation, handeln aber im Wesentlichen getrennt, wobei ihre Pläne für eine gemeinsame Schutztruppe weitgehend bedeutungslos bleiben, solange keiner der großen Staaten bereit ist, mehr für die Rüstung auszugeben.

Europäische Politiker ereifern sich häufig über Amerika, die Raketenabwehr, den Krieg gegen den Terrorismus, den Treibhauseffekt oder alle möglichen Handelskonflikte, und scheinen oft entschlossen zu sein, sich (und manchmal ihre Außenpolitik) nicht über eigenständige Inhalte, sondern nur über ihre Abgrenzung von den USA zu definieren. Besonders ausgeprägt ist diese Tendenz bei den Franzosen, aber man trifft sie in unterschiedlichem Maße auch bei ihren europäischen Nachbarn an. In der Praxis jedoch steckt oft nicht viel dahinter, denn wenn es hart auf hart kommt, haben Europa und Amerika vielfach ähnliche Interessen, und kaum jemand legt es ernsthaft darauf an, die amerikanische Führung herauszufordern oder eine ganz andere Richtung einzuschlagen. Besonders in den letzten fünf Jahren bestanden die Europäer häufig lautstark darauf, mit einbezogen und angehört werden zu müssen. Doch am Ende sind sie stets glücklich darüber, dass die Amerikaner bereitstehen, um Probleme zu lösen und für Sicherheit zu sorgen.

Doch das alles könnten kurzfristige Phänomene sein. In diesem Buch geht es um den größeren historischen Bogen vom 20. Jahrhundert bis in die fernere Zukunft hinein, und dabei könnte es durchaus sein, dass sich die Prognosen Thurows in gewissem Umfange bestätigen. Lässt man seine bombastische Annahme außer Acht, das 21. Jahrhundert könnte Europa »gehören«, was immer das bedeuten mag, bliebe sein Hauptargument trotzdem überzeugend. In Europa leben insgesamt gut achthundert Millionen Menschen, fast die Hälfte davon in der heutigen EU, und weitere siebzig Millionen in den für die nächsten drei bis vier Jahre avisierten Beitrittsländern Russland, die Ukraine und die Türkei mit zusammen zweihundertsechzig Millionen dürften so schnell nicht dazugehören, könnten aber zunehmend einbezogen werden. Der große Wohlstand der EU ist 1950 bis 1990 durch Liberalisierung und Integration nur einer Hälfte des durch den Eisernen Vorhang ideologisch und militärisch gespaltenen Kontinents aufgebaut worden. Jetzt, nach dem Fall des Vorhangs und dem Zusammenbruch des Kommunismus, winkt ein riesiges Potenzial für neues Wachstum, neue Investitionen und neuen Handel zwischen beiden Hälften, sowohl für die Mitglieder als auch für assoziierte Staaten.

Dieses wohlhabende, wirtschaftlich mächtige Europa wäre gewiss eine Größe, mit der man bei Handelsabkommen rechnen müsste. In Handelsbelangen spricht die EU zwar heute schon mit einer Stimme und hat international großes Gewicht, doch ihre stetige Erweiterung würde dem noch einiges hinzufügen. Auch bei anderen globalen Themen, wie etwa Klima- oder sonstigen Umweltproblemen, hätte sie beachtliche Interessen zu vertreten.

Doch würde sie jemals als *ein* politisches Gebilde auftreten mit *einer* Armee, *einem* Außenminister, *einem* Oberbefehlshaber und Präsidenten auf Augenhöhe mit dem der USA? Heute sieht es ganz und gar nicht danach aus. Doch sicherlich hätte um 1840 oder 1850 auch kein skeptischer Europäer daran geglaubt, dass die noch jungen Vereinigten Staaten von Amerika einmal eine starke Zentralregierung haben würden, die willens und fähig wäre, weltweit Einfluss auszuüben und sogar Truppen an ferne Kriegsschauplätze zu entsenden. Wenige Jahrzehnte später tobte sogar ein schrecklicher Bürgerkrieg zwischen den Nord- und den Südstaaten der scheinbar zerrissenen Nation. Keine hundert Jahre später jedoch hatte ein geeintes und starkes Amerika zweimal entscheidend in Weltkriege eingegriffen und nach dem Zweiten grundlegend neue internationale Institutionen in ihren wesentlichen Umrissen entworfen.

Könnte auch Europa so weit kommen? Mit dem entsprechenden Willen gewiss. Es könnte mit den USA gleichziehen, auch wenn eine klare Überlegenheit in Wahrheit erfordern würde, dass Amerika ebenso weit zurückfällt wie Europa fortschreitet. Doch bleibt die alles entscheidende Frage: Besteht der Wille dazu? Heute lautet die Antwort eindeutig nein (bezogen auf das Bild, das die derzeitigen fünfzehn Mitgliedsnationen der EU abgeben), denn augenblicklich ist kein mehrheitlicher Wunsch nach einem Gesamtstaat oder sonstigen Gebilde zu erkennen, das mit einer Stimme sprechen könnte. Überall in der Union sieht man viele Symbole der europäischen Identität, von den Flaggen bis zur Einheitswährung, doch die meisten Menschen fühlen sich in erster Linie – auch beim politischen Engagement – nur ihrem Land verbunden. Könnte sich das in Zukunft ändern? Lassen wir Russland und Osteuropa für den Moment noch beiseite und konzentrieren uns auf die reichen westeuropäischen Länder der heutigen EU. Die Rhetorik ihrer Gründungsväter mit dem Schlagwort der »immer engeren Union«, das nach wie vor in vielen Abkommen steht, ließe in der Tat vermuten, dass dieser Klub zukünftig mit einer

Stimme sprechen will und unaufhaltsam in diese Richtung strebt. Doch die historische Bilanz legt etwas anderes nahe.

Sie zeigt nämlich, dass die Europäische Union seit ihrer Gründung 1957 innere Risse, Brüche und Widersprüche aufweist. So ist sie teils als übernationales Gebilde angelegt, teils als Organ der zwischenstaatlichen Kooperation, teils liberal, teils konservativ, teils sogar nationalistisch, teils ökonomischer, teils politischer Klub. Einige ihrer Mitgliedstaaten – insbesondere Belgien und Holland – scheinen ein größeres politisches Ganzes aufbauen zu wollen, nach dem Motto der Vereinigten Staaten »E pluribus unum« (Aus vielen wird eins), sogar als Gegengewicht zu den USA selbst, andere jedoch – vor allem Großbritannien, Dänemark und Schweden – haben lediglich den Vorteil der kollektiven Stärke auf bestimmten Gebieten im Auge und pochen im Übrigen auf größtmögliche Unabhängigkeit. Selbst Deutschland und Frankreich, die sich stets als treibende Kräfte der Union verstanden, geben ein Bild der Verwirrung und Uneinigkeit ab: Beide scheinen irgendeine Form von Einheit zu befürworten, allerdings nicht dieselbe, zumal stets unter dem Vorbehalt der Wahrung ihrer nationalen Identität und starker Eigeninteressen. Vor allem scheint sie der Wunsch zu leiten, ihre Stellung in der Welt mit Hilfe ihrer Nachbarn zu festigen – nicht Europa zu stärken, sondern es für die Stärkung Frankreichs oder Deutschlands zu benutzen.

In gewissem Maße resultiert die Gespaltenheit einfach aus dem Bemühen von zunächst sechs, dann neun, dann zehn, dann zwölf und jetzt fünfzehn Staaten, ein größeres Gebilde zu planen und aufzubauen. Hinzu kommt, dass man die besagte Gespaltenheit nur im Kontext der neueren Geschichte Europas verstehen kann. Während viele diese Geschichte eindimensional auffassen, gilt es dabei mindestens drei Aspekte zu bedenken.

Der erste ist offenkundig: Die europäischen Großmächte lagen fast die gesamte erste Hälfte des 20. Jahrhunderts miteinander im Krieg. Ja, Frankreich und Deutschland trugen zwischen 1870 und 1945 drei Konflikte aus und mussten jeweils ihre Grenzen neu ziehen, während die Briten nur an zweien der Feldzüge teilnahmen, in denen Belgien und Holland besetzt wurden; Italien stand im Ersten Weltkrieg auf dieser und im Zweiten dann auf jener Seite. Im Lauf des Jahrhunderts änderten sich auch die Grenzen vieler anderer Länder des Kontinents mehrfach – darunter Finnland, Polen, die Tschechoslowakei, Österreich, Griechenland, die Balkanstaaten, Litauen, Lettland und Estland. Zu tief verwurzelt war die Gewohnheit des Nationalismus, sich einzumischen und nationale Interessen aggressiv zu verteidigen. Das 20. Jahrhundert Europas wird daher üblicherweise zu Recht als Paradebeispiel für die Gefahren des Nationalismus und seines hässlichen Bruders, des Rassismus, angesehen. Und als das Hauptziel der Europäischen Union in ihren verschiedenen Formen, der Montanunion (1951), der Wirtschaftsgemeinschaft (EWG, 1957), der Europäischen Gemeinschaft (EG, 1987) und (ab 1993) schließlich der EU, gilt ebenso zu Recht die Verhinderung weiterer Kriege. Prävention also, und damit wurde die EU gleichsam aus der Not, das heißt aus einem Negativum geboren.

Doch das 20. Jahrhundert, und in ihm die Ursprünge der EU, bietet auch eine andere Variante des Nationalismus und insofern der Prävention, den Gedanken nämlich, dass eine Nation ökonomisch autark sein müsste. Das ist die zu berücksichtigende zweite Dimension in der Geschichte der EU. Stalins Parole vom »Sozialismus in einem Lande« war eine Katastrophe, aber umgekehrt gilt etwas ganz Ähnliches für die Parole des Kapitalismus in einem Lande, die man zwischen 1914 und 1950 überall in Westeuropa ausgab.

Schon vor 1914 hatten die Staaten Europas stark zum Protektionismus geneigt, mit sehr hohen Importzöllen in Frankreich und Deutschland, und sogar Großbritannien, ehemals Hohepriester des freien Handels, fiel 1915 von seinem Glauben ab. In den zwanziger und dreißiger Jahren jedoch verschärfte sich der wirtschaftliche Nationalismus. Ein unmittelbarer Anlass dafür war nach 1918 die Entstehung neuer Staaten – von denen drei aus dem Zerfall des Österreichisch-Ungarischen Reiches und fünf aus den Grenzgebieten Russlands hervorgingen –, die mit Hilfe neuer

Zölle, Importquoten und Subventionen versuchten, sich vor Außenstehenden, aber auch den soeben verlassenen gemeinsamen Märkten zu schützen. Dazu kam noch die Gründung der Sowjetunion, die ideologische Handelsschranken errichtete. Das Gleiche taten allerdings auch Frankreich, Deutschland und Großbritannien.

Diese Maßnahmen gingen in hohem Grade auf innereuropäische Feindseligkeiten zurück, und ab 1918 trug die starke finanzielle Belastung durch Schulden und Reparationen das ihre dazu bei. Nicht weniger schädlich wirkte die aus dem Ersten Weltkrieg übernommene Vorstellung, dass Autarkie, besonders im Hinblick auf Bodenschätze wie Eisenerze und die Ernährung, für das Überleben ebenso unerlässlich war wie für eine erfolgreiche Kriegführung. Doch auch die Außenwelt spielte hinein. Amerika hob 1921 und 1922 seine Zölle an und erschwerte dadurch den Europäern Warenexporte zwecks Abtragung der Kriegs- und Reparationsschulden bei den Vereinigten Staaten. 1924 stoppte der Kongress die Immigration aus Ost- und Südeuropa und aus Asien, womit Europa ein seit Jahrzehnten bewährtes Sicherheitsventil verlor. Nun wuchs dort wie so oft die Sorge um das Aufkommen neuer Niedriglohnkonkurrenz in Lateinamerika, Kanada, Japan und Australien. Und dann erhöhten die USA auch noch 1930 aufgrund des Smoot-Hawley-Gesetzes ihren Regelzoll auf 59 Prozent. Die Folge war ein verheerendes Absinken des Welthandels und eine deutliche Verschärfung der großen Depression.

Als Antwort zogen sich die Europäer zurück. Großbritannien, Frankreich und Holland griffen auf ihre Kolonien zurück, erhöhten die Zölle, bevorzugten den Binnenhandel und hörten auf, die Kriegsschulden untereinander wie auch bei den Vereinigten Staaten zu bedienen. Das faschistische Italien setzte auf Kollektivismus und förderte nationale mit der Regierung verbündete Unternehmen. Nazideutschland, das von allen am schwersten unter der Depression der dreißiger Jahre zu leiden hatte, wich in die Rüstungsproduktion und den Tauschhandel aus.

Infolge dieser Geschichte des ökonomischen Nationalismus,

die 1914 ihren Anfang nahm und bis weit in die vierziger Jahre andauerte, ergab sich 1957, als Frankreich, Deutschland, Italien, Belgien, Holland und Luxemburg die Römischen Verträge über den Aufbau des Gemeinsamen Marktes schlossen, eine befremdliche Wirtschaftslandschaft für Europa. Normalerweise sind benachbarte Länder auch enge Handelspartner, zumal auf einem Kontinent mit so starken historischen und kulturellen Bindungen wie Europa. Hinzu kommen verhältnismäßig günstigere Transportkosten und die vertrauensbildende Kraft der Nähe und wechselseitigen Bekanntschaft. 1957 jedoch war der wichtigste Handelspartner zum Beispiel Deutschlands nicht etwa Frankreich oder Großbritannien, sondern Amerika. Für Frankreich nahm die Position in den dreißiger Jahren seine verarmte Kolonie Algerien ein, und auch die britischen Handelsbeziehungen konzentrierten sich auf jene Kolonien, die es dann in den vierziger und fünfziger Jahren ablegte. Kurz, zwei Kriege und ein halbes Jahrhundert des ökonomischen Nationalismus hatten die natürlichen Muster des Handels und des persönlichen Austauschs grob verzerrt hinterlassen. Ganz zu schweigen von Mittel- und Osteuropa, dessen ohnehin schon verstümmelte Strukturen der dreißiger Jahre später bis zu den Neunzigern unter dem Eisernen Vorhang noch stärker entstellt wurden.

Insofern können wir die Europäische Wirtschaftsgemeinschaft oder den Gemeinsamen Markt als eine Bemühung auffassen, jene natürlichen Muster durch Liberalisierung des Handels und der Investitionsströme wiederherzustellen, wenn auch zu einer Zeit, als eine andere politische Grenze – der Eiserne Vorgang – den Kontinent teilte. Zugegeben, dem Ziel, eine Wiederkehr des Wirtschaftsnationalismus zu verhindern, hatten auf globaler Ebene schon das Allgemeine Zoll- und Handelsabkommen (GATT) und die Gründung des Internationalen Währungsfonds und der Weltbank zur Sicherung des Geldwertstabilität dienen sollen; doch die Westeuropäer wollten noch weiter gehen, als damals geopolitisch machbar erschien, und wurden darin auch von Washington unterstützt.

Im Sinne dieser Erklärung der Motive für den Gemeinsamen Markt müsste man denken, dass das Ideal Europas, und damit der Römischen Verträge selbst, im Wesentlichen der klassische Liberalismus des 19. Jahrhunderts wäre: So mussten die Unterzeichner sich verpflichten, der nationalistischen Wirtschaftspolitik abzuschwören. Diese und spätere Verträge trugen dazu bei, die Entsagung verbindlich und glaubwürdig zu machen; und die beteiligten Nationen (und deren Politiker) mussten große Teile ihrer Souveränität abgeben. Was könnte liberaler sein als ein freier Personen-, Waren-, Kapital- und Dienstleistungsverkehr?

Viele Haupterrungenschaften der EU sind in der Tat liberaler Natur, darunter die Abschaffung der Binnenzölle (bereits 1969 zwischen den ursprünglich sechs Ländern) und die Übertragung der Außenhandelspolitik auf die Europäische Kommission in Brüssel als Exekutive; das schon seit 1983 angestrebte, aber noch nicht vollständig erreichte Verbot staatlicher Subventionen an Unternehmen; die 1990 (nach diversen Einzelmaßnahmen) eingeleitete Verabschiedung eines europäischen Kartellrechts; das 1979 durch eine Entscheidung des Europäischen Gerichtshofs (im Fall *Cassis de Dijon*) geforderte, aber erst 1985 bis 1992 mit dem Projekt des einheitlichen Marktes ernsthaft angepackte Verbot nichtzollbedingter Schranken für den Binnenhandel; und seit dem 1. Januar 1999 der von elf Ländern eingeführte Euro, mit dem die Zuständigkeiten in der Währungspolitik auf eine unabhängige Europäische Zentralbank übergingen, worauf dann am 1. Januar 2002 als vorläufiger Höhepunkt folgte, dass die besagten Staaten (und das später hinzugekommene Griechenland) ihre Landeswährungen außer Kurs setzten, um Euro-Münzen und -Noten als gesetzliches Zahlungsmittel einzuführen.

Doch all diese Daten zeigen insbesondere eines, dass es nämlich mehr als vierzig Jahre dauerte, um so etwas wie einen übergreifenden »gemeinsamen« Markt auf die Beine zu stellen, und erst seit 1999 zeichnet sich, dank des Euro, ein integrierter Finanzmarkt ab. In vielen Bereichen – Verkehr, Telekommunikation und Energie, um nur drei zu nennen – steckt der gemeinsame Markt noch in den Kinderschuhen. Die EU schreitet somit nicht übereilt auf einen wahrhaft liberalen Einheitsmarkt zu, wie ihre britischen Kritiker gerne behaupten, sondern im Gegenteil viel zu langsam.

Warum? Hier kommt die dritte Dimension der EU-Gründung und ihrer weiteren Entwicklung im 20. Jahrhundert als eine zumindest vorläufige Erklärung ins Spiel. Bei der Geburt dieser friedensstiftenden, wirtschaftsliberalen Institution war gerade auch ein anderes – gegenteiliges – Konzept in Mode gekommen: die Zentralplanung. Wie ich im siebten Kapitel zeigen werde, beruhte ihre Magie auf den Erfahrungen des Zweiten Weltkriegs, in dem die Organisation und Planung von oben eine überragende Rolle gespielt hatte, und auf dem Eindruck, dass die jetzt erstarkte Sowjetunion auf rätselhafte Weise etwas Richtiges machte (ähnlich wie auch Hitlers Deutschland in den dreißiger und vierziger Jahren), und dass dies die zentrale Planung sein musste.

Es war eine Zeiterscheinung, die jedoch wegen des kriegsbedingten Wiederaufbaus als etwas Bezwingendes wahrgenommen wurde. Selbst jene, die nur halbherzig an die zentrale Planung glaubten, sagten sich: Was für einen besseren Ansatz könnte es geben, die ehemaligen Gegner zweier Weltkriege an einen Tisch zu bringen, als ihre Politiker zu regelmäßigen gemeinsamen Planungen zu verpflichten? Gewiss kalkulierte so Jean Monnet, der den größten Einzelbeitrag zum Aufbau der Montanunion 1951 und zum Gemeinsamen Markt 1957 leistete und nach wie vor von vielen Brüsseler Euro-Enthusiasten wie ein Gott verehrt wird. Der Franzose war von seiner Ausbildung und Spezialisierung her ein typischer Planer.

Zwar eiferte er nicht der sowjetischen Gosplan nach, aber neben der Vorstellung, dass die sechs Gründungsmitglieder einen größeren »Wirtschaftsraum« für ungestörte Privatinitiativen schaffen würden, vertrat er die Ansicht, dass in einigen Sektoren nichts über einen guten Plan ging – aufgestellt von weitsichtigen Fachleuten, die Zielvorgaben machten, Quoten zuwiesen und die nationalen Anstrengungen koordinierten. Und diesem Beispiel folgend enthielten die Römischen Verträge eine weitere grundlegende Tatsache: Die französischen Bauern setzten durch, dass die Landwirtschaft im neuen Gemeinsamen Markt besonderen Schutz genoss, und zwar nicht auf der nationalen, sondern auf europäischer Ebene, was 1964 mit der Gemeinsamen Agrarpolitik (GAP) voll zum Tragen kam. Das Klischee, wonach die EWG auf einem Kuhhandel beruhte, nämlich Subventionen für französische Bauern gegen Marktzugang der deutschen Industrie in Frankreich, ist zwar angesichts des Umstandes, dass bis zum Endstadium der GAP noch sieben Jahre vergingen, ziemlich stark vereinfacht, enthält aber trotzdem mehr als bloß ein Körnchen Wahrheit.

Einmal begründet und zumal auch vertraglich festgezurrt, lassen sich europäische Regelungen materiell kaum noch verändern, geschweige denn umkehren oder abschaffen. Wenn es schon schwer genug ist, eine ganze Reihe von Ländern unter einen Hut zu bringen, so ist es noch erheblich schwieriger, irgendetwas wieder abzuwandeln, nachdem einer der Beteiligten davon profitiert. Deshalb verschlingt die Gemeinsame Agrarpolitik auch vier Jahrzehnte nach ihrer Einführung als größter gemeinsamer Ausgabenfaktor weiterhin etwa die Hälfte des EU-Jahresbudgets. Sie ist der große Segen – oder Albtraum – eines jeden Planers, denn damit versuchen die – über den Europäischen Ministerrat nationalen Politikern verantwortlichen – Brüsseler Bürokraten die Art und Menge der EU-weit erzeugten Lebensmittel festzulegen. Erreicht wird dies durch Subventionen und Quoten für so unterschiedliche Produkte wie Leinsamen, Schaffleisch (der kuriose EU-Name für Lamm) oder Olivenöl – und in den achtziger und neunziger Jahren zunehmend auch für die Still- oder Brachlegung von Betrieben respektive Flächen. Darin ist gewiss nichts Liberales zu erkennen.

Trotz ihrer zentralen Planung ist die GAP zum nationalen Futtertrog geworden und könnte als Musterbeispiel dafür dienen, dass ein Subventionssystem nach der Einführung fast nicht mehr abzubauen ist, zumal Bauern in allen Ländern ihre Politiker unter Druck setzen, an den für sie günstigen Subventionen, Quoten und

Regeln festzuhalten. Außerdem wirkt es in hohem Maße protektionistisch und wehrt Agrarexporte armer Länder ab. Eine 2001 von dem französischen Ökonomen Patrick Messerlin für das Institute for International Economics in Washington, D. C. durchgeführte Studie kam zu dem Ergebnis, dass der externe Protektionismus – sowohl bei der Nahrung als auch bei Fertigwaren – die Verbraucher der EU jährlich bis zu 93 Milliarden Euro kosten dürfte. Wie es in der Studie (»Measuring the Costs of Protection in Europe«) selbst heißt, zeichnet sich die Handelspolitik der EU

»durch ein ganz besonderes Aroma aus: Sie ist hochgradig politisiert, da die EU keine anderen (auswärtigen oder militärischen) Mittel hat, ihre politischen Ansichten auszudrücken; sie kann zäh und chaotisch sein, da sie auf gusseisernen, zuweilen widersprüchlichen und oft (in Bezug auf die Außenwirkung) schlecht formulierten Verträgen beruht; darüber hinaus basiert sie auf institutionellen Verfahren, die sich stark an altmodischen Praktiken der Wirtschaftsverwaltung orientieren.«

Die Gemeinsame Agrarpolitik steht im himmelschreienden Widerspruch zu der Idee, dass die Zielsetzung der EU etwas mit Freiheit, Liberalismus oder gar Integration zu tun haben könnte – auf europäischer wie nationaler Ebene. Ja, schon unter den ursprünglichen sechs Mitgliedern waren die liberalen Motive der Einheit und Freizügigkeit mittels nationaler Maßnahmen weitgehend unterwandert worden. Seit 1957 setzen die Gemeinschaftsmitglieder Hürden wie Subventionen, nichtzollbedingte Handelsschranken, geschlossene Finanzsysteme und nationale Prämien ein, um ihre Volkswirtschaften abzuschotten. Gleichzeitig kämpfte die EU beharrlich gegen die Spaltungs- und Konkurrenzneigungen der Einzelstaaten. Unterdessen jedoch sind diese bemüht, Kompetenzen und Finanzmittel der EU zu ihrem nationalen Vorteil abzuzweigen und auf der übergeordneten Ebene jenen Protektionismus und Interventionismus durchzusetzen, den Liberale so sehr hassen.

Einen weiteren Futtertrog bilden Regional- und Strukturfonds, die eigentlich über den Einsatz von Gemeinschaftsmitteln der Infrastruktur- und Industrieförderung in den ärmeren Gegenden Europas dienen sollten. Der 1951 geschlossene Montanvertrag musste dann in den siebziger und achtziger Jahren dafür herhalten, den fälligen Umbau der alten Kohle- und Stahlbranchen hinauszuzögern und faktisch ein Kartell zu begründen. Länder wetteifern darum, die Verträge im Bereich des Außenhandels zugunsten ihrer heimischen Interessengruppen auszuschlachten. Die Sozialvorschriften – der so genannten »Sozialcharta« – haben in der Praxis das bestehende Arbeitsrecht Frankreichs und Deutschlands vor der Konkurrenz kleinerer, ärmerer Länder wie Irland, Spanien oder Portugal geschützt.

Einige EU-Mitglieder glauben nach wie vor daran, Themen wie Industrieplanung, Forschung, Protektionismus oder Subventionen auf europäischer Ebene koordinieren zu können; dagegen meinen andere, dass gemeinsames Planen in einem so großen Wirtschaftsraum der beste Weg sei, Veränderungen – wie etwa die Amerikanisierung der siebziger und neunziger Jahre oder den Wettbewerb Japans in den achtziger Jahren – unter Kontrolle zu halten. Was heute als das europäische Sozialmodell gilt, der umfassende Schutz von Arbeitsplätzen und die großzügige Sozialversicherung (eine später erweiterte Maßnahme der sechziger und siebziger Jahre), soll heute seinerseits auf den Schutz der Gemeinschaft angewiesen sein, auf die Übereinkunft, die je anderen Wohlfahrtsstaaten nicht zu unterhöhlen und die beruhigende Existenz eines großen gemeinsamen Marktes für örtliche Unternehmen.

Doch dieser Zentralismus oder Interventionismus ist keineswegs das alles beherrschende oder gar monopolisierende Motiv im Denken der Europäer – und seien sie noch so verbohrt. Manche halten das europäische Regelwerk für unumgänglich, um ihre nationalen Politiker zu zwingen, im Geiste des Wirtschaftsliberalismus zu handeln. Darin klingt ein Gedanke des Friedrich von Hayek an, der in seinem Buch *Der Weg zur Knechtschaft* (1943/

1971) ausgeführt hatte, dass eine europäische Föderation gut geeignet wäre, um nicht nationale Bürokraten oder Politiker, sondern das Prinzip der Rechtsstaatlichkeit über wirtschaftliche und soziale Themen entscheiden zu lassen. Andere Europa-Fanatiker sehen in den ganzen Wirtschafts- und Handelsverordnungen lediglich das für die Schaffung einer so großen, den USA und Japan ebenbürtigen Einheit mit dem entsprechenden außenpolitischen Gewicht zu erbringende Opfer.

Gleichwohl ergibt sich daraus das verworrene und oft widersprüchliche Bild eines Verbandes, der zwar viel erreicht hat und dem es gelungen ist, die zerstörerische Vergangenheit der Region zu überwinden, dabei jedoch wegen seiner schweren Bürden und tiefen Gegensätze oft eher in die Zukunft kroch als rannte. Allerdings hat die liberale Tendenz jüngst aufgrund des stärker durchgesetzten Wettbewerbs, der Währungsunion und des Einheitsmarktprogramms etwas an Boden gewonnen. Nach der Erweiterung dürfte es auch schwieriger werden, eine aktivistische übernationale Regierung zu beeinflussen und weiter die alten interventionistisch planerischen Tendenzen zu verfolgen, die ohnehin etwas aus der Mode gekommen sind. Überdies herrscht vielerorts die Ansicht, dass spätestens nach der Erweiterung auch die verrufene Gemeinsame Agrarpolitik »unweigerlich« reformiert und möglicherweise sogar entkernt werden muss. Und optimistische Liberale meinen, dass der Euro die Einzelregierungen schließlich zwingen wird, ihre Arbeits- und Warenmärkte zu deregulieren, da sich der grenzüberschreitende Wettbewerb dank der erleichterten Möglichkeit von Preisvergleichen verschärfen und jene Länder mit den strengsten Vorschriften und höchsten Lohnkosten das Nachsehen haben und unter wachsender Arbeitslosigkeit leiden müssten. Zwar hat der Euro in den ersten paar Jahren seines Bestehens noch nicht viel bewirkt, aber das ist ja auch, auf den Gang der Geschichte oder die Lebenszeit von Währungen bezogen, eine noch sehr kurze Zeitspanne.

Derzeit setzen sich eindeutig liberalere Tendenzen durch. Außerdem ist sogar von einer neuen Verfassung die Rede, um die

Beziehungen zwischen den Institutionen und Staaten der künftig erweiterten Europäischen Union auf eine solidere rechtliche oder vertragliche Basis zu stellen. In den Jahren 2003 und 2004 soll eine zwischenstaatliche Kommission über Vorschläge dafür beraten – gestützt auf einen Verfassungskonvent, der seine Arbeit bereits 2002 aufgenommen hat. Theoretisch könnte die Europäische Union binnen eines Jahrzehnts sowohl deutlich mehr Mitglieder als auch einen klareren, beständigeren Verfassungsrahmen haben, und das sogar in Verbindung mit mehr Liberalismus und Freihandel. Dann würde gewiss auch das Misstrauen schwinden, das derzeit die Zusammenarbeit zwischen den verschiedenen Fraktionen der Nationalstaaten blockiert. Damit wäre der Weg für die weitere politische Integration offen, zwar unter den Einschränkungen einer neuen Verfassung, aber mit dem Potenzial, auch in den Bereichen der Außen- und Verteidigungspolitik zu einem echten europäischen Konsens zu gelangen.

Allerdings erscheint diese Prognose etwas zu hoffnungsfroh. Der Trend zur Liberalisierung ist keineswegs unumkehrbar und kann bei Rezessionen wieder in die Gegenrichtung umschlagen, sofern sich wie immer die Forderung von Unternehmern und Gewerkschaften nach mehr Protektionismus und staatlicher Intervention durchsetzt. Heute bereits gefährden ihn die in vielen Mitgliedsländern wachsenden Ängste vor massenhafter Einwanderung, die zum Beispiel in Österreich, Holland, Frankreich und Deutschland zur Stärkung rechtsextremer und auch europafeindlicher Parteien beigetragen haben. Die Aussichten für ein Umdenken bei der Gemeinsamen Agrarpolitik sind sowohl durch den Konservatismus jener bedroht, die bislang davon profitieren, als auch durch den bei Umweltschützern weit verbreiteten Wunsch, sie durch ein neues Netzwerk von Regeln, Subventionen und Quoten zu ersetzen, um den ökologischen Landbau zu fördern.

Eine weitere Gefahr geht vom Euro selbst aus, mit dem es die Währungspolitik allen (im Jahr 2002 zwölf) Mitgliedsländern recht machen und die jeweilige nationale Finanzpolitik sich den kollektiv verhängten Zwängen unterwerfen muss. Zwar übt die

Währung einigende Kraft aus, mag sie doch immer mehr Unternehmer veranlassen, Westeuropa als einen mehr oder weniger einheitlichen Markt anzusehen, Verbraucher ermuntern, grenzüberschreitend zu kaufen – oder zumindest Preise zu vergleichen –, und es den Regierungen schwerer machen, an Steuern und Abgaben festzuhalten, die leicht handelbare Waren verteuern. Aber politisch gesehen birgt das zugleich eine enorme Sprengkraft. In tiefen Rezessionen könnte eine Währungspolitik von der Stange gewisse Politiker gegen die Europäische Zentralbank aufbringen, wenn das Gefühl der nationalen Ohnmacht gegenüber steigender Arbeitslosigkeit ausufert. Dabei wäre es möglich, dass sich einzelne Mitgliedstaaten schon im ersten Jahrzehnt des Experiments vom Euro zurückziehen, um wieder ihre Landeswährung einzuführen.

Auf dem Abgrund einer Rezession könnte mit anderen Worten der Moment eintreten, in dem eine Regierung unter starken Druck gerät, daheim Maßnahmen gegen die Arbeitslosigkeit zu ergreifen, die Europäische Zentralbank sich unterdessen jedoch weigert, die Zinsen zu senken, und andere Staaten ihr keine Erhöhung der öffentlichen Ausgaben gestatten. Dann hätten die Oppositionsparteien ihren großen Tag und könnten tüchtig gegen Europa hetzen – wiederum mit der möglichen Folge des Ausstiegs aus dem Euro und einer Rückkehr zur Landeswährung. Das wäre zwar ein drastischer, nur im Extremfall zu erwägender Schritt, doch durchaus nicht unvorstellbar. Schon zuvor hatten Länder neue Währungen eingeführt: so in neuerer Zeit die Tschechische Republik und die Slowakei nach Auflösung der Tschechoslowakei 1993 sowie in den achtziger Jahren gleich mehrfach, und erneut 2002, das von der Hyperinflation schwer gebeutelte Argentinien.

Verglichen mit launischen Einzelstaaten wie den USA, China oder Japan bietet die Europäische Union Autoren, die längerfristige Tendenzen für das 21. Jahrhundert analysieren möchten, einen großen Vorteil. Denn fast alle Projekte im Rahmen der EU sind längerfristig geplant. Wichtige Aspekte ihres Schicksals leitet die

EU schon Jahre im Voraus in die Wege, und diese Maßnahmen wirken sich entsprechend erst viel später im vollen Umfange aus. Wie die Gemeinsame Agrarpolitik sind solche Vereinbarungen, nachdem die Mitglieder sie einmal unter erheblichen Schmerzen und Mühen getroffen haben, fast unabänderlich.

Eines dieser Projekte war die Einführung des Euro, der 1971 erstmals offiziell vorgeschlagen, 1992 auf die rechtliche Grundlage der Maastrichter Verträge gestellt, 1999 formell eingeführt und 2002 mit Noten und Münzen konkret verwirklicht wurde; ein anderes, genauso wichtiges, die Erweiterung der Union unter anderem um Länder Mittel- und Osteuropas. Sie geht auf die Vorschläge mehrerer westeuropäischer Politiker in den Jahren 1989 bis 1991 zurück, nachdem die Berliner Mauer gefallen und mit dem Fall des Eisernen Vorhangs der Ostblock und die Sowjetunion aufgelöst worden waren. Der erste große Schub wird die EU wahrscheinlich im Jahr 2005 um Polen, Ungarn, die Tschechische Republik, die Slowakei, Slowenien, Lettland, Litauen und Estland erweitern, und im Jahrzehnt darauf dürften viele weitere folgen. Demgemäß werden sich die Grenzen der Europäischen Union bald weit ostwärts verschieben, bis an den Rand Russlands, der Ukraine und Weißrusslands. Jede Phase der Erweiterung könnte auf neue Hindernisse stoßen, die jedoch nichts an der Dynamik selbst ändern sollten – denn sobald sich die EU eine Richtung gegeben und in Bewegung gesetzt hat, ist sie kaum noch zu bremsen.

Aus der Erweiterung könnte zweierlei folgen. Zum einen, dass die Europäische Union in den nächsten beiden Jahrzehnten den Großteil ihrer Energien in die Aufnahme und Integration all der neuen Mitglieder stecken, also kaum noch Zeit und Kraft für eine Förderung der formalen politischen Union haben wird, die ohne Expansion möglich gewesen wäre. Daher bedeutet die Osterweiterung, dass die Umstände und Bedingungen einer solchen Union weiterhin im Fluss, für ihre Verfechter schwer fassbar, für ihre Gegner belanglos bleiben werden.

Zum anderen ist abzusehen, dass die Eigenart, das Auftreten

und die Politik der Europäischen Union mindestens für das nächste Vierteljahrhundert durch das neu entstehende Verhältnis zu den anderen Staaten Osteuropas, allen voran Russland als dem größten unter ihnen, aber auch zum wichtigsten Nachbarn im Südosten, der Türkei, geprägt sein dürfte. Beide sind bestimmt keine einfachen Partner, haben sie doch in den zurückliegenden zwei Jahrhunderten ihrerseits gewaltige Reiche aufgebaut und mit deren Kollaps in den betreffenden Ländern tiefe Spuren, Antipathien, Sympathien und Traditionen hinterlassen. Beide haben in neuerer Zeit versucht, sich nicht durch ihre Ähnlichkeiten oder engen Beziehungen mit, sondern ihre Unterschiede und Abweichungen von Westeuropa zu definieren. Doch in beiden Fällen gebietet die heutige Logik, die Strategie des 20. Jahrhunderts für das 21. umzukehren. Die Türkei hat diese Logik durch ihre wiederholten Aufnahmebemühungen schon anerkannt, das erheblich bedeutendere Russland indes noch nicht, zumindest nicht offiziell. Doch vieles spricht dafür, dass sich dies bald ändern wird.

Russland ist seit langem stolz auf seine Abgeschiedenheit, Besonderheit und slawische Natur. Fünfundvierzig Jahre lang war es eine der beiden führenden Supermächte, und noch heute besitzt es das zweitgrößte Nukleararsenal der Welt; es schickte den ersten Menschen ins All – und fast auch auf den Mond. Das Land verfügt über große Vorkommen an Erdöl, Erdgas und sonstigen Bodenschätzen. Seine Einwohnerzahl liegt mit knapp hundertfünfzig Millionen um achtzig Prozent über der Deutschlands (mit 82 Millionen Rang zwei in Europa). All diese Faktoren sprechen dagegen, dass Moskau eine engere Bindung an seine westlichen Nachbarn suchen könnte; andere Faktoren indes weisen genau in die andere Richtung, insbesondere der, dass Russland am Anfang des 21. Jahrhunderts noch zu arm und schwach ist, mit schrumpfender Bevölkerung und sinkender Lebenserwartung; dabei fehlt ihm nun seine vorherige Motivation, dennoch reich und stark erscheinen zu wollen.

Nach Meinung vieler russischer Politiker und Gelehrter sollte das Land einem eigenständigen Kurs zurück zur Größe folgen, und gewiss werden sie auch in Zukunft darauf beharren. Doch die entscheidende Frage lautet, was diese Eigenständigkeit mangels Kommunismus bedeuten soll. Die Wiedereinführung des Kapitalismus und die allmähliche Weiterentwicklung bis zur vollen Mitwirkung am Welthandel heißt – jetzt, nachdem China der Welthandelsorganisation beigetreten ist und ihre Regeln anzuwenden beginnt –, dass Russland nachziehen und sich in der Wirtschaft künftig auf wechselseitige Abhängigkeit einstellen muss. Nur auf diese Weise kann es wieder erstarken. Nach der Verabschiedung des Kommunismus, 1992, im ersten Jahr nach dem Zusammenbruch der Sowjetunion, betrug das Bruttoinlandsprodukt Russlands pro Kopf der Bevölkerung jährlich nur 4600 Dollar. Damit lag es kurz hinter Polen und Ungarn, erreichte nur die Hälfte des Wertes etwa von Griechenland oder Südkorea und ein Viertel des westeuropäischen Durchschnitts. Allein eine kräftige Marktwirtschaft, angeregt durch Handel und ausländische Direktinvestitionen, kann den Wohlstand Russlands heben. Und diese hat es bereits, trotz einer sehr harten ersten Jahrzehnts, näher an die Westeuropäer herangeführt.

Im Jahr 1913, als der Handel im größten Teil Europas erheblich freier war als dann zwischen den beiden Weltkriegen, entfielen fünfundvierzig Prozent der russischen Ein- und Ausfuhren auf Deutschland. Im Jahr 2000 waren es nur noch neun Prozent, gegenüber einunddreißig mit der Europäischen Union als ganzer. Angesichts seiner heute nicht übermäßig anspruchsvollen Produktpalette dürften vorerst Russlands direkte Nachbarn auch seine größten Handelspartner bleiben, sofern sie genügend Geld haben – was die Bedeutung der Ukraine mindert –, das heißt, die mitteleuropäischen Staaten, darunter Polen, Ungarn, die Tschechische Republik und die Baltischen Staaten sowie Deutschland. Allerdings werden ab 2005 die meisten davon bereits der Europäischen Union angehören, die dann als Ganzes gesehen mit Abstand der wichtigste Handelpartner Russlands sein wird. Ebenso dürfte sie auch, wie schon im Fall Mitteleuropas, das Gros der Auslandsinvestitionen stellen. Auf der politischen Ebene könnten

Gipfeltreffen mit dem amerikanischen Präsidenten schmeichelhaft und bedeutsam erscheinen, solange sich Russland als eine große Nuklearmacht darstellt. Doch in Wirklichkeit dürfte es vor allem auf Gespräche mit dem deutschen Bundeskanzler, aber auch mit dem Handelskommissar der EU ankommen.

Wirtschaftsbeziehungen sind nicht alles, und zum Handel gehören mindestens zwei, also muss ökonomische Interdependenz mit Europa nicht Abhängigkeit bedeuten, solange sich Russland dabei nicht erheblich verschuldet. Mit seiner Lage wird es immer Sonderinteressen haben, vor allem im Kaukasus und in Zentralasien, die es von Europa absetzen. Und zugleich ist es auch eine asiatische Macht mit einer Pazifikküste und hat somit natürliche Sorgen um die Stabilität in Korea und in Japan, geschweige denn China. Während seine Demokratie sich festigt und reift, könnte Russland auch mehrheitlich – das heißt mit Mehrheitstyrannei – entschlossen bleiben, weiterhin brutale Gewalt einzusetzen, um lästige einheimische Minderheiten zu unterdrücken, wie das gerade in Tschetschenien seit 1995 geschieht. Auch das würde es von der EU absetzen, ähnlich wie die brutale Unterdrückung der kurdischen Minderheit durch die Türkei.

Denkt man jedoch nicht an die streng lokalen Interessen, sondern an die Weltbühne, so erhebt sich die Frage, was Russland durch einen ausgeprägten Sonderweg erreichen könnte. Stünden nicht seine Atomwaffen im Raum, die es sich eigentlich nicht leisten kann, so wäre das Land ein eurasisches Brasilien, mit großer Fläche und Bevölkerung, bedeutend für seine Nachbarn, aber wegen seiner anhaltenden Armut nicht gerade eine Weltmacht. Mit einer entsprechenden Wirtschaftsentwicklung könnte es indes stärker ins Gewicht fallen als heute. Doch wäre eine ganz außergewöhnliche, über viele Jahrzehnte kontinuierliche Wende vonnöten, wollte es wieder zu den führenden Weltmächten aufschließen – eine Art »japanisches Wunder«. Doch sogar Japan hat seine Weltgeltung im Wesentlichen auf das Bündnis mit den Vereinigten Staaten gestützt und keinen eigenen Kurs gesteuert.

Vielleicht ist die Möglichkeit, das wohlhabende Japan nachzuahmen, diesmal allerdings als eine Atommacht, erst in einem halben Jahrhundert realistisch. Das könnte sein, denn Russland verfügt über ein großes Potenzial für Wirtschaftswachstum, sofern es wahrhaft für Rechtsstaatlichkeit, verlässliche Institutionen und Eigentumsrechte sorgt. Unterdessen jedoch dürfte die Strategie seines alten europäischen Verbündeten Frankreich zunehmend reizvoll erscheinen. Seit seiner Mitgründung der EU ist Frankreich fest davon überzeugt, durch eine Allianz mit den europäischen Nachbarn, besonders Deutschland, mehr Weltgeltung erlangen zu können als auf eigene Faust. Nun befindet sich Russland in der gleichen Lage. Das Vermächtnis der kommunistischen Ära hat in den letzten Jahren viele mit einem bevorstehenden Bündnis zwischen Russland und China rechnen lassen. Doch in naher Zukunft dürfte Russland mehr gemeinsame Interessen mit der Europäischen Union als seiner wichtigsten Handelpartnerin haben, und bei den meisten Themen wird die wohlhabende, weit entwickelte EU auch der mächtigere und reizvollere Verbündete sein. Demnach wird, ähnlich wie im Fall Frankreichs, die Zusammenarbeit mit Europa den russischen Interessen gewiss am besten dienen.

Analoge Erwägungen dürften sich auch bei Sicherheitsfragen durchsetzen. Die NATO war in der Nachkriegszeit gegründet worden, um ein Gegengewicht zum »Warschauer Pakt« der Sowjets zu bilden. Diese Tradition wirkte noch in ihrer Ausdehnung der neunziger Jahre auf Staaten Mittel- und Osteuropas nach, und die neuen Mitglieder hatten auf den Beitritt gedrängt, um sich gegen den Druck des mächtigen östlichen Nachbarn abzusichern. Doch dieses Motiv dürfte alsbald schwinden, wenn sich zwischen den einstigen Feinden Handels- und andere Wirtschaftsbeziehungen entwickeln. Ebenso wie man sich heute kaum vorstellen könnte, dass Deutschland je wieder auf die Idee käme, Frankreich (respektive Polen oder Tschechien) zu überfallen, so wird auch Russland keinen Anlass mehr haben, die Baltischen Staaten oder Polen zu tyrannisieren. Das gilt jedoch nicht für so labile und verarmte Staaten wie Georgien oder Kasachstan. Dort könnten die Russen bei künftigen Unruhen durchaus einmarschieren. Für Polen und die anderen neuen Mitglieder der EU stellt sich die Sache dagegen völlig anders dar.

Betrachten wir die Lage aus einem weiteren Blickwinkel. In den letzten paar Jahren haben es die russischen Nationalisten vor allem dadurch geschafft, ihr Land zu einem steten Faktor im Weltgeschehen zu machen, dass sie sich als kleine Unruhestifter betätigten: So boten sie dem serbischen Diktator Slobodan Milošević und Iraks Saddam Hussein (eine Zeit lang) Sympathie und Unterstützung an oder veräußerten Militärtechnik an Länder wie den Iran, die nun nicht mehr in der Gunst Amerikas stehen. Doch mit dieser Taktik haben sie wenig bewirkt. Wie viel mehr hätten sie im Rahmen eines europäischen Bündnisses erreichen können. Damit wäre Russland eine der drei Atommächte Europas (neben Frankreich und Großbritannien) gewesen und hätte diesem den dritten Sitz im UN-Sicherheitsrat beschert. Zwar würde Russland, ähnlich wie die EU, meistens anstreben, seine Politik auf die der Vereinigten Staaten abzustimmen, aber auch manchmal gegen diese votieren wollen. Ein vom Atlantik bis über den Ural hinaus reichendes Bündnis, so locker und zwanglos es fast sicher bliebe, böte dennoch – sogar aus der Sicht Washingtons – einen beachtlichen Anblick dar.

Kehren wir nun zu der eingangs dieses Kapitels gestellten Frage zurück: Kann sich Europa zu einem einheitlichen »Gebilde« entwickeln? Der gegenwärtige Trend lässt nicht vermuten, dass eine Formation starker Solidarität, eine echte politische oder politisch auftretende Supermacht im Stil der Vereinigten Staaten unmittelbar oder nur demnächst bevorsteht. Dafür sind die Einstellungen zu gegensätzlich, bleiben die Politik und ihre Hauptströmungen, ebenso wie das primäre Identitätsgefühl der Menschen, zu sehr im Nationalen verhaftet. Zwar sind die Europäer daran gewöhnt, dass ihre Regierungen nicht den Kampf, sondern die Kooperation suchen, einander längst in friedlicher und nicht kriegerischer Absicht begegnen, fühlen sich jedoch nicht als europäische Patrioten. Die Unterschiede gehen ihnen vor die Gemeinsamkeiten. Da die Identität der Europäer gespalten ist (teilweise sogar mehrfach: an erster Stelle Katalane, an zweiter Spanier und an dritter Europäer), dominiert hier das Regionale und Nationale über das Europäische. Das gilt, auch tendenziell, für Frankreich, Deutschland, Großbritannien, Spanien oder Italien, ebenso wie es für die neuen Mitglieder der erweiterten EU zutreffen wird: Die Polen, Ungarn und Tschechen sind doch, ähnlich wie die Russen, stolze Patrioten. Ausnahmen bilden vielleicht kleinere Länder, in denen das Nationalgefühl so schwach ausgeprägt ist, dass ihre Bürger sich vor allem europäisch fühlen. Hier fällt einem Belgien ein.

Könnte sich dies irgendwie ändern? Was hätte zu geschehen, damit die Europäer beschlössen, wirklich Europäer zu werden? Die einzige plausible Antwort wäre eine internationale Krise oder eine Serie solcher Krisen, in der die politische Zersplitterung Europas zur ernsten Bedrohung für den Bestand seiner Lebensformen und Freiheiten würde. Also Furcht. Ehrgeiz seitens der Europa-Enthusiasten dürfte dafür nicht genügen. Auch werden wahrscheinlich die rein theoretischen Vorteile der Einheit, Integration und Supermachtstellung bei Wahlen nicht sonderlich stark ziehen. Solche Themen sprechen vor allem die Eliten an, also die politischen Führungsriegen selbst, aber nicht das Wahlvolk.

Heute, im friedlichen Umfeld Europas am Anfang des 21. Jahrhunderts, kann man sich kaum vorstellen, um was für eine Krise es sich dabei handeln sollte. Verglichen mit den asiatischen Staaten fühlen sich die Großmächte Europas ziemlich sicher. Zwar sind sie gar nicht weit von Unruheherden entfernt, in denen Länder wie Iran, Irak, Syrien – später vielleicht auch andere in Nahost und am Persischen Golf – Langstreckenraketen und Massenvernichtungswaffen zu entwickeln versuchen, aber diese Bedrohung scheint die Europäer relativ kalt zu lassen. Und gewiss müssen sie einander nicht mehr fürchten. Allenfalls stehen sie vor der großen Frage, ob eines Tages wieder der Anlass gegeben sein könnte, Russland zu fürchten. Aus den oben dargelegten Gründen ist das jedoch höchst unwahrscheinlich. Und selbst wenn es so kommen sollte, hat Europa ja bereits die NATO, um für seine Sicherheit zu sorgen.

In den späten neunziger Jahren unternahmen die Europäer erstmals echte Anstrengungen, eine rein europäische Streitmacht aufzubauen, als sie einer britisch-französischen Initiative folgten, eine »schnelle Eingreiftruppe« ins Leben zu rufen, die mit der NATO koordiniert, jedoch auch imstande sein sollte, eigenständig zu operieren. Geplant dafür waren Einsätze in Brandherden wie dem Balkan oder Nordafrika. Dennoch bereitete der neue Verband in Washington einiges Unbehagen, da die Administrationen Clintons und Bushs befürchteten, er könne eine parallele Finanzierung und Planung nach sich ziehen und damit letzten Endes die NATO aushöhlen. Doch den Hauptanlass zur Skepsis gibt derzeit nicht die mögliche Doppelstruktur, sondern die Wahrscheinlichkeit des Scheiterns, denn die Europäer investieren zu wenig in die Rüstung, um eine schlagkräftige Truppe auf die Beine stellen zu können, und die tatsächlich aufgewandten Mittel fließen weitgehend in die Instandhaltung von Wehrpflichtigen-Armeen anstatt in deren Modernisierung.

Keines der großen europäischen Länder erreicht auch nur annähernd jene gut vier Prozent des Bruttoinlandsprodukts, die Amerika jährlich für die Verteidigung ausgibt. Frankreich mit 2,7 und Großbritannien mit 2,6 Prozent waren dieser Quote im Jahr 2000 am nächsten gekommen, doch die anderen blieben weit dahinter zurück – Deutschland mit 1,6, Spanien mit 1,3, Italien mit 2 und die Niederlande mit 1,8 Prozent. Wenn Europa jemals eine eigene Verteidigungs- und Militärmacht aufbauen soll, müssten die Staaten deutlich mehr ausgeben. Doch angesichts der sonstigen Belastungen ihrer Finanzen, darunter die Regeln der Währungsunion selbst, dürften sie sich kaum durch Idealismus oder den abstrakten Anreiz der Einheit dazu bewegen lassen.

Um hier eine Änderung zu erzwingen, müsste die nach 1945 begründete Allianz Europas mit – und sogar militärische Abhängigkeit von – den Vereinigten Staaten in weiten Teilen aufgekündigt werden. Dafür müssten die USA ihre Stützpunkte in Europa aufgelöst und eindeutig bekundet haben, dass sie nicht mehr bereit – oder imstande – sind, der NATO-Verpflichtung nachzukommen, Angriffe auf einzelne Mitgliedstaaten als solche auf alle zu betrachten. Das würde wahrhaft drastische Veränderungen in Amerika selbst und in der Weltpolitik voraussetzen, wahrscheinlich sogar eine regelrecht feindselige Einstellung Amerikas gegenüber Europa – nicht im militärischen, sondern im politischen und wirtschaftlichen Sinne.

Könnte es dazu kommen? Zweifellos bewegen sich Amerika und Europa schon seit geraumer Zeit allmählich voneinander weg. Das eherne Bündnis des Kalten Kriegs ist heute nicht mehr nötig und wird sich in Zukunft gewiss deutlich lockern. Die Zusammenarbeit in multilateralen Institutionen und Abläufen wird immer schwieriger. Aber Feindseligkeit oder geringschätzige Missachtung? Angesichts der gemeinsamen Interessen, die sich transatlantisch herausgebildet und entwickelt haben, angesichts der starken Bindungen auf Unternehmens- wie persönlicher Ebene, erscheint das fast unvorstellbar. Kabbeleien ja; Verstimmungen sowieso. Dafür boten die nach dem 11. September aufgetretenen Meinungsverschiedenheiten darüber, wie weit der Kampf gegen den Terrorismus ausgedehnt und in welchem Umfang Israel unterstützt werden sollte, ein gutes Beispiel. Doch um eine Feindseligkeit zu erzeugen, bei der die Europäer den Eindruck gewännen, sie müssten sich um ihrer Sicherheit und ihres Überlebens willen schnell einigen, dazu bedürfte es mehr als solcher Nörgeleien und Unstimmigkeiten: Wahrscheinlich müssten erschwerend auch Winkelzüge Dritter, wie Russland oder China, hinzukommen, die Unheil anrichten und, vor allem, bei Amerikanern und Europäern zu der Überzeugung führen würden, dass jetzt diametral entgegengesetzte Interessen auf dem Spiel stünden.

Nichts von alledem scheint einer Prognose würdig zu sein. Thurows Vision einer ökonomisch-politischen Supermacht Europa ist wohl doch nicht mehr als eine theoretische Möglichkeit.

Sehr viel wahrscheinlicher ist indes, dass die Staaten Europas zwar wirtschaftlich prosperieren werden, da sie sich weiterentwickeln und näher zusammenrücken, ihr gemeinsames Projekt aber mehr durch Improvisation und den störenden Effekt widersprüchlicher Strategien und Ziele geprägt bleibt. Dies wird gelegentlich, zumal bei vorübergehenden Differenzen mit den USA, etwas entschlossener und zielstrebiger erscheinen und kann sogar, wie oben angedeutet, zu einem lockeren, zwanglosen Bündnis mit Russland führen. Dennoch wird es nur Flickwerk sein.

Die Europäische Union ist ein Erfolg, zumindest gemessen am andauernden Wunsch diverser Staaten, ihr beizutreten, und an den bisher unterbliebenen Austritten. Doch ist sie ein einziges Durcheinander und fand aus wahrscheinlich chronischen Ursachen nicht zu einer klaren Linie. Ihre Konflikte wirken nicht in der Art, dass sie eine Nation gegen die andere aufbringen, zum Zerfall oder zur Auflösung führen würden, sondern sorgen eher dafür, dass die EU, von einer augenfälligen Krise abgesehen, ein beneidenswertes, aber zersplittertes Gebilde bleiben dürfte. Westeuropa als eine Ansammlung reicher, stabiler Länder wird gewiss durch das Heranreifen der Demokratie und des Kapitalismus in den Staaten Zentral- und Osteuropas weiter gestärkt. Der gemeinsame Neid auf die Vereinigten Staaten und das wechselseitige Interesse an Handel und Investitionen werden Russland an die Seite Europas bringen. Die ständige Flickschusterei der EU ist der Hauptgrund dafür, dass sie nicht in unmittelbarer Zukunft eine weltpolitisch dominante Rolle spielen wird, und paradoxerweise zugleich ihre größte Überlebensgabe.

6. Aufruhr und Terror

Die Welt ist naturgemäß keine friedliche oder in sich ruhende Sphäre – und das gilt gewiss für den gesamten bisherigen Geschichtsverlauf. Nach Ansicht Thomas Hobbes' war das Leben »scheußlich, grausam und kurz«, und heute ist es für viele in den turbulenteren Weltgegenden, angesichts der deutlich erhöhten Lebenserwartung nur grausam und lang, wobei die Alternativen, ob scheußlich oder angenehm, einer Art Lotteriespiel gleichen. In den letzten hundert Jahren wüteten Kriege zwischen kleinen und großen Mächten, zwischen Kolonialherren und den unterdrückten Völkern, zwischen den Regionen oder Stämmen einzelner Länder, und gekämpft wurde um Ideale oder Land, Macht oder Reichtum, Identität oder Lebensart.

Die blutigsten Gefechte mit europäischer und amerikanischer Beteiligung fanden in der ersten Hälfte des 20. Jahrhunderts statt – was Krieg heute in den Augen vieler beiderseits des Atlantiks als etwas ziemlich Abstraktes erscheinen lässt. Ganz anders stellt sich die Lage in Ländern wie Kongo, Angola, Äthiopien, Afghanistan, Tschetschenien, Georgien, Ruanda, Aserbaidschan, Israel, Sri Lanka, Kaschmir, Jugoslawien, Kolumbien, Somalia, Jemen oder Sierra Leone dar, um nur einige der Regionen zu nennen, die in den letzten zwanzig Jahren bewaffnete Konflikte erlebt haben. Daneben gibt es die Opfer des Terrorismus oder von sonstigen Anschlägen und Auseinandersetzungen: 1998 starben rund achttausend Afghanen in Mazar-i-Sharif, 1995 viele tausend Bosnier in Srebrenica, über dreißig lange »Unruhejahre« hinweg etwa dreitausend Menschen in Nordirland, 1994 ungefähr achthunderttausend Tutsi in Ruanda, 2001 dreitausend Menschen in New York und Washington und weltweit viele, viele weitere.

Unmittelbar nach dem 11. September 2001 sah es keineswegs so aus, als würde man das letztere Beispiel einfach in eine allgemeine Liste dieser Art aufnehmen können. Die Sturzflüge zweier entführter Verkehrsmaschinen in die Doppeltürme des New Yorker World Trade Center, eines dritten auf das Washingtoner Pentagon und eines vierten (dessen Mission offenbar scheiterte) auf einen Landstrich in Pennsylvania stellten sich dar wie eine Begebenheit ganz eigener Art, und das waren sie in mancher Hinsicht wirklich. Bei diesem Vorfall, dem ersten erfolgreichen Großangriff auf amerikanischem Territorium seit Pearl Harbor 1941, auf dem Festland sogar seit 1814, als die Briten Washington in Brand steckten, wurden ganz neuartige Techniken des Massenmordes eingesetzt. Die Täter opferten sich bei den Anschlägen selbst und schienen ihr Märtyrertum für ruhmreich zu halten. Es war zwar nicht das erste derartige Unternehmen – bereits 1993 hatten Terroristen mit dem gleichen Hintergrund versucht, einen der Türme des World Trade Center und 2000 dann den Flughafen von Los Angeles in die Luft zu sprengen –, doch die gelungene Durchführung wirkt immer viel schockierender und Aufsehen erregender als ein Fehlschlag. Dies war der mit Abstand tödlichste Angriff auf die führende Weltmacht und nicht allein auf sie, nicht nur mit dem Ziel, Furcht und Schrecken zu verbreiten, nicht bloß mit der Absicht, auf die »Sache« der Täter aufmerksam zu machen, sondern auch als eine Attacke auf die Symbole des modernen, urbanen Kapitalismus, die höchsten Wolkenkratzer im eigentlichen Zentrum aller Wolkenkratzer und des westlichen Kapitalismus – New York City.

Die Ahnung, dass es sich um einen Vorfall ganz eigener Art handelte, erhielt weitere Nahrung durch die Rhetorik dessen, der letzten Endes hinter den Anschlägen steckte: Osama bin Laden. Infolge der Attentate wurde er zum verteufeltsten und bekanntesten Mann auf dem Planeten. Mit seinen besagten Anschlägen behauptet bin Laden, einen *jihad* gegen Amerika zu führen, und unter diesem vielschichtigen arabischen Begriff – der alles Mögliche zwischen Anstrengung, Kampf und Krieg beinhalten kann – versteht er in diesem Fall den »heiligen Krieg«. Er und seine Anhänger riefen Muslime in aller Welt auf, sich gegen die Ungläubigen zu erheben, sie aus dem Heiligen Land des Islam zu vertreiben und schlussendlich völlig auszumerzen.

Daher bildeten die Anschläge in den Augen mancher das erste Beispiel für einen »Kampf der Kulturen« – ein Ausdruck des Harvard-Professors Samuel Huntington, den er erstmals 1993 in einem Artikel für *Foreign Affairs* prägte und dann 1996 als Titel für ein Buch wählte, mit dem er seine These weiter ausbaute. Darin prophezeite er, dass die Welt nach dem Ende des Kalten Kriegs durch physische und andere Konflikte zwischen den sieben bis acht Hauptkulturen der Erde gekennzeichnet sein würde, und hier lagen ja nun bereits zwei davon – der Islam und der jüdisch-christliche Westen – im Streit miteinander.

Doch war dies wirklich ein solcher Konflikt und tatsächlich ein einzig- oder zumindest neuartiges Ereignis? Diese Frage spielt für unsere Sicht der Zukunft eine maßgebliche Rolle, denn sofern die Anschläge vom 11. September etwas ganz Neues verkörpern, könnten sie in den nächsten Jahrzehnten bevorstehende weitreichende Veränderungen des Alltags und auch der Geopolitik ankündigen. Dann müssten wir nicht nur mit einer »neuen Weltunordnung« jener Art rechnen, wie sie uns in den neunziger Jahren so erschreckend vertraut wurde, sondern mit einer tieferen, noch alarmierenderen Bedrohung aller Grundfesten der westlichen Zivilisation, die wir jedoch nicht nur auf der Mattscheibe sähen, sondern direkt vor unseren Augen in den Straßen unserer Städte.

Zunächst einmal finden sich in der Geschichte keinerlei Belege für die These, bin Laden und sein Terrornetzwerk Al-Qaida könnten eine gänzlich beispiellose Bedrohung darstellen. Zwar geht von ihnen eine große, Besorgnis erregende Gefahr aus, die aufgrund der modernen Techniken in mancher Hinsicht tödlicher sein könnte als frühere, aber sie ist nicht neu.

Um das näher zu erläutern, möchte ich die Hauptaspekte der Methodik und augenscheinlichen Philosophie von Al-Qaida darlegen: der Einsatz von Suizid in einem Kult des Todes oder Märtyrertums; der Vorwurf, die westlichen Werte seien verderbt, entartet und beleidigend für eine echte Menschenseele; die Idee eines heiligen Kriegs; der Glaube, das wahre Heil liege in einem Leben nach der eigenen Identität und ihren Traditionen; die Überzeugung, dass gerade die arabischen oder muslimischen Völker besonders qualvoll unterdrückt werden; der Einsatz kleiner »Zellen« von Kämpfern oder Aktivisten in einem Krieg, der angeblich Hunderten von Millionen dient. Sobald man diese Aspekte als mögliche Quellen der Neuheit oder Spezialität ausgeräumt hat, könnten durchaus andere mit potenziell beachtlichem Einfluss auf die Zukunft auftreten.

In Selbstmordanschlägen praktiziertes Märtyrertum ist ein besonders Furcht erregender Ansatz, und gegen derlei Fanatiker lassen sich kaum Vorkehrungen treffen. Sobald man feststellt, dass jemand einen solchen Angriff plant, ist es in der Regel zu spät, und da der Betreffende ohnehin beschlossen hat, zu sterben und viele andere mit in den Tod zu reißen, lässt er sich auch kaum abschrecken. Aus der Sicht moderner Westler hat Märtyrertum auch etwas beängstigend Irrationales und geht mit einer Denkweise einher, die entweder sehr inhuman oder die Folge einer Gehirnwäsche sein muss. Doch ist die Hoffnung, ein ehrbarer Tod könne einem qualvollen, enttäuschenden oder verzweifelten Leben einen Sinn geben, durchaus keine Seltenheit.

Der Kult des Heldentums und des Adels, sein Leben nicht nur für eine gerechte Sache, sondern prinzipiell aufs Spiel zu setzen, gehören zu den Merkmalen aller martialischen Kulturen. Zum größten Ruhm brachten es diesbezüglich selbstverständlich die japanischen Kamikaze-Piloten des Zweiten Weltkriegs; das Verblüffende oder vielleicht Alarmierende an ihnen ist allerdings ihre hohe Zahl. Doch in vieler Hinsicht lag ein ähnlicher Geist auch der Anziehungskraft des Nationalsozialismus in Deutschland und des Faschismus in Italien zugrunde, die Idee nämlich, dass Größe erreichbar war, wenn man sich nur zu einer heroischen Massenbewegung verband und die selbstsüchtigen Eigeninteressen – wozu letzten Endes auch das eigene Leben gehören konnte – außer Acht ließ.

Junge Menschen, die sich aus irgendwelchen Gründen frustriert, enttäuscht, zurückgewiesen oder verärgert fühlen, haben sich immer schon in Gewalt und Krieg geflüchtet und werden dies in Zukunft erneut tun, auch wenn derlei Andersdenkenden ein Gräuel sein mag. Daneben gibt es unter Rebellengruppen eine lange Tradition, das Aufbegehren gegen den Westen als eine Art Sammelplatz zu benutzen und zu argumentieren, dass die modernen westlichen Lebensweisen etwas Echteres, Wahreres, Wertvolleres, Altehrwürdigeres zerstören. Dieses Aufbegehren nimmt häufig einen religiösen Beigeschmack an, denn ein zentrales Merkmal moderner westlicher Gesellschaften liegt ja in ihrer Säkularität; zwar mögen viele ihrer Bürger religiös sein, aber die geltenden Gesetze und der gesamte Staatsapparat sind säkular. Diese Neutralität betrachten jene, die glauben, ihre eigene Religion verordne göttliche Gesetze, die über den bloß menschlichen stehen müssten, entweder als Bedrohung oder als hilfreichen Gegensatz. Ihre Überzeugungen ziehen mächtige politische Konsequenzen nach sich, denn sie gewähren einer selbst ernannten Gruppe von Deutern der göttlichen Gesetze bei ihren Anhängern enormen Einfluss. Deren extreme Beschwörungen einer absoluten Reinheit, verbunden mit der geschickten Verteufelung einer westlichen Bedrohung hehrer Werte, sichern ihre Glaubwürdigkeit.

Genau das geschah in einer früheren islamischen Erhebung, als die Massen nicht nur gegen die Vereinigten Staaten, sondern auch gegen die eigene Regierung aufgehetzt wurden: der Revolution im Iran 1979. Bemerkenswert am damaligen Sturz des Schahs von Persien war der Umstand, dass ihn viele prowestlich eingestellte Liberale im Lande unterstützten, da sie den westfreundlichen Herrscher für einen Despoten hielten und nicht damit rechneten (zu Unrecht, wie sich dann erwies), dass der Ayatollah Khomeini noch schlimmer sein könnte. Wenngleich die neue Verfassung von 1979 demokratische Elemente enthielt, herrschte im revolutionären Iran allein die religiöse Geistlichkeit, und in ihr wiederum konzentrierte sich die Macht ganz auf das Oberhaupt Khomeini und eine Hand voll älterer Religionsführer, die als »beispielhaft« galten.

Die Beschwörung reiner und echter geistiger Werte gehörte auch zu den Motiven des japanischen Asienfeldzugs der dreißiger und vierziger Jahre, der als ein Bemühen galt, den Kontinent zu säubern, indem man die britischen, niederländischen und französischen Imperialisten und mit ihnen alle westlichen Ideale vertrieb. Dann würde Asien wieder in seiner wahren Identität als Teil einer »großostasiatischen Wohlstandssphäre« erstrahlen können. In diesem Fall verkörperte der japanische Kaiser, angeblich ein direkter Abkömmling des Sonnengottes Amaterasu, jene Gottheit, in deren Namen das alles geschah.

Das Bestreben der arabischen Nationen, ihren verlorenen Stolz und die einstige Unabhängigkeit des Denkens und Handelns zurückzuerobern, hat im Übrigen eine lange Vorgeschichte. Allen dort steht klar vor Augen, dass die islamische Welt den Europäern bis zum Beginn der Neuzeit weit voraus war. Im Laufe der Geschichte wurden die Araber und anderen Völker des Nahen Ostens hauptsächlich von anderen Muslimen beherrscht und unterdrückt, zunächst von den zum Islam konvertierten Mongolen und anschließend, vom 15. bis zum 19. Jahrhundert, im Osmanischen Reich von den Türken. Dieses Muster hatte bereits der russische Sieg von 1828 im nichtarabischen Persien (dem heutigen Iran) jäh unterbrochen. Doch ein Jahrhundert später brach das Osmanische Regime zusammen und musste einer Vielzahl von Kolonialherrschern weichen, allen voran den Briten und Franzosen, zwischendurch indes auch anderen europäischen Mächten.

Für die Türkei setzte Kemal Atatürk ab 1919 einen starken Modernisierungsschub in Gang, und Ende der fünfziger Jahre befreite der Ägypter Gamal Abdel Nasser sein Land sowohl von der

Monarchie als auch von den Überresten des kolonialherrschaftlichen Anspruchs auf den Suezkanal. Algerien erkämpfte sich ebenfalls in den fünfziger Jahren seine Unabhängigkeit von Frankreich. Oberst Gaddafi ergriff 1969 mit einem Staatsstreich die Macht in Libyen und erklärte sich zum Anführer der panarabischen Bewegung. Im Jahr 1973 verkündeten die arabischen Ölförderländer unter der Leitung Saudi-Arabiens nach dem dritten Krieg mit Israel, das 1948 in ihrer Mitte gegründet worden war, ihren Plan, die Öllieferungen an Europa, Japan und Nordamerika zu begrenzen, um so kollektiv ihre Macht gegenüber dem Westen geltend zu machen. Diese Phase, allgemein unter dem Stichwort »Erste Ölkrise« bekannt, bildete zugleich den bis dahin erreichten Höhepunkt der panarabischen Kooperation. Sie war geprägt durch den ausufernden arabischen Terrorismus hauptsächlich (allerdings nicht nur) vonseiten der Palästinensischen Befreiungsorganisation (PLO) und darin der Terrorgruppe Yasser Arafats namens El Fatah – besonders augenfällig bei der Münchner Olympiade von 1972, als Terroristen die Mannschaft Israels in Geiselhaft nahmen und dann elf ihrer Mitglieder ermordeten. Doch auch das brachte die Araber in ihrer gemeinsamen Sache nicht sehr viel weiter, lediglich einige Ölproduzenten wurden sehr viel reicher.

Seither wurden im Lauf der Jahre von unterschiedlichen führenden Politikern und Geistlichen massenhaft *jihads* gegen den Westen ausgerufen. In zahlreichen Ländern entschieden sich die Regierungen freiwillig oder unter Druck dafür, mehr »islamische« Gesetze und Regeln einzuführen, darunter neben den arabischen auch die von Pakistan, Bangladesch, Indonesien, Nigeria und Afghanistan. Unterdessen blieb die wirtschaftliche Bilanz trotz des Erdöls ziemlich schwach. In der islamischen Welt erreichte allein Malaysia einen stetigen Anstieg des Lebensstandards; Indonesien hielt zwar eine Zeit lang mit, brach dann jedoch ab 1997 ein. Sogar Saudi-Arabien, das über die weltweit größten Ölvorkommen verfügt, kam mit dem Bruttoinlandsprodukt pro Kopf der Bevölkerung nicht über zwei Drittel des ärmsten Mitgliedslandes der

Europäischen Union (Portugal) hinaus. Zudem herrscht dort extreme soziale Ungleichheit, mit barock vergoldeten Armaturen in der königlichen Familie und tiefster Armut unter den gewöhnlichen Leuten.

Das entscheidende Merkmal der Terrorgruppe Al-Qaida liegt darin, dass sie mit Hilfe relativ kleiner Zellen von Kämpfern messianische Ziele im Namen einer Massenbewegung verfolgt. Bislang hatte diese Taktik am geschicktesten ein gewisser Wladimir Iljitsch Lenin angewandt, dessen bolschewistische Terroristen sich als *jihadis* für die Sache des Weltkommunismus verstanden. Indem Lenin das mächtige zaristische Russland unter seine Kontrolle brachte, prägte er den weiteren Verlauf des 20. Jahrhunderts wesentlich. Damit Osama bin Laden für das 21. eine ähnliche Rolle spielen kann, was er zweifellos anstrebt, müsste er Lenin nacheifern und ebenfalls einen Staat kapern, vielleicht Saudi-Arabien, Ägypten oder gar Pakistan.

Dieser ganze historische Hintergrund beruht auf dem Ausschlussverfahren und zeigt uns, was an der Terrorvariante von Al-Qaida epigonal ist und lediglich ältere Traditionen der Zerrüttung und des Widerspruchs aufgreift. Die neue Welt des 21. Jahrhunderts steht ebenso wie die alte des 20. im Zeichen von Suizidfanatikern, Westophoben, Heiligen Kriegern und Identitätssuchern, panarabischen Träumern, verschanzten islamischen Fundamentalisten und Terroristen auf der Jagd nach neuen Machtquellen. Die Ursachen solcher terroristischen Rebellion sind zu zeitlos und zu mannigfaltig, um erwarten zu lassen, dass sie entweder modernen Entwicklungen zum Opfer fallen oder sich plötzlich in völlig neuen Formen äußern könnten. Osama bin Laden hat zwar großes Entsetzen angerichtet, steht aber in einer langen Tradition. Neu war allerdings die Größenordnung und Platzierung der von ihm geplanten Anschläge, deren mörderische Gewalt direkt ins Herz des Westens traf.

Das und nur das unterscheidet den terroristischen *jihad* der Al-Qaida von anderen ehemaligen und heutigen Unruheherden. Darin liegt kein geringer Unterschied und ebensowenig eine geringe Herausforderung. Die Heimat Al-Qaidas – Zentralasien, nordwärts bis in den Kaukasus, süd- und ostwärts bis nach Pakistan hinein – ist seit langem eine Krisenregion, in der Warlords mit Gewalt und Geld (oft aus dem Drogen- und Edelsteinhandel) und Geistliche mit religiösen Lehren regieren – alle in dem Bemühen, Macht über Gebiete und Volksgruppen zu erringen. Ähnliches gilt zwar auch für große Teile Afrikas, doch von diesen Zonen gehen auch heute keine direkten Gefahren für die Weltsicherheit aus. Ihre Bedrohlichkeit liegt allerdings darin, dass in solchen rechtsfreien Räumen Terroristen straflos schalten und walten und durch ihre Attentate größere Konflikte zwischen Drittstaaten und die entsprechende Destabilisierung auslösen könnten, mit wiederum unabsehbaren Folgen für die Weltsicherheit.

Bevor wir zu den spezifischen Bedrohungen zurückkehren, die von den *jihadis* bei Al-Qaida und ähnlichen Verbänden ausgehen, gilt es zunächst einmal, den größeren Kontext von Aufruhr und Chaos zu betrachten, in dem sie gedeihen konnten. Hier wirkten drei Faktoren zusammen: das Ende des Kalten Kriegs, die Verstärkung eines zweihundertjährigen Phänomens und die potenziell alarmierenden Möglichkeiten der modernen Technik.

Das Ende des Kalten Kriegs resultierte in Wirklichkeit auch aus dem sich über das ganze 20. Jahrhundert erstreckenden Niedergang des Imperialismus. Imperien bringen immer viel Negatives mit sich und verursachen Konflikte. Allerdings tragen sie auch dazu bei, meist mit Waffengewalt, gewisse Konflikte und Tumulte zu unterbinden. Neben den direkten zwischenstaatlichen Kriegen in der ersten Hälfte des 20. Jahrhunderts gab es damals, und in den ersten Jahrzehnten nach 1945, auch zahlreiche Befreiungskämpfe. Zwar schuf der Kalte Krieg nicht im formalen Sinne ein US-Imperium und beschränkte sich selbst das sowjetische auf die Grenzgebiete im Umkreis Russlands, doch dehnten beide Supermächte ihre Militärpräsenz über den gesamten Erdball aus: direkt durch Stützpunkte und Eingriffe, gewöhnlich aber eher indirekt, indem sie Regierungen überredeten – das heißt bestachen –, in ihrem Interesse zu handeln. In der Folge blieben lokale oder Bürgerkriege entweder aus oder wurden zu Stellvertreterkonflikten zwischen den Supermächten.

Mit dem Kalten Krieg endete sowohl die Eindämmung als auch die Stellvertreterfunktion. So trat faktisch wieder das übliche Muster in Kraft – allerdings intensiviert durch die von der Dauerspannung hinterlassenen Waffenarsenale. Jetzt wachten keine imperialen Herrscher mehr darüber, dass Konflikte gar nicht erst ausbrechen konnten. In einigen Fällen (Exjugoslawien, Somalia oder Sierra Leone) griff die sehr irreführend so bezeichnete »internationale Gemeinschaft« ein – gewöhnlich nach mehreren Jahren der Zuspitzung und immer mit gemischten Resultaten. Es gibt keine »Gemeinschaft«, die willens und fähig wäre, solche Wirren auszuräumen, sondern nur eine ziemlich versprengte Gruppe von Außenseitern, teils mit eigenen Interessen an den Konflikten, teils mit Gewissensnöten wegen der Opfer.

Neben den vom Kalten Krieg hinterlassenen Arsenalen hat auch ein abscheulicher Nebeneffekt des modernen Kapitalismus die Lage verschärft: der weltweite Handel mit kleineren und größeren Waffen, in dem Kostendegressionen und neue Produktionstechniken dazu geführt haben, dass die Preise für Schnellfeuergewehre, Munition, Granatwerfer oder andere Todbringer stark gesunken sind. Auch westliche Unternehmen beteiligen sich an diesem Handel, und ihre Regierungen rühmen sich oft der dadurch geschaffenen Arbeitsplätze – gewöhnlich unter dem Vorwand, die Waffen würden allein zu »Verteidigungszwecken« und nur an Staaten verkauft und geliefert. Doch Staaten setzen ihre Waffen für alle möglichen Belange ein, und im Übrigen veräußern ihre vielfach unterbezahlten Soldaten sie häufig an Dritte weiter. In einer Reihe von Ländern geht der Aufstieg zur Macht, wie Mao Tse-Tung denkwürdig formulierte, von Gewehrläufen aus. Daher nehmen die Warlords überhand, die gestützt auf ihre Privatarmeen und Waffen ganze Landstriche kontrollieren und auf alle in der Gegend gehandelten Waren, besonders Drogen, Steuern und Zölle erheben.

Das heutige Afghanistan ist geradezu ein Paradebeispiel für die Nachwirkungen des Kalten Kriegs. Als Schauplatz von Stellvertreterkämpfen zwischen den besagten Supermächten ertrinkt es beinahe in Waffen, die teils von den Sowjets bei ihrem Rückzug 1989 zurückgelassen, teils anschließend billig eingeschmuggelt wurden. Dort gibt es nach wie vor Warlords und Drogenhandel, dazu den religiösen Fundamentalismus der Taliban, und schließlich kamen – mit Geld, weiteren Waffen, fundamentalistischen Ideen und dem Programm eines Feldzugs gegen den Westen – Osama bin Laden und seine Gruppe Al-Qaida hinzu. Auch wenn die Zutaten jeweils ein wenig abweichen mögen, unterscheidet sich die Grundsituation doch nicht wesentlich von der Somalias, Sudans, Sierra Leones und einer viel zu langen Reihe weiterer Regionen.

Das angesprochene Zweihundertjahresphänomen findet sich allerdings noch sehr viel ausgeprägter in jenen Ländern, die so etwas wie eine Regierung haben; damit meine ich den Nationalismus, eine Ideologie, die erst im 19. Jahrhundert deutlich aufkam, als kostengünstige Verkehrs- und Kommunikationsmittel es vielen Menschen ermöglichten, sich mit einem größeren Gebilde als »ihrem« Dorf oder Kreis, nämlich zum Beispiel mit »ihrem« Volk zu identifizieren. Dank des Empire und der langsamen Ausbreitung jener Techniken nebst dem entsprechenden Reichtum bestanden 1914 indes erst zweiundsechzig souveräne Staaten, die einander offiziell als legitim anerkannten, und 1946 nicht mehr als vierundsiebzig. Zur Jahrtausendwende gab es infolge des Kalten Kriegs und der Auflösung der Sowjetunion immerhin schon fast zweihundert. Zwar waren im Kalten Krieg nationalistische Bestrebungen oft unterdrückt, viele jedoch einfach übersehen worden, weil der zwischen den Supermächten ausgetragene Kampf um Ideologien und Territorien mehr als genug dazu beitrug, dem Denken von Kommentatoren und sonstigen politischen Analytikern ein Ordnungsprinzip zu liefern. In Wirklichkeit köchelte der Nationalismus stets unterhalb oder neben diesem Gefecht weiter.

Sehr viele der heute rund zweihundert Staaten besitzen mindestens eine, zugegeben mehr oder weniger seriöse separatistische Gruppierung, die eine eigene Nationalität für ihre Angehörigen beansprucht. Zum Teil treten die Separatisten auch mit Gewalt für ihre Ziele ein; zwar kommt das in Demokratien mit Rede- und Versammlungsfreiheit recht selten vor, doch diesbezüglich mögen Großbritannien und Spanien als Gegenbeispiele stehen. Darüber hinaus toben zwei der tödlichsten Separationsgefechte der vergangenen beiden Jahrzehnte in ihrerseits demokratisch verfassten Entwicklungsländern, nämlich in Sri Lanka mit seiner tamilischen Minorität und in Indien mit dem Kaschmir-Problem, das teils die Separatisten, teils Pakistan als Besatzungsmacht betrifft.

Anhänger der Globalisierung, oder übernationaler Gebilde wie der Europäischen Union, fassen Nationalismus und Nationalstaat gerne als eine überholte Ideologie respektive Institution auf. Sofern sie Voraussagen über mehrere Jahrzehnte hinweg machen, lassen diese sich zwar nicht eindeutig widerlegen, aber heute spricht wenig dafür, dass die nationale Identität irgendetwas von ihrer grundlegenden emotionalen Anziehungskraft verliert. Vielmehr bleibt sie, wie John Roberts in seinem Buch *Twentieth Century* schreibt,

»die größte Mythenbildnerin, ein Movens für Männer und Frauen, die durch ihre Hoffnungen, Ressentiments und Ängste die wirkliche und imaginierte Geschichte in einem hoch explosiven Gebräu destruktiver Erregung aufwühlen, und damit die stärkste zielbewusste Stoßkraft in der Politik des bisher revolutionärsten Jahrhunderts überhaupt«.

Auch tragen die modernen Kommunikationsmittel etwa durch Satellitenfernsehen und das Internet nicht erkennbar dazu bei, die Bande der lokalen und nationalen Kulturen zu schwächen; zwar fügen sie einige Zutaten fremder Kulturen hinzu, setzen aber zugleich nationale oder ethnische Gruppen in den Stand, sich nun leichter austauschen zu können. Sie erweitern die Möglichkeiten völkischer Ausdrucksformen und dienen der besseren Organisation entsprechender Minderheiten.

Angesichts der zunehmenden Handels-, Investitions- und Personenströme könnte es im Bereich der Industrieländer dazu kommen, dass die Anreize für Mehrheiten schwinden, sich gegen die Eigenstaatlichkeit von Minoritäten zu sperren. Würde sich etwa Schottland in absehbarer Zeit vom heutigen Großbritannien unabhängig machen, so könnten ihm viele Engländer oder auch Waliser noch eine letzte Träne nachweinen, ohne dass der Verlust sie jedoch zu tief träfe. Die Folge wäre ein missliches Feilschen über Steuereinnahmen und öffentlichen Ausgaben sowie vielleicht das Eigentum an ein, zwei Bauwerken, aber nichts, worüber sich vernünftige Leute nicht auf dem Verhandlungsweg einigen könnten. Danach ginge das Leben, im Wesentlichen unverändert, weiter wie bisher.

Die Separation bereitet nur dann schwere Probleme, wenn eine Minorität in einem unabhängigen Staat um ihr Leben oder ihre Grundrechte fürchten muss. Allerdings sind diese Fälle verbreitet genug, um für Terrorismus und Chaos zu sorgen. Ein Beispiel dafür liefert Nordirland, wo die Protestanten zwar in der Provinz eine Mehrheit bilden, aber die Konsequenzen einer Vereinigung Irlands fürchten, nach der sie sich in der Minderheit befinden würden. Gleich mehrere steuert Exjugoslawien bei, wo während der neunziger Jahre jedes Mal, wenn sich eine Provinz abspaltete (oder dies erwog), ethnische Minoritäten ihre Ängste gewaltsam zum Ausdruck brachten. Und in den Entwicklungsländern, wo das Eigentum begrenzter Ressourcen wirtschaftlich eine bedeutende Rolle spielt und daher die Ängste unter den verarmten Minderheiten noch viel existenzieller sind, dürften die brisanten Fälle auch in Zukunft eher regelmäßig als ausnahmsweise auftreten. Indonesien zum Beispiel ist ein seltsamer Flickenteppich aus Gebieten und ethnischen Gruppen, den die holländischen Kolonialherren im Laufe mehrerer Jahrhunderte der Eroberungen zusammengestückelt haben, sodass dort heute Separatistengruppen in Aceh, auf den Molukken und andernorts nicht allein um Unabhängigkeit, sondern auch um den Zugriff auf die Bodenschätze kämpfen.

Der Nationalismus behält seinen Reiz und damit auch seinen

Nutzen für all jene, die eine bestehende Verfügungsgewalt über Geld und Waffen in etwas noch Mächtigeres ummünzen wollen. Das beschränkt sich zwar keineswegs auf arme Länder, könnte aber für die in ihnen lebenden vier Fünftel der Weltbevölkerung eine besondere Verlockung darstellen. Einige Optimisten haben argumentiert, dass in der modernen Welt keine zwei demokratischen Staaten je wieder Krieg miteinander führen werden. Nur machte der 1999 zwischen Serbien und der NATO über den Kosovo geführte Krieg dieser Illusion ein Ende. Darüber hinaus darf man nicht vergessen, dass der Nationalismus etwas stark Volkstümliches ist, also keine von Eliten ausgesponnene Phantasie.

Der Nationalismus wird demnach höchstwahrscheinlich am Leben bleiben und andere Faktoren der Gruppenidentität ergänzen oder verstärken und so dazu beitragen, dass Emotionen wie Groll, Empörung oder Hoffnung zusammenwirken, um Kriege zwischen (oder innerhalb von) Nationen zu entfachen, konventionelle Konflikte oder Terrorkampagnen auszulösen. Insofern wäre er zwar nur ein fortwährender alter Unruheherd, aber mächtig genug und ohne Aussicht auf Besserung. Damit kommen wir nun zum dritten Aspekt der möglichen Prognosen über Aufruhr und Terror, den brisanten Beitrag der modernen Technik.

Bemerkenswert an den Terroranschlägen der Al-Qaida vom 11. September 2001 waren unter anderem ihre simplen Methoden: lediglich mit Messern bewaffnete Banden, die Verkehrsflugzeuge entführten und in gewaltige Brandbomben verwandelten. Allerdings beruhte die Planung auf modernen Geräten und Techniken wie Laptops, E-Mails oder Handys. Bald stellte sich indes heraus, dass die Terroristen auch versucht hatten, sich anspruchsvollere Waffen zu besorgen, um diese gegebenenfalls auch einzusetzen – angefangen bei Biowaffen bis hin zu radioaktiven oder nuklearen Sprengstoffen. Diese kollektiv als »Massenvernichtungswaffen« bezeichneten chemischen, biologischen oder atomaren Mittel würden in der Tat ein enormes Inferno anrichten und mit einem einzigen Anschlag nicht drei-, sondern vielleicht zehn- oder hunderttausend, wenn nicht gar Millionen von Menschen umbringen.

In einem gewissen Sinne ist allerdings auch diese Furcht nichts Neues, denn spätestens seit Anfang der sechziger Jahre, als die Zahl der Nuklearmächte auf fünf und danach immer weiter anstieg, drohte stets die Gefahr, dass solche Waffen in die, wie es hieß, »falschen Hände« fielen; nicht nur Südafrika, auch Israel hat bewiesen, dass es ein atomares Arsenal entwickeln könnte. Neu daran ist, dass seit dem Fall der Sowjetunion 1991 Nuklearexperten zuhauf frei zur Verfügung stehen. Bei diesem explosiven Thema empfiehlt es sich, einen Spezialisten zu Rate zu ziehen. Im November 2001 schrieb Graham Allison von der Harvard University, ein Fachmann sowohl für Russland als auch die Verbreitung von Atomwaffen, im *Economist*:

»Das letzte Jahrzehnt sah zahlreiche Vorfälle, bei denen es Einzelnen und Gruppen gelang, von russischen Standorten waffenfähiges Material zu stehlen, um es ins Ausland zu schmuggeln, allerdings vorher gefasst wurden. So berichtete Alexander Lebed, Boris Jelzins Sicherheitsbeauftragter, in Russland sei bei vierzig von hundert Spezial-Kofferbomben des KGB der Verbleib ungeklärt. Unter dem Druck einheimischer Kollegen zog er sich später auf die offizielle Linie zurück, Nuklearwaffen und Material befänden sich unter Verschluss, doch warf das Knäuel der Dementis mehr Fragen auf, als es beantwortete. Mitte der neunziger Jahre lagen mehr als tausend Pfund hoch angereicherten Urans – genügend für mindestens zwanzig Kernwaffen – unbeaufsichtigt in Kasachstan herum. Angesichts der Gefahr kaufte die amerikanische Regierung das Material auf und verbrachte es nach Oak Ridge in Tennessee …

… Jene Dynamik, die alte Gefängnismauern einriss, setzte auch Individuen frei und unterhöhlte Systeme, die zuvor etwa dreißigtausend Kernwaffen und siebzigtausend Äquivalente mit hochangereichertem Uran und Plutonium an etwa hundert Standorten in ganz Russland kontrolliert hatten … Dank des außerordentlichen Professionalismus auf Seiten des russischen Militär- und

Sicherheitspersonals, das diese Arsenale bewacht, und erheblichen Anstrengungen, es mit den weitsichtigen Nunn-Lugar Cooperative Threat Reduction Programs, die jährlich beinahe eine Milliarde Dollar kosten, zu unterstützen, konnten viele Versuche, Waffen zu stehlen, vereitelt werden.«

Dieser Text entstand im Zusammenhang mit den Bemühungen, den Terroristen von Al-Qaida auf die Spur zu kommen und ihnen das Handwerk zu legen. Bevor wir uns jedoch wieder der Frage ihrer Bekämpfung zuwenden, gilt es zu erörtern, welchen Beitrag die wachsende Verbreitung von Atomwaffen zum Grundproblem der nationalistischen Unruhen in vielen Teilen der Erde leisten könnte. Die großen technischen Schwierigkeiten der Herstellung atomarer, chemischer oder biologischer Waffen machen es zwar unwahrscheinlich, dass regionale Warlords oder Banden anstreben werden, ihre Macht mit solchen Arsenalen abzustützen, zumal dafür auch schon die konventionellen ausreichen; doch die weltweit zunehmenden Spannungen erhöhen den Druck auf Regierungen, sich ihrer zu bemächtigen, um sie zur Abschreckung oder Vergeltung parat zu haben.

Der Iran zum Beispiel liegt in einer besonders »heißen« Region des Nahen und Mittleren Ostens. Sein südwestlicher Nachbar, der Irak, bemüht sich um solche Arsenale, während Pakistan im Osten, Israel im ferneren Südwesten und Russland im Norden bereits darüber verfügen. Daher nimmt es kaum Wunder, dass die Iraner ihrerseits meinen, entsprechend aufrüsten zu müssen. In Ostasien grenzen sowohl Taiwan als auch Südkorea an Länder – nämlich China respektive Nordkorea –, die faktisch oder potenziell Kernwaffen besitzen, was theoretisch auch für Japan gilt. In Afrika wären derzeit nur Südafrika oder vielleicht Nigeria technisch in der Lage, ein Nuklearprogramm aufzulegen. Allerdings könnten einzelne Länder versuchen, biologische oder chemische Waffen zu entwickeln, um sie gegen andere oder sogar gegen das eigene Volk einzusetzen. Sudan und Libyen sollen bereits gezielt in diese Richtung geforscht haben.

Hinzu kommt die anscheinend nicht enden wollende Konfrontation zwischen den beiden erklärten Atommächten Indien und Pakistan. Seit ihrer Unabhängigkeit von Großbritannien haben diese 1947, 1965 und 1971 drei Kriege miteinander geführt, hinzu kamen kleinere Scharmützel, das jüngste 1999 in der zu Kaschmir gehörigen Region Kargil. Zur Jahreswende 2001/02 standen die alten Rivalen erneut am Rand eines Kriegs, als ein pakistanisches Terrorkommando einen Anschlag auf das indische Parlament in Delhi verübte und es dabei fast geschafft hätte, zahlreiche Regierungsmitglieder zu töten. Zwar würde ein solcher Konflikt höchstwahrscheinlich streng konventionell bleiben und sich auf das umstrittene Gebiet Kaschmirs beschränken, doch 2002 marschierten erneut indische Divisionen entlang der weiteren pakistanischen Grenze auf, um eine Invasion des ebenen Punjab und des gebirgigen Kaschmir vorzubereiten. Käme es dazu, dann könnten siegreiche indische Truppen leicht auch größere Teile Pakistans überrennen, was wiederum die dortige Führung verleiten dürfte, um der nackten Existenz des Landes willen über den Einsatz von Kernwaffen nachzudenken. Vielleicht würde sich jedoch immer die Vernunft und die Furcht vor Vergeltung durchsetzen, nur leider haben Kriege ihre eigene Dynamik, in der auch ein solcher äußerster Schritt keineswegs undenkbar wäre.

Was kann man tun, um zu verhindern, dass solche Spannungen eine völlig neue Dimension der Zerstörungskraft annehmen? Schon allein die Aussicht erscheint gespenstisch und erschreckend. Doch müssen wir bedenken, dass solche Spannungen ja nicht nur die Vergangenheit und Gegenwart, sondern auch die Zukunft betreffen. Insofern spielt es eine wichtige Rolle, dass wir – auf unterschiedliche Weise und zu verschiedenen Zeiten – mit ihnen zu leben gelernt haben. Diese Erfahrung widerspricht zwar der Hoffnung, die Probleme in absehbarer Zeit lösen oder auch bloß erheblich verringern zu können, aber zumindest wird es möglich sein, sie in gewissen Grenzen zu halten.

Ein hierfür geeignetes Mittel wäre, wieder eine Weltpolizei einzurichten. Für diese Rolle bieten sich zwei Kandidaten an: die Vereinigten Staaten von Amerika und ein Konsortium der Vereinten Nationen. Eine dritte Möglichkeit wäre kollektives Handeln auf regionaler Ebene – die Europäische Union in Europa, die Afrikanische in Afrika und so fort; nur leider wird fast immer mindestens eines der für die Schutztruppe rekrutierten Länder ein eigenes Interesse an den zu schlichtenden Disputen haben, und die anderen werden sich hüten, es zu tyrannisieren. So mag sich eine Regionalmacht als gleichgültig, jedoch nicht als uneigennützig erweisen.

Bevor wir die Chancen der Hauptkandidaten abwägen, ist noch ein weiterer Aspekt abzuklären, der beide betrifft, die Tatsache nämlich, dass sich viele Konflikte, ob zwischenstaatliche oder Bürgerkriege, nicht von einer außen stehenden Polizei »lösen« lassen. Eingriffe könnten sogar dazu führen, dass alles noch schlimmer wird und sich hinauszögert oder dass beide Seiten sie für ihre Zwecke nutzen. In dem Buch *Deliver Us From Evil: Warlords and Peacekeepers in a World of Endless Conflict* bringt William Shawcross die Sache auf den Punkt, indem er fragt, was hätte geschehen können, falls europäische Mächte im 19. Jahrhundert eingegriffen hätten, um den Amerikanischen Bürgerkrieg zu beenden. Auch wenn dieser zweifellos grässlich war, hatte das Ergebnis, die Einung der Nation und die Abschaffung der Sklaverei, doch eindeutig Vorteile gegenüber dem, was eine Art vermittelter Kompromiss hätte bringen können. Leider sind Kriege unvermeidbar, und sie abzuwürgen bedeutet nicht unbedingt auch, die ihnen zugrundeliegenden Streitigkeiten zu lösen. Allerdings gilt das nicht durch die Bank; aber darüber zu entscheiden, welche Fälle lösbar sind und welche nicht, dürfte eher einem Gott zukommen als einem internationalen Komitee oder einem Dezernat im Pentagon.

Könnte Amerika eine stärkere Rolle als Weltpolizist spielen und entsprechend versuchen, jene Entscheidungen zu treffen? Ja, durchaus, aber wahrscheinlich wird es nicht dazu bereit sein, das im wirklich großen Stil und über einen längeren Zeitraum wie das ganze 21. Jahrhundert hinweg zu tun – obwohl sich seine Außenpolitik neuerdings dem Ziel verschrieben hat, Bedrohungen der

Weltsicherheit abzuwenden. Das hat zweierlei Gründe: Zum einen geht ja nicht von jeder Krise eine direkte Gefahr für die Weltsicherheit aus; und zum anderen wären die Kosten und Risiken der Einmischung im Ausland ohne eine klare Bedrohung einfach zu hoch. Die Anschläge vom 11. September 2001 haben Amerika neuerlich in seiner festen Entschlossenheit bestärkt, sich nach einer Phase der Zögerlichkeiten im Ausland zu engagieren. Dennoch dürfte es sich auch, solange diese Entschlossenheit anhält, vielleicht ein volles Jahrzehnt, auf jene Fälle konzentrieren, in denen die Weltsicherheit eindeutig direkt gefährdet ist. Derzeit sind solche Bedrohungen durch den internationalen Terrorismus und durch »Schurkenstaaten« wie den Irak definiert, die Massenvernichtungswaffen besitzen oder entwickeln könnten.

Bei den nichtglobalen Konflikten kann und wird Amerika wahrscheinlich eher selektiv eingreifen, um Störenfriede abzuschrecken. Genau das geschah während der neunziger Jahre in Somalia, in Bosnien und im Kosovo, allerdings nur phasenweise und vielleicht mit mehr Versprechungen als Taten. Präsident Theodore Roosevelt sagte zu Beginn des 20. Jahrhunderts, Amerika solle »leise sprechen und einen dicken Knüppel bereithalten«. Viele der lauteren Töne Washingtons werden sich gegen Terroristen und die von Massenvernichtungswaffen ausgehenden Gefahren richten, doch kann und dürfte es wie in den neunziger Jahren sporadisch weltweit eingreifen.

Wie dem auch sei, das Drohen mit einem dicken Knüppel könnte »heilsam« auf jene Regierungen wirken, die erwägen, Kernwaffen zu entwickeln. Angesichts des neu erwachten Bewusstseins für deren Gefährlichkeit, zumal in den Händen von Terroristen, die sie in Amerika selbst oder in Europa einsetzen könnten, wird Washington sicherlich genügend öffentliche und politische Unterstützung erhalten, um geeignete militärische Gegen- oder Strafmaßnahmen zu ergreifen. Dabei mag es wegen der Zerstörungskraft dieser Waffen nicht nötig und wünschenswert sein, erst auf Zwischenfälle zu warten – stattdessen könnten Präventivschläge erfolgen, wie Israel 1981 ein irakisches Kernkraftwerk bombardierte, als der Verdacht aufkam, es diene dem Bau einer Atombombe. Potenzielle Missetäter werden solche Drohungen heute ernster nehmen als in den neunziger Jahren, womit deren Abschreckungswirkung drastisch gestiegen ist; Gleiches gilt aber auch für den bei Wohlverhalten winkenden Lohn: Handelsvorteile, Abschaffung von Sanktionen, Entwicklungshilfe und andere Bonbons. Nun macht es der technische Fortschritt immer wahrscheinlicher, dass sich solche Bemühungen mit Hilfe von Satellitenüberwachung nachweisen lassen. Das ist zwar derzeit noch kein absolut zuverlässiges Verfahren, könnte aber ziemlich bald dazu werden.

Mit dieser Kombination aus dicken Knüppeln und Anreizen müsste es machbar sein, die Gefahr von Massenvernichtungswaffen im Besitz von Staaten erheblich zu senken, wenn auch nicht ganz zu bannen, zum einen, weil Techniken aller Art mühelos die Grenzen überschreiten können, und zum anderen, weil die Abschreckungswirkung bei den einfacher zu verbergenden Programmen für biologische und chemische Waffen massiv nachlässt. Im Übrigen vermag die Kombination als solche nichts gegen gefährliche Waffen in den Händen von Terroristen. Hier sind kollektive Maßnahmen unumgänglich, um die Bemühungen der Vereinigten Staaten auf breiter Front zu unterstützen.

Doch dürfte es bei solchen gemeinsamen Anstrengungen eher selten der Fall sein, dass die Vereinten Nationen als Weltpolizei auftreten. An ihren Entscheidungen und Aktionen sind sehr viele Länder beteiligt, und daher können sie nicht schnell und entschlossen genug einschreiten. Die UNO eignet sich eindeutig besser für Friedensmissionen, bei denen Blauhelme das Bild prägen. Sie ist auch anfällig für Interessenkonflikte, wie bei regionalen Gemeinschaftsaktionen, da die im Sicherheitsrat vertretenen Mächte ja stets ein Vetorecht haben. Schließlich stößt sie bei Alleingängen auf genau das gleiche Problem wie die Vereinigten Staaten: die Schwierigkeit, den Parteien gegen ihren Willen eine Friedensregelung aufzuzwingen, was nicht immer möglich ist.

Dennoch könnten kollektive Maßnahmen zukünftig in zweierlei Hinsicht hilfreich sein. Erstens durch den Aufbau neuer völkerrechtlicher Institutionen nach dem Vorbild des Internationalen Kriegsverbrechertribunals und des Internationalen Strafgerichtshofes. Allerdings leiden diese beide an jener Schwäche, die Stalin beim Papst erkannte: »Wie viele Divisionen hat er?« Kein Kriegs- oder sonstiger Verbrecher muss diese Gerichte fürchten, solange keine internationale oder amerikanische Militärstreitmacht dahinter steht und sein Staat ihn nicht an sie ausliefert. Das Problem bei den Warlords liegt darin, dass sie meist in rechtsfreien Räumen leben, in denen nur andere Warlords mit mehr Kämpfern, Waffen und Geld sie bestrafen könnten. Zwar wird sich daran wohl auch nichts ändern, aber die internationalen Gerichte können eine mittelbare Wirkung entfalten, indem sie demonstrieren, dass Kriegsverbrechen nicht ungestraft bleiben, sofern die Täter gefasst oder ausgeliefert werden.

In Amerika sind viele – auch eine deutliche Mehrheit des Kongresses sowie der Administrationen Clinton und Bush – gegen den Internationalen Strafgerichtshof. Man befürchtet, dieser könnte gegen amerikanische Soldaten und Staatsmänner eingesetzt werden, auch wenn sie versuchen, als Weltpolizisten im Sinne des Gemeinwohls zu handeln. Doch dieser Widerstand ist sowohl verhängnisvoll als auch unangebracht: Das neue Gericht ist ein Experiment, und insofern wäre es klüger gewesen, dieses erst einmal eine Zeit lang zu beobachten, bevor man darüber urteilt. Allerdings wird diese Opposition den Bestand des Gerichtes kaum gefährden, denn beide internationalen Institutionen erfreuen sich breiter Unterstützung, und wahrscheinlich wird es dabei bleiben: Wenn sie wahrhaftig Recht sprechen und andere Staaten mit ihnen kooperieren, dürften im Laufe der Zeit viele weitere Mitglieder hinzukommen.

Allerdings sollte man das Machtpotenzial dieser internationalen Gerichtsbarkeit ganz nüchtern betrachten, zumal schwer vorstellbar ist, dass sie, selbst nach Jahrzehnten, eine wesentliche Abschreckungswirkung ausüben wird. Macht kommt aus Gewehrläufen, und wer ein Gewehr im Anschlag hat, ist versucht, diese Macht zu nutzen. Wenn also im Rahmen eines Konfliktes die Lebenserwartung ohnehin drastisch zu sinken scheint, dürfte auch das Drohpotenzial einer künftigen Haftstrafe wenig ausrichten können.

Die zweite Möglichkeit kollektiver Maßnahmen wäre das verstärkte Bemühen um eine Eindämmung der Weitergabe von Atom- und sonstigen Massenvernichtungswaffen. Dabei geht es freilich heute wie in den neunziger Jahren um eine bilaterale Aufgabe: Die beiden Hauptquellen von Waffen und waffenfähigem Material, Amerika und Russland, müssten stärker zusammenarbeiten, um die Verwaltung, Beaufsichtigung und Vernichtung ihrer Arsenale zu kontrollieren. Allerdings sind die entsprechenden Techniken viel weiter verbreitet, da es heute schon sieben anerkannte Nuklearmächte gibt (USA, Russland, Frankreich, Großbritannien, China, Indien und Pakistan, wahrscheinlich aber auch Israel, wobei man weiß, dass andere – Iran, Irak, Nordkorea – große Fortschritte auf dem Weg dorthin gemacht haben). Das für Entwicklung und Einsatz sonstiger Massenvernichtungswaffen erforderliche Fachwissen ist sogar noch weiter verbreitet. Zudem produzieren und lagern Dutzende von Ländern, die Kernkraftwerke betreiben, auch nukleares Material. Dieses ist zwar nicht waffenfähig, könnte aber dazu dienen, ein großes Gebiet mit radioaktivem Niederschlag zu bedrohen.

Sperrverträge gibt es zuhauf, sodass für weitere vorerst kaum ein Bedarf besteht. Woran es schon eher fehlt, sind die Bereitschaft und Fähigkeit, sie durchzusetzen. Doch dazu wird die schnelle Entwicklung von Überwachungstechniken das ihre beitragen; außerdem sollte der beharrliche Druck von Diplomaten, Geheimagenten und anderen in einer ganzen Reihe von Ländern, also faktisch eine Koalition gegen Verdächtige und deren Machenschaften, nachhaltige Wirkungen zeigen, sofern man sich ernsthaft darum bemüht. Oft genug geschieht das aber nicht: so in den neunziger Jahren, als UN-Waffeninspekteure versuchten, die nach dem Golfkrieg erlassene Waffenstillstandsresolution zu überwachen und sicherzustellen, dass Saddam Hussein Massenvernichtungswaffen weder entwickelte noch hortete, und mehrere Länder – allen voran Frankreich, Russland und China – das Bemühen Husseins, die Kontrollen zu hintertreiben, unterstützten und deckten. In Anbetracht dieser Torpedierung dessen, was als eine viel versprechende multilaterale Initiative begonnen hatte, konnte nur noch ein militärischer Alleingang der Vereinigten Staaten Hussein in seinem gefährlichen Treiben stoppen.

Die traurige Wahrheit lautet, dass mangels unilateraler Bemühungen der USA eine kollektive Bekämpfung des Übels noch am ehesten gelingen könnte, wenn die Angst vor der Bedrohung stärker wäre als die nationalen Interessen wie zum Beispiel die Geldeinnahmen durch Waffenverkäufe. Zu hoffen ist, dass der erste klare Beweis für eine real bestehende Gefahr nuklearen Terrors in einem gescheiterten Versuch bestehen wird, indem man irgendwo in der Welt eine atomare »Kofferbombe« oder Ähnliches abfängt. Anhand dieses Beweises sollte es dann einfach sein, über die Grenzen der Industrie- und Entwicklungsländer hinweg weltweite Schutzmaßnahmen zu ergreifen. Allerdings könnte bereits der erste Versuch eines nuklearen Terroranschlags gelingen. Wollen wir inständig hoffen, dass es anders kommt.

Damit wären wir wiederum bei Al-Qaida und anderen Dämonen. Amerikanische Führungsstärke in Verbindung mit kollektiven Maßnahmen wird es vielleicht ermöglichen, die internationalen Auswirkungen lokaler Unruhen und der Begehrlichkeiten bestimmter Staaten im Hinblick auf Massenvernichtungswaffen einzudämmen. Dass die Aussichten dafür heute einigermaßen gut sind, haben wir in erster Linie Al-Qaida zu verdanken. Diese Organisation lieferte Amerika seine singuläre Perspektive für die Außenpolitik und erhärtete, trotz vieler Bedenken, die Entschlossenheit der Europäer und anderer Alliierter, das Entstehen von Unruheherden und den Handel mit Waffen zu unterbinden. Doch wie steht es mit Al-Qaida selbst?

Das Hauptmerkmal der Anschläge vom 11. September war, wie gesagt, weder die Ursache der Feindseligkeit noch die Strategie der Terroristen, sondern die Größenordnung und Platzierung ihrer Attacken. Daraus ergeben sich ebenso ent- wie ermutigende Aspekte. Am düstersten ist die Vorstellung, dass die Attentate neue Maßstäbe für künftige Märtyrer gesetzt haben könnten. Potenziellen Nachahmern dürfte schwerlich entgangen sein, dass sich ein Äußerstes an Ruhm und Aufmerksamkeit erringen lässt, indem man eine ungeheuerliche, wagemutige Gräueltat verübt. Auch wenn anscheinend nicht alle neunzehn Entführer darüber Bescheid wussten, dass sie an einem Himmelfahrtskommando teilnahmen, ist nun für künftige Planer von Suizidmissionen die Messlatte beängstigend hoch gelegt. Angesichts des raschen Erfolgs der US-Truppen, die Taliban aus Afghanistan zu vertreiben und die dort kämpfenden Verbände von Al-Qaida auszuschalten, ist schwer zu erkennen, wogegen sich ein zukünftiges Attentat richten könnte.

Doch genau darin liegt der zweite entmutigende Aspekt jener Anschläge: dass ein Terrorismus dieser Art gar keine klaren Ziele zu brauchen scheint. Den Westen und besonders Amerika zu treffen könnte ein Ziel an sich sein. Doch dieses Motiv dürfte sich verbrauchen, wenn nach mehreren Attacken klar auf der Hand liegt, dass die Macht Amerikas und seine Entschlossenheit, sie anzuwenden, seine führende Rolle und sein Ansehen in der Welt unvermindert fortbestehen. Doch auch der bloße Gedanke an einen solchen Lernprozess wirkt beängstigend.

Ein drittes ominöses Merkmal der Organisation Al-Qaida liegt darin, dass sie keineswegs nur Amerika treffen will, sondern – nimmt man die verschiedenen Propagandavideos und sonstigen Verlautbarungen bin Ladens beim Wort – einen neuen panislamischen Gesamtstaat plant, der von den Ungläubigen zu säubern wäre und verschiedene heilige oder historische Stätten umfassen soll: Mekka und Medina in Saudi-Arabien ebenso wie den alten Kalifatsitz in Bagdad. Kurz, was bin Laden und Konsorten eigentlich anstreben, ist nicht Terrorismus als Selbstzweck, sondern die Macht in einem Staat und damit letzten Endes in mehreren. Die beste historische Analogie dazu hatte ich bereits erwähnt: Lenin mit seinem langen und schließlich erfolgreichen Kampf um die Macht in Russland. Sie müsste ernüchternd auf jeden wirken, der anzunehmen geneigt sein könnte, dass der Afghanistan-Feldzug 2001 die Organisationsstrukturen Al-Qaidas schon endgültig zerschlagen hat.

Der Krieg gegen eine derartige Gruppe, von der wir noch nicht einmal wissen, ob Osama bin Laden darin selbst die Rolle Lenins oder Trotzkis spielen oder ein Dritter ihn ablösen kann, wird langwierig und aufreibend sein. Dabei gilt es, weder vorzeitig den Sieg zu erklären noch in Selbstgefälligkeit abzugleiten. Das allerdings birgt etwas auf perverse Weise Ermutigendes: Die Achillesferse der Terroristen besteht nämlich darin, dass zukünftige Angriffe auf die USA oder andere den Willen der Amerikaner nicht brechen, sondern stärken und ihnen immer neue Verbündete zuführen werden. Das träfe sogar im Fall eines noch so erschreckenden atomaren, biologischen oder chemischen Anschlages zu; kein Land und keine Regierung könnte es sich leisten, auf ein Attentat dieses Ausmaßes nicht zu reagieren.

Die Stärke des Terrorismus – breit gefächert zu sein und jederzeit allerorten Unheil anrichten zu können – ist längerfristig zugleich seine Schwäche, denn diese Disposition tendiert dazu, sämtliche dadurch verwundbaren Staaten zu einen. Die Risiken für Terroristen sind seit dem 11. September drastisch gestiegen, doch der Terrorismus wird sich nicht völlig ausrotten lassen.

Auch wenn dieser Abschluss des ersten Teils über Geopolitik und Bedrohungen des Friedens etwas beunruhigend klingen mag, ändert das nichts an meiner optimistischen Grundhaltung. Zwar gibt es tatsächlich sehr viel Aufruhr und Gewalt in der Welt, aber das ist nichts Neues. Zudem kann man nach einem Jahrhundert mit zwei Weltkriegen und mehreren Genoziden nicht sagen, dass die Welt mit dem Fortgang des 21. Jahrhunderts merklich gewaltsamer würde. Das ist offenkundig nicht der Fall. Doch ebenso gewiss werden Gewalt und Aufruhr nicht, und vor allem nicht so bald, aus ihr verschwinden. In einer Hinsicht könnten sich die

Konflikte der Zukunft wahrhaft grässlich darstellen, namentlich wegen des drohenden Einsatzes von Massenvernichtungswaffen. Um es jedoch ganz brutal auszudrücken, wird der Hauptunterschied in der Opferzahl und der Schockwirkung einzelner Attacken liegen und nicht im sprunghaft steigenden Niveau der Grausamkeit selbst.

Zweiter Teil

Der gescholtene Kapitalismus

7. Die Härten des Marktes

Die Vorstellung schwerer Krisen ist zwar höchst beunruhigend, doch wer (wie der Autor) in der zweiten Hälfte des 20. Jahrhunderts im wohligen, friedlichen, demokratischen Großbritannien zur Welt kam, kann heute kaum nachvollziehen, dass Faschismus und Kommunismus einen so gewaltigen Reiz auf Milliarden von Menschen ausübten oder dass die auf solche – inzwischen weithin als absurd und barbarisch geschmähten – Ideologien gestützten Regimes sich so lange halten konnten. Indessen war es noch vor zwanzig Jahren durchaus üblich, das Jahrhundert als einen Krieg der »Ismen« darzustellen, in dem nach der Niederlage des Faschismus der eigentliche Konflikt, der zwischen Kapitalismus und Kommunismus, noch tobte. Ersterem und seinem vermeintlichen politischen Pendant, der freiheitlichen Demokratie, warf man vor, labil, ungerecht, unpopulär und schlicht untauglich zu sein. Es war ein Wettstreit der Ideen.

So erschien es zumindest. Der Marxismus und seine Ableger, Leninismus und Maoismus, stand angeblich gegen die verschiedenen Formen des liberalen, demokratischen Kapitalismus. Eine egalitäre Ideologie, gegen das Privateigentum und das Gewinnstreben gerichtet, durchgesetzt mit totalitären Methoden, stieß auf eine solche der Ungleichheit, schmackhaft gemacht durch Freiheit, Demokratie und Privateigentum. Die zentrale Planung in den Händen von Experten oder Dogmatikern kontrastierte mit freien Märkten, Toleranz, Rechtsstaatlichkeit und chaotischem Wandel. Da hieß es Karl Marx gegen Adam Smith oder Wladimir

Iljitsch Lenin gegen Friedrich von Hayek. Doch als 1989 die Berliner Mauer stürzte und die Sowjetunion zu zerbrechen begann, konnte man die Sache für entschieden halten: Smith und Hayek hatten über Marx und Lenin gesiegt. Der Kapitalismus war gefestigt.

Doch war er das tatsächlich? Die besagte Annahme beruht auf der Sicht, das 20. Jahrhundert sei im Wesentlichen eine Zeit gewesen, in der die im 19. erträumte Alternative zum Kapitalismus gewogen und für zu leicht befunden wurde. Zwar fiel das Urteil wirklich so aus, aber manche Kommunisten meinen nach wie vor, man habe die Alternative eigentlich nie ernsthaft geprüft. Das mag sein; möglich wäre allerdings auch, dass es die falsche Blickrichtung ist, sich auf die Alternative und deren Schwächen zu konzentrieren. Den richtigen Ansatzpunkt bildet nämlich der Kapitalismus selbst unter einer anderen Fragestellung: Warum wollte man überhaupt nach einer Alternative suchen? Und, als für das 21. Jahrhundert wichtige Ergänzung: Könnte dieser Impuls jemals wieder aufkommen?

Sicherlich ließe sich die turbulente Geschichte des Jahrhunderts umdeuten, ohne den liberalen Kapitalismus allzu kritisch zu betrachten. Und man darf unterstellen, dass im Jahr 2050 oder 3000 viele Historiker aus der sicheren Distanz daran zweifeln werden, ob es seinerzeit wirklich um einen Streit über marxistische Modelle und die Übel des Kapitalismus ging oder lediglich um eine Kontroverse zwischen verschiedenen Formen des Nationalismus. Den klarsten Beleg für diese Ansicht bietet der Sachverhalt, dass die theoretischen Grundannahmen von Marx bereits 1917, als Lenins Bolschewiken die Macht in Russland ergriffen, handfest widerlegt waren. Im Augenblick ihres ersten und wahrscheinlich auch größten Triumphes erwies sich die Ideologie des Kommunismus als hohl – so erscheint es zumindest im Nachhinein.

Marx hatte im *Kommunistischen Manifest* (1848) und dann im *Kapital* (1867) prophezeit, dass die industrielle Arbeiterklasse zunehmend verarmen, verelenden und sich am Ende von den herrschenden bürgerlichen Schichten entfremden würde – eine unvermeidliche wirtschaftliche Entwicklung, die in einer sozialen und politischen Revolution gipfeln musste. Doch dazu kam es nicht. Zwar wuchs das Industrieproletariat in Europa und Amerika stetig an, da immer mehr Menschen in die Städte strömten, um die Jahrhundertwende stand es aber in den meisten Ländern, relativ wie absolut betrachtet, erheblich besser da. Wohl waren die Sorgen und Nöte des neuen Stadtproletariats, wie Marx erwartet hatte, zum großen Brennpunkt der Politik geworden, doch selbst in Russland traten nur wenige für eine Revolte ein. Und statt der sauberen Trennung in zwei Klassen, die kapitalistischen Bourgeois und das Proletariat, die einander Marx zufolge zunehmend entfremden würden, ergab sich durch das Aufkommen einer Mittelschicht, die sowohl gewisse Interessen der Ärmeren als auch manche Bestrebungen der Reicheren teilte, eine eher unübersichtliche Lage. Auch zeigten die Arbeiter gegenüber einem imperialistischen, bourgeoisen kapitalistischen Konflikt keine internationale Klassensolidarität, sondern bekannten sich zum Nationalismus und kämpften – mit erstaunlich wenigen Fällen von Meuterei – in den Schützengräben des Ersten Weltkriegs. Damit erwiesen sich jene automatisch wirkenden ökonomischen Gesetze, die – zumindest in den Augen seiner Anhänger – den wissenschaftlichen Anspruch des Marxismus begründeten, als durchaus keine Automatismen.

Doch vielleicht kam es hierauf gar nicht an, denn keiner der beiden großen Staaten, in denen eine kommunistische Revolution stattfand, Russland (1917) und China (1949), wies tiefere Spuren des Industriekapitalismus auf, für den Marx unabwendbare Revolutionen prognostiziert hatte. Auch verwirklichten weder sie noch Fidel Castros Kuba, noch Kim Il Sungs Nordkorea, noch Ho Chi-Minhs Vietnam auch nur annähernd etwas, das er selbst – zumindest nach fünf Jahren – als Kommunismus anerkannt hätte. Aus diesem Grund dürften Historiker der Zukunft wohl zu pragmatischen, beiläufigen Erklärungen greifen müssen.

Insofern könnte man die Russische Revolution als den verwegenen Putsch einer kleinen verschworenen Sekte begreifen, die das Chaos und Elend des großen Kriegs ausnutzte, wobei es mehr auf gewieftes Manövrieren und persönlichen Opportunismus ankam als auf die vermeintlich unentrinnbaren Kräfte der Geschichte. Schließlich übernahmen Lenin und Stalin dann Ideen des Kapitalismus, wandten die modernen, erzkapitalistischen Massenproduktionsverfahren Henry Fords an, um die Sowjetunion zu industrialisieren, und benutzten die neuen Kommunikationstechniken, um ein totalitäres Überwachungssystem aufzubauen. Sie machten den Marxismus-Leninismus zu einem religiösen Glauben, um Anhänger zu gewinnen und ihre Grausamkeiten zu kaschieren, setzten mit einer Mischung aus Berieselung und Terror Veränderungen durch. Der Nationalsozialismus und Hitlers Expansionsgelüste kamen den russischen Kommunisten in den dreißiger Jahren insofern recht, als sie den russischen Nationalismus stärkten und internationale Sympathien für die russische Sache weckten. Darüber hinaus bedeutete das Fortbestehen des britischen, französischen, niederländischen und belgischen Kolonialreiches, dass die Freiheitsbewegungen in ihren zahlreichen besetzten Ländern voller Hoffnung auf die Sowjetunion blickten, einfach weil sie anders war als die westlichen Unterdrücker und ihnen vielleicht zur Seite stehen mochte.

Ähnliche Umstände verhalfen nicht nur Hitler und Mussolini an die Macht, sondern auch ihren spanischen und portugiesischen Nachahmern – Franco respektive Salazar. Alle diese Diktatoren waren Geschöpfe des Ersten Weltkriegs, der die gesellschaftliche und politische Ordnung Deutschlands und Italiens zerstörte, des Vertrags von Versailles, der Deutschland auf demütigende Weise abstrafte, und der in den zwanziger und dreißiger Jahren errichteten nationalen Handelsschranken, die eine tiefe Wirtschaftskrise auslösten. Derart bauen die kapitalistischen Demokratien ihre Feinde selbst auf.

Das faschistische Kredo war noch hohler als das kommunistische, doch Hitler und Mussolini rekrutierten Anhänger, indem sie das Chaos durch Organisation zu bannen versprachen (auch Hitler bewunderte Henry Ford), den Nationalismus des Ersten Weltkriegs zum Glaubensbekenntnis (samt äußeren und inneren Feinden) erhoben und eine vage »Führung« anboten, die jedoch in Wirklichkeit ein Aufruf zum Glauben an das war, was Peter Drucker in dem Buch *The End of Economic Man* – das 1939 den Ruhm dieses österreichischen Emigranten begründete – als ihre »hexerischen« Fähigkeiten darstellte. Wie Stalin von seinem Antifaschismus profitierte, so nutzte Hitler die Assoziation Sowjetrusslands mit dem Ziel einer Weltrevolution aus, um Juden und Bolschewiken gleichermaßen als größte Bedrohung auf internationaler Ebene anzuprangern.

Und dann gibt es ja noch China. Viele Jahre lang galt es selbst unter jenen Außenseitern, die den Kommunismus in der Sowjetunion und ihren Satellitenstaaten für ein Übel hielten, als schick zu argumentieren, dass dieses Land, wegen der massenhaften Armut seiner Bauern, vielleicht als eines von weltweit ganz wenigen den Kommunismus wirklich brauchte. Doch die Realität der Machtergreifung Mao Tse-tungs 1949 war viel prosaischer, reflektierte wiederum nur die Gegebenheiten, seinen Opportunismus und seine diktatorischen Ambitionen.

Nach Jahrzehnten des Bürgerkriegs, des Chaos und grausamer japanischer Unterdrückung hatte der Rückzug Japans am Ende des Zweiten Weltkriegs ein Machtvakuum hinterlassen, das nur Tschiang Kai-scheks Kuomintang hätte füllen können, doch Tschiang war bereits durch die Missregierung der dreißiger Jahre, die brutale Gewalt seines Regimes und die inneren Brüche der Kuomintang diskreditiert und geschwächt. Deren amerikanische Verbündete kündigten 1947/48 ihre Unterstützung auf, und Tschiang Kai-schek, der dann immer mehr Boden an die inzwischen recht gut bewaffneten Kommunisten verlor, zog sich Ende 1948 nach Taiwan zurück. Insofern standen diese zwar lediglich am Ende eines langen Konflikts als Nutznießer da, waren allerdings auch ziemlich populär als Symbole des Wandels und der Befreiung von den Japanern, den eigenen feudalistischen Traditionen und der Anarchie. Doch bald erwiesen sie sich als die radikalsten Nationalisten ihrer Art, schotteten das Land in den frühen fünfziger Jahren mehr oder weniger ab und brachen 1959 sogar mit der Sowjetunion.

Daher lässt sich der vermeintliche Wettkampf der Ideen als eine Folge besonderer historischer Umstände auffassen, und gewiss werden dem viele Historiker der Zukunft beipflichten, andere dagegen ebenso sicher widersprechen. Die kommunistische oder kapitalistische Ideologie war, so könnten Erstere argumentieren, an sich keine treibende Kraft, sondern lediglich ein Mittel, dessen sich große Männer (und es waren überwiegend Männer) bedienten, um jeweils auf die vorgegebene politische, militärische und ökonomische Lage zu reagieren. Solche Erklärungen mögen angenehm für alle Länder sein, in denen der Kommunismus oder der Faschismus Fuß fassen konnten, legen sie doch nahe, dass solche Regimes nicht oder nur unter extremen Bedingungen wiederkehren werden. Dennoch führt dies zu einer recht nüchternen Sicht der menschlichen Natur, da die Hexereien des Faschismus und die Utopien des Kommunismus anfangs breite Massen in Italien, Deutschland und Russland begeisterten oder zumindest nicht abschreckten, die man zuvor für zu zivilisiert und vernünftig für solche Täuschungen gehalten hatte.

Zur weiteren Ernüchterung trägt bei, dass Elemente beider Ideologien in den dreißiger Jahren auch das Denken gewisser Demokraten Europas und Nordamerikas prägten: das Interesse an der Eugenik und der Sterilisierung gewisser Gruppen, wie etwa der Geisteskranken; die diversen Kulte der Körperertüchtigung; die Sozialtechnokratie; die Sorge um ausreichenden Nachwuchs (an Kriegern) und um knappe Versorgung (mit Nahrung und Bodenschätzen). Und wie der britische Historiker Mark Mazower in seinem Buch *Der dunkle Kontinent* nachweist, waren jene Staaten wie Großbritannien und Frankreich, die zwischen 1939 und 1945 für die Freiheit und gegen Faschismus und Rassismus kämpften, in Wirklichkeit auch Heuchler, da sie ja selbst diktatorische Imperien unterhielten, in denen alles um rassische Überlegenheit und autoritäre Herrschaft kreiste. Amerika war ebenfalls nicht viel besser, zwar mit einer Demokratie und ohne Imperium, doch dafür mit Rassentrennung, ungleichen Rechten und Diskriminierung, nicht nur in den Südstaaten, sondern auch in den Streitkräften. Mahatma Gandhi fasste diesen Zustand in ein treffendes Aperçu, als er den dreißiger Jahren auf die Frage, was er von der westlichen Zivilisation halte, ironisch antwortete, sie wäre wohl eine gute Idee.

Viele Bürger kommunistischer Staaten teilten die Ansicht, dass es eigentlich gar nicht um Ideen gehe. »Der Kapitalismus«, lautete ein alter Kalauer, »ist die Ausbeutung des Menschen durch den Menschen, aber im Kommunismus verhält es sich genau umgekehrt.« Ein anderer, nach dem Kollaps der Sowjetunion 1989 bis 1991, beschrieb den Sozialismus als »historisch notwendigen Übergang vom Kapitalismus zum Kapitalismus«.

Solche zynischen oder beiläufigen Erklärungen für den Aufstieg des Kommunismus und des Faschismus wirken in vieler Hinsicht überzeugend, doch was den Faschismus betrifft, reichen sie nicht ganz aus. Denn sie hinterlassen einen grundlegenden Zweifel, dem sich jeder stellen muss, der über das 20. und erst recht über das 21. Jahrhundert nachdenkt.

Dieser Zweifel beginnt damit, dass der Kommunismus ungeachtet seiner offensichtlichen Mängel in einigen westlichen Ländern sowohl bei gewöhnlichen Bürgern als auch bei Intellektuellen auf überraschend breite Zustimmung stieß. Diese dauerte bis weit in die achtziger Jahre hinein an, trotz der Berichte über Massenmorde, Gulags und Hungersnöte in Russland und China, trotz der längst überwundenen schlimmen Wirtschaftskrise der dreißiger Jahre und trotz der immer deutlicher hervortretenden Tatsache, dass der Kommunismus ökonomische Probleme nicht zu lösen vermag. Und obwohl diese Zustimmung seit den neunziger Jahren nachlässt, ist sie noch nicht ganz verschwunden.

Warum kam es im Westen zu einer derart weit verbreiteten und anhaltenden Unterstützung? Auch hier könnten wiederum die Umstände einen Teil der Antwort enthalten. Nachdem erst einmal in der UdSSR ein Alternativsystem entstanden war, dauerte es sehr lange, bis der Wettkampf zwischen zentraler Plan- und Marktwirtschaft als entschieden gelten konnte. So stand bis etwa 1990 nicht absolut fest, welches der Systeme die besseren Resultate erzielt hatte, zumal sogar die Wahl der richtigen Vergleichsmaßstäbe als schwierig galt. Ging es bloß um ökonomische Daten, deren Messung beide Seiten für fragwürdig hielten? Oder um Sicherheit und Stabilität? Oder um ein so schwer fassbares Kriterium wie Freiheit? Oder etwas anderes? Eigentlich sollten ja beide Systeme mit alternativen Mitteln den gleichen Zwecken dienen: der militärischen Stärke, dem wirtschaftlichen und sozialen Wohlergehen der Bevölkerung und, auf diesem Wege, dem politischen Überleben sowohl des Regimes als auch des Landes als Ganzem.

Am Ende verfehlte der Kommunismus – zumindest in seinen bislang erprobten Varianten – diese Ziele. Entgegen der marxistischen Überzeugung trug die Verstaatlichung des Privateigentums an Fabriken oder Höfen nicht dazu bei, dass die Motivation der Belegschaft oder die Effizienz der Nutzung stieg. Bestenfalls blieb alles beim Alten, doch im Lauf der Zeit ging es eindeutig bergab. Wichtiger noch, die zentrale Planung erwies sich als ausgesprochen unflexibel. Selbst der genialste Bürokrat könnte nicht zuverlässig ermitteln, welches Produkt in welcher Menge, oder sogar auf welche optimale Weise, als Nächstes herzustellen wäre. Das Entscheidende am Markt liegt darin, dass er, bei allen seinen Unvollkommenheiten, die einzige bisher gefundene Methode ist, mit diesen Dingen zu experimentieren und dabei die wechselnden Vorlieben der Kunden zu berücksichtigen. Kommandowirtschaften dulden nichts Experimentelles, sondern basieren auf dem Prinzip, die individuelle Nachfrage einfach außer Acht zu lassen.

Gleichwohl dauerte es erstaunlich lange, bis Kommunismus und Planwirtschaft endgültig scheiterten. Unter anderem gewährte der Zweite Weltkrieg ihnen einen gewissen Aufschub, indem er das Einsetzen der Korruption in Sowjetrussland hinauszögerte, das Ideal des Opfers als einer Pflicht gegenüber dem Volke bewahrte und die zentral geplante Produktion zum Königsweg verklärte. Diese Methode, das Land zu modernisieren, schien auch ganz passabel zu funktionieren, solange seine Industrien eher primitive Strukturen mit eng umgrenzten Produktpaletten aufwiesen, bei denen Planung und Koordination leicht überschaubar blieben. Das bestätigten andere, nichtkommunistische Systeme mit einem relativ hohen Maß an staatlich gesteuerter Industrialisierung, wie Japan in den fünfziger oder Südkorea in den siebziger Jahren. Doch sobald eine Wirtschaft gereift und das Spektrum der Waren und Dienstleistungen komplexer geworden ist, verliert die zentrale Planung deutlich an Nutzen – und wirkt am Ende sogar hinderlich. Allerdings kann sie sich in Kriegszeiten anbieten, weil dann die Planer, Arbeiter und Verwalter klare Ziele brauchen und eine strenge Disziplin des Wettbewerbs herrscht; und selbstverständlich unterdrückt eine jede Diktatur alle Anzeichen der Unzufriedenheit oder des Widerspruchs, die ansonsten spätestens ab den sechziger Jahren aufgekommen wären.

Es gibt indes noch eine umfassendere und schwer wiegendere Erklärung für den fortdauernden Reiz des Kommunismus, die nämlich, dass auch der Kapitalismus in den Jahrzehnten von 1914 bis 1945 eine ziemlich herbe Enttäuschung war und daher lange Zeit kaum als überzeugende und zuverlässige Alternative gelten durfte. Noch als die fünfziger und sechziger Jahre den großen kapitalistischen Staaten mehr Wohlstand und Stabilität bescherten, blieben böse Erinnerungen an jene Krisenzeiten wach: Jetzt, dachten viele, mochte es einem besser gehen, doch die Lage konnte sehr schnell wieder kippen; und eingedenk dieser Mahnung gewann der Kampf für ein »gerechteres« System, was immer das bedeuten sollte, sowohl in der Alltagspolitik als auch in den Betrieben eine neue Dynamik, denn es lag ja absolut klar auf der Hand, welche Schichten am stärksten unter der Krise zu leiden hatten.

Ob die Kommunisten nun sicher waren, das Richtige zu tun oder nicht: Viele besorgte Westler bestätigten sie jedenfalls in ihrem Kurs, darunter auch Schriftsteller und Funktionäre. In ganz Europa wurden zentrale Planung und Verstaatlichung immer beliebter. Die Nachahmung und Unterstützung seitens des Westens resultierte zum Teil aus dem großen Irrtum, besonders der dreißiger Jahre, dass diktatorische Methoden Erfolg verhießen. Davon schien speziell die Stärke und Popularität Hitlers zu zeugen: Für sein Volk schuf er Arbeitsplätze, steigerte die Produktion und rüstete sein Land beträchtlich auf.

Hitlers Niederlage 1945 bereitete dem Glauben an den Faschismus praktisch allerorten außer in Spanien und Portugal, die als handgreifliche Diktaturen kaum ideologischer Rechtfertigungen bedurften, ein jähes Ende. Der Glaube an die Wirkung von Stalins im Grunde ganz ähnlichen Methoden erwies sich als weitaus langlebiger, da die Sowjetunion ja einen erheblichen Anteil am Sieg der Alliierten 1945 hatte – und später taten gefälschte Statistiken und der Sputnik ein Übriges, um ihn zu stützen. Die dreißiger und vierziger Jahre waren geprägt durch schlimme Verzweiflung und daher tiefes Misstrauen gegenüber dem Kapitalismus: Erstmals seit vielen Jahrzehnten erinnerten die Lebensbedingungen der Arbeiter in zahlreichen westlichen Ländern tatsächlich, wenn auch in einem moderneren Kontext, an gewisse Voraussagen von Marx und Engels aus den Jahren um 1840. Die Betroffenen selbst reagierten darauf, indem sie demonstrierten oder abwanderten, Intellektuelle dagegen, indem sie sozialistische Romane schrieben und Moskau besuchten, um damit die Kommunisten, ob vorsätzlich oder fahrlässig, in ihrer Propaganda zu unterstützen und damit zu werden, was Stalin als »nützliche Idioten« bezeichnete. Weitere Idiotien offenbarten sich in den fünfziger Jahren, als Linke in Träumereien von egalitären chinesischen Landkommunen schwelgten.

Doch gab es auch andere Gründe für die Unterstützung seitens des Westens, darunter einfach Protest und Entfremdung, die in guten wie schlechten Zeiten ihre Wirkung taten. So wählten selbst in den achtziger Jahren zehn bis zwanzig Prozent der Einwohner zum Beispiel Frankreichs oder Italiens kommunistische Parteien, allerdings in der Regel ohne diesen anzugehören. Obschon sich die Lebensbedingungen der Arbeiter seinerzeit erheblich gegenüber den dreißiger Jahren verbessert hatten, litten sie nach wie vor unter dem Gefühl, völlig macht- und rechtlos zu sein, sodass sie Parteien wählten, die – zumindest auf dem Papier – gegen das ganze politische und wirtschaftliche »Establishment« aufbegehrten. Dabei spielte es kaum eine Rolle, ob sie auch tragfähige Alternativen boten: Gegen den Status quo votieren zu können genügte schon. Das Vorhandensein größerer kommunistischer Wählerschaften zwang Regierungen der Rechten wie Linken, Gewerkschaften und sonstigen Arbeitnehmerverbänden rechtliche wie finanzielle Zugeständnisse zu machen, um ihre Proteste in Schranken zu halten. Eine kräftige kommunistische Partei stärkte so tatsächlich die Verhandlungsposition von Arbeitern und Gewerkschaftlern. Hinzu kamen romantische Phantasien von Einheit und Kameradschaft: Bis zum Jahr 2000 beendete die britische Labour Party ihre Versammlungen stets unter Absingen der sozialistischen Hymne »The Red Flag«. Das mag lediglich als Nostalgie erscheinen, doch jenseits des Kanals waren in der ersten Runde der französischen Präsidentschaftswahlen vier der Kandidaten bekennende respektive (namentlich der sozialistische Premierminister Lionel Jospin) ehemalige Trotzkisten.

Ein weiterer Grund liegt im quasi religiösen Charakter der marxistischen Theorien als Aufruf zu einer Utopie, deren Glanz innerhalb der kommunistischen Staaten bald erlosch, doch außerhalb weiter strahlte. In trüben Zeiten übten Utopien immer schon starken Reiz aus: Als Ideale und Träume überleben sie den misslichen Umstand, dass der real existierende Sozialismus seinen Anspruch nicht wirklich einlöste, vielleicht weil man nicht gleich beim ersten (oder zweiten oder dritten) Versuch etwas Vollkommenes erwarten darf. Für diese Zähigkeit bürgt auch ein echtes Totschlag-Argument: Das Postulat des Marxismus (oder »historischen Materialismus«) nämlich, demzufolge alle Freiheit nur eine Illusion und jedermann stets in seinen materiellen, historischen Verhältnissen gefangen sei; niemand könne wahrhaft frei sein, auch wenn es ihm selbst ganz anders erscheine. Wer dem widerspreche, leide unter dem falschen Bewusstsein, das aus seinen

Lebensumständen erwachse. Erst wenn die Menschheit emanzipiert, im gelobten Land angekommen sei, könne der Einzelne seiner wahren und gütigen Natur gemäß handeln. Daher bedürfe es einer Diktatur, um ihn zur wahren Freiheit und zu seinem Glück zu zwingen.

Nun fallen zwar nicht sehr viele Menschen auf eine derart irrwitzige Rechtfertigung der Diktatur herein, doch grundsätzlich war die Auflehnung gegen den Kapitalismus mit allen seinen Vor- und Nachteilen immer genauso wichtig wie der Reiz des Kommunismus selbst. So bemerkte der französische Historiker François Furet in seinem Buch *Das Ende der Illusion* spöttisch, zahlreiche scheinbar intelligente Menschen in Frankreich, Großbritannien und Amerika verträten seit Jahrzehnten die Auffassung, das im Oktober 1917 gegründete System sei ungeachtet der nach seiner Geburt eingetretenen Katastrophen gut, der Kapitalismus dagegen trotz aller von ihm hervorgebrachten Reichtümer schlecht.

Ist das lediglich eine Art umgekehrtes falsches Bewusstsein? Zu dieser Ansicht neigen heute viele, doch sollte man noch eine weitere Möglichkeit bedenken. Der Kapitalismus gilt nach wie vor, zumindest unter Intellektuellen, weithin als unmoralisch: Er bete nur den schnöden Mammon an, beruhe auf Eigennutz, Gier und einem unheilvollen Individualismus. Wahrscheinlich wird das immer so bleiben. Zwar mag die Erfahrung gezeigt haben, dass die bevorzugte Alternative des 20. Jahrhunderts, zentrale Planung seitens Bürokraten oder Diktatoren – von Kriegszeiten abgesehen –, ein Fehlschlag war, wenn aber der Kapitalismus das nächste Mal stolpern oder sogar fallen wird, kann man über einen Punkt sicher sein, den das 20. Jahrhundert allzu deutlich herausstellte: Viele Menschen würden liebend gerne glauben, dass es eine bessere, gemütlichere und trautere Alternative gäbe.

Allerdings beruht der Kapitalismus auf Lohnarbeit, die man als Ausbeutung interpretieren könnte, sogar eine nicht einmal durchgängig erfolgreiche, da sie den Hochs und Tiefs des Kapitalismus unterliegt. So werden die Erwartungen der Ausgebeuteten immer höher getrieben und letztendlich doch grausam enttäuscht. Und in diesen Zyklizität von geweckten und zunichte gemachten Hoffnungen liegt die Saat nicht nur der Entfremdung, sondern der Revolution. So summarisch und aufrührend könnten zumindest Aktivisten argumentieren. Doch verhält es sich wahrhaftig so, besonders nachdem siebzig Jahre schrecklicher, lebensvernichtender Experimente deutlich gezeigt haben, dass es keine tragfähige Alternative zum Kapitalismus gibt?

Hüten wir uns vor Schwarzweißmalereien und betrachten den Kapitalismus einmal auf andere Weise. Der Traum vieler linksgerichteter, fortschrittlicher oder gar utopischer Denker des 20. Jahrhunderts, besonders in Europa, lief darauf hinaus, einen Weg zu finden, um die Menschen zur Kooperation zu ermuntern. In den Augen solcher Intellektueller stand Zusammenarbeit in der Gruppe oder Gemeinschaft für das höchste Gut, atomisierter Individualismus dagegen für das größte Übel. Eine weitgehend im 20. Jahrhundert erfundene Institution erwies sich genau darin – in der Zusammenführung von Tausenden oder gar Zehntausenden zu freiwilliger Kooperation, in der sie ihre Fähigkeiten, Kenntnisse und Kräfte auf ein gemeinsames Ziel richten konnten – als überaus erfolgreich: das kapitalistische Privatunternehmen. Nur dieses allein eröffnete Möglichkeiten, direkte finanzielle Anreize (alias Ausbeutung) mit der natürlichen Hackordnung und beide wiederum mit dem Wunsch zu verbinden, mit anderen zusammenzuarbeiten und dem daraus resultierenden Gemeinschaftsgefühl Selbstachtung und Selbstvertrauen abzugewinnen.

Doch paradoxerweise wird das Privatunternehmen, ungeachtet dieser offenkundigen ökonomischen, psychischen und anthropologischen Vorteile, offenbar immer mit einem oft an Feindseligkeit grenzenden Misstrauen betrachtet. Diese kritische Haltung gegenüber der Wirtschaft erinnert mal an den Ärger des Untergebenen über die Unfähigkeit seines Vorgesetzten. Mal erwächst sie aus dem befremdlichen Gefühl, dass Arbeiter nichts anderes sind als austauschbare Rädchen in einem monströsen anonymen Getriebe; man denke nur an Charlie Chaplins Film *Modern Times* oder an William Whytes Buch *Organisation Man* von 1956 über den modernen amerikanischen Betrieb sowie die vielen japanischen *manga*-Comics, die in den neunziger Jahren das traurige Schicksal des gewöhnlichen Angestellten beklagten. Mal resultiert sie aus dem Eindruck, der Kapitalismus sei eine manipulative Macht, die auf Emotionen und Triebe einwirkte, um unser Verhalten zu degradieren und uns alle abhängig zu machen: Das war die Stoßrichtung von Vance Packards Pamphlet *Die geheimen Verführer*, mit dem er 1957 die Techniken der Werbung anprangerte, wie auch Naomi Kleins Jeremiade über die Gefahren der Dominanz von Markennamen in ihrem 2000 veröffentlichten Buch *No Logo!*.

Dieses Misstrauen begleitete die lange Entwicklung der kapitalistischen Organisationsformen, und gewiss war es mehr als berechtigt gegenüber der schier unstillbaren Gier Einzelner in der Gründerphase ab dem Ende des 19. Jahrhunderts. Zuvor hatten, wie Karl Marx beobachtete, meist die Inhaber ihre Unternehmen selbst geführt, grobschlächtige Kapitalisten, die in Amerika als »Räuberbarone« galten: Andrew Carnegie, Cornelius Vanderbilt, John D. Rockefeller und so fort. Sie betätigten sich allerorten als skrupellose Freibeuter, besonders jedoch in einem noch ziemlich jungen Land wie den Vereinigten Staaten mit seinen unbegrenzten Möglichkeiten. In ihren Betrieben kamen Arbeiter lediglich als Kräfte vor, über die man nach Belieben verfügen konnte.

Doch bereits zu Anfang des 20. Jahrhunderts setzte ein Wandel ein. In Amerika wie auch Europa konnten und sollten die Unternehmen jetzt aufgrund des technischen Fortschritts beträchtlich wachsen, was wiederum den Anspruch der Inhaber beeinträchtigte, sie als persönliches Lehen zu leiten. Die Elektrifizierung zog eine automatisierte Massenproduktion nach sich; Funk und Telefon erleichterten die Kommunikation und damit die Koordination der Verwaltung; zudem hatten Dampfschiffe und Eisenbahnen die Frachtkosten drastisch sinken lassen. All das führte in Amerika zu einer beispiellosen Welle von Fusionen, in der J. Pierpont Morgan zum Beispiel elf Unternehmen zur U. S. Steel verschmolz und General Electric gründete; auch in Europa fusionierten Firmen oder bildeten Kartelle. So oder so entstanden Monopole. In Europa hielten sie durch, und einige expandierten sogar bis in die fünfziger Jahre hinein, geduldet von Regierungen, die solche Industriegiganten als eine Quelle der nationalen Stärke ansahen. In Amerika allerdings zog ein öffentlicher Aufschrei gegen den Missbrauch von Monopolstellungen von etwa 1890 bis deutlich über 1919 hinaus eine strenge Antikartellrechtsprechung nach sich. Selbst im weltgrößten kapitalistischen Neuland griff das Misstrauen gegen den Kapitalismus um sich und zwang die Regierung (und die Gerichte), den bis dahin ziemlich freien Markt zu regulieren.

Mehrere Jahrzehnte später kamen zwei weitere große Veränderungen hinzu, die eigentlich die Feindseligkeit gegenüber dem Unternehmen hätten abmildern oder gar ganz ausräumen müssen. Erstens übernahmen angestellte Manager die Führung, was die Aktionäre aufsplitterte und in weite Ferne rückte. Analytiker begannen sich aus ihrer Sicht schon in den dreißiger Jahren Sorgen darüber zu machen, dass die Konsequenz geringere Renditen und Dividenden sein würden, da sich die Interessen der Manager nicht mit denen der Aktionäre deckten – wollten sie doch zunehmend mehr Gehalt, Macht und Einfluss, um ihre Lieblingsprojekte zu fördern und, so meinten manche, würden darüber die Bezahlung und Produktivität der Arbeiter vernachlässigen.

Ein 1932 in Amerika veröffentlichtes Buch von Adolf Berle und Gardiner Means, *The Modern Corporation and Private Property*, bot eine fruchtbare Analyse des Problems. Darin traten die Autoren für neue Gesetze ein, um die Pflichten der Manager enger zu umreißen und ihnen vor allem aufzugeben, im Interesse der Aktionäre zu handeln. Gegner des Kapitalismus hätten den Trend zu bezahlten Managern sicherlich für günstig halten müssen. Sofern die Darstellung des »Vertretungsproblems« (wie Juristen es nennen) durch Kritiker wie Berle und Means stimmte, folgte daraus eine Schwächung des Profitmotivs, wobei die Arbeitnehmer (als

Vertreter) mehr Einfluss auf die Finanzmittel und Tätigkeiten ihrer Unternehmen gewannen.

Vielleicht nicht alle Arbeitnehmer, denn jetzt öffnete sich eine neue Kluft: die zwischen bezahlten Managern und niederen Angestellten. Doch der darin angelegte Konflikt wurde, zumindest in gewissem Maße und besonders in Amerika, dadurch abgemildert, dass sich das Management zunehmend als eine Elite darstellte, die jedoch theoretisch für jeden erreichbar blieb. Hinzu kam verstärkend der zweite große Wandel, nämlich die Schulpflicht in allen großen Industrieländern, am stärksten beschleunigt von ungefähr 1920 bis 1960. Sie nährte bei den Arbeitnehmern die Erwartung, dass es in naher Zukunft so etwas wie echte Chancengleichheit geben würde.

Die Kluft zwischen Management und Arbeiterschaft erschien also nur denjenigen unüberbrückbar, die wegen mangelhafter Ausbildung oder auch Diskriminierung, zum Beispiel ethnischer, für sich keine Aufstiegsmöglichkeiten sahen. Damit wurde der Anteil der Arbeitnehmer, die sich betrogen oder dauerhaft entfremdet fühlten, immer kleiner – zumindest an den marxistischen Analysen gemessen. Unterdessen traten in den siebziger und achtziger Jahren die Nachteile der Vertretungsproblematik für die Aktionäre zunehmend deutlicher zutage, da die Zuwachsraten der Produktivität und der Gewinne stagnierten. Zwar bedrohte das den Wohlstand und Lebensstandard, doch hätte es eines besonders wirren Geistes bedurft, um daraus eine allgemeine Kritik am Kapitalismus abzuleiten. Hätte man doch argumentieren müssen, dass die Anreizsysteme moderner Unternehmen dem Wachstum entgegenwirkten, um die Verelendung des Proletariats zu fördern.

Eine derartige Annahme wäre, gelinde gesagt, unplausibel gewesen, sofern man nicht für einen erbarmungslos profitorientierten Kapitalismus eintrat. Peter Drucker bemerkte 1946 in seinem Buch *The Concept of the Corporation*, der Konzern habe die Kirche als repräsentative Institution der Gesellschaft abgelöst – in der die meisten Menschen viel Zeit verbringen, einen Großteil ihrer Energien aufwenden und eine wichtige Quelle für ihr soziales

Ansehen und Selbstwertgefühl sehen. Das Unternehmen wurde gleichsam zum Inbegriff einer Leistungsgesellschaft und war damit nicht mehr das Geschöpf eines schwerreichen Einzelnen oder seiner Familie. Dann trat vor allem in Großbritannien, Amerika, Holland, bedingt auch in Japan, eine dritte weitreichende Neuerung auf den Plan – die Betriebsrente. In ihrer modernen Form, als Fonds von Arbeitgeber- und Arbeitnehmerbeiträgen, der auf breiter, diversifizierter Basis in Wertpapiere und Anleihen investiert, wurde sie 1950 von Charles Wilson eingeführt: dem Chef von Peter Druckers Paradeunternehmen General Motors, der später unter Präsident Eisenhower zum Verteidigungsminister avancierte. Binnen nur eines Jahres entstanden in den USA achttausend dieser Rentenkassen.

Dieser Trend begründete ein direktes Interesse der Arbeitnehmer an den Unternehmensgewinnen und am allgemeinen Wirtschaftswachstum, von denen nun die Sicherheit ihrer Renten abhing. Damit wurden sie, um einen Ausdruck der neunziger Jahre zu verwenden, zu tatsächlichen »Anteilseignern«, denen es nicht länger bloß um ihre Arbeitsplätze ging, sondern auch um das allgemeine wirtschaftliche Umfeld. Alsbald floss ein Großteil des Vermögens amerikanischer und britischer Unternehmen in Rentenfonds und ihre institutionellen Anlegerschwestern – die Lebensversicherungsgesellschaften –, also mit anderen Worten indirekt an die Arbeitnehmer selbst. Dieses Phänomen bezeichnete Peter Drucker 1977, in dem erneut wegweisenden Buch *Die unsichtbare Revolution*, als »Rentenfondssozialismus«, der die einzige erfolgreiche jemals erfundene Form von Sozialismus sei. Heute liegen die meisten amerikanischen und britischen Unternehmen über ihre Rentenfonds und Lebensversicherungen in den Händen gewöhnlicher Bürger, und das Gleiche gilt, direkt oder indirekt, für viele andere Industrienationen.

Doch zu mehr Popularität des guten alten Privatunternehmens haben alle diese Gelder und Anteile kaum etwas beigetragen. Sogar im ehrgeizigen, der Gier verfallenen kapitalistischen Amerika, in dem man die unternehmerische Freiheit generell begrüßt, weckt die Großindustrie nach wie vor Misstrauen. Im Juni 1999 – dem achten Jahr starken Wirtschaftswachstums verbunden mit einem außerordentlichen Börsenboom und wachsender Beliebtheit neuer Techniken sowie des Internet – führte Gallup unter Amerikanern eine Meinungsumfrage über ihr Grundvertrauen in die Großindustrie durch: Nur dreißig Prozent hatten großes, vierundvierzig »ein gewisses« und fünfundzwanzig Prozent sehr wenig oder gar kein Vertrauen in die Industrie. In Großbritannien zeigten Umfragen von Market and Opinion Research International (MORI) seit 1969 zunehmendes Missfallen über Konzerngewinne. Im Jahr 1969 sahen zwei Drittel der Befragten darin einen Beitrag zum Gemeinwohl, 1999 genau umgekehrt; vier Fünftel meinten, »je mehr Unternehmen wachsen, desto kälter und unpersönlicher werden sie in der Regel«.

Das klingt merkwürdig. Unternehmen bieten Arbeitsplätze und Anerkennung, man kauft auch gerne ihre Waren und Dienstleistungen, nimmt zunehmend ihre Betriebsrenten in Anspruch – und begegnet ihnen dennoch mit Misstrauen. Das lässt sich gewiss allein mit einer Ablehnung des Profitmotivs nicht erklären. Denn die wenigsten verurteilen den Eigennutz bei sich selbst, ihren Freunden und Angehörigen. Warum also sollte das bei der Einschätzung von Firmen anders sein?

Der Übergang vom Einzel- respektive Familien- zum anonymen Großunternehmen hat, auch wenn dieses nun nicht mehr herrische Inhaber, sondern Manager führen, die Entfremdung eher noch verstärkt. Durch die seit den dreißiger Jahren augenfällige Abkehr vom Personenkapitalismus gewann der Betrieb ein Eigenleben, eine von den Gründern unabhängige Beständigkeit, dank deren jede Arbeitnehmergeneration die Möglichkeit erhielt, sich der Abläufe eine Zeit lang zu bemächtigen und ihnen als Sachwalter ihren Stempel aufzudrücken. Doch in Verbindung mit dem Größenfaktor bedeutet dies auch, dass jene an der Spitze gewöhnlich keine persönlichen Kontakte mit denen auf der mittleren oder unteren Ebene haben. So verliert das Unternehmen seine

Persönlichkeit, seine Seele: Es ist, wie die MORI-Umfrage ergab, kalt und anonym.

In Extremfällen kann ein Unternehmen durchaus jeglichen Bezug zur größeren gesellschaftlichen und (besonders) rechtlichen Verantwortung verlieren oder zumindest diesen Anschein erwecken. Sofern größere Gruppen von Menschen ihre Ziele und Vorstellungen sowie ihre Selbstachtung und Anerkennung im Wesentlichen voneinander beziehen, laufen sie Gefahr, höhere Werte ganz außer Acht zu lassen. So, wenn wir bei scheinbar hoch angesehenen Firmen beobachten müssen, dass Dinge vertuscht und beschönigt werden, oder man dazu neigt, Sicherheitsrisiken von Produkten oder Verfahren zu übergehen. Wenn das in Großunternehmen geschieht, so auch stets im großen Stil, wie etwa 2001 im Fall des Energiekonzerns Enron – unterstützt und angestiftet von den Wirtschaftsprüfern im Hause Andersen.

Die Aufdeckung einer solchen Missetat hat verheerende Folgen für das Unternehmen, denn sie ruiniert seinen Ruf, außerdem drohen ihm strafrechtliche Ermittlungen und daneben horrende Schadenersatzforderungen. Deshalb liegt es im wohlverstandenen Eigeninteresse, sich korrekt zu verhalten. Man muss also – außer wo eine Aufklärung von Delikten unwahrscheinlich ist – nicht an die besondere unternehmerische Sozialverantwortung appellieren. Wie dem auch sei, wenn Fälle wie Enron oder WorldCom ans Licht kommen, schadet dies dem Ruf aller, da nun viele Menschen annehmen müssen, dass es sich nicht um Ausnahmen, sondern die durch ihre Überführung bestätigte Regel handelt.

Zwar können manche Unternehmen in der Tat seelenlos, distanziert, eigennützig und raubgierig erscheinen, dies gilt aber ebenso für viele andere Organisationen sowie für den Einzelnen. Beim Privatsektor kommt es vor allem auf die Größe an. Unter den anderen Institutionen bietet nur der Staat selbst und in der Vergangenheit die römisch-katholische Kirche ein vergleichbares Potenzial an gigantischer, überwältigender und weitreichender Macht. Ja, in den rund dreißig bis vierzig Jahren, seit geöffnete

Waren- und Kapitalmärkte sowie neue Fernmeldetechniken es Konzernen erlauben, auf internationaler und sogar globaler Ebene zu expandieren, erinnert die Entwicklung der »Multis« zunehmend an die der katholischen Kirche in der europäischen und asiatischen Geschichte.

Multinationale Konzerne sind nicht nur gigantisch und überwältigend, sondern oft von außerhalb, von Fremden kontrollierte Gebilde. In guten Zeiten heißt man derartige Gäste willkommen, da sie Geld und neue Anregungen bringen; in schlechten jedoch können sie befremdlich erscheinen, dienen sie doch bloß den Interessen von Ausländern. So oder so, sie neigen ähnlich wie einst die katholische Kirche dazu, die jeweiligen Gesellschaften zu spalten in jene, die gemeinsame Sache mit den Außenseitern und sich damit auf Gedeih und Verderb von ihnen abhängig machen, und jene anderen, denen am Ende sogar deren Scheitern am Herzen liegen mag.

Konzerne scheinen zu wachsen, indem sie grenzüberschreitend fusionieren und investieren. So sah die Welt Ende der neunziger Jahre eine ungekannte Welle von Fusionen und Übernahmen, vor allem in den Vereinigten Staaten – wo allerdings auch zahlreiche heimische Unternehmen von ausländischen geschluckt wurden – und von dort überschwappend in Großbritannien, auf dem europäischen Kontinent aber nur in geringerem Maße. Viele der Ehen scheiterten, zumal es verzwickt ist, Partner mit unterschiedlichen Traditionen, nationalen Kulturen und Anliegen zusammenzuschweißen, und ein erfolgreiches Management mit zunehmendem Umfang immer schwieriger wird. Dennoch gehen nicht alle Fusionen schief, und ob sie letzten Endes gelingen oder nicht, anfangs erfahren sie jedenfalls viel Aufmerksamkeit und wirken damit anspornend auf andere heiratslustige Kandidaten.

Daraus erwächst eine der großen neuen Befürchtungen, diejenige nämlich, dass bald wenige Multis die ganze Welt dominieren könnten. Gewiss besteht ein solcher Trend in manchen Industrien, darunter der Triebwerkbau, wo General Electric, Pratt & Whitney und Rolls-Royce den Markt zumindest für die größten

Modelle beherrschen; bei den Verkehrsmaschinen selbst teilen sich Boeing und Airbus das Geschäft, nur im Bereich kleinerer Regionalflugzeuge machen ihnen die brasilianischen respektive kanadischen Hersteller Embraer und Bombardier Konkurrenz. Weitere Branchen wären Erdöl sowie PC-Software, mit dem Giganten Microsoft, und es sieht so aus, als käme bald noch eine hinzu, da sich auf dem Felde der Produktion und Verbreitung von Video-, Audio- und Printmedien eine kleine Schar von Kolossen abzeichnet: AOL Time Warner, Disney, Bertelsmann, Vivendi Universal, Sony und News Corporation.

Gewöhnlich äußert sich die Sorge darüber in dem Hinweis, dass die Finanzkraft vieler der weltgrößten Konzerne heute das Bruttoinlandsprodukt mittlerer Staaten übersteige. Insofern, argumentiert zum Beispiel die britische Dozentin Noreena Hertz in dem Buch *Wir lassen uns nicht kaufen: Keine Kapitulation vor der Macht der Wirtschaft!*, hätten gewisse Unternehmen inzwischen schon weit mehr Macht inne als souveräne Staaten. Das jedoch ist in zweierlei Hinsicht grundfalsch.

Zum einen ist es nicht nur irreführend, sondern ökonomisch unsinnig, die Finanzkraft mit dem Bruttoinlandsprodukt zu vergleichen, denn bei dieser legt man entweder den Börsenwert oder den Gesamtumsatz zugrunde. Jener dient als Maßstab des Vermögens und nicht des Kassenflusses oder Ertrages; dieser steht für die Bruttoeinnahmen und bezieht sich daher ebenfalls nicht auf den erwirtschafteten Mehrwert respektive Gewinn. Das Bruttoinlandsprodukt hingegen misst eine Wertschöpfung, also nicht die Gesamtzahl der Geschäfte einer Volkswirtschaft, sondern ihre Reinerträge, um die jeweiligen Wertzuwächse zu errechnen. Anders ausgedrückt: Wenn eine Bäckerei einen Laib Brot an ihren Groß- und dieser an den Einzelhändler liefert, der ihn dann an einen Kunden verkauft, so steht das gemessene zusätzliche Bruttoinlandsprodukt für die in jeder Phase erfolgte Wertschöpfung und nicht für die Summe der gezahlten Preise. Um richtig zwischen Unternehmen und Volkswirtschaften zu vergleichen, müsste man also die jeweiligen Wertsteigerungen ins Auge fassen, der

Einfachheit halber anhand der Gewinne nach Steuer und eben des Bruttoinlandsprodukts. Dann jedoch erschienen selbst die größten Konzerne vergleichsweise winzig.

Zum zweiten basiert die Überlegenheit von Staaten nicht allein auf ihrer Finanzstärke, sondern auch auf politischer Macht, verfügen doch selbst die kleineren darunter über alle traditionellen Mittel, um Gruppen innerhalb ihrer Grenzen zu beaufsichtigen und zu bestrafen: Gesetze und Justizsysteme, ergänzt durch Vollstreckungsorgane wie Polizei und Militär. Zwar wären viele der Kompetenzen auch ohne Reichtümer wirksam, aber natürlich kosten solche Dienste Geld, und auf sie gestützt können Behörden ihre Gesetze anwenden, um Unternehmen auszuweisen und sogar ihr Vermögen zu konfiszieren. Doch in einer Hinsicht müsste die schiere Größe von Konzernen tatsächlich Sorgen bereiten, in der nämlich, dass sie ihr Kapital einsetzen könnten, um politische Systeme, durch direkte Bestechung oder den Kauf von Einfluss, zu untergraben. Allerdings ist das kein neues Problem: Die Gefahr übermäßiger Einmischung der Reichen und Starken kennzeichnet nicht nur Diktaturen, sondern ist auch in traditionellen Demokratien wie der amerikanischen oder britischen allgegenwärtig. Wie alt diese Gefahr auch sein mag, sie verliert dadurch nichts von ihrer Brisanz.

Immerhin weist unsere heutige, zunehmend globalisierte Welt der Jahrtausendwende gewisse mildernde Aspekte auf. Denn gerade jene Triebkräfte, die hinter Fusionen und Übernahmen stehen, wirken auch der Gefahr zu hoher Konzentration entgegen. Erst die Öffnung nationaler Märkte ermöglichte starke Verschmelzungen über Grenzen hinweg, doch genau sie steigerte zugleich den Wettbewerb, indem neue Unternehmen daran teilnehmen können; solange die Schranken niedrig bleiben, ist auch die Gefahr der Monopolbildung gering.

Ein Beispiel dafür bildet die Automobilbranche der letzten Jahrzehnte, die trotz aller Fusionen und Übernahmen der jüngsten Zeit nach wie vor eine stattliche Phalanx hoch potenter Hersteller aufweist: so Daimler-Chrysler, Volkswagen und BMW in Deutschland; Renault und Peugeot-Citroën in Frankreich; Fiat in Italien; General Motors und Ford in den Vereinigten Staaten; in Japan Toyota und Honda. Bevor die japanische Wirtschaft jedoch in den neunziger Jahren zu stagnieren begann, gab es allein dort neun Automobilunternehmen: die beiden genannten und Nissan, Mitsubishi Motors, Subaru (Fuji Heavy Industries), Daihatsu, Mazda und Suzuki. Die beiden Letzteren hatten zwar ausländische Aktionäre (Ford respektive GM), blieben jedoch im Wesentlichen unabhängig. Heute gibt es nur noch vier rein japanische Hersteller, da Ford und GM stärker bei Mazda und Suzuki eingestiegen sind, während Nissan und Mitsubishi Motors inzwischen von Renault beziehungsweise Daimler-Chrysler kontrolliert werden.

Jene derzeit zehn großen Autokonzerne, die letzthin fast alle kleinere Spezialfirmen geschluckt haben, könnten sich in Zukunft noch weiter konsolidieren; das zumindest wäre aus dem Trend des vergangenen Jahrzehnts zu schließen. Legt man jedoch eine längere Zeitspanne zugrunde, so ergibt sich eine andere Prognose, denn in dieser Branche spricht wenig für eine zunehmend höhere Konzentration, zumal immer neue Konkurrenten auftreten, in der Regel aus gerade erst industrialisierten Ländern. In der zweiten Hälfte des 20. Jahrhunderts waren die meisten jener Novizen aus Japan gekommen und hatten den Weltmarkt um neun Hersteller bereichert (auch wenn tatsächlich einige schon Jahrzehnte zuvor begonnen hatten). Anfang der siebziger Jahre kam das obere Management von General Motors bekanntlich zu dem Schluss, dass es keinem ausländischen Hersteller gelingen werde, größere Anteile des amerikanischen Automarktes zu erobern, sodass die drei führenden US-Konzerne, allen voran GM selbst, nach eigenem Gusto über ihre Verkaufs- und besonders Investitionsstrategien entscheiden konnten. Doch kaum ein Jahrzehnt später waren die Japaner da und machten Furore. In ihrem Fahrwasser zogen später mehrere südkoreanische Unternehmen nach. Könnte dergleichen erneut geschehen? Auf jeden Fall, zum Beispiel wenn einmal Konkurrenten aus China oder Indien auf die Märkte drängen.

In Zukunft dürfte der Automarkt exemplarisch veranschaulichen, dass die Globalisierung den Monopolen auch durch die technische Innovation entgegenwirkt. Diese kann nämlich Märkte mit einem Schlag öffnen, indem ganz neue Anbieter um Zugang kämpfen. Der technische Wandel bringt entweder bessere Produkte und Verfahren oder starke Rationalisierungsschübe. Bei den Autos ist am ehesten damit zu rechnen, dass der Verbrennungsmotor durch völlig andere Antriebskräfte, wie die Brennstoffzelle, ersetzt wird. Da diese Strom aus Wasserstoff erzeugt, wäre sie viel umweltfreundlicher als herkömmliche Motoren, aber derzeit ist ihre Herstellung noch zu teuer. Das wird sich jedoch ändern. Heute investieren alle Automobilkonzerne in die entsprechende Forschung und Entwicklung, um nicht den Anschluss zu verlieren. Und damit dürften sie Erfolg haben. Das Risiko des Scheiterns besteht allerdings immer noch, zum Beispiel für den Fall, dass die Produktion von Brennstoffzellenmotoren geringere Ertragsquoten und damit kleinere Unternehmen begünstigt oder sofern die »Platzhirsche« versuchen, die Einführung dieser Technik zu verzögern, um ihre alten Absatzmärkte zu schützen, sich dann aber von Neulingen ausmanövriert finden, die keine Pfründe zu verteidigen haben.

Die besten Beispiele dafür, wie moderne Techniken eine Industrie von Grund auf umkrempeln können, stammen allerdings von den Hightech-Märkten selbst. Denn dort bringt jede Welle des informationstechnischen Wandels eine wahre Flut von Neugründungen mit sich. Das gilt für den Telekommunikationssektor ebenso wie für die Computerbranche. Oracle, Microsoft, AOL, SAP, Dell, 3-Com, Vodafone: All diese Firmen hatte es vor zwanzig Jahren noch nicht gegeben, und wenn doch, so waren sie kaum der Rede wert. British Telecom, AT&T, Digital Equipment, IBM, Xerox, Eastman Kodak, Polaroid, ITT: Sie und viele andere kämpften um ihr Überleben, und manche verschwanden ganz von der Bildfläche. ITT (ursprünglich International Telegraph and Telephone) galt einmal in den sechziger und siebziger Jahren als das Schreckgespenst jener, die multinationale Konzerne fürchteten; heute sind davon nur noch die längst verkauften Einzelsegmente übrig.

Dem Konzentrationsdruck entspricht somit ein ebenfalls starker Gegendruck, besonders seitens neuer Konkurrenten, die im Rahmen der Globalisierung geöffnete Weltmärkte anlocken, durch größenbedingte Umsatz- und Ertragseinbußen, da zunehmendes Wachstum auch mit Paralyse und Schwerfälligkeit einhergeht, und durch die technische Innovation selbst, die das Potenzial birgt, weltweit ganze Industrien umzukrempeln.

Während diese verschiedenen Kräfte miteinander ringen, sollten sich Beobachter und Politiker im Hinblick auf sämtliche Branchen und Märkte fragen, ob diese schon offen genug für Konkurrenz sind, um zu verhindern, dass Großunternehmen ihre Kunden schröpfen, die Preise in die Höhe treiben und innovative Wettbewerber in Schach halten. Doch stellen Großunternehmen nicht an sich ein Problem dar, sondern nur, wenn sie ihre Märkte manipulieren können; und gerade das behindert die Globalisierung. Freier Handel und offene Märkte tragen stark zur Förderung des Wettbewerbs bei, indem sie für Vielfalt des Angebots sorgen und die alten Wälle des Protektionismus und des privilegierten Zugangs niederreißen. Monopole konnten sich viel leichter auf geschlossenen Märkten bilden, in denen große Konzerne ihre Geschäfte mit Staaten machten, die ihnen dafür alle in- und ausländische Konkurrenz vom Leib hielten.

Je begrenzter ein Markt ist, desto schwerer haben es Neulinge, darin Fuß zu fassen, desto mehr bedarf es gesetzlicher Maßnahmen, um den Wettbewerb zu überwachen und zu schützen und Monopole zu bekämpfen. Zwar ist das Kartellrecht ein wesentlicher Bestandteil des liberalen Kapitalismus, doch Theoretiker der freien Marktwirtschaft sind in dieser Frage gespalten. Auf der einen Seite loben sie Anreize als Triebkraft für das Unternehmertum, und der Wunsch zu dominieren und zu obsiegen bildet ja den stärksten Anreiz überhaupt. Wer ihn abschafft, läuft Gefahr, Investitionen und Innovationen zu unterbinden; außerdem wäre es ungerecht, jemanden um den verdienten Lohn zu bringen. Doch auf der anderen Seite schätzen sie den Wettbewerb wegen seiner disziplinierenden Wirkung und hassen Machtkonzentrationen, sei es im Staat, in überdimensionierten Gewerkschaften oder in marktbeherrschenden Unternehmen, rechnen sie doch stets damit, dass die Macht alsbald missbraucht und die Freiheit bedroht wird.

Die erste Einstellung ist in Wahrheit eher konservativ, die zweite hingegen liberal. Ungeachtet des Gerechtigkeitsarguments erscheint der liberale Ansatz gewiss klüger, da er den Machtmissbrauch in Schranken hält. Doch legt die Erfahrung nach wie vor nahe, einen der konservativen Aspekte zu berücksichtigen, dass nämlich Monopole in der Praxis schwer zu begründen und zu halten sind, da jeweils andere Unternehmen überschüssige Gewinne abschöpfen und mit technischen Neuerungen aufwarten. Deshalb sollten die Behörden behutsam vorgehen, denn in der Regel wissen sie viel weniger über kommende Techniken Bescheid als die beteiligten Konkurrenten; sofern jedoch echte Dominanz herrscht und neue Unternehmen keinen Zugang finden, müssen sie hart durchgreifen.

Betrachtet man die Wettbewerbstrends des vergangenen Jahrhunderts, so springen zwei Aspekte ins Auge. Zum einen war die Volkswirtschaft mit dem strengsten Kartellrecht – die der Vereinigten Staaten – auch die wagemutigste und erfolgreichste. Zwar bereicherte das Anwälte und neben ihnen Ökonomen, die als »sachverständige« Zeugen auftraten, und gingen die Behörden nicht selten falschen Fährten nach, doch im Großen und Ganzen hielt es die Preise niedrig und trug zur Belebung des Geschäfts bei, ohne Anreize abzuwürgen.

Zum anderen wirken Monopole immer dann am schädlichsten, wenn die Behörden sie auch noch fördern oder zumindest dulden, denn das untermauert die Machtkonzentration und lässt praktisch keine Konkurrenz mehr zu. Außerdem beeinträchtigt es wahrscheinlich die Demokratie, denn unter solchen Umständen zahlt sich die Bestechung von Politikern und Parlamentariern zunehmend aus, bei vermindertem Risiko, dafür belangt zu werden. In Westeuropa war das häufig der Fall, als Kartelle in den zwanziger und dreißiger Jahren gesetzlichen Schutz genossen und Staaten nicht nur Monopole genehmigten, sondern obendrein selbst welche gründeten. Später trat die gleiche Idee in der Variante auf, Monopole könnten wegen ihrer Größe und Dominanz nationale Aufgaben wahrnehmen und sich ausländischen Unternehmen entgegenstellen mit den bekannten Folgen: mangelnde Innovation, hohe Preise, Subventionen.

Noch schwieriger ist es für die Entwicklungsländer. Zwar wäre es auch dort durchaus wünschenswert, sich für multinationale Investitionen zu öffnen, um von außen neue Techniken und Kapital beziehen sowie örtliche Betriebe als Sprungbrett für den Weltmarkt nutzen zu können. Doch dem steht ein großes, so in der reichen Welt nicht bekanntes Problem im Wege: Die Armenhäuser verfügen gewöhnlich weder über starke Behörden noch über eine intakte Rechtsstaatlichkeit, können also kaum darüber wachen, dass die Regeln des fairen Wettbewerbs eingehalten oder hohe Standards der Gesundheitsfürsorge, der Sicherheit am Arbeitsplatz und des Umweltschutzes gewährleistet werden.

Die Sorgen über das Vorgehen multinationaler Konzerne in der Dritten Welt regten sich schon in den frühen siebziger Jahren, als man wahrhaft weltumspannende freibeuterische Unternehmen zu beobachten und unweigerlich zu fürchten begann. Viele Drittweltstaaten taten alles, um die Plünderer abzuwehren, indem sie Betriebe verstaatlichten, bestimmte Industriesektoren durch Gesetze schützten oder ausländische Investitionen grundsätzlich verboten. So ging zum Beispiel Indien streng restriktiv vor und erlaubte Fremdgründungen nur, sofern einheimische Firmen aller Wahrscheinlichkeit nach nicht in der Lage waren, bestimmte (von Bürokraten definierte) Bedürfnisse aus eigener Kraft zu befriedigen.

Doch im Laufe der neunziger Jahre änderten sich die Einstellungen gegenüber den Multis nach und nach grundlegend, und sie wurden willkommen geheißen. Ihre Vertreter reisten in Scharen zu den Jahresversammlungen des Davoser Weltwirtschaftsforums, um dort vor den versammelten Geschäftsleuten, Journalisten und Politikern für ihr jeweiliges Land zu werben. Sie lockerten investitionshemmende Vorschriften, ließen in manchen Fällen sogar zu, dass ausländische Unternehmen einheimische kauften. Die erfolglosen klagten über ihren mangelnden Zuspruch bei den Multis. Und während die typischen Entwicklungsländer in den siebziger und achtziger Jahren ihr Auslandskapital bevorzugt in Form von Bankkrediten oder Anleihen erhalten hatten, herrschte diesen und anderen Darlehen gegenüber in den Neunzigern starkes Misstrauen, und nun setzte man eindeutig auf Direktinvestitionen der Multis.

Der Grund für diesen Gesinnungswandel lag darin, dass Schulden bedient werden wollen und Kreditmargen oder Effekten jederzeit widerruflich sind. Solche Gelder sind »heiß« und launisch, wie sich 1997/98 in der Ostasienkrise zeigte, als sie in Strömen abflossen, was Währungen abstürzen ließ und bei Staaten wie auch Privatunternehmen gewaltige Berge uneinbringlicher Schulden auftürmte. Doch Fabriken und Bürogebäude bleiben, und Multis sind trotz ihrer bedrohlichen Größe zuverlässiger als Börsenspekulanten oder Kreditgeber. Doch sind sie nicht Ausbeuter? Und wie steht es mit der alten Befürchtung, dass sie örtliche Eliten korrumpieren und danach streben, politische Macht auszuüben?

Einige dieser Vorahnungen traten tatsächlich ein. Besonders in Afrika haben örtliche politische Eliten bei der Förderung von Bodenschätzen im eigenen und nicht im nationalen Interesse mit Multis zusammengearbeitet. So beruhte der Erfolg des dort tätigen Unternehmens Lonrho, das bis zu dessen Tod in den neunziger Jahren von Roland »Tiny« Rowland geführt wurde, oft auf solchen Kontakten zu den Eliten. Mitunter war das, wie im Fall von Shell (und anderen Erdöl-Konzernen) in Nigeria, nicht die Schuld der Multis, denn diese repräsentierten lediglich einen Geldstrom, den die politischen Machthaber anzapfen konnten. Doch ungeachtet dessen sieht die Bilanz allerdings meist besser aus, wozu die Konkurrenz anderer Multis ebenso beitrug wie der aufmerksame Blick von Kunden und Aktionären in der Heimat. Internationale Unternehmen können sich Fehlverhalten im Ausland nicht leisten, denn würden sie ertappt, so drohte im Inland ein erheblicher Imageverlust. Allerdings können sie sich durchaus kleinere Vergehen erlauben, zum Beispiel die Teilnahme an der ortsüblichen Korruption oder die Ausübung von diskretem Druck auf Regierungen, um ihnen günstige Gesetze zu fördern. Doch in der Regel ist ihnen sehr bewusst, dass sie sich nicht bei systematischer Ausbeutung oder Gaunerei erwischen lassen sollten.

Nun, wenn überhaupt, so verhalten sie sich jedenfalls korrekter als ihre örtlichen Konkurrenten. Edward Graham vom Institute for International Economics in Washington, D. C. – ein weltweit tätiger Spezialist für ausländische Investitionen – hat die von US-Multis in ihren Fertigungsbetrieben der Entwicklungsländer gezahlten Löhne untersucht und sie mit denen einheimischer Anbieter verglichen: In seinem Buch *Fighting the Wrong Enemy* führt er dazu aus, dass die Amerikaner in Staaten mit niedrigen oder mittleren Einkommen im Durchschnitt fünfzig beziehungsweise vierzig Prozent mehr zahlen als einheimische Betriebe. Ermöglicht wird das durch ihre überlegene Technik und Organisation, das heißt die deutlich höhere Produktivität. Arbeitsplätze bei den Multis sollten also begehrt sein und sind es in der Regel auch.

Zwei andere Probleme erscheinen jedoch drückender und viel bedeutsamer. Das eine sind die unfairen Handelspraktiken der reicheren Länder: Europa, Japan und Amerika haben zwar ihre Schranken auf den je eigenen Spezialgebieten abgebaut, die für Importe aus der Dritten Welt, wie Nahrung, Textilien und Stahl, indes nicht. Das ist in der Tat verwerflich. Subventionen an die Landwirte der Industrienationen halten die Bauern der Entwicklungsländer arm. Das zweite Problem ist weniger augenfällig: Der Schutz des geistigen Eigentums (über Patente) von Unternehmen der reichen Staaten erlaubt es ihnen, ihre Preise in den Entwicklungsländern hoch zu belassen, ohne dass örtliche Hersteller mit ihnen konkurrieren könnten.

Besonders peinlich ist das bei den Arzneimitteln. Zwar sind Medikamente in der Dritten Welt günstiger als in der Ersten, nach örtlichen Maßstäben aber immer noch sehr teuer. Pharmakonzerne argumentieren, dass sie hohe Gewinne machen müssen, um ihren hohen Forschungsaufwand zu finanzieren; ohne Patente und Profite gäbe es viele Präparate gar nicht. Noch einschlägiger dürfte indes die Befürchtung sein, wenn sie ihre Artikel in armen Ländern sehr billig anböten, könnten Händler sie aufkaufen und in den Westen reimportieren, um dadurch auf den dortigen Märkten die Gewinne der Pharmaindustrie zu unterhöhlen.

Beide Argumente ziehen. Ohne Gewinne würden die Arzneien nicht entwickelt; dennoch bleibt die Frage, wie viel Patentschutz wir wirklich brauchen und, wichtiger noch, wer dafür bezahlen soll, Medikamente in der Dritten Welt billiger zu machen: die Pharmaaktionäre oder aber die Steuerpflichtigen der reichen Länder? Moralische Erwägungen sprechen für das Letztere, den Einsatz von Entwicklungshilfe, um die Kluft zwischen den erforderlichen Gewinnen und dem medizinischen Bedarf der Armen zu schließen. Das gilt besonders für Krankheiten, die fast nur in armen Ländern auftreten, sodass dabei auf den westlichen Märkten keine Profite zu erzielen wären. Doch auch solche direkt an das Gesundheitswesen vergebenen Hilfen, speziell für Aids, Malaria und Tuberkulose, gingen mit gewissen Risiken einher, denn im Laufe der Zeit würden die Pharmaunternehmen ihre Preise anheben und damit immer größere Teile der Hilfsgelder absahnen. Auch das Risiko von Reimporten bestünde weiter. Allerdings könnten auf diese Weise Millionen von Menschenleben gerettet werden.

Das Misstrauen gegenüber dem Kapitalismus hat viele Gründe, die nur zum Teil gerechtfertigt, jedoch durchweg zählebig sind. Er sei entfremdend, manipulativ, gierig, herrisch, monopolistisch, gigantoman. Allerdings ist er auch produktiv, innovativ, die Quelle guter Löhne, Gehälter und Renten sowie wunderbarer Waren und Dienstleistungen aller Art. Wie soll man die Kluft zwischen beiden Sichtweisen überbrücken? Selbstverständlich mit Hilfe des Staates: Er muss den Kapitalismus salonfähig machen. Das ist, zumal in einer Demokratie, nun einmal seine Pflicht. Wenn es doch nur so einfach wäre!

In den letzten rund siebzig Jahren gehörte das Misstrauen gegenüber dem Kapitalismus zu den maßgeblichen Faktoren, die in den westlichen Demokratien zu einem stetigen Kompetenz- und Machtzuwachs der Behörden beitrugen. Mochte man auch den Staat selbst mit einem leichten Unbehagen betrachten, immerhin bürgte er für regelmäßige Wahlen, in denen man die jeweils gerade herrschende Regierung aus dem Amt schmeißen konnte. Beim Kapitalismus als solchem kann die breite Öffentlichkeit keine solche Legitimation entdecken. Daher erscheint es nur natürlich, dass man sich einer demokratisch gewählten Regierung bedient, um eine solche zu erzwingen: durch oft willkommene Maßnahmen wie Vorschriften über die Gesundheit und Sicherheit am Arbeitsplatz, Produkthaftung, Kündigungsschutz, Umweltauflagen, Kartelle und Monopole, Bilanzprüfung und all die anderen vielfältigen Regelungen im Umfeld von Handel und Gewerbe.

Die Ausbreitung des Wohlfahrtsstaates und der Marktregulierung ging in hohem Maße auf Bestrebungen zurück, die Kritik am Kapitalismus in Amerika und in den demokratischen Ländern Europas abzuschwächen. Außerdem diente sie dazu, den Anreiz der kommunistischen Alternative zu mindern.

Diese Bemühungen waren in den siebziger und achtziger Jahren zwar weitgehend erfolgreich, brachten aber ihrerseits zwei andere Zeitbomben zum Ticken: Zum einen, und darauf gehe ich gegen Ende des nächsten Kapitels genauer ein, wirkten sich hohe Sozialausgaben und strenge Vorschriften hemmend auf die wesentliche Triebkraft des Kapitalismus aus – die Hebung des Lebensstandards –, überdehnten jedoch gleichzeitig die Bereitschaft der Steuerpflichtigen, für all das aufzukommen. Zum zweiten, und darin lauert eine massive Gefahr für die Zukunft der Demokratie, nehmen Staatsausgaben und Regulierungen einen immer größeren Einfluss auf die Wirtschaft, sodass Unternehmen alles daransetzen, Regierungsbeschlüsse zu ihren Gunsten zu beeinflussen.

Im Prinzip ist das ganz in Ordnung: Die Redefreiheit und andere Grundrechte müssen ja analog auch für Unternehmen gelten. Probleme entstehen jedoch, wenn deren Bemühungen um politischen Einfluss so durchdringend werden, dass sie korrumpierend erscheinen – oder tatsächlich sind. Das funktionierte in Amerika, Frankreich, Deutschland, Japan und weniger krass auch Großbritannien vor allem mittels Wahlkampf- und allgemeiner Parteispenden sowie persönlicher Zuwendungen an Politiker. Sie eröffnen zum Beispiel die Möglichkeit, Funktionäre im Unternehmensbelang als Exportvertreter oder Förderer von internen Auslandsinvestitionen zu benutzen. In der Regel bedarf es dazu wenig Ansporn, denn auf diese Weise können die Betreffenden sich obendrein noch mit der größten aller Tugenden schmücken, nämlich der Schaffung von Arbeitsplätzen – wie fragwürdig oder verzerrend diese Darstellung auch sein mag.

Der oben erwähnte Zusammenbruch des amerikanischen Energiegiganten Enron im Dezember 2001 kann geradezu als ein Musterbeispiel dafür gelten. Der Konzern war innovativ und fand stets neue Wege, einschlägige Produkte nicht nur zu vertreiben, sondern auch in eigener Regie herzustellen. Da seine Chefs Unsummen verdienten, taten sie sich als Philantropen hervor. Sie drängten die US-Regierung, ihnen zu einem großen Kraftwerkkontrakt in Indien zu verhelfen, und berieten ihrerseits die Bush-Administration bei der Energiepolitik. Zum Konkurs kam es, weil sie enorme Schulden auftürmten, um ihre verschiedenen neuen Projekte zu finanzieren – die jedoch über spezielle Partnerschaften außerhalb der offiziellen Jahresbilanzen blieben. Sie setzten Arbeitnehmer unter Druck, große Teile ihrer privaten Rentenbeiträge in Enron-Aktien anzulegen, und hinderten sie angesichts der wachsenden Finanznöte daran, diese zu verkaufen. Ihre Berater – Wirtschaftsprüfer, Banken und Emissionshäuser – waren selbst finanziell stark daran interessiert, Enron gewähren zu lassen. Der Konzern dehnte und brach Gesetze, und er spendete in den großen Wahljahren mehr als zehn Millionen Dollar an eine ganze Reihe von Politikern, sowohl in den USA als auch in anderen Ländern. Bei der Affäre nahmen also fast alle Elemente der liberalen kapitalistischen Demokratie erheblichen Schaden: der Glaube an ein redliches Management, an die privaten Rentenkassen, an die Grundregeln der Buch- und Bilanzprüfung, an die Transparenz und Zuverlässigkeit der Kapitalmärkte, an das Prinzip der Rechtsstaatlichkeit und an den Staat als neutrale Schiedsinstanz des gesamten Systems.

Auf den ersten Blick geht es hier um ein ganz spezifisches Sonderphänomen: Fehlverhalten gewisser Manager, der Versuch eines Großkonzerns, sich der politischen Entscheidungsverfahren in einer Demokratie zu bemächtigen. In gewisser Weise trifft das zu, denn solche Probleme erfordern maßgeschneiderte Lösungen wie bessere Kontrollen der Wahlkampffinanzierung und stärkere Transparenz der unternehmerischen Buchführung. Doch zugleich handelt es sich auch um ein viel tiefer liegendes Dilemma, das veranschaulicht, warum der Kapitalismus unpopulär bleiben und eine ständige Herausforderung darin bestehen wird, seine Vorteile zu nutzen und zugleich die Nachteile in engen Grenzen zu halten.

Unternehmen brauchen genügend Freiheit, um zu handeln, Risiken einzugehen, innovativ zu wirken und zu expandieren. Das muss unter einer generellen staatlichen Aufsicht geschehen, um Fairness, Sicherheit und freien Wettbewerb zu gewährleisten. Allerdings vertritt der Staat daneben noch ein anderes Interesse: In allen Demokratien, aber auch in vielen autoritären Regimes erstreben die führenden Politiker private Investitionen und dadurch Wirtschaftswachstum, Arbeitsplätze und Wohlstand. Somit ist es ein fast unwiderstehlicher Anreiz für die vermeintlichen Aufseher der Geschäftswelt, deren Entscheidungen zu beeinflussen mit der Hoffnung, von den Wählern dafür belohnt zu werden; dem entspricht wiederum das Bestreben gewisser Industriemagnaten, Politiker und andere Funktionäre auf ihre Seite zu ziehen.

Dieses Wechselspiel von Staat und Wirtschaft, das sich während der letzten Jahrzehnte in den meisten reichen Ländern verstärkt hat, obwohl Privatisierung den direkten Einfluss des Staates auf die Unternehmensführung minderte, nagt am Kern der freiheitlichen Demokratie, zersetzt das Vertrauen der Öffentlichkeit sowohl in diese als auch in den Kapitalismus; denn bei jeder Unternehmensspende muss zum Beispiel eine Partei naturgemäß annehmen, dass der Spender eine Gegenleistung erwartet, und bei jedem unter politischem Druck gewährten Exportauftrag oder mittels staatlichen Subventionen respektive Bürgschaften finanzierten Fabrikbau sind die geförderten Unternehmen selbst die Hauptnutznießer, sodass man nicht viel Phantasie braucht, um zu argwöhnen, dass dabei Korruption mitspielte.

Grundsätzlich sollte das öffentliche Misstrauen gegenüber dem Kapitalismus oder den Konzernen in einer freiheitlichen Demokratie durch die Überzeugung gemildert sein, dass die gewählten Regierungen einschreiten können und werden, um Auswüchse zu verhindern, für Fairness zu sorgen und die Schwächsten abzusichern. Dabei soll die Gewaltenteilung ein Untergraben der Demokratie durch eine ihrer Instanzen verhindern und die fest in der Verfassung verwurzelte Rechtsstaatlichkeit als gleicher Maßstab und Schutz für alle gelten. Doch je stärker Konzerne die Regierungen selbst zu gängeln und den Staat von außen zu unterwandern scheinen, desto weniger kommt diese Überzeugung gegen Misstrauen und Feindseligkeit an. Das ist ein ganz augenfälliges Problem armer Länder mit schwachen politischen und juristischen Institutionen, deren Regierungen dadurch leicht korrumpierbar sind – doch hat es sich inzwischen auch als eine Achillesferse der reichen Industriestaaten erwiesen.

Unter gewöhnlichen Umständen können die Stärken und Schwächen des Kapitalismus einander im freien Spiel der Kräfte ausgleichen, ohne viel Schaden anzurichten. Bei guten wirtschaftlichen und gesellschaftlichen Verhältnissen fällt es schließlich auch gar nicht schwer, die Korruption auszumerzen und die Unabhängigkeit der Regierung wiederherzustellen. Doch ist im Kapitalismus eines sicher: Er bringt neben guten immer schlechte Zeiten – und deren große Gefahr liegt darin, dass die Enttäuschung über die genannten Schwächen überhand nehmen und eine eigene Sprengkraft entwickeln könnte.

8. Ein krisenanfälliges System

Trotz aller Herausforderungen hat der Kapitalismus im 20. Jahrhundert doch einiges geleistet: Er hob den Lebensstandard der reicheren Länder auf spektakuläre Weise, beim bisher steilsten und stetigsten Anstieg der Menschheitsgeschichte – etwas bescheidener, aber immer noch sehr gut auch in den ärmeren Regionen. Diese sensationellen Erfolge beruhten vor allem auf seiner Wandlungsfähigkeit im Hinblick auf gewinnträchtige Methoden und Märkte, und das Streben nach Profit ist die Hauptenergiequelle des Kapitalismus, seine Innovationskraft und Verheißung, um Menschen und Organisationen zu motivieren, Geld und Mühe für neue Projekte aufzuwenden. Der Erfolg des Kapitalismus verdankt sich allerdings auch einer gewissen finanziellen Chuzpe der herkömmlichen Bankiers und Börsenanleger, bezeugt durch ihre Bereitschaft, mit Geld zu arbeiten, das sie materiell eigentlich gar nicht besitzen, in der Hoffnung oder gar Erwartung, dass ihr Tun nicht misslingen wird, und sie jedenfalls, wenn (und falls) es zur Abrechnung kommt, genügend eingenommen haben werden, um die Kredite oder Anlagen einzulösen, und noch etwas übrig behalten. Hier triumphiert, wenn man so will, eine Bereitschaft, der Realität zu trotzen, um an ihrer Stelle eine neue, bessere zu erschaffen – oder, anders ausgedrückt, mit fremdem Geld mehr für sich selbst herauszuholen.

Doch kann dieser Triumph nur allzu leicht in ein Debakel umschlagen. Jene Elemente, die zum Erfolg des Kapitalismus beitragen – Zuversicht und Risikobereitschaft sowie finanzielle Chuzpe,

Hang zur Kühnheit –, bringen auch seine wiederkehrenden Fehlschläge hervor, und zwar auf höchst unterschiedliche Weise. Mancher Aufschwung reißt ab, weil gerade der Erfolg einen Mangel an Arbeitskräften oder Rohstoffen und schließlich eine Inflation nach sich zieht, was zunächst die Zentralbanken zu Zinserhöhungen veranlasst und möglicherweise unter den Anlegern eine panische Angst um den Wert ihrer Einlagen auslöst. Genau das geschah in den siebziger und achtziger Jahren, als die Inflation in den reicheren Ländern ein Dauerthema und die Hyperinflation in vielen ärmeren eine echte Plage war.

Andere Höhenflüge führen zum Absturz, weil übermäßige Erwartungen zu starke Investitionen nach sich ziehen, sodass Spekulanten und später auch Unternehmer im Wettstreit miteinander zu gewagt pokern und letztlich Überkapazitäten aufbauen, die dann jahrelang bleischwer auf der Wirtschaft lasten und jegliche Einsatzbereitschaft abwürgen. Warum noch neue Fabriken oder Büros bauen, wenn die alten ungenutzt herumstehen? So verhielt es sich in Japan, als sich das scheinbar goldene Zeitalter der späten achtziger Jahre in den Neunzigern durch Stillstand und einen Börsenkrach als trügerisch erwies; oder auch im Amerika der Jahrtausendwende, als ein phänomenaler, mit Investitionen angeheizter Aufschwung plötzlich in sich zusammenbrach.

Auch politische Eingriffe rufen häufig genug Rezessionen hervor. Jähe Veränderungen könnten zum Beispiel von einem Krieg in Nahost mit anschließender Erhöhung der Ölpreise ausgehen, wie in den frühen siebziger Jahren, oder durch massive Verstaatlichungen und neue Regulierungen in vielen Drittweltländern jener Zeit, oder durch einen Regimewechsel wie den Indonesiens von 1998, oder durch terroristische Anschläge wie die vom 11. September 2001 in New York und Washington: Geschehnisse dieser Art können jederzeit die Geschäftsaussichten und damit das Verhalten, zum Beispiel von Verbrauchern und Investoren, abrupt verändern.

Fehlschläge haben meist viele große, aber noch mehr kleine Ursachen. Oft verschlimmert die Dreistigkeit von Finanzmaklern eine Rezession über alle Maßen, weil ihre Realitätsverachtung sich negativ auswirken kann, wenn plötzlich Kredite gekündigt werden und die in guten Zeiten gewagten Einsätze sich in enorme Verluste mit Konkursen verwandeln, was eine regelrechte Kettenreaktion auszulösen vermag. Unter solchen Bedingungen weicht die Frechheit oft extremer Vorsicht, sodass Anleger und Investoren nichts mehr riskieren, sondern feist auf ihrem Geld sitzen. Eine Panik der Finanzmärkte kann zur grausamsten Rezession überhaupt führen, denn sie entsteht gleichsam aus dem Nichts und folgt häufig direkt auf eine Blütezeit der scheinbar unbegrenzten Möglichkeiten. Zwar liegt das allein an der Stimmung und an nichts sonst, aber im Grunde ist ja das wirtschaftliche Handeln insgesamt Ausdruck der menschlichen Psyche: der Bereitschaft, Risiken einzugehen oder des ängstlichen Bestrebens, sie tunlichst zu vermeiden. Wenn Anleger in Panik fliehen und hoffen, ihre Verluste in Grenzen halten zu können, kann die ganze Stimmung fast über Nacht von Hoffnung in Verzweiflung umschlagen. Als Maßstäbe dafür gelten gewöhnlich Anstürme auf die Devisenmärkte, Einbrüche der Aktienkurse oder Immobilienpreise und sich türmende uneinbringliche Kredite und Forderungen.

Doch wenn eine Hochkonjunktur in ein Tief abzugleiten scheint, schwingt sie ebenso naturgemäß auch wieder zurück. An einem bestimmten Punkt der Rezession sind die Kosten und Preise derart gering, dass sich Anleger und Sparer wieder von lockenden Gewinnen respektive »Schnäppchen« verführen lassen, und damit kann der Zyklus von neuem beginnen.

Das alles klingt so vertraut, und daher sprachen Karl Marx und seine Anhänger nicht zu Unrecht von den wiederkehrenden »Krisen« des Kapitalismus, die ihre Erwartung für eine bevorstehende Revolution des Proletariats nährten. Zwar ist Marxens Prognose der immer tieferen Krisen und zunehmenden, durch Entfremdung und Verelendung bedingten Klassenkämpfe bisher nicht eingetreten, aber dennoch trifft zweifellos seine Beobachtung zu, dass die größte Schwäche des Kapitalismus in seiner Labilität liegt, in der Anfälligkeit für Konjunkturzyklen, die manchmal ins Krisenhafte ausarten.

Diese Diagnose bringt jedoch für sich genommen nur wenig, denn sie lässt die wichtigsten Fragen unbeantwortet. Dass Volkswirtschaften ihre Hochs und Tiefs durchlaufen, ist nicht übermäßig bemerkenswert, sondern bloß allzu menschlich. Entscheidend kommt es vielmehr darauf an, warum solche durchaus alltäglichen, dabei aber auch dramatischen Wechselfälle manchmal in Krisen umschlagen. Woran also liegt es, ob eine schlichte Wirtschaftsflaute so lange andauert und so drastische Formen annimmt, dass sie kritische Werte überschreitet? Und, speziell auf die nahe Zukunft des 21. Jahrhunderts bezogen: Ist die moderne Weltwirtschaft mit ihrem beweglichen Kapital und dem großen Einfluss von Staatsausgaben krisenanfälliger oder stabiler geworden? Um es erneut in marxistische Kategorien zu übersetzen: Zwar mag die Entfremdung zwischen den Klassen heute weniger ausgeprägt sein, als in der reinen Lehre vorausgesagt, doch könnte es zutreffen, dass sich die Krisen immer stärker zuspitzen?

Zweifellos erlebte das 20. Jahrhundert eine der schwersten Krisen aller Zeiten. Bis zur großen Depression der dreißiger Jahre hatten Konjunkturflauten bei westlichen Ökonomen, Politikern und Geschäftsleuten vor allem als eine Art natürliche »bittere Pille« gegolten: Man musste sie eben durchstehen, um sich danach besser zu fühlen. Alles war auch schön und gut, wenn man ein Landhaus besaß, um darin das Ende abzuwarten, steigerte jedoch unter denen, die draußen vor den Suppenküchen Schlange standen, nicht gerade die Liebe zum Kapitalismus. Wie dem auch sei, jene Sichtweise enthielt zwar etwas Wahres, ließ aber zugleich etwas sehr Wichtiges außer Acht. Man kann nämlich sogar Heilmittel überdosieren, und in diesem Fall wirken sie mitunter lebensbedrohlich.

Was den meisten neben dem Wall-Street-Krach, den Arbeitslosenschlangen, der langen Durststrecke und den »Okies« in Steinbecks *Die Früchte des Zorns* aus der Weltwirtschaftskrise nachging, waren die Parolen von Regierungen und traditionellen Volkswirten, man müsse die Purgation eben aussitzen, bis dann John Maynard Keynes in Großbritannien auf den Plan trat und protestierte, sie sollten ganz im Gegenteil sehr viel unternehmen, da angesichts einer so tiefen Depression nur öffentliche Ausgaben die Nachfrage ankurbeln könnten. Bezahlt die Leute also notfalls dafür, Löcher zu graben und sie anschließend wieder zuzuschütten; egal für was, gebt Geld aus. Wie meist bei Erinnerungen trifft das nur teilweise zu und enthält sogar einen gravierenden Fehler, den nämlich, dass die Herren nicht lediglich abwarteten und aussaßen, sondern alles noch viel schlimmer machten.

Der US-Zentralbankrat trug mit zu dem Krach bei, als er 1929 die Zinssätze anhob. Damals erschien das goldrichtig: Amerika hatte eine gewaltige Spekulationswelle erlebt, der allerdings die bis dahin zu lasche Währungspolitik jenes Gremiums selbst zugrunde lag. Die zwanziger Jahre gaben Anlass zu großen Hoffnungen, da stetige Immigrantenströme das Arbeitskräftepotenzial auffüllten, und neue Techniken – besonders die Elektrizität, das Automobil und das Fließband – für heftiges industrielles Wachstum sorgten. Billiges Geld und Finanzspekulationen trieben diese Aufwallung ins Extrem. Wie in den neunziger Jahren hieß es, in den Vereinigten Staaten bilde sich eine »new economy« heraus, was mit Euphorie, Enthusiasmus und dem felsenfesten Vertrauen auf unbegrenzte rosige Aussichten einherging. Das alles fiel mit dem Krach an der Wall Street abrupt in sich zusammen.

Der Einbruch zerstörte neben Vermögen auch viele Illusionen. Eine Rezession war unvermeidlich, und sie folgte fast auf dem Fuße. Der Zentralbankrat spitzte die Lage auch noch zu, indem er zu lange an hohen Zinsen festhielt. Als das Geld 1930/31 auf schmerzliche Weise knapp wurde, da die Banken ihre Kredite einfroren in dem verzweifelten Bemühen, bei fehlender Liquidität im Geschäft zu bleiben, führte auch die Zentralbank ihre Darlehen zurück; nachdem die britische Entscheidung, das Pfund vom Goldstandard abzukoppeln, in der allgemeinen Panik große Furcht vor Goldabfluss nährte, hob sie die Zinsen 1931/32 sogar noch weiter an. Andere Staaten folgen, um den Goldstandard zu stützen.

Warum? Die politische Orthodoxie ruhte auf zwei Säulen, namentlich *Liquidation* und *Stabilität.* Besonders in den Vereinigten Staaten herrschte die feste Überzeugung, man brauche jetzt vor allem einen entschlackenden Abbau der überschüssigen Kapazitäten, Schulden, Unternehmen, Banken und sonstigen Institute, und dazu sollte der Staat ausdrücklich beitragen, indem er das Geld knapp hielt und die Banken unnachgiebig sich selbst überließ. Das Postulat der Stabilität bedeutete dagegen, den Geldwert und das Gleichgewicht der Staatshaushalte abzusichern, um so das Vertrauen der Investoren und Kreditgeber wiederherzustellen.

Während nun gerade zusätzliche Staatsausgaben oder drastische Steuersenkungen der Wirtschaft auf die Beine geholfen hätten, begannen deshalb die meisten Regierungen zu sparen, um ihre Defizite abzubauen. An diesen im Namen der Stabilität gemachten Fehler erinnert man sich wegen der Theorien Keynes' und wegen als »New Deal« bezeichneten Investitionsprogramme Präsident Roosevelts (der allerdings eine Schuldenfinanzierung strikt ablehnte). Auch wenn das Streben nach ausgeglichenen Budgets schädlich wirkte, fiel es vermutlich weniger schwer ins Gewicht als sonstige Irrtümer, da die Staatsausgaben in den dreißiger Jahren ohnehin im Verhältnis zur Gesamtwirtschaft noch ziemlich niedrig lagen – in Amerika bei ungefähr acht, in den meisten westeuropäischen Ländern dagegen schon bei zwanzig bis dreißig Prozent des Bruttoinlandsprodukts –, während der Anteil heute, mit dreißig bis fünfunddreißig Prozent in den USA und vierzig bis fünfundfünfzig in der Europäischen Union, erheblich höher ist.

Nicht nur Zentralbanken und Finanzministerien trafen Fehlentscheidungen, auch der Kongress und das Weiße Haus. Als es weltweit dringend darauf angekommen wäre, den Handel und die Nachfrage anzukurbeln, unterzeichnete Präsident Herbert Hoover 1930, gegen die förmlichen Proteste von mehr als dreißig Staaten, den Smoot-Hawley-Act und hob damit die Zölle scharf an, was vielerorts protektionistische Vergeltungsmaßnahmen auslöste. Zwar hatte Washington allen Grund, über die Außenwelt verärgert zu sein, da inzwischen Großbritannien, Frankreich und Deutschland ihre seit Beginn des Ersten Weltkriegs bei den USA aufgelaufenen Schulden nicht mehr bedienten, aber mit erschreckenden Folgen: Das bereits seit 1929 sinkende Niveau des Welthandels stürzte bis 1933 um zwei Drittel regelrecht ab.

Man kann wohl darüber streiten, welche Faktoren letztlich jenen Abschwung der dreißiger Jahre verursachten, kaum Zweifel bestehen jedoch daran, dass erst staatliche Maßnahmen eine ganz normale, mittelmäßige Rezession in die schwerste Krise des Jahrhunderts und vielleicht sogar aller Zeiten verwandelten. Zwar wirkte sie ebenso wie andere ihrer Art gewiss reinigend, hätte am Ende aber fast den Patienten getötet.

Im Rückblick fragt man sich vor allem, ob die große Depression vermeidbar gewesen wäre. Meine Analyse legt das selbstverständlich nahe, da sie eine Mitschuld der Regierungen betont. Doch hätten sie beim damaligen Wissensstand und angesichts der gegebenen Verhältnisse überhaupt anders handeln können? Aus heutiger Sicht wirkt ihr Tun absolut verrückt, fast kriminell, nur ist man ja im Nachhinein immer schlauer.

Eine ihrer Sünden dürfte man den Regierungen vergeben können, die meisten anderen jedoch nicht. Verzeihlich war die Wahrung der Geldwertstabilität durch das Festhalten am Goldstandard, denn diese Methode hatte sich schon vor dem Ersten Weltkrieg bewährt. Durch Ausschaltung der Wechselkursrisiken förderte sie auch den Handel; in Krisenzeiten, sogar dramatischen, bot sie zusätzlich Investoren eine gewisse Sicherheit bezüglich der Preisentwicklung sowie der zu erwartenden staatlichen Maßnahmen. Jene, die beim ersten Grollen flohen, kehrten also meist schnell wieder zurück, um nun krisenbedingte Gelegenheiten zu nutzen, jedenfalls solange sie nicht mit plötzlichen Abwertungen rechnen mussten.

Somit lag die Sünde rückblickend darin, verkannt zu haben,

dass diese Vorkriegsgarantie nicht mehr galt. Wie sich zeigte, glaubten Investoren nicht mehr, dass die Staaten am Goldstandard festhalten wollten oder konnten, und spekulierten demnach auf Abwertungen. In seinem Buch *Globalising Capital: A History of the International Monetary System* sieht der Ökonom Barry Eichengreen von der University of California in Berkeley, eine Kapazität auf dem Gebiet des Goldstandards und der Kapitalströme, die Ursache für diesen Wandel in der Demokratie oder zumindest in den wechselnden Institutionen und Erwartungen demokratischer Gesellschaften. In den zwanziger und dreißiger Jahren hätten die Regierungen ihre Wechselkurse nicht mehr von innenpolitischen Zwängen frei halten können und daher am Ende dem wachsenden Druck verschiedener Gruppen nachgeben müssen.

Eine Maxime der Wirtschaftsgeschichte und besonders der im letzten Jahrhundert veranstalteten Experimente mit Wechselkurssystemen – Goldstandard, flexibles Schwanken, Dollarbindung (ab 1945), »geregeltes« Schwanken, die Zielmargen des EWS, Aufsichtskomitees und zuletzt die Europäische Währungsunion – besagt, dass es kein »richtiges« Regime der Wechselkurse gibt. Jeder Ansatz hat seine besonderen Vor- und Nachteile, da sich der Wunschkurs auch immer so oder so auf die Binnenwirtschaft auswirkt. Bei mehr oder weniger starren Kursen, wie im Fall des Euro, muss die Öffentlichkeit in schwierigen Zeiten die daraus folgenden Konsequenzen und Maßnahmen in anderen Wirtschaftsfeldern akzeptieren, da währungspolitische Manöver jetzt nur noch seitens der Gemeinschaft als ganzer nach außen hin möglich sind.

Eichengreens durchaus plausibler Theorie zufolge ließ der innenpolitische Druck im Amerika der dreißiger Jahre kaum noch zu, die Wirtschaftsverwaltung in den Dienst des Wechselkurses zu stellen. In gewissem Maße liegt darin das Privileg einer großen Volkswirtschaft: Da in ihr der Außenhandel eine relativ geringe Rolle spielt, kann man die Währung als eine Nebenvariable behandeln und muss ihr nicht den Rang der maßgeblichen festen Größe einräumen. Analoges gilt heute für Euroland: im Verhältnis zu den anderen Währungszonen, allerdings nicht intern. In den dreißiger Jahren war das Bild außerhalb Amerikas dadurch geprägt, dass die staatlichen und sonstigen Institutionen noch sehr unter den Folgen des Ersten Weltkriegs, in Deutschland und Frankreich speziell des Versailler Vertrags litten, sodass es sich in beinahe jeder Hinsicht anbot, gegen diese Staaten zu spekulieren. Insofern machten die Regierungen – besonders die europäischen der zwanziger und die amerikanischen der frühen dreißiger Jahre – selbst etwas vor, wenn sie annahmen, den Kurs sichern zu wollen, zu sollen und zu können.

Das jedoch ist eine lässliche Sünde, denn seinerzeit mag es sinnvoll erschienen sein, an dieser Garantie festzuhalten. Ihre Brüchigkeit offenbarte sich erst anhand der späteren Entwicklung und im Lichte einer Kettenreaktion finanzieller und politischer Probleme. Immerhin hatte sich der Goldstandard in den meisten Industrieländern bereits mehr als fünfzig Jahre lang bewährt, um Wechselkurse und Kapitalströme zu handhaben. Während es also rückblickend falsch gewesen sein mag, ihn zu stützen, lag darin nichts augenfällig Schräges, bot er sich doch in einer sonst turbulenten und chaotischen Welt als ein Anker der Gediegenheit und Zuverlässigkeit an. Die anderen Sünden dagegen sind kaum verzeihlich, denn sie bestanden darin, einige der robusten Wirtschafts- und Finanzgrundsätze des 19. Jahrhunderts über Bord zu werfen oder zu vergessen.

Ausgesprochen schädlich wirkte, dass man die Banken im Stich ließ, besonders während der großen Pleitewelle eingangs der dreißiger Jahre, denn bei solchen systemischen Krisen müssen Regierungen einfach als letztinstanzliche Geldgeber einspringen und ausgewählten Instituten unbegrenzten Kredit gewähren: allerdings zu knallharten Konditionen, um zwar intern die verantwortlichen Manager abzustrafen, gleichzeitig jedoch den Vertrauensschwund gegenüber dem System als solchem stoppen. Der viktorianische Bankier und Finanzfachmann Walter Bagehot (seinerzeit auch Mitherausgeber des *Economist*) hatte das Modell der Zentralbank als letztinstanzlicher Geldgeberin um 1870 in seinem

Buch *Lombard Street* im Sinne eines neuen Dogmas ersonnen: Auf diese Weise müssten sich gute Banken nicht von schlechten mit in den Abgrund reißen lassen und könne man das Vertrauen wiederherstellen. Doch das widersprach in den dreißiger Jahren dem Grundsatz der »Liquidation«. So schaute man tatenlos zu, wie eine Bank nach der anderen zusammenbrach und einging.

In Europa nahm diese Vernachlässigung mit dem Kollaps der österreichischen Credit Anstalt, als der größten Bank des Landes, 1931 internationale Züge an. Die Regierung in Wien verhielt sich völlig korrekt, sprang ein und bürgte für die Einlagen des Instituts. Doch wuchs sich die interne Krise zu einer größeren aus, da die Sparer auch eine Abwertung fürchteten, zumal die Rettungsaktion auf eine Erhöhung der Geldmenge und damit faktisch eine Abkoppelung vom Goldstandard hinauslief. Gefragt war fortan also internationale Kooperation im Finanzwesen, ein Auslandsdarlehen an die österreichische Zentralbank, damit sie sowohl ihre Bürgschaften wahrnehmen als auch die Konvertierbarkeit des Schilling gewährleisten konnte. Zwar kam es zu Verhandlungen, aber die gingen nur schleppend voran und wurden schließlich von Frankreich blockiert, das diplomatische Zugeständnisse verlangte, um auf Kosten Deutschlands Gewinne machen zu können. Deshalb erhielt Österreich kein Darlehen und gab den Goldstandard auf – alsbald gefolgt von anderen Staaten. Im Konflikt mit der Außen- blieb die Finanzpolitik auf der Strecke.

Die zweite Kardinalsünde bestand darin, auf den Außenhandel als Wirtschaftsmotor zu verzichten – obwohl alle Indizien des 19. Jahrhunderts bezeugten, dass er und der mit ihm verwandte freie Kapitalverkehr eine wichtige Quelle des Wirtschaftswachstums bildeten. Der Handel, so hieß es, folgt immer der Flagge, und deshalb unternahmen die europäischen Staaten (weltweit) und sogar die Vereinigten Staaten (vor allem zwischen 1850 und 1870 in Japan) viele militärische Bemühungen, um ihre Handelswege zu sichern und andere Länder zu bewegen, sich daran zu beteiligen. Vielleicht waren viele Regierungen in den zwanziger und dreißiger Jahren bereits durch den engen Zusammenhang zwischen

Handel und Imperialismus – und damit durch den Stillstand der Expansion nach dem Ersten Weltkrieg – verblendet. Wie dem auch sei, mit der Errichtung von Zöllen und sonstigen Schranken gaben sie den Handel auf, allerdings mit sehr verhängnisvollen Konsequenzen.

Die Kombination aus Bankpleiten und schrumpfendem Außenhandel bedeutete, dass sich eine dem Ansatz nach mäßige Deflation mit sinkenden Preisen und Löhnen in beiden Feldern zu einem beispiellosen Absturz steigerte – der mancherorts bis zu fünfzig Prozent erreichte. Deflationen dieser Größenordnung lassen eine Wirtschaft erstarren, denn die Begüterten bleiben auf ihrem Geld sitzen und warten darauf, dass alles noch billiger wird, doch die Mittellosen finden keine Arbeit, zumal Kredite für die meisten Unternehmen zu teuer sind. Ein perfider Teufelskreis: Aufgrund der fallenden Preise gehen die Ausgaben drastisch zurück, doch später sinken auch die Einnahmen, da die Arbeitslosigkeit steigt, die Löhne absacken und damit der Verbrauch noch stärker abflaut.

Allerdings bietet die große Depression auch eine gewisse Ermutigung für das 21. Jahrhundert, und das in zweierlei Hinsicht. Zum einen steht sie für ein wirtschaftsgeschichtlich wahrhaft außergewöhnliches Ereignis. Selbst einen Karl Marx hätten die dreißiger Jahre zutiefst erregt, war doch zu seinen Lebzeiten (1818 bis 1883) nichts dergleichen geschehen – abgesehen von der immer noch erheblich milderen Depression der 1870er Jahre. Schädlich wirkte vor allem das sehr zeitspezifische Zusammentreffen von wirtschaftlichem Abschwung sowie kriegsbedingter Labilität der politischen Systeme und der internationalen Beziehungen.

Zum zweiten können die Nachgeborenen aus jenen schrecklichen Verwicklungen lernen, dass a) der Protektionismus solche Krisen noch verschärft, b) die Zentralbanken eingreifen müssen, um dem Bankwesen drohende Gefahren abzuwenden, c) der Staat bei massiver Geldknappheit für genügend Liquidität sorgen muss, d) Staatsanleihen und öffentliche Ausgaben in Extremfällen bis auf weiteres zur Wiederherstellung der Stabilität beitragen können. Selbstverständlich sind wir nie vor neuen, schweren Krisen gefeit. Wenn man jedoch diese klaren Lehren ernst nimmt und wirklich beherzigt, dürften sie in Zukunft weniger schmerzhaft und langwierig sein.

Weltweit gab es etliche weitere Abstürze und Wirtschaftsdramen. Ja, die vergangenen dreißig Jahre sahen eine Reihe von abscheulichen Episoden, darunter in den frühen siebziger Jahren der Zusammenbruch des Systems fester Wechselkurse, dann in den Achtzigern die Schuldenkrise Lateinamerikas, 1997/98 das Finanzdesaster Ostasiens und, gleichfalls in den Neunzigern, die besonderen Schwierigkeiten Russlands nach dem Ende der Sowjetunion und 1998 schließlich das Chaos in Indonesien nach dem Sturz Präsident Suhartos.

Doch in Wirklichkeit kam in den letzten hundert Jahren nur ein großes Beben an das Auf und Ab Amerikas während der zwanziger und dreißiger Jahre heran, nämlich die leider bis heute noch nicht völlig überwundene Erschütterung Japans ab den späten Achtzigern. In den Jahren 1924 bis 1929 war der für die Wall Street maßgebliche Aktienindex, der Dow Jones Industrial Average, um rund dreihundert Prozent gestiegen (eine Vervierfachung), um dann anschließend bis 1932 um vierundachtzig Prozent abzusacken. Ähnlich wie Amerika in den zwanziger war Japan in den achtziger Jahren von Euphorie darüber erfüllt, dass die alten Regeln nicht mehr galten und man eine »neue Wirtschaft« erfunden hatte. Industrie und Export brummten nur so, und daher wähnten alle, der Konkurrenz haushoch überlegen zu sein. Der Nikkei-Index, das Pendant zum amerikanischen Dow, stieg 1980 bis 1989 um 492 Prozent (knapp eine Versechsfachung), und die Immobilienpreise verdreifachten sich. Dann kam der große Krach: 1990 bis 1998 verloren der Nikkei vierundsechzig Prozent, die Immobilien mehr als zwei Drittel ihres Wertes.

Trotzdem erlebte Japan in den neunziger Jahren keine so schwere Depression wie Amerika in den Dreißigern, sondern nur eine entmutigende Phase mit Stillstand, wiederkehrenden Schüben scheinbarer Erholung und ebenso oft zunichte gemachten Hoffnungen. Gut ein Jahrzehnt nach dem Absturz ist Japan, wie schon im vierten Kapitel gezeigt, zwar weiterhin sehr anfällig sogar für eine schwere, anhaltende Rezession, doch der Vergleich fällt dessen ungeachtet eindeutig aus: Selbst im Anschluss an ähnliche Turbulenzen wie die amerikanischen der zwanziger Jahre sah Japan keine direkte Neuauflage der Dreißiger: Sein Lebensstandard blieb relativ hoch und die Arbeitslosigkeit ziemlich niedrig.

Auch wenn es verfrüht wäre, diese Phase für abgeschlossen und damit ihre Gefahren für gebannt zu erklären, lassen sich aus jenen Unterschieden zwischen dreißiger und neunziger Jahren heute schon gewisse Schlüsse ziehen. Vor allem liegt auf der Hand, dass die Bank von Japan genau den gleichen Fehler machte wie der US-Zentralbankrat – wiewohl nicht ganz so blindwütig –, als sie in den Achtzigern ihre Währungspolitik lockerte und damit eine enorme Spekulationswelle auf den Aktien- und Immobilienmärkten auslöste, um später durch schrittweise Anhebung der Zinsen den Krach vom Januar 1990 zu provozieren. Danach konnte sie sich jedoch aus Furcht vor neuerlicher Überhitzung nicht mehr dazu durchringen, die Zinsen wieder zu senken. Diese Vorsicht dürfte erheblich zur Destabilisierung der Lage beigetragen haben.

Allerdings trug das warnende Beispiel der Geschichte in zweierlei Hinsicht dazu bei, dass diese dramatischen Verwicklungen Japans nicht sofort eine schwere Krise heraufbeschworen: Zum einen kam diesmal kein Smoot-Hawley-Act, und die Weltmärkte blieben offen, sodass Japan die schrumpfende Binnennachfrage wenigstens durch Exporte auffangen konnte. Zwar schien dieser Zustand mitunter gefährdet, besonders während einer Rangelei mit Amerika wegen der Automobilexporte 1995, aber die dunklen Wolken zogen vorüber. So konnte der japanische Privatsektor in gewissem Maße vom Außenhandel profitieren, während der Binnenmarkt und der öffentliche Sektor tief in der Flaute steckten.

Zum zweiten folgte Japan nicht dem altehrwürdigen Sparideal, sondern ergriff fiskalpolitische Maßnahmen, um den Abschwung zu dämpfen, und diese Ausgaben fielen erheblich ins Gewicht: Allein Anfang der neunziger Jahre machten sie etwa fünfunddreißig – gegenüber den seinerzeit in Amerika nur acht – Prozent des Bruttoinlandsprodukts aus. Überdies war Japan gut gerüstet. Im Jahr 1990 hatte es einen Haushaltsüberschuss von 2,9 Prozent des Bruttoinlandsprodukts erwirtschaftet, den mehrere Investitionspakete bis zum Ende des Jahrzehnts in ein Defizit von neun bis zehn Prozent umkehrten. Daraus resultierte zwar ein lästiges Finanzierungsproblem, doch zunächst einmal hatte man die ansonsten fast sicher drohende Katastrophe abgewendet.

Als drittes Element spielte indes auch der Zufall mit, und er ließ die Verantwortlichen ihre eigenen dummen Fehler machen. Eine freie, gesunde Weltwirtschaft, verbunden insbesondere mit dem rapiden Wachstum auf Japans ostasiatischen Nachbarmärkten von 1990 bis 1997, half Nippon wieder auf die Beine und mochte das Finanzministerium hoffen lassen, dass sich sein übelstes Problem – die auf allen Banken des Landes lastende Unzahl nicht bedienter Kredite – mit der Wiederbelebung der Wirtschaft alsbald von selbst lösen würde. Also kaschierte man nicht nur in den eigenen Berichten das wahre Ausmaß der Sache, sondern ließ auch sehenden Auges und tatenlos zu, dass die Banken ihre Bilanzen frisierten.

In gewisser Weise zog man damit eine Lehre aus den dreißiger Jahren, nämlich dass der Staat eingreifen muss, um Bankpleiten zu verhindern, wiewohl in der verkehrten Richtung, denn hier ging es ja nicht um die Neuordnung des Finanzwesens, sondern um eine Realitätsverleugnung und die Deckung irreführender Geschäftsabschlüsse. Allerdings blieb man damit – rein formal betrachtet – der seit vier Jahrzehnten geübten Praxis treu: Mit Amerika verglichen waren Japans Nachkriegsregierungen in der Regel sehr interventionistisch gesinnt und vertraten die Ansicht, wegen ihres Wissensvorsprungs müssten ihnen alle blind folgen. Doch als ihre Eingriffe dann in den neunziger Jahren als wirkungslos und sogar schädlich galten, verloren viele Unternehmer und Investoren jegliches Vertrauen in das Urteil der Bürokraten, hielten ihre Maßnahmen eher für abwegig; durch ihre Täuschungsmanöver und aus der Luft gegriffenen Ankündigungen einer baldigen wirtschaftlichen Erholung hatten die Behörden am Ende also nichts anderes erreicht, als das Vertrauen der Öffentlichkeit restlos zu untergraben.

Da die Menschen zunehmend um ihre Arbeitsplätze bangen mussten, sparten sie verstärkt und gaben weniger Geld aus, was die Lage der Wirtschaft und der Banken weiter verschlechterte. Doch endgültig wendete sich das Glück des Finanzministeriums erst 1997, als die Ostasienkrise das ihre tat, um die japanischen Exporte auszubremsen und das Konsumentenvertrauen vollends in den Keller rauschen zu lassen. Damit rückte nun auch für Japan eine große Depression in den Bereich des Möglichen, denn die Verbraucherpreise sackten ab, die Haushalte stellten größere Anschaffungen zurück, und immer mehr Banken gingen unter. Als Reaktion darauf begann die Regierung endlich zu handeln, verstaatlichte einige Banken und spannte unter den anderen ein gewaltiges Sicherheitsnetz auf. Doch wiederholte sie alte Fehler und beherzigte nur einen Teil der Grundsätze Walter Bagehots: Zwar sicherte der Staat das Bankwesen als letztinstanzlicher Geldgeber, verband damit indes keine Strafmaßnahmen, um unfähige Manager auszuschalten und auf diese Weise die Institute zur fälligen Neuordnung und Straffung zu zwingen.

Wirtschaftlich gesehen, zog das japanische Beben von 1990 weniger einen Zusammenbruch als eine allmähliche Zermürbung nach sich. Die gesellschaftliche Stabilität beeinträchtigte das im ersten Jahrzehnt danach viel schwächer, als es die Erosion der dreißiger Jahre in Amerika getan hatte. So blieb die Arbeitslosigkeit gering, der Staat unterstützte die Wirtschaft, und die Existenz freier Weltmärkte sicherte den Bestand der meisten japanischen Großunternehmen. Eine Weile funktionierte diese Strategie der Improvisation in der Hoffnung auf bessere Zeiten. Trotzdem war die Lage für viele erbärmlich; die Selbstmordrate stieg genauso steil an wie die Konkursquote. Heute, zu Beginn des 21. Jahrhunderts, muss man sich allerdings fragen, ob Japans Regierung durch ihr bloßes Flickschustern, ohne tief greifende Einschnitte und Reformen, nicht vielleicht den Teufel mit dem Beelzebub ausgetrieben, das heißt eine Krise abgewendet hat, indem sie lediglich großes Potenzial für eine neue aufhäufte. Dafür sprechen einige böse Omen: Im Jahr 2001 begannen in Japan, selbst unter den Befürwortern radikaler Reformen, ähnliche Parolen zu kursieren wie in Amerika Anfang der dreißiger Jahre. Was man brauche, sagte Junichiro Koizumi, der in jenem Frühjahr mit einem klaren Reformauftrag zum Premierminister gewählt worden war, sei etwas Schmerzhaftes, eine Reinigung oder Liquidation. Der Präsident der Bank von Japan pflichtete ihm bei und erklärte (entgegen lautstarken Protesten), seine Zentralbank werde für eine strenge Geldpolitik bürgen, damit der Reinigungsprozess stattfinden könne. Im vierten Kapitel habe ich eruiert, welche Konsequenzen zu befürchten wären, wenn dieser Rettungsversuch scheitern sollte.

Irregeleitete Regierungen spitzen durch ihre politischen Fehler die Krisen des Kapitalismus erheblich zu und entscheiden auf diese Weise darüber, ob sich Wirtschaftsdramen in regelrechte Tragödien verwandeln. So viel folgt aus den beiden bislang vorgetragenen Beispielen für wirtschafts- und finanztechnische Labilität. Doch halten manche es für sehr ungerecht, dass Behörden sich von noch viel stärkeren, bösartigeren Stürmen, denen der Finanzspekulation, durchschütteln lassen müssen. Hinter den meisten Rezessionen steht nämlich, wie die dreißiger und neunziger Jahre bezeugen, das Platzen einer spekulativen Seifenblase. Wie abermals Walter Bagehot Mitte der dreißiger Jahre schrieb: »Zu bestimmten Zeiten verfügen sehr viele Dummköpfe über sehr viel dummes Geld … sodass es zur Spekulation … und danach zur Panik kommt.« Und gewiss liegt eines der Probleme des Liberalismus darin, dass in der heutigen Epoche des globalisierten, frei umlaufenden Kapitals zunehmend spekuliert wird, was die Wahrscheinlichkeit von panischen Reaktionen mit unabsehbaren Folgen für unschuldige Dritte deutlich erhöht.

Zweifellos haben viele den Absturz der ostasiatischen Finanzmärkte 1997/98 genau in diesem Sinne gedeutet, galt er doch als die erste schwere Krise in der Ära der Globalisierung. Der Einbruch begann eher unauffällig, als Thailand seine Währung, den Baht, abwertete. Zwar hatten zuvor schon viele Gelehrte Probleme für einzelne Länder angekündigt, darunter Thailand, Malaysia und Südkorea, aber kaum einer dürfte vorausgesehen haben, wie diese zusammenwirkten, um die gesamte Region in den Strudel zu ziehen. Hinzu kam eine weltweite Panik, als Investoren ein Land nach dem anderen flohen, um ihr Glück im jeweils nächsten zu versuchen, was eine seuchenartige Ausbreitung der Währungs- und Schuldenkrise in ganz Ostasien nach sich zog, die dann sogar, wie von Geisterhand gelenkt, über den Ozean auf Lateinamerika und von dort auf Russland übersprang.

Allerdings wäre es falsch, aus diesem Flächenbrand zu schließen, dass die neunziger Jahre den Finanzmärkten eine beispiellos extreme Unsicherheit bescherten. Panische Reaktionen sind, wie das Zitat von Bagehot belegt, ein uraltes Phänomen – auch wenn sie sich als ein integraler und stets beunruhigender Bestandteil des launischen Kapitalismus darstellen mögen. Und dass die globalisierte Panik eine lange Tradition hat, beweist der Wall-Street-Krach von 1929. Auch viele der um die Jahrhundertwende zu beobachtenden Bank- und Währungskrisen Lateinamerikas hatten einen internationalen Beigeschmack, da Argentinien und Brasilien scheffelweise Kapital aus Europa importierten.

Hinzu kommt eine weitere Konstante in Form eines besonders gefährlichen Finanzinstituts, das sich allerdings als das sicherste überhaupt ausgibt: die Bank. Ihre Brisanz resultiert, neben den heute unter Druck geratenen Profitmargen, vor allem aus dem konstitutionellen Missverhältnis von Aktiva und Passiva. Damit ist in Wahrheit nichts anderes gemeint als die finanzielle Chuzpe der Handelsbanken: Sie nehmen von den Einlegern kurzfristige Gelder auf, um diese als eher langfristige Kredite weiterzugeben. Der Haken dabei ist, dass Einlagen rasch dahinschwinden können, während die Kredite erhalten bleiben. Wenn also Banken in

Schwierigkeiten geraten, dann stets auf ganz Aufsehen erregende Weise. Zwar mögen Spekulanten flankierend mit zu großen Finanzkrisen beitragen, aber im Rampenlicht stehen immer die Banken selbst. So verhielt es sich in Thailand und Indonesien 1997/98, in Schweden 1990/91, in den Vereinigten Staaten nach 1930, in Deutschland und Frankreich 1901 respektive 1907 und ab 1991 in Japan.

Nun stellt sich allerdings die Frage, ob daran wirklich irgendetwas neu ist. Die beste Antwort darauf bieten der oben schon erwähnte Barry Eichengreen und sein amerikanischer Kollege Michael Bordo, die in einer Gemeinschaftsstudie der Weltbank alle Finanzkrisen des 20. Jahrhunderts miteinander verglichen haben, um eine der anfangs dieses Kapitels gestellten Fragen zu beantworten: Ist unsere heutige Zeit für derlei Wirren besonders anfällig? Dabei unterschieden die Autoren mit großer historischer Gründlichkeit zwischen zwei Hauptformen von Finanzkrisen – die seit der verbreiteten Einführung des Goldstandards 1880 ausbrachen – und kamen auf diese Weise einer dritten Variante auf die Spur, bei der Bank- und Währungsprobleme schnell aufeinander folgen. Wegen der lückenhaften Statistiken waren für den Gesamtzeitraum 1880 bis 2000 nur Vergleiche zwischen einundzwanzig Staaten möglich, doch ab 1973 konnten sechsundfünfzig Industrie- und Schwellenländer einbezogen werden – wobei man seinerzeit unter den Letzteren (in einer Art Euphemismus) im Aufbruch befindliche arme Nationen verstand.

Mehrere Aspekte ragen heraus. Erstens gehörte die Zeit ab 1973 tatsächlich zu den unstabilsten der vergangenen etwa hundert Jahre; nur die Zwischenkriegsphase mit der großen Depression wies mehr Währungs-, Banken- oder Zwillingskrisen auf. Demgegenüber lag deren Quote von 1880 bis 1913 bei einem Drittel und von 1950 bis 1971 bei der Hälfte des heutigen Wertes. Ist das schon aussagekräftig? Zumindest könnte man daraus schließen, dass die Globalisierung, und mit ihr das frei umlaufende Kapital, die Krisenhäufigkeit wachsen lässt. Doch auch 1880 bis 1913 war eine Phase der Globalisierung, in der das Kapital vermutlich noch ungehinderter als heute die Grenzen überschreiten konnte.

Zweitens traten viele der – gemessen am anschließenden Rückgang des Bruttoinlandsprodukts – schmerzlichsten Episoden im Zusammenhang mit Zwillingskrisen auf, bei denen Bank- und Währungs-, aber auch interne und externe Probleme zusammenwirkten: am stärksten zwischen den beiden Weltkriegen, kaum weniger heftig indes ab 1973. Als 1950 bis 1971 das in Bretton Woods vereinbarte System der festen Wechselkurse galt, gab es praktisch keine Bankenkrisen, allerdings einige Währungskollapse nach erzwungenen Abwertungen. Und vor 1913 bewirkte die starke Verbindlichkeit des Goldstandards, dass die Wechselkurse weitgehend unverändert blieben.

Ergänzend sei hier jedoch betont, dass die Zwillingskrisen fast nur in so genannten Schwellen- oder Entwicklungsländern und nicht in reichen Industrienationen auftraten. Die Globalisierung als solche kann also kaum etwas zu deren Erklärung beitragen, da sie arme und reiche Staaten gleichermaßen betrifft. Am meisten scheint es demnach auf die Robustheit der institutionellen und politischen Strukturen anzukommen, besonders auf die Strenge der Bankvorschriften und ihrer Beaufsichtigung, und damit auf die Stellung des gesamten Rechts- und Justizwesens. Das Problem liegt also in der Kombination aus globalisierten Kapitalströmen und ihnen gegenüber zu schwachen, labilen Ordnungssystemen.

Die richtige Reihenfolge wäre daher im Grunde, ein Land erst dann für den Kapitalverkehr zu öffnen, wenn seine Regelungsmechanismen diesem wirklich gewachsen sind. Doch in der Praxis haben es viele Entwicklungsländer andersherum probiert. Offenkundig übt der Wunsch nach Wirtschaftswachstum sowie dem ausländischen Kapital- und Technologietransfer, die es anheizen können, einen mächtigeren Reiz aus als die eher langweilige Pflicht, zunächst den politischen, organisatorischen und juristischen Boden dafür zu bereiten. Das ist bestimmt nicht sonderlich überraschend, denn auch in den heute reichen Staaten gingen ja zum Beispiel die gründlichen Regelungen des Bankwesens nicht aus weiser Voraussicht, sondern aus Krisen hervor. Allein, das kann uns zwar überzeugen, aber nicht erfreuen, bedeutet es doch, dass Schwellenländer dazu verurteilt sind, auf ihrem Weg von einer Krise in die nächste zu schliddern.

Drittens wiederum haben sich die betroffenen Länder im Laufe dieses Jahrhunderts jeweils ziemlich schnell wieder von derlei Krisen erholt. Obwohl er in den dreißiger Jahren schmählich versagte, fuhren sie anschließend mit einem festen, politisch glaubwürdigen Währungsregime wie dem Goldstandard (oder heute, so hofft man, dem Euro) meistens am besten. Der Grund liegt darin, dass die Anleger auch bei zeitweiser Aussetzung eines festen Wechselkurses mit seiner alsbaldigen Wiederherstellung rechneten, sodass nach dem Ende der Krise im Hinblick darauf neues Kapital zuströmte. Hingegen verfügten die halbfesten Kurse der ostasiatischen Staaten 1997/98 nicht über ein solches Korrektiv. Und in diesem Zusammenhang kommt es vor allem auf das Attribut »politisch glaubwürdig« an: Währungen lediglich im Gold zu verankern, ohne die möglichen Konsequenzen für den Binnenmarkt und den Fiskus zu bedenken, dürfte kaum lange überzeugend wirken. Vor diesem Dilemma stand Argentinien 2000/01, denn obwohl die feste Dollarbindung seines Peso die Hyperinflation gestoppt hatte, wirkte sich die Maßnahme in sonstiger Hinsicht schädlich aus. Da nur elf Prozent der argentinischen Exporte in die USA gingen, brachte das dort ausgeschaltete Währungsrisiko wenig, doch dafür litt man jetzt unter der Stärke des »Greenback« gegenüber den Währungen wichtiger Handelspartner, wie Brasilien. In der Folge konnte man im Dezember 2001 keine Auslandsschulden mehr bedienen, worüber die Regierung stürzte und die Dollarbindung des Peso wieder zerfiel – alles mit verheerenden binnenwirtschaftlichen Folgen.

Verschärft nun die gegenwärtige Phase der Globalisierung bestehende Probleme? Wenn man, wie es viele ihrer Kritiker tun, die Zeit nach 1973 in zwei Abschnitte unterteilt, um die ab 1988 zu beobachtende Beschleunigung und Intensivierung von der früheren Periode abzusetzen, so wirken die Befunde recht ermutigend.

Eichengreen, Bordo et al. fanden nämlich heraus, dass Währungskrisen vor 1988 viel häufiger auftraten als danach. Bei jenen der Banken verhielt es sich allerdings umgekehrt. Sie suchten, wie oben schon gesagt, vor allem Schwellen- und Entwicklungsländer heim und verbanden sich oft mit Währungsproblemen.

Was eine schwere Krise im Wesentlichen ausmacht, jedenfalls unter dem Aspekt von Konkursen, Kündigungen und gesellschaftlichen Verwerfungen, ist ihre Dauer: Auch diesbezüglich wirkt die zitierte Studie eher beruhigend, denn im Laufe des Jahrhunderts waren weder in der einen noch in der anderen Richtung Unterschiede feststellbar. Die entscheidende Ausnahme bildete allerdings die große Depression. Und wie steht es mit der Intensität solcher Krisen, gemessen am relativen Produktionsausfall? Hier erscheint die Antwort noch tröstlicher. Heute beträgt die durch Währungskrisen bedingte Ertragseinbuße nur noch die Hälfte bis zwei Drittel der 1880 bis 1913, also im letzten Globalisierungsschub, gemessenen Quote. Bei Bankenkrisen sind es drei Viertel bis vier Fünftel, während sich bei Zwillingskrisen, mit ihren noch gravierenderen Folgen, nur minimale Differenzen ergaben.

Diese Befunde müssen in der Tat als beachtlich gelten, stellen sie doch klar, dass die modernen Zeiten nicht, wie der große Finanzier, Philanthrop und Globalisierungskritiker George Soros proklamiert, in besonders hohem Maße für finanzielle Kalamitäten anfällig sind. Doch sollten wir uns keineswegs zu früh freuen, denn trotz allem hat sich an den Problemen, die den Kapitalismus im Lauf der dreißiger Jahre an den Rand des Abgrunds brachten und der Menschheit fast eine schreckliche Alternative aufdrängten, im Grunde nichts geändert. Der Kapitalismus ist eben seinem Wesen nach unbeständig.

Hier ist jedoch eine gewisse Einschränkung zu machen, die Anhänger der freien Marktwirtschaft auf den ersten Blick gar nicht begeistern dürfte: Die wenigsten Banken- und Währungskrisen gab es zwischen 1950 und 1973, als das schon 1944 – also im gleichen Jahr wie die Weltbank und der Internationale Währungsfonds – in Bretton Woods (New Hampshire) vereinbarte System der festen Wechselkurse bestand. Neben diesen sah es vor allem vor, dass die meisten Staaten den Binnen- und Außenhandel streng beaufsichtigten, wobei es mit sehr wenigen Ausnahmen bis zu den achtziger Jahren blieb. Für die ärmeren Länder war das beileibe keine gute Zeit, da die Kapitalströme an ihnen vorbeiflossen; anders dagegen für die glücklichen reichen. Warum eigentlich?

Um das zu erklären, muss man beim Staat selbst ansetzen. Denn im Großen und Ganzen konnten die Regierungen der Industrieländer nicht umhin, aus der Weltwirtschaftskrise gewisse Lehren zu ziehen: dass bei hoher Arbeitslosigkeit die Gefahr politischer Katastrophen droht; dass es eine Täuschung ist anzunehmen, man solle – oder könne – Rezessionen einfach aussitzen; und dass die zentrale Planung sowohl Hitler als auch Stalin geholfen hatte, die Industrialisierung rapide voranzutreiben und Arbeitsplätze zu schaffen. Die Folge war bei allen reicheren Ländern eine erhebliche Ausdehnung der staatlichen Ausgaben und Eingriffe. Auch wenn das Ausmaß und die Natur der Expansion spezifische Unterschiede aufwiesen (bei den Ausgaben zum Beispiel lagen Amerika und Japan hinter Westeuropa, bei der Planung und Regulierung freilich dieses und Japan vor den USA), blieb die Stoßrichtung immer die gleiche.

Das ist zwar nur eine grobe Annäherung, doch damit entspricht sie der Art des Lernprozesses. Hitlers und Stalins Erfolg in Sachen »Vollbeschäftigung« basierte in Wirklichkeit auf brutaler Gewalt und der Abschaffung von reellen Löhnen. Wie sich bald erwies, brachte der Einsatz zentraler Planung außerdem stets bloß vorübergehende Vorteile. Sozialistische Regierungen (wie etwa die britische) fügten noch eine Prise Marx hinzu, indem sie »strategisch wichtige« Industrien wie den Montanbereich und die Eisenbahnen verstaatlichten, um den Zauber des öffentlichen Eigentums auszukosten, mussten dann aber feststellen, dass diese zunehmend am Tropf hingen.

Zwischen 1950 und 1973 erlebten die Industriestaaten ihr, auf das gesamte Jahrhundert bezogen, stärkstes anhaltendes Wachstum der Wirtschaft, der Produktivität und der Einkommen, wobei es unter den Männern kaum Arbeitslosigkeit gab. Der Produktivitätszuwachs fiel sogar höher aus als im Amerika der neunziger Jahre, das mit seiner Hightech-orientierten »new economy« lediglich an die damaligen Rekordraten anknüpfte. Manchen erschien jenes goldene Zeitalter als ein Paradebeispiel dafür, dass die Regierungen den Kapitalismus wirklich steuerten und in Schranken hielten. Demgegenüber seien die achtziger und neunziger Jahre, in denen viel von Deregulierung und Abbau der Staatsquote die Rede war, aber relativ wenig geschah, eine Ära gewesen, die das Sozialgefüge spaltete, indem sie anstatt der helfenden Hand des Staates rohe Marktkräfte walten ließ.

Auf der Gegenseite betont man einige andere Aspekte, darunter den, dass die Nachkriegszeit in einer ganz entscheidenden Hinsicht erheblich zum Abbau staatlicher Eingriffe beitrug. So habe das 1947 geschlossene Allgemeine Zoll- und Handelsabkommen (GATT) eine fortschreitende Absenkung der in den zwanziger und dreißiger Jahren errichteten hohen Handelsschranken – zumindest zwischen den nichtkommunistischen Industrienationen – in die Wege geleitet, was eine rasante Zunahme des Handels und, ab den frühen Sechzigern, der Auslandsinvestitionen multinationaler Konzerne nach sich zog. Dieser Sichtweise zufolge bürgte der Handel gepaart mit Frieden für Wachstum.

Betont wird ferner, dass die Staatsausgaben des goldenen Zeitalters von 1950 bis 1973, zumindest im Vergleich mit späteren Standards, ziemlich moderat blieben. Fassen wir die Richtwerte der zweiundzwanzig damaligen OECD-Länder zusammen, so lagen sie 1970 mit 32,3 Prozent des Bruttoinlandsprodukts auf dem heutigen Niveau der angeblich rigoros marktorientierten USA. In Frankreich, Deutschland und Großbritannien erreichten sie dagegen knapp vierzig Prozent. Erst zwischen 1970 und 1995 kletterten die öffentlichen Ausgaben in der OECD um nochmals zehn, teilweise sogar fünfzehn bis zwanzig Prozent, doch in Westeuropa setzte sich der Trend auch in den späten neunziger Jahren weiter fort. Allerdings gilt der Anstieg in den Siebzigern und Achtzigern nicht als Auswirkung des vorausgegangenen Erfolges, sondern als Antwort auf das langsame Wachstum und die hohe Arbeitslosigkeit jener Jahrzehnte. Seit 1980 oder 1990 sei die Staatsquote, an den Ausgaben gemessen, nirgendwo nennenswert gesenkt worden.

Zu viel Staat oder zu viel Markt? Darüber kann man trefflich streiten. Um die Rolle des Staates seit 1945 und seinen künftigen Beitrag zur Stabilisierung des Kapitalismus ruhig und sachlich zu beurteilen, gilt es allerdings, seine spezifischen Stärken und Schwächen ins Auge zu fassen. Da die Lehren des größten britischen Ökonomen, John Maynard Keynes, erheblich zu unserem Verständnis der dreißiger Jahre beigetragen haben, sollten wir von ihnen ausgehen.

Nach Lord Keynes' Tod 1946 erlangten seine Schriften einen gleichsam musealen Charakter, das heißt, man nahm sie nicht mehr ernst (außerdem kaum noch zur Hand), sondern interpretierte sie je nach Bedarf. Zwar hatte er selbst als erklärter Liberaler mit staatlichen Eingriffen geliebäugelt und war für Regulationsmechanismen eingetreten, doch seine bekannteste Vorschrift, dass öffentliche Ausgaben die Nachfrage ankurbeln sollten, zielte allein auf die seltene Ausnahmesituation einer deflationären Depression. Nach dem Krieg neigte er ebenso wie seine Schüler dazu, die eigenen Kenntnisse und Urteile absolut zu setzen.

Das führte zu einem schweren Missverständnis seiner Ansichten, das sich wohl nur durch die Empirie widerlegen ließ: der Annahme, dass Steuern und Ausgaben nicht nur dazu dienen konnten, im Fall einer Depression die Nachfrage in Gang zu bringen, sondern auch sehr gezielt das Tempo des Wirtschaftswachstums und das Beschäftigungsniveau zu regeln. Das Problem dieser Form von »Feinabstimmung« liegt offenkundig in einem unvermeidlichen Informationsdefizit: Unsere Kenntnisse darüber, was sich in einer Volkswirtschaft abspielt, sind immer provisorisch und überholt, und bis sich steuerliche respektive fiskalische Maßnahmen auswirken, vergeht obendrein noch unabsehbar viel Zeit.

Ähnliches gilt für Zinsänderungen. So verfehlen Regierungen und ihre Legionen von Wirtschaftsberatern regelmäßig den richtigen Einsatz – beschleunigen, wenn eine Beruhigung erforderlich wäre, und umgekehrt. Dem Modell der Feinabstimmung liegt ein ähnlicher Irrtum zugrunde wie der zentral geplanten Kommandowirtschaft: das Axiom einer Allwissenheit des Staates, die es prinzipiell nicht geben kann.

Hilfreich scheint jedoch die Annahme Keynes' zu sein, man müsse das natürliche Auf und Ab der Ausgaben und Einnahmen geschickt nutzen, um Rezessionen gegenzusteuern und Überhitzungen vorzubeugen. Die Stärke der »automatischen Stabilisatoren« (so genannt, weil die Steuern bei Rezessionen ebenso automatisch sinken wie die Ausgaben steigen) sollte wahrscheinlich darauf beruhen, dass ein schwergewichtiger Staat die Konjunkturschwankungen tendenziell auffängt. Gewiss fielen diese seit 1950 in den reichen Ländern relativ gemäßigt aus, doch daran dürften auch andere Faktoren mitgewirkt haben, besonders die verbesserte Bankenaufsicht. Sicherlich kann eine kräftige allgemeine Fiskalspritze durchaus positiv wirken: Japans enorme öffentliche Investitionspakete der neunziger Jahre gingen direkt auf Keynes zurück. Zwar mögen Krisen, wie Eichengreen, Bordo et al. gezeigt haben, heute genauso häufig auftreten wie ehemals, sie werden aber durch den Umfang und das Gewicht der Staatsausgaben gemildert. Während der Privatsektor einen Abschwung noch beschleunigen und in eine echte Rezession treiben kann, wenn Unternehmen und Haushalte auf Sparkurs setzen, neigen Staatsetats naturgemäß in die Gegenrichtung (sofern die Regierungen mitmachen).

Eine weitere Komplikation ergibt sich jedoch aus einer ganz bewussten Fehldeutung von Keynes in Verbindung mit den natürlichen Anreizen der Demokratie. Regierungen wollten, so erwies sich, mit Hilfe der Fiskalpolitik nicht nur Arbeitsplätze schaffen, sondern allgemein auch den Lebensstandard heben – schließlich stellen die Erwerbslosen ja nur einen relativ geringen Teil der Wählerschaft. Statt also, wie Keynes empfahl, Konjunkturschwankungen jeweils mit ihren Überschüssen und Defiziten zu steuern, erzielten sie in der Regel gar nicht erst Überschüsse.

Das führte zu einem allmählichen Anstieg der Inflation, den später der Vietnamkrieg und die Ölkrise massiv beschleunigten. In Verbindung mit der fehlenden politischen Bereitschaft, interne Ziele für internationale zu opfern, resultierte daraus die Verabschiedung der in Bretton Woods vereinbarten festen Wechselkurse zugunsten schwankender. Fortan wurde es immer schwerer, Kapitalströme zu kontrollieren – zumal die Fiskalpolitik in den folgenden gut zwanzig Jahren zwischen hohen und sehr hohen Defiziten schwankte, was viele Staaten zwang, ihre Anleihen sowohl im In- als auch im Ausland aufzunehmen. Das hätte Keynes kaum gefallen. Denn auf diese Weise hatte sich seine Lösung des Deflationsproblems in eine Ursache der chronischen Inflation verwandelt.

Dummerweise weist die Fiskalpolitik stets entsetzliche Asymmetrien auf. Anders gesagt, alle – ob Wähler, Gewerkschaften, Ministerien oder Interessengruppen – finden gute Argumente dafür, die Staatsausgaben zu erhöhen, mehr Geld aufzunehmen und die Steuern zu senken. Politiker, die Arbeitsplätze schaffen und den Lebensstandard heben möchten, belasten dazu am liebsten direkt den öffentlichen Sektor, anstatt auf Beiträge des privaten zu hoffen. Allerdings finden nur wenige Bürger oder Lobbys Gründe dafür, dass der Staat seine Ausgaben senken und zugleich die Steuern erhöhen sollte. Besitzstandswahrung heißt, einmal erhaltene Sozialleistungen nicht wieder preiszugeben. Das sieht man überdeutlich am Wohlfahrtsstaat – jener Verbindung von Ausgaben- und Steuerpolitik, die mehr oder weniger in allen reicheren Ländern dem Anliegen dient, für das Erziehungs- und Gesundheitswesen, die Sozialfürsorge, die Arbeitslosigkeit und Invalidität sowie die Altersrenten aufzukommen.

Dieser Anteil der Staatsausgaben ist seit 1960 am rasantesten gestiegen, und zwar in guten wie in schlechten Zeiten: Damals machten sie zehn bis fünfzehn, heute bereits fünfundzwanzig bis fünfunddreißig Prozent des Bruttoinlandsprodukts aus. Zwar standen hinter dieser Steigerung nur die edelsten Absichten, aber sie brachte nicht im gleichen Maße Glück – wirkte allerdings zuzeiten durchaus beruhigend. Trotz des spektakulären Höhenfluges der Wohlfahrtspflege hat die Unzufriedenheit mit den Sozialleistungen sogar in Frankreich, Holland, Skandinavien und Deutschland, wo sie am umfangreichsten sind, stetig zugenommen. Außerdem vermochten sie nichts gegen die Erwerbslosigkeit auszurichten. Da das Arbeitskräftepotenzial in den achtziger Jahren dank des demographischen Wandels schnell stieg und die Strukturen zugleich aufgrund intensiver Lobbyarbeit für immer mehr Schutzrechte zunehmend erstarrten, entwickelte Westeuropa ein hartnäckig hohes Niveau der Arbeitslosigkeit mit Quoten von, je nach Land, acht bis zwanzig Prozent. Großzügige Sozialleistungen bedeuteten, dass der Zustand für die Betroffenen in den achtziger und neunziger Jahren sehr erträglich und die politische Stabilität nicht bedroht war. Doch trugen eben diese Leistungen ihrerseits mit zum Problem bei, indem sie nicht gerade die Motivation steigerten, sich intensiv um eine Stellung zu bemühen. Jedoch fördern letzten Endes lange Zeiten im gesellschaftlichen Abseits auch die Unzufriedenheit und Verzweiflung.

Man könnte das zunehmende Missfallen am Staat als eine bloße Folge übertriebener Erwartungen oder gar groben Undanks abtun, kämen nicht noch zwei weitere Probleme hinzu. Erstens können sich, so schlimm es ist, die Lebensbedingungen der Ärmsten, trotz aller Beihilfen und Leistungen, in vielen Ländern faktisch verschlechtern. Hierfür gibt es naturgemäß ebenso unterschiedliche Erklärungen wie Lösungsvorschläge. Zweitens stimmen jene, die mehr Geld brauchen – also fast alle –, an den Wahlurnen sowohl gegen Steuererhöhungen als auch gegen eine Umverteilung von den Mittelschichten auf die Armen. Das führt zu folgendem Dilemma: Der Bedarf an Wohlfahrtspflege steigt, aber niemand will dafür aufkommen.

Daraus ergeben sich merkwürdige Konsequenzen. Die Unbeständigkeit des Kapitalismus, von der die Weltwirtschaftskrise der dreißiger und die japanische der neunziger Jahre augenfällig genug zeugen, verlangt nach einer mäßigenden, stabilisierenden Funktion des Staates. Dieser müsste teils regulierend eingreifen – wie im Fall der Bankenaufsicht –, teils Krisen bewältigen – etwa als letztinstanzlicher Geldgeber oder Hüter der Währung und des freien Handels –, teils seine Ausgaben und Anleihen als automatische Stabilisatoren wirken lassen. Darüber hinaus wollen die meisten Länder jedoch ein Sicherheitsnetz für die Armen aufspannen und nehmen an, dass bestimmte Leistungen – wie das Erziehungs- und Gesundheitswesen – ganz oder teilweise aus Steuern finanziert werden sollten. Mit dem 1945 durchgesetzten allgemeinen Wahlrecht treibt auch die Demokratie in Richtung einer höheren Staatsquote, da es sehr reizvoll wirkt, die Wähler mit ihrem eigenen Geld zu bestechen, und ein unausweichlicher Druck herrscht, mehr anstatt weniger Leistungen anzubieten. Doch der korpulente Staat – und keines der reicheren Länder, auch nicht die USA, kann sich derzeit eines schlanken Staates rühmen – bringt ebenso üppige Nachteile mit sich.

Einer davon ist prinzipiell unabdingbar: Steigende Steuern und ausufernde Vorschriften schränken die wirtschaftliche Freiheit der Bürger ein, was zwar der Preis für ein anderes Recht, wie etwa die Gleichheit, sein mag, aber gründlich hinterfragt werden sollte, da sie auch in Demokratien in der Regel lediglich kleinen Minderheiten dienen. Die anderen Nachteile sind dagegen rein praktischer Natur: Der eine resultiert aus dem bereits genannten Bedenken, dass Regierungen keineswegs allwissend sind und daher im Hinblick auf die Regelung der Wirtschaft viel mehr versprechen als halten können; der andere liegt in mangelnder Flexibilität – einem Gebrechen aller großen Organisationen –, sodass ein gegebener Kurs bei Bedarf kaum noch zu korrigieren ist. Doch irgendwann braucht jede Gesellschaft grundlegende Veränderungen. Der Kapitalismus nimmt diese bevorzugt Schritt für Schritt in Angriff, wohingegen der korpulente Staat am Ende stets den sprichwörtlichen großen, drastischen, schmerzhaften »Ruck« bemühen muss.

Zwar können wir uns im Fortgang des 21. Jahrhunderts darauf verlassen, dass der Staat einen gewissen Schutz vor den Launen des Kapitalismus bietet, da er bei schwersten Krisen zumindest das Ausarten wirtschaftlicher Turbulenzen verhindern kann, doch ist er nun seinerseits zu einem Problem geworden, hemmt den Fortschritt und erzeugt mitunter Unbeständigkeiten eigener Art. Außerdem sieht er sich ständig der Forderung ausgesetzt, mehr und immer mehr zu tun, um zwecks Lösung alter und neuer Probleme einzugreifen. Als in den sechziger und siebziger Jahren der Sozialismus, besonders in Europa, seine Blütezeit erlebte, sollte er sogar eine spezielle Konsequenz des Kapitalismus beseitigen: die Ungleichheit. Die sozialistischen Moden kommen und gehen, doch die Angst vor Ungleichheit wird uns sicherlich immer verfolgen.

9. Das Wohlstandsgefälle

Menschen werden nicht als Gleiche geboren. Zwar leben freiheitlich demokratische Gesellschaften von der Überzeugung, dass alle die gleichen Staats- und Bürgerrechte haben sollten, wie es im »Grundgesetz« und mehreren anderen Verfassungen festgeschrieben ist. Ungeachtet der jeweiligen politischen Institutionen und Ideologien sind die Fähigkeiten jedoch ganz ungleich verteilt.

Derlei nicht direkt beeinflussbare Unterschiede scheinen uns jedoch keine übermäßigen Sorgen zu bereiten. Zwar mögen wir Glückskinder beneiden, nehmen aber im Allgemeinen ruhig hin, dass wir wenig gegen bescheidenere Gaben ausrichten können. Ungleichheit dieser Art gilt schlicht als ein Faktum.

Klar erscheint allerdings auch, dass die Ungleichheit ihrem Wesen nach nicht allein dem Kapitalismus eigentümlich ist, sondern generell zum Leben gehört. Da Wettbewerb und Ungleichheit nur zwei Seiten einer Medaille sind, ergibt sich ganz natürlich, dass Menschen um Vorteile kämpfen, sei es in puncto Nahrung, Ansehen, Macht, Sexualität oder Reichtum. Nur wenige halten diese Art von Konkurrenz für etwas Abwegiges. Der Drang zu arbeiten, zu investieren, Risiken einzugehen, erwächst direkt aus dem Bestreben, Nachteile zu überwinden, um sich Vorteile zu verschaffen.

Ungleichheit wird es ebenso immer geben wie Neid oder Konkurrenz. Das ist unabänderlich und an sich kein Übel. Nun fragt sich allerdings, wie viel Ungleichheit zu viel ist. Wo verläuft die

Scheidelinie zwischen gerecht und ungerecht? Bei welchem Grad der Ungleichheit kommen die Sozialbindungen aus den Fugen? Diese Fragen erwiesen sich im 20. Jahrhundert als sehr gravierend, oder zumindest zogen die Antworten darauf gravierende Konsequenzen nach sich. Ferner gilt dieser Aspekt als eine der größten Schwächen des Kapitalismus, besonders in seiner heutigen Dimension. Denn die mit der Globalisierung einhergehende zunehmende Ungleichheit könnte das gesamte System aus den Angeln heben.

Das ist eine prinzipiell sehr ernst zu nehmende Besorgnis. Zu große Abstände beim Einkommen, beim Lebensstandard und bei den Berufsaussichten können in der Tat eine ganze Gesellschaft destabilisieren, da sie den Rechtsgrund der herkömmlichen Verteilungsmechanismen infrage stellen. Bei den Armen (oder Ärmeren) wächst die Versuchung, ihre Gefügigkeit aufzugeben und sich zusammenzuschließen, um ein größeres Stück vom Kuchen zu fordern. Das mag mit Hilfe von Steuern oder anderen demokratischen Verfahren erfolgen, wenn nicht gar durch direkte Zwangs- oder Gewaltmaßnahmen. Oder, um die internationale Ebene einzubeziehen: Die Habenichtse könnten dorthin umsiedeln, wo die Weiden üppiger erscheinen, um am allgemeinen Wohlstand teilzuhaben – respektive in ihrer Wut über die eigene Benachteiligung einfach versuchen, den Bessergestellten durch Terrorakte zu schaden. Im Extremfall mögen ihre Regierungen sogar auf den Gedanken kommen, ob nun um der breiten Masse oder der Elite willen, militärisch in fremdes Gebiet einzudringen, um derart das Wohlstandsgefälle kurzerhand auszugleichen. Als Saddam Hussein 1990 auf die Ölfelder Kuwaits zugriff, wollte er angeblich nur ein aus seiner Sicht bestehendes altes Unrecht aus der Welt schaffen.

Gewöhnlich heißt es, die Schere der Ungleichheit könnte sich unter bestimmten Umständen so unerträglich weit öffnen, dass es zu unabsehbaren Folgen kommt. Doch an welchen Punkten und mit welchen Konsequenzen? Um diese Frage angemessen beantworten zu können, muss man zwei Motive klar voneinander unterscheiden, nämlich Ungleichheit *in* und *zwischen* Gesellschaften oder Nationen.

Zwar wirken auf beiden Ebenen die gleichen Prinzipien, doch ein simples Gegensatzpaar lässt erkennen, warum diese Abgrenzung sinnvoll ist: Auf der einen Seite haben sich die Verhältnisse *innerhalb* der meisten Staaten, besonders aber in den führenden etwa dreißig, was Wohlstand und Einkommen angeht, im Laufe des 20. Jahrhunderts zunehmend angeglichen. Zwar gab es Schwankungen und nahm die Ungleichheit in den letzten zwanzig Jahren meist wieder zu, doch insgesamt kam es zwischen 1900 und 2000 zu einer deutlichen Annäherung. Auf der anderen Seite ist das Bild *zwischen* den Ländern durch ein stetiges Auseinanderdriften von Reich und Arm geprägt. Unterbrechungen ergaben sich nur, wenn die Einnahmen der wohlhabenden Staaten stagnierten oder sanken, doch während manche etwas aufholten, fielen die meisten noch weiter zurück.

Diesen beiden Mustern – *innerhalb* und *zwischen* – lagen also sehr unterschiedliche Erfahrungen zugrunde, und ebenso unterschiedlich sind die jeweiligen Nährböden der Ungleichheit und die soziopolitischen Reaktionen darauf. Grundsätzlich gilt, dass sich die *internen* Faktoren stärker auf den Zusammenhalt, die Politik und das Verhalten auswirken als die *externen.* Daher haben Sorgen über die innere – im augenfälligen Gegensatz zur äußeren – Ungleichheit im Laufe der Zeit stets Gegenmaßnahmen erzwungen. Dementsprechend werde ich die beiden Aspekte hier in getrennten Kapiteln abhandeln: zunächst die *inner-* und anschließend die *zwischenstaatliche* Ungleichheit.

Warum sollten die reicheren Länder im letzten Jahrhundert eine Verminderung ihrer Gegensätze erlebt haben? Schließlich sieht das statistische Bild viel verworrener und komplexer aus, als es diese kühne These nahe legt. Alle Staaten durchliefen sehr verschiedene Phasen der Gleichheit, wobei vieles davon abhängt, was man misst: ob nun das Vermögen oder die Verteilung der verfügbaren Einkommen (vor oder nach Steuer?) auf die Individuen, Haushalte respektive sämtliche gegebenen Zurechnungseinheiten. Doch muss man keine statistische Pedanterie betreiben, um grundlegende politische und gesellschaftliche Schlüsse zu ziehen: Längerfristig betrachtet sind die sozialen Abstände in den reichen Ländern geschrumpft. Zwar begannen sie in den achtziger Jahren wieder zu wachsen, doch das ändert nichts am Gesamtbild.

A. B. Atkinson vom Oxforder Nuffield College hat in einem sehr lehrreichen Artikel zum Thema »The distribution of income in the UK and OECD countries in the twentieth century«* gezeigt, wie unübersichtlich die Datenlage speziell für die Zeit vor 1950 ist. Gleichwohl ergibt sich für Großbritannien, dass die Ungleichheit der Einkommen, besonders von 1900 bis 1920 und dann erneut von 1940 bis 1980, stark zurückgegangen war; in den Vereinigten Staaten, bei ähnlich lückenhaften Daten, entsprechend von 1929 bis etwa 1950 und in den sechziger Jahren, doch dort nahm sie ab 1970 wieder zu. In Frankreich hielt die Angleichung bis etwa 1985 an, ohne danach deutlich einzubrechen, während die Schere in der Bundesrepublik Deutschland ab den Achtzigern, also bereits vor der Wiedervereinigung 1989/90, sich wieder weiter öffnete.

Zwar lässt sich nicht genau ermitteln, warum diese Abstände schrumpften, doch können wir durchaus gewisse Trends feststellen: Die Einkommen näherten einander vor allem deshalb an, weil immer mehr Menschen in den Genuss einer Schulausbildung kamen und damit zuvor nur Reichen verfügbare Fertigkeiten und Aufstiegschancen erlangten. In zweiter Linie mussten die Eliten, gewöhnlich Großgrundbesitzer oder Rentiers, Einkommens- und Vermögenseinbußen hinnehmen – sei es wegen Bodenreformen, nachlassender Erträge oder steigender Kosten.

Auch neue erbrechtliche Gepflogenheiten oder sogar Gesetze beeinträchtigten die Stellung der Eliten. Wenn zuvor eine Tradition des Erstgeborenen als Alleinerben dafür gesorgt hatte, dass

* In: *Oxford Review of Economic Policy*, Bd. 15, Nr. 4, Winter 1999.

große Güter und Vermögen beisammen blieben, so splitterte zum Beispiel ein Pflichtteilsrecht diese Besitzungen relativ schnell auf. Unterschiedliche Erbregelungen erklären auch, weshalb sich der Wohlstand in Amerika ganz anders entwickelte als in Westeuropa. Zwar hatten viele europäische Aristokraten des 19. und 20. Jahrhunderts ihr Geld, ähnlich wie die Rockefellers, die Vanderbilts oder heute Bill Gates, im Handel verdient, dann jedoch Güter damit erworben und diese dann einem Alleinerben übertragen, der seine Pflicht meist nur darin sah, sie zu bewahren und verwalten, ohne allerdings zu reinvestieren. Demgegenüber hatten auch die Superreichen Amerikas im 20. Jahrhundert ihren Grundstock geerbt, nur eben in kleineren Paketen, was sie veranlasste, nach lukrativen Anlage- oder Spekulationsmodellen zu suchen. Mit dem Niedergang des Adels haben sich die europäischen Vererbungsbräuche im letzten halben Jahrhundert auf breiter Front den amerikanischen angenähert.

Die Börsenhausse der neunziger Jahre kehrte den rückläufigen Trend an der Spitze wieder um, wenngleich dabei ein völlig anderer Schlag von Neureichen entstand. Trotzdem blieb es bei der besagten Annäherung, da aufgrund der Rationalisierung und der verstärkten Konkurrenz die Preise sowohl der Konsum- als auch der Luxusgüter gesunken, die Löhne hingegen gestiegen sind: Löhne zahlt im Wesentlichen nur eine Minderheit, während die Übrigen den Großteil ihres Einkommens für den täglichen Bedarf aufwenden.

Eine Annäherung fand auch deshalb statt, weil die Sozialleistungen – nicht nur im Erziehungs- und Gesundheitswesen, sondern ebenso in der Wohlfahrtspflege – kräftig aufgestockt wurden. Außerdem kamen noch nicht finanzielle Ursachen hinzu: Das Arbeits- und Sozialrecht bürgte zunehmend für einen festen Jahres- sowie Mutterschafts- oder sogar Vaterschaftsurlaub, wovon ein Jahrhundert zuvor kaum jemand zu träumen gewagt hätte. Und in diesem Zusammenhang können sich heute selbst Familien mit mittleren oder niedrigen Einkommen einen gewissen Lebensstandard leisten.

Die Wirtschaftswissenschaftlerin Dora Costa vom Massachusetts Institute of Technology hat das Phänomen des um sich greifenden Luxus 1997 im Auftrag des National Bureau of Economic Research untersucht. Dabei bewertete sie nicht die Einkommensverteilung, sondern den durchschnittlichen Lebensstandard anhand der Freizeitausgaben, und legte hierfür bis zum Jahr 1888 zurückreichende Konsumstatistiken für Amerika zugrunde. Damals gaben Familien von Industriearbeitern weniger als zwei Prozent ihres Einkommens für Erholungszwecke aus, jedoch rund drei Viertel für die Grundbedürfnisse Nahrung, Unterkunft und Kleidung. Im Jahr 1991 lagen die entsprechenden Anteile bei sechs respektive achtunddreißig Prozent.

Die Gesamtaufwendungen für Freizeitgestaltung – ein schwer zu definierender Begriff, unter den jedenfalls Reisen, Unterhaltung und Urlaube fallen – sind in Amerika seit Anfang des 20. Jahrhunderts von zwei bis drei auf rund zehn Prozent des Bruttoinlandsprodukts angestiegen. Im Übrigen verzeichnete die breite Masse einen drastischen Abbau der Arbeitszeiten. Im Unterschied zu den Briten der Jahrhundertwende mit zweitausendsiebenhundert Jahresstunden absolvierten die Beschäftigten der Industrieländer in den Neunzigern bloß noch vierzehn- bis achtzehnhundert. Außerdem ist seit den Fünfzigern bezahlter Urlaub die Regel, von zwei bis drei Wochen jährlich in Amerika und Japan bis zu sechs Wochen in Deutschland. Ab den sechziger und siebziger Jahren traten dann schließlich ganz gewöhnliche Bürger dem »Jetset« bei.

Ein weiteres wichtiges Anzeichen für mehr Gleichheit enthält die Entwicklung beim Dienstpersonal. Noch vor hundert Jahren beschäftigten mäßig wohlhabende Familien mehrere Bedienstete, die normalerweise, ob in Kellern oder Mansarden, mit im Hause lebten. Heute halten nur noch die Schwerreichen Personal, allerdings meist in nur geringer Zahl. Dafür nehmen in den Industrieländern weite Kreise gelegentlich Putzhilfen oder Babysitter in Anspruch, allerdings beileibe nicht in dem Umfang oder Maß, wie man sich um die Jahrhundertwende Personal leistete.

Zu diesem Wandel trug auch die Technik erheblich mit bei. Der Staubsauger, die Waschmaschine, das Auto, Gas- und Elektroherde: Sie alle haben Menschen ersetzt. Auch die Erziehung spielte eine spürbare Rolle, denn mit der Zunahme öffentlicher Schulen verringerte sich die Anzahl von billigen jungen Haushaltshilfen.

Das alles sind jedoch bloß Symptome und keine Ursachen. Welche Folgen hatten die verbesserten Ausbildungsmöglichkeiten? Warum näherten sich die Einkommen in solchem Maße an? Warum kam es zu einem derart starken Ausbau der Sozialleistungen? Zwei Faktoren sind hierbei wesentlich: zum einen die Folgen der Demokratisierung – die ihrerseits auf einen Änderungsdruck der urbanen Arbeiter- und Mittelschichten zurückging; zum anderen die Wirtschaftsentwicklung mit der eindeutigen Tendenz, den Beschäftigten immer mehr Fachkenntnisse und Fertigkeiten abzuverlangen, was einen stetigen Übergang von der hierarchischen Stände- zur Leistungsgesellschaft bewirkte.

Daron Acemoglu und James A. Robinson haben im Rahmen einer Harvard-Studie* eine ohnehin nahe liegende Vermutung durch empirische Daten untermauert: Alle zentralen demokratischen Reformen im Großbritannien, Deutschland, Frankreich und Schweden des 19. und frühen 20. Jahrhunderts (zum Beispiel Ausdehnung des Wahlrechts) fielen in Zeiten mit einem Höchstmaß an Ungleichheit. Kurz, die Öffnung der Schere ließ den soziopolitischen Reformdruck steigen, was die herrschenden Eliten veranlasste, den unzufriedenen Massen mehr Mitbestimmung zu gewähren. Sooft Aufruhr und Gewalt drohten, beugte man dem mit politischen Reformen vor.

Das wiederum brachte eine Nivellierung mit sich, denn nach einer gewissen Zeit beeinflussen demokratische Reformen ihrerseits die Regierenden, zumal sie bei ihren Maßnahmen nun stets nach den Wählern schielen. Daher die Einrichtung und der Ausbau des öffentlichen Schulwesens sowie anderer Dienste, daher die ständige Fortentwicklung des Arbeitsrechts, daher – auch

* Dem *Quarterly Journal of Economics* vom November 2000.

ohne den Druck der Sozialisten – die allmähliche Durchsetzung der Steuerprogression. Zwar hatte das vielfältige Auswirkungen auf die nach Steuern verbleibenden Einkünfte, führte aber in der Regel wiederum zu einer Annäherung.

In demokratischen Ländern bemüht man sich entweder, die Erwerbslosigkeit zu bekämpfen, oder ihr durch entsprechende Sozialleistungen den finanziellen Schrecken zu nehmen. Allerdings gilt das weniger für die Vereinigten Staaten als für Westeuropa oder Japan, doch auch dort haben sich die Verhältnisse seit dem »New Deal« der dreißiger Jahre zunehmend entspannt.

Falsch wäre es anzunehmen, dass zwischen Ungleichheit, demokratischen Reformen und dem Prozess der zunehmenden Nivellierung direkte oder ausschließliche Zusammenhänge bestehen. Was man nach wie vor beobachten kann, ist vielmehr ein Wechselspiel zwischen politischen und wirtschaftlichen Faktoren. Das Wachstum und der technische Fortschritt haben die fachlichen Anforderungen der Unternehmen beständig erhöht und zugleich den Regierungen die nötigen Steuermittel an die Hand gegeben, um das Erziehungswesen und sonstige Sozialleistungen zu finanzieren. Was Marx um 1850 noch nicht voraussehen konnte: Eine heranreifende moderne Wirtschaft benötigte kein anschwellendes »Lumpenproletariat«, sondern immer mehr optimal ausgebildete Fachkräfte, da sich ihr Akzent von der schlichten Handarbeit und Grobfertigung auf technisch anspruchsvolle Produkte und analytisch orientierte oder kreative Dienstleistungen verlagert hat. Die allgemeine Schulpflicht diente einerseits dem Kapitalismus, wurde andererseits aber auch durch ihn finanzierbar, und der hohe Ausbildungsbedarf trug wiederum, über den allmählichen Abbau der Ungleichheit, erheblich dazu bei, den Kapitalismus vor sich selbst zu schützen.

Die Entwicklung hin zur »Wissensökonomie« und zur »Intellektualisierung« wird schon seit mindestens einem Jahrhundert erörtert. Bereits 1910 postulierte der britische Sozialist Norman Angell in seinem Bestseller *The Great Illusion*, dass »der Hauptmotor unseres Zeitalters nicht mehr die Arbeitskraft, die Pferdestärke oder das Energiepotenzial ist, sondern die Intelligenz«. Peter Drucker, der Doyen unter den Management-Gurus, will den Begriff »Wissensarbeiter« in den frühen sechziger Jahren geprägt haben. Bei Tony Blair, Bill Clinton und einer Generation anderer Politiker fiel der Groschen Ende der Neunziger. Internet-Fans begrüßten das Aufziehen des »Informationszeitalters« oder der »schwerelosen«, »virtuellen« Wirtschaft gleich einer Offenbarung. Doch im Grunde ist das Ganze ein alter Hut. Schon während des gesamten letzten Jahrhunderts hatten die verbesserten Bildungschancen als nivellierende Kraft gewirkt, auch wenn sich die Inhalte seit einigen Jahrzehnten dank des gesellschaftlichen und wirtschaftlichen Wandels zunehmend verschieben. Gewarnt sei jedoch vor übertriebenem Optimismus. Zwar bewirkt die Erziehung eine Annäherung zwischen denen, die Zugang zu ihr haben und sie zu nutzen verstehen, gleichzeitig zieht sie aber eine neue Scheidelinie zwischen gewieften Nutznießern und jenen anderen, die nichts damit anfangen wollen oder können.

Heute ist es hingegen modisch, eine »Digitalschranke« zu beklagen: zwischen geübten Nutzern von PCs und davon ausgeschlossenen Menschen. Das mag eine gewisse Berechtigung haben, wenn man den Begriff auf die Unterschiede zwischen Staaten anwendet, da die in ärmeren Ländern fehlende informationstechnische Infrastruktur gewisse Investitionen behindert. Innerhalb von Staaten liegt der Fall jedoch klarer, denn in Wahrheit ist die Digitalschranke nur eine blumige Umschreibung für eine seit langem bestehende Bildungskluft. Entscheidend ist nämlich nicht die Fähigkeit, mit Computern umzugehen, zumal deren Benutzung immer einfacher erlernbar wird, sondern die im weitesten Sinne verstandene Alphabetisierung selbst.

Das Problem derer, die auf der falschen Seite der Digitalschranke stehen, liegt freilich gewiss nicht allein im mangelnden Zugang zu Computern oder zum Internet: Dem könnten öffentliche Bibliotheken abhelfen. Es liegt vielmehr in fehlenden Grundkenntnissen (das heißt Lesen und Rechnen), um überhaupt einen

Computer bedienen oder eine annähernd gut bezahlte Stellung erhalten zu können. Daher werden die Regierungen noch viele Jahre lang alles daransetzen müssen, um das öffentliche Erziehungswesen zu verbessern und auszubauen, nicht bloß zum Nutzen von Wählern mit Kindern, sondern auch der breiteren Öffentlichkeit, da von einem besseren Bildungsniveau stets die ganze Gesellschaft profitiert. Als Nebenfolge ergäbe sich außerdem eine Verminderung der durch die Bildungsschranke selbst begründeten Ungleichheit.

Zum anderen jedoch – und dieser eher einengende missliche Aspekt könnte gegen eine solche Lösung sprechen – gehören jene auf der falschen Seite der Bildungsschranke heute, zumindest in den fortgeschrittenen Industriegesellschaften, nicht mehr wie ehemals der Mehrheit an, sondern einer Minorität. Damit hat sich die brisante Frage der Ungleichheit von einer Klassenschranke auf eine Kluft zwischen der breiten Masse und einer »Unterschicht« von »Ausgeschlossenen« verlagert.

In gewisser Hinsicht hat die Ungleichheit dadurch etwas von ihrem früheren Zündstoff verloren, denn heute geht es nicht mehr um einen sozialen Konflikt zwischen den wenigen Bevorzugten und den vielen kleinen Leuten, der Politiker bei Wahlen immer schrecklich unter Druck setzt. Dafür ist das Problem nun sperriger geworden. Wer etwas gegen die Armut unternehmen will, benötigt öffentliche Mittel, und die kommen stets von der Mehrheit, sodass diese im Rahmen der Demokratie einmal von ihren eigenen Interessen absehen müsste, um jener Minderheit zu helfen. Für die gesellschaftliche und politische Entwicklung des nächsten Vierteljahrhunderts wird es entscheidend darauf ankommen, ob sie sich bereitfindet, dieses Opfer zu bringen.

Damit wären wir wieder bei dem gegen Ende des achten Kapitels skizzierten Thema der Grenzen des staatlichen Aktivismus. Aus empirischen Untersuchungen wissen wir, dass eine direkte Umverteilung von Einkommen zugunsten der Armen nicht gelingen kann. Fürsorgeleistungen reichen nicht aus und machen die Betroffenen tendenziell abhängig, halten sie also in der Bedürftigkeit fest. Wie dem auch sei, jedenfalls fokussieren Politiker in demokratischen Gesellschaften ihre öffentlichen Ausgaben gewöhnlich nicht auf eine kleine Minderheit von Wählern – und genau das sind die Armen ja heute –, sondern streuen sie möglichst breit, um ihre Wahlchancen nach Kräften zu erhöhen.

Eine weitere Grenze ergibt sich aus der schädlichen Wirkung von Angleichungsmaßnahmen – oder hohen öffentlichen Ausgaben – auf die Gesamtwirtschaft. Denn zu geringe Wachstumsraten gefährden nicht nur die Finanzierung steigender Sozialleistungen, sondern mindern außerdem die Bereitschaft der Mittel- und Oberschicht, sichtlich egalitäre Regierungen wiederzuwählen, was wiederum die Bildungsausgaben beeinträchtigen kann: Wenn die Mehrheit darauf drängt, vor allem die höhere Schulbildung zu fördern, leidet darunter der für die besagte Unterschicht in erster Linie erforderliche Ausbau von Grund- und Sonderschulen.

Liegt dies etwa daran, dass sich die Einkommensschere in den meisten Ländern, besonders aber in Großbritannien und Amerika, während der achtziger und neunziger Jahre wieder geöffnet hat? Ist die Politik von der Umverteilung abgerückt, um die Steuern zu senken, und hat das wiederum zu mehr Ungleichheit geführt?

Dies ist eine komplexe Fragestellung, mit vielen Nuancen von Land zu Land. In den USA zum Beispiel brachte die starke Immigration einen erheblichen Zuwachs an ungelernten Kräften, in Großbritannien dagegen spielte der Abbau von Sozialleistungen eine größere Rolle, und zwar besonders in den achtziger Jahren, als die Arbeitslosenquote massiv anstieg. Etwas Ähnliches vollzog sich in einigen kontinentaleuropäischen Staaten, namentlich Holland und neuerdings auch in Deutschland. In bescheidenem Maße haben alle Länder außerdem die Steuerprogression abgesenkt; zwar entfielen dabei die Spitzensätze, da aber schon bei mittleren Einkünften ziemlich hohe Tarife gelten, tragen nach wie vor die Besserverdienenden einen unverhältnismäßig großen Anteil der Steuerlast.

Gerade am oberen Ende der Einkommensskala liegen viele Hinweise auf des Rätsels Lösung. Der bis zum Jahr 2000 anhaltende Börsenboom mehrte das Vermögen der Aktionäre, die ganz überwiegend ohnehin schon gut betuchte oder wohlhabende Menschen sind. In den USA kam noch der Brauch vieler Unternehmen hinzu, ihre Führungskräfte unter anderem mit Aktien und Optionen – als Nebenleistungen freilich – zu entlohnen. Das lag teils am Marktfieber und dem Wunsch, die Interessen von Managern und Aktionären aufeinander abzustimmen, teils aber auch daran, dass Optionen buchhaltungstechnisch nicht voll anrechenbar sind, die Unternehmen also ohne Schmälerung ihrer Bilanzgewinne – im Fall der Internet-Neulinge sogar ganz ohne Gewinne – hoch qualifiziertes Personal abwerben konnten.

Dieses Phänomen ließ in Zeitungen, Journalen und politischen Foren eine öffentliche Diskussion über die Billigkeit und Gerechtigkeit solcher extremen Unterschiede bei den Einkommen und Vermögen wieder aufleben. Derlei Debatten könnten eigentlich eine Bereitschaft der reicheren Schichten offenbaren (oder wecken), den ärmeren zu helfen. Doch bisher war das nicht der Fall, zumal solche Diskussionen in der Regel keine klaren und einfachen Antworten auf die Frage liefern, was billig und gerecht ist und was nicht. Hier geht es um höchst komplexe Probleme. Das zeigt sich vielleicht am besten in den augenfälligen sozialen Einstellungen zum Glück, wie die Massenmedien sie widerspiegeln und verstärken.

Glück im Beruf scheinen wir anders zu beurteilen als Unternehmergewinne. Wenn Bill Gates von Microsoft oder Larry Ellison von Oracle gleichsam im Geld schwimmen, weil der Börsenwert ihrer Softwarehäuser extrem ansteigt, so stört das offenbar kaum jemanden. Aufgrund ihrer guten Ideen und deren Verwirklichung erscheint der Wohlstand verdient, ob man ihn nun für angemessen hält oder nicht. Mit dem Glück, den Ideen und der Entschlossenheit eines Bill Gates hätte ihn jeder von uns einheimsen können. Wenn jedoch ein Spitzenfunktionär, ein bloßer Angestellter, Hunderte von Millionen verdient, so gebiert das oft

Unzufriedenheit, weil er eben kein Unternehmer ist, kein Risiko trägt und keine genialen Ideen realisiert. Allerdings differiert der Grad der Akzeptanz von Land zu Land. In Amerika akzeptiert man die fürstliche Bezahlung Michael Eisners von Disney fast ohne Murren, wohingegen derlei in Deutschland, Großbritannien oder Frankreich gewiss einiges Stirnrunzeln auslösen würde.

Als ein wichtiger Aspekt gilt, ob die Vergütung missbräuchlich, das heißt durch Schwindel oder Schiebung, erlangt wurde oder sich einer gesunden Mischung aus Leistung und Glück verdankt. Im Laufe der neunziger Jahre scheinen sich die Einstellungen gegenüber dem, was britische Zeitungen als »fat-cat salaries« bezeichneten, weitgehend geändert zu haben. Astronomische Summen regten fast niemanden mehr auf, sofern sie mit entsprechend starken Bilanzen einhergingen. Faktisch resultierten die meisten wirklich saftigen Gehälter der späten neunziger Jahre beiderseits des Atlantiks wegen ihrer Aktienkursbindung im Wesentlichen aus der heftigen Börsenhausse. Dadurch konnten gewisse Glückspilze bis zum Jahr 2000 über alle Erwartungen hinaus absahnen. Um dabei schlecht abzuschneiden, musste man sich schon ziemlich anstrengen. Ähnlich wie im Sport und bei Lotterien hing viel vom Zufall ab, und die Gewinner rechtfertigten ihren Geldsegen hauptsächlich damit, dass auch andere Manager den Jackpot knackten. Das hat jedoch auch problematische Seiten: Wie die Skandale des Jahres 2002 bei den US-Konzernen Enron, WorldCom und Tyco zeigen, nutzten Führungskräfte ihre Macht aus, um dem Glück etwas nachzuhelfen und die Bilanzen zu ihren Gunsten zu frisieren oder zahme Aufsichtsräte zu überreden, ihnen ungeheure Aktienoptionen und enorme Darlehen einzuräumen, die später schlicht in Gehälter umgewandelt und »erlassen« wurden.

Derweil wurden die Armen, sowohl in Amerika als auch in Europa, bestimmt nicht viel reicher. Zwar ging es den zuvor Arbeitslosen, die nun in einer blühenden Wirtschaft unterkamen, ein wenig besser, das gilt jedoch nicht für die Schichten am untersten Rand der Gesellschaft: Auch ohne dass sie nach den meisten

Maßstäben merklich absackten, öffnete sich die Schere wieder sehr weit. Hinzu kam, dass die Unterschicht stetig anschwoll.

Sofern die Vergangenheit als Richtschnur dient, darf man hieraus folgern, dass unter dem Druck der Entrechteten weitere demokratische Reformen stattfinden müssten. Allerdings ist das, um es vorsichtig auszudrücken, in Amerika und Europa eher unwahrscheinlich, da dort die allgemeinen Grund- und Bürgerrechte bereits als verwirklicht gelten. Ähnliches gilt für Japan. In undemokratischen Industrieländern, also vor allem einigen der Tigerstaaten Ostasiens, wird dagegen der Reformdruck steigen, und die Situation könnte explosiv werden, falls die Regierungen kein geeignetes Ventil finden. Wie schon im dritten Kapitel gezeigt, steht China vor einer vergleichbaren Situation: In seiner weiteren Entwicklung wird die zunehmende Ungleichheit, falls es nicht gelingt, offizielle politische Kanäle dafür zu schaffen, gesellschaftliche Unruhen heraufbeschwören.

Bedeutet die Öffnung der Schere gleichwohl, dass sich demokratisch legitimierte Regierungen unter dem Druck unzufriedener Wähler gezwungen sehen werden, mittels finanzieller und juristischer Maßnahmen gegen die Ungleichheit vorzugehen? Und, um zur Ausgangsfrage dieses Kapitels zurückzukehren: Wird die Ungleichheit in den ersten Jahrzehnten des 21. Jahrhunderts, ebenso wie in denen des 20., wieder zu einem der großen politischen Themen avancieren?

Um das zu beantworten, muss man zwischen den Demokratien differenzieren. In freiheitlichen Staaten gibt es genügend Ventile und Kanäle, um aufkommenden Druck behutsam abzulassen. Zwar ändert das nichts am Problem der Ungleichheit als solchem, so jedoch macht sie ihren Einfluss kontinuierlich und nicht mit einem Paukenschlag geltend. Allerdings gibt es auch guten Grund, daran zu zweifeln, dass sie eine entscheidende Rolle spielen wird, obwohl Armut, Elend und Leid, je nach Ausmaß, selbst im Westen durchaus an Brisanz gewinnen könnten. Ein anhaltender starker Abschwung schädigt viele und löst Wut aus oder weckt gar alten

Groll auf die Nutznießer besserer Zeiten. Doch unter solchen Umständen wird eher über Arbeitsplätze, wachsende Armut und vertuschte Mauscheleien von Führungskräften gestritten als über die Ungleichheit an sich.

Der Grund dafür wurde schon erwähnt: Dank der Massenerziehung und der Wissensökonomie verläuft die Schmerzgrenze der Gesellschaft nicht mehr zwischen den Schichten, geschweige denn benachteiligten und bevorzugten Fraktionen, sondern zwischen der breiten Mehrheit und einer kleinen Minderheit von sozial Ausgeschlossenen.

Gewiss liegt auch eine Kluft zwischen den Durchschnittsverdienern und der kleinen Elite von Superreichen, doch davon geht keine Gefahr aus, solange sich die betreffenden Gesellschaften zum Leistungsprinzip oder etwas Ähnlichem bekennen. Bei formal gleichen Aufstiegschancen wird diese Kluft in der Regel mehr oder weniger akzeptiert. Der Groll auf die Superreichen hat meist keine nennenswerten politischen Aktionen zur Folge, da die Mehrheit sich sogar von ihrer Enteignung nicht viel versprechen könnte – bliebe doch, auf alle verteilt, für den Einzelnen kaum etwas übrig. Außerdem wirkt derartigen Anwandlungen der Traum entgegen, dass sie selbst oder ihre Kinder eines Tages ihrerseits sehr weit oben auf der Leiter stehen könnten.

Für die nächsten Jahrzehnte dürfte das Hauptproblem demokratischer Gesellschaften potenziell eher in der Kluft zwischen dem Gros und den Ausgeschlossenen liegen. Diese ist am klarsten durch die Bildung definiert, jedoch keineswegs darauf begrenzt. Auch können die Ausmaße des Problems erheblich schwanken. In Krisenzeiten wächst jene Unterschicht, da die ungelernten Kräfte ihre Arbeitsplätze verlieren und keine neuen finden. Die Grenzen zwischen den beiden Sphären sind nicht nur fließend, sondern, wie Statistiken nahe legen, auch sehr durchlässig, da bei niedrig bezahlten Stellen eine starke Fluktuation herrscht. Rezessionen kosten die Reichen zwar mehr Geld als die Armen, da ihre Anlagen an Wert verlieren, aber es bleibt ihnen immer noch genug. Die Armen dagegen haben nun einmal kaum etwas zu verlieren. Und sie sind eine Minderheit, könnten also auch auf demokratischem Wege kaum sehr weit kommen, sofern sich nicht die Mittelschichten, aus Furcht vor einem Absturz oder aus humanitären Gründen, auf ihre Seite schlagen. Der Anreiz, kollektiv oder individuell Unruhe zu stiften, dürfte also dennoch stark bleiben.

Damit lautet nun die Frage, ob dies ein großes Jahrhundertproblem oder nur eine ständige Sorge sein wird. Wahrscheinlicher ist Letzteres, wenn auch zum Teil aus rein semantischen Gründen. Nur wenn das ganze Wirtschaftssystem aus den Fugen geriete, könnte die Armut wirklich zur Zeitbombe werden.

Selbst ohne ein derartiges Desaster werden moderne Industrienationen freilich unter einer andauernden Irritation leiden, solange es eine beachtliche entfremdete Unterschicht gibt, die in der Lage wäre, die Sicherheit und den Lebensstandard der Mehrheit zu bedrohen. Sie wird, auch im Hinblick auf die Kosten, eine Belastung für die Polizei, die Justiz und die Haftanstalten darstellen und darüber hinaus die repräsentative Demokratie in Bedrängnis bringen, die es ja niemals leicht hat, mit Minoritäten umzugehen.

Doch, wie schon gezeigt, folgt diese Irritation nicht direkt aus der Ungleichheit als solcher und würde daher auch durch eine Umverteilung des Volkseinkommens nach oben oder unten weder zum Schlechteren noch zum Besseren kippen. Das eigentliche Problem hat nichts mit dem allgemeinen Grad der Ungleichheit in demokratischen Gesellschaften zu tun. Vielmehr knüpft es sich nach wie vor an die Existenz der mittellosen, entfremdeten Unterschicht und gewinnt daher in ökonomischen Krisen stets erheblich an Schärfe.

Längerfristig muss seine Lösung weitgehend auf Verbesserungen des öffentlichen Schulwesens basieren, und damit verbunden auf dem Bemühen sicherzustellen, dass alle gesellschaftlichen Gruppen an den Früchten des Wirtschaftswachstums teilhaben. Die gewählten Politiker indes müssen alles daransetzen, um ihre Mittelschichtwähler von der Notwendigkeit entsprechender Bildungsinvestitionen zu überzeugen, auch wenn diese selbst nicht direkt davon profitieren. Ob nun im Auf- oder Abschwung: Das Einkommensgefälle zwischen ihnen und Herrschaften wie Bill Gates wird keine entscheidende Rolle spielen, sondern nur die Kluft zwischen der Unterschicht und dem Rest der Bevölkerung. Kurz, bei einer Konfrontation stünden sich allenfalls die wenigen Benachteiligten und die vielen Arrivierten gegenüber. Das ist die Kehrseite der Probleme, die sich aus der zunehmenden Ungleichheit zwischen den wenigen reichen und den vielen armen Ländern ergeben.

10. Die ausgelagerte Armut

Nie zuvor war die Welt reicher als heute – oder genauer: Nie zuvor waren die Reichen reicher, zahlreicher und produktiver. Doch als Anteil der Weltbevölkerung bilden die Reichen (womit hier grundsätzlich alle Bewohner der Industrieländer gemeint sind, insbesondere Nordamerika, Europa und Japan) nur eine kleine Minderheit, grob geschätzt ein Sechstel der insgesamt etwa sechs Milliarden Erdenbürger. Rund 2,8 Milliarden Menschen müssen laut Angaben der Weltbank mit weniger als zwei und davon 1,2 Milliarden mit weniger als einem Dollar täglich auskommen. Mehr als zwei Drittel dieser letzteren Gruppe lebt in Südasien, das heißt in Indien, Bangladesch, Pakistan und Sri Lanka, knapp ein Viertel in Ostasien einschließlich Chinas. Hätte man im Jahr 1900 einem Volkswirt erklärt, welche technischen Fortschritte das Jahrhundert bereithielt, zumal im Verkehrs- und Fernmeldewesen, so wäre er gewiss erst einmal vor Unglauben in Ohnmacht gefallen. Dann jedoch hätte er wohl die Prognose gestellt, dass mit dem Schrumpfen der Welt und der ideellen Überwindung ihrer Grenzen auch das Einkommensgefälle zwischen reichen und armen Staaten abnehmen müsse. Er wisse zwar nicht, in welchem Maße, aber eine Annäherung sei unausweichlich.

Ein ganz banaler Grund für die hohe Zahl der Armen liegt im starken Bevölkerungszuwachs. Doch würde das eingangs angeführte Verhältnis zwischen ihnen und den Reichen jeden Ökonomen befremden, der die Folgen des massiven Wirtschaftswachstums und des rasanten technischen Fortschritts fest ins Kalkül zog. In gewisser Hinsicht hätte Karl Marx demnach Recht behalten: Die Kluft zwischen den wenigen Reichen und den vielen Armen hat sich weltweit zunehmend vertieft – allerdings mit dem einen Unterschied, dass die beiden Lager einander heute nicht in den einzelnen Ländern, sondern auf verschiedenen Kontinenten gegenüberstehen.

Das internationale Gefälle hätte jedoch aus zwei simplen Gründen abflachen müssen. Erstens können Ideen mühelos Grenzen überqueren, um weit und breit für Produktivitätsschübe zu sorgen. Es mag schwierig sein, die Elektrizität, den Scharpflug oder eine hoch ertragreiche Reissorte neu zu entwickeln, doch wenn diese Erfindungen erst einmal fertig vorliegen, sollte es kaum noch Mühe bereiten, sie allerorten anzuwenden, wo dies potenziell den stärksten Ertrag verspricht; und je rückständiger ein Land, desto größer sollte der Nutzen ausfallen. Grundsätzlich würde daraus folgen, dass die Nachzügler den Vorsprung der reicheren Wegbereiter relativ schnell aufholen müssten.

Ein Hemmnis dürfte allerdings in den Eigentumsrechten an jenen Erfindungen liegen – Patenten, Warenzeichen und Urheberschutzregeln. Dieser Einwand trifft zwar prinzipiell zu, ist aber mit dem oben angesprochenen zweiten Grund für eine Abflachung des Gefälles zu entkräften, nämlich dem kapitalistischen Impuls, immer dort zu investieren, wo die höchsten Renditen winken; und bei neuen Ideen sollte das naturgemäß in den eher rückständigen Ländern der Fall sein. Demnach müssten die Anreize für Inhaber von Patenten, Warenzeichen und Urheberrechten – kurz, des geistigen Eigentums – dahin gehen, sich direkt in derzeit noch ärmeren Staaten zu engagieren oder entsprechende Lizenzen zu vergeben. Ferner sollte die Öffnung der Grenzen für Handel und Investitionen bedeuten, dass die besagten Schutzrechte ständig im Kurs steigen, da fortan gute Chancen bestehen, sie weltweit zu verwerten. Dieser Analyse zufolge müsste gerade die innere Natur des Kapitalismus darauf hinauslaufen, den Abstand zwischen armen und reichen Ländern zunehmend zu verringern.

Die genannten Gründe sind nicht nur simpel, sondern übermäßig vereinfacht – kurz, sie haben sich als unzutreffend erwiesen. Isoliert betrachtet, wären zwar beide Prinzipien ganz plausibel und in begrenztem Umfang sogar richtig, aber sie stehen eben nicht allein. Andere Faktoren haben den Ideenfluss blockiert oder die potenziellen Erträge von Neuerungen in armen Ländern viel weniger attraktiv erscheinen lassen, als man denken könnte.

Tatsache ist, dass sich der Abstand zwischen Reich und Arm nicht verringert, sondern im Gegenteil erheblich ausgeweitet hat. Einer Studie Lant Pritchetts von der Weltbank zufolge* betrug das Pro-Kopf-Einkommen der beiden weltweit führenden Industrienationen, Großbritanniens und Amerikas, 1870 ungefähr das Neunfache dessen der Schlusslichter; 1990 lag der Wert im Fall Amerikas um das Fünfundvierzigfache über dem etwa des Tschad oder Äthiopiens. Pritchett zeigt, dass die siebzehn reichsten Staaten der Welt 1870 ein im Durchschnitt 2,4-mal, 1990 jedoch sogar 4,5-mal so hohes Pro-Kopf-Einkommen erzielten wie alle anderen zusammen genommen. Für den aktuellen Stand hat die Weltbank ferner errechnet, dass das Durchschnittseinkommen der zwanzig reichsten Länder um das Siebenunddreißigfache über dem der zwanzig ärmsten liegt und sich der Abstand in den letzten vierzig Jahren verdoppelt hat. Daraus erklärt sich der Titel von Pritchetts Studie: »Divergence, Bigtime« – »Das große Auseinanderdriften«.

Besonders überraschend erscheinen diese Entwicklungen angesichts eines der ersten politischen Großereignisse des 20. Jahrhunderts: der Niederlage Russlands im Seekrieg mit Japan 1905, die als ein Anzeichen dafür galt, dass Europa an Gewicht verlor oder, neutraler ausgedrückt, dass die industrielle Revolution jetzt auch in nichteuropäischen Kulturen Fuß fassen konnte. Japan hatte seit 1860 zunehmend Technik importiert, und obwohl es

* Veröffentlicht in der Sommerausgabe 1997 des *Journal of Economic Perspectives.*

auch schon zuvor einen ziemlich hohen Lebensstandard aufwies, wollte man dann möglichst schnell mit dem Westen gleichziehen, was der japanischen Industrie erstmals in den dreißiger und dann erneut in den frühen sechziger Jahren gelang. Dabei wurden Ideen aus Europa und Nordamerika erfolgreich in Japan angewandt. So schaffte es dieses fernab gelegene, nichteuropäische Land tatsächlich, den Westen einzuholen und, von den Vereinigten Staaten abgesehen, zwischen den sechziger und achtziger Jahren beim durchschnittlichen Bruttoinlandsprodukt sogar zu übertreffen.

Ab 1950 gelang auch einer kleinen Gruppe weiterer ostasiatischer Länder die Annäherung an den Westen: zunächst Südkorea, Taiwan, Singapur und Hongkong, später dann China, Malaysia, Thailand und Indonesien. Zwar konnte bislang noch keines davon im gleichen Maße aufholen wie Japan, alle jedoch konnten ihren Lebensstandard spektakulär anheben. Dadurch sank die Zahl der in Ostasien lebenden Menschen mit einem Tagesbudget von weniger als einem Dollar zwischen 1987 und 1998 von vierhundertzwanzig auf zweihundertsiebzig Millionen. In anderen Teilen der Erde – speziell im südlichen Afrika sowie in Osteuropa, Zentral- und Südasien – stieg die Zahl der Hungerleider dagegen an. Insgesamt sank die Armutsquote wegen der Fortschritte in Ostasien zwar leicht, aber im Großen und Ganzen blieb die Ungleichheit so gravierend wie eh und je.

Vielleicht finden das, wie bei so vielen Phänomenen, lediglich Ökonomen überraschend. Immerhin glauben viele an ein abgekartetes Spiel, bei dem die Reichen stets reicher, die Armen dagegen ärmer werden. Doch gab es auch Phasen – zum Beispiel in den zwanziger oder in den frühen neunziger Jahren –, in denen die Reichen fürchten mussten, dass sich ihr Glück wenden würde, da die große Mobilität des Kapitals und die niedrigen Transportkosten eine Abwanderung von Schlüsselindustrien in Niedriglohnländer wahrscheinlich machten. Ross Perot, der das 1994 von den Vereinigten Staaten mit Mexiko und Kanada vereinbarte Nordamerikanische Freihandelsabkommen (NAFTA) scharf kritisierte, sprach von einem »gewaltigen Strudel«, der amerikanische Arbeitsplätze südwärts nach Mexiko reißen würde. Sein Argument beruhte auf dem einfachen, pausenlos beschworenen Grundprinzip: Sobald die Handelsschranken zwischen den USA und Mexiko fielen, wäre die Produktion dort insgesamt billiger, sodass jeder vernünftige Unternehmer abwandern würde. Mexiko stünde also blendend da, während in den Vereinigten Staaten die Arbeitslosigkeit steigen und das Wirtschaftswachstum stagnieren müsse. Kurzum: Mexiko könne gegenüber den USA mächtig aufholen.

Doch tatsächlich haben beide Seiten vom NAFTA profitiert. Mexiko erlebte gleich zu Beginn, 1995, entgegen der Warnungen Perots, eine Abwertungskrise nebst Rezession, erholte sich dann allerdings schnell wieder. Die USA ihrerseits verloren keine Arbeitsplätze, sondern verzeichneten sogar sinkende Erwerbslosenquoten, und das trotz der Zuwanderung mexikanischer Arbeitskräfte. Das NAFTA verursachte zwar nicht den amerikanischen Aufschwung der späten neunziger Jahre und nahm insgesamt nur geringen Einfluss auf die Wirtschaft, wirkte sich aber jedenfalls eher positiv als negativ aus.

Ähnlich würde auch ein schnelleres Wachstum in den armen Ländern die reichen nicht gefährden, sondern allen zum Vorteil gereichen, denn auf diese Weise nähme der Handel mit Waren und Dienstleistungen insgesamt zu, sodass sie noch mehr verdienen könnten. Optimisten nehmen deshalb regelmäßig an, dass gerade der jüngste technische Fortschritt den erwarteten förderlichen Trend hervorbringen wird. Eine der letzten dieser Prognosen stand in dem 1993 erschienenen Buch *The Race to the Intelligent State* des britischen Fondsmanagers (und ehemaligen Fachmannes für Arbeitsökonomie) Michael Connors, der dort argumentierte, dass die Informationstechnik in den armen Ländern schneller werde Fuß fassen können als in den reichen und jenen bei der Überwindung ihrer Diktaturen zu helfen vermöge. Das ist bisher zwar noch nicht in größerem Umfang geschehen, aber wenn es dazu käme, wäre das durchaus zu begrüßen.

Die Ungleichheit zwischen Staaten hat, bei längerfristiger Betrachtung, eher zu- als abgenommen, vor allem deshalb, weil die reichen Staaten immer reicher wurden und nicht, weil die armen noch tiefer gesunken wären, wenngleich auch die Zahl der Armen in den letzten Jahren wegen des rapiden Bevölkerungswachstums zugenommen hat. Einige Länder des südlichen Afrika sind sogar im absoluten Sinne noch weiter verarmt. So weit die traurigen Tatsachen.

Um das Bild etwas aufzuhellen, müssen wir uns auf die jüngste Vergangenheit konzentrieren. In den letzten zwanzig Jahren hat sich die Ungleichheit der Einkommen, speziellen Maßstäben zufolge, wieder zu verringern begonnen, da immer mehr Länder der (ehemals) armen Welt ein rapides Wachstum verzeichneten, allen voran die bereits zitierten Aufsteiger Ostasiens. Dabei liegt der Akzent auf dem »allen voran«: Die Ungleichheit scheint besonders deshalb nachgelassen zu haben, weil China als das weltgrößte Land seit 1980 rasch wächst und dadurch Hunderte von Millionen Menschen aus dem absoluten Elend befreit. Seit 1990 verzeichnet auch Indien eine ansteigende Wachstumskurve. Dieses Phänomen des beschleunigten Fortschritts in den beiden bevölkerungsreichsten Staaten der Erde erdrückte am Ende des 20. Jahrhunderts alle anderen: Tilgte man es aus den Daten, so ergäbe sich wieder der seit langem anhaltende Trend, dass die Ungleichheit zunimmt.

Die gemeinhin verwendeten Maßstäbe der Ungleichheit weisen allerdings große Unterschiede auf: Man kann Einkommen nach Ländern oder nach der Bevölkerungszahl gewichten, kann sie aufgrund des üblichen Wechselkurses oder nach Kaufkraft differenziert miteinander vergleichen. Bei den oben genannten tristen Zahlen habe ich amtliche Wechselkurse zugrunde gelegt, doch das übersteigert die Kluft, denn damit stellt man gegenüber, was Amerikaner und Malawianer in New York City für einen bestimmten Waren- und Dienstleistungskorb aufwenden müssten, obwohl der Abstand zwischen den Lebensstandards in Wahrheit aus der jeweiligen Kaufkraft im Heimatland resultiert. Am angemessensten wäre somit ein nach der Bevölkerungszahl und der Kaufkraftparität gewichteter Maßstab, da er Währungsschwankungen ausgleicht und auch die Kosten landesspezifischer Waren und Dienstleistungen berücksichtigt, doch auch er bliebe zweifelhaft: Die Einkommensstatistiken armer Länder sind oft unzuverlässig, und das Gleiche gilt für die Daten über Preise und Konsumgewohnheiten, aus denen man jene Parität ableitet.

Wie Robert Walde, ein Experte für Politische Ökonomie und Entwicklung an der London School of Economics, kürzlich in einem Artikel* ausgeführt hat, ergäbe sich bei dem aus seiner Sicht solidesten Maßstab, der Gewichtung nach Kaufkraftparität und Bevölkerungszahl, sofern man China mit einbezöge, dass sich seit fünfundzwanzig Jahren insgesamt so gut wie nichts an der Einkommensungleichheit verändert hat. Doch das sei immerhin eine Verbesserung gegenüber den fünfundsiebzig Jahren zuvor, in denen sie nach diesem Maßstab zugenommen habe. Auch leide die Relevanz des Befundes stark darunter, dass China insgesamt mehr als eine Milliarde Einwohner habe. Wenn man nicht auf die offiziellen Grenzen, sondern auf die wirtschaftliche und gesellschaftliche Realität des Landes abstelle, zerfalle China eigentlich in zwei Sphären: eine urbane mit den stark wachstumsorientierten Küstenstädten und eine ländliche, in der es fast keinen derartigen Fortschritt gebe. Daher bringe es wenig, die Kaufkraftparität für das Ganze zu errechnen. In China habe sich die Ungleichheit deutlich verschärft, und das führe zu einem verzerrten Gesamtbild, zu einer Schieflage in den globalen Statistiken.

Ganz klar und unabweisbar ist dagegen, dass es immer Armut geben wird, ja sogar mehr als je zuvor. Was wiederum drei Fragen aufwirft. Wie Besorgnis erregend ist das? Woran liegt es? Und was können wir dagegen tun?

Warum ist die Ungleichheit überhaupt wichtig? Auf der simpelsten Ebene der Einkommen zunächst einmal aus humanitären

* Vgl. *The Economist* vom April 2001.

Gründen. Es muss als tragisch gelten, wenn ein Großteil der Menschheit wegen des Mangels an Ressourcen und modernen Techniken im Elend lebt, während das Benötigte nur einen Telefonanruf oder wenige Flugstunden entfernt bereitliegt, womit die Tragödie ganz offenkundig vermeidbar wäre: Genau das scheint der in den reicheren Ländern herrschende Überfluss an allem Erforderlichen zu bezeugen. Außerdem folgt speziell aus den Möglichkeiten der modernen Verkehrs- und Nachrichtentechnik, dass sich die Reichen heute viel umfassender als früher über Hungersnöte, Elend und Not informieren können. Eigentlich müsste daher der humanitäre Druck, etwas dagegen zu unternehmen, stetig wachsen.

Eigennütziger formuliert kommt der Ungleichheit auch deshalb erhebliche Bedeutung zu, weil sie eine enorme verpasste Chance darstellt: Wenn die armen Länder etwas weiter entwickelt und damit finanzkräftiger wären, ginge es, aufgrund des zusätzlichen Handels-, Investitions- und Innovationsvolumens, uns allen besser. Das allerdings könnte Umweltschützer alarmieren, die gerade solche Entwicklungen fürchten (mehr darüber im elften Kapitel). Hier besteht eine Parallele zu den vierziger und fünfziger Jahren, als Amerika das mit Abstand reichste Land war und die europäische Wirtschaft kriegsbedingt am Boden lag, worauf der Marshallplan ihr zum beiderseitigen Wohl wieder auf die Beine half: Im gleichen Sinne müsste die reiche Welt alles Erdenkliche tun, um der armen beizustehen.

Es gibt noch andere eigennützige Gründe dafür, sich über die Ungleichheit und deren Pendant, die Armut, Sorgen zu machen. Zum Beispiel den, dass Entwicklungsländer meistens schwache politische und gesellschaftliche Institutionen aufweisen, die bei Krisen dazu neigen, im Chaos oder Bürgerkrieg zu versinken. Das gilt besonders, wenn ein Land zwar arm ist, dabei jedoch über wertvolle Bodenschätze wie Diamanten verfügt, die zum Konfliktstoff zwischen internen und externen Kräften taugen. Zwar sind Chaos und Bürgerkrieg im Grunde lokale Probleme, die den Rest der Welt nichts angehen müssen, aber sie können Nachbarn mit einbeziehen und einen Flächenbrand auslösen, falls Regimes oder Fraktionen darum kämpfen, das Machtvakuum in dem zusammenbrechenden Staat für ihre Zwecke zu nutzen.

Labile Entwicklungsländer bergen und fördern vielfach auch zwei weitere Übel: Seuchen und Terror. Erstere müssen keine Folge der Armut sein, sondern können sie lediglich verschärfen, doch zugleich gebieten Entwicklungsländer oft weder über die Infrastrukturen noch das Geld, um Epidemien wie Aids oder Ebola erfolgreich zu bekämpfen, und diese machen bekanntlich auch nicht vor Staatsgrenzen halt.

Noch viel klarer auf der Hand liegen die Gefahren des Terrorismus: Verzweifelte und ansonsten in jeder Hinsicht hoffnungslose Verschwörer könnten den Wunsch verspüren, ihren Groll an den vom Glück bevorzugten Reichen auszulassen, und würden höchstwahrscheinlich ausreichend freiwillige Helfer finden. Zwar bekräftigen das die Terroranschläge vom 11. September 2001 allenfalls indirekt, da die betreffenden Täter weder arm noch hoffnungslos waren, aber sie selbst und ihre Auftraggeber meinten offenbar, dass in der islamischen Welt als solcher nach der jahrhundertelangen Demütigung durch den Westen Armut und Hoffnungslosigkeit herrschen. Und das Argument gilt auch direkt für Afghanistan: Wäre dieses Land nicht bettelarm gewesen, so hätte es den Al-Qaida-Terroristen gewiss keinen Unterschlupf gewährt. Wohl können auch reiche Staaten Terrorismus hervorbringen, ohne dass daran Separatisten wie im Baskenland oder in Nordirland beteiligt sein müssen. Davon zeugen die Baader-Meinhof-Gruppe im Deutschland der siebziger Jahre, Italiens Rote Brigaden oder die Symbionese Liberation Army der USA; allerdings waren diese nicht zahlreich genug, um eine ernsthafte Bedrohung für ihre oder andere Staaten darzustellen. Armut und Verzweiflung dagegen stellen mächtigere Rekrutierungsinstanzen für Terroristen dar als bloße Entfremdung oder ein anarchistisches Kredo.

In den Augen vieler geht die direkteste Gefahr der Ungleichheit von der Migration aus. Diese hat zwar den Industriestaaten im

Laufe der Zeit wirtschaftlich immens genützt, da sie für einen stetigen Zustrom an neuen Energien und Fertigkeiten sowie billigen Arbeitskräften sorgte. In der aktuellen Situation kann sie jedoch eher Feindseligkeit auslösen aus Furcht vor plötzlichen Veränderungen in den örtlichen Gemeinden, Druck auf den Arbeitsmarkt und den Sozialstaat sowie regelrechte kulturelle Verwerfungen. Je stärker das Gefälle zwischen Ländern beim Einkommen und Lebensstandard ausgeprägt ist, desto größer der Anreiz zur Abwanderung in die Wohlstandszonen. Anfang des 20. Jahrhunderts kam es zu wahren Völkerwanderungen, vor allem aus West- und Mitteleuropa in Richtung Amerika, Kanada, Argentinien, Australien und Neuseeland, die in wirtschaftlicher und sozialer Hinsicht weit mehr zu bieten schienen. Heute klopfen die Armen erneut bei den Vereinigten Staaten an, die in den neunziger Jahren ihre mit Abstand größte Immigrationswelle aller Zeiten erlebten, daneben versuchen auch viele, in Europa eine neue Heimat zu finden.

Historisch weist allerdings nichts darauf hin, dass zwischen Ungleichheit und Migration eine einseitig lineare Beziehung besteht. Dafür sind die Motive von Umsiedlern zu kompliziert und die Anreize, in der Heimat zu bleiben, zu stark: Sprache, Kultur, Freundeskreise, Angehörige, relative Lebenshaltungskosten, von den rechtlichen Hürden zu schweigen. Käme es allein auf die Einkommensunterschiede an, so hätte sich in den neunziger Jahren gewiss halb Russland in Richtung Westen aufgemacht.

Um Migrantenströme zu erklären, muss man also mehrere Faktoren berücksichtigen, darunter das Ausländerrecht und die sozioökonomischen Verhältnisse des Ziellandes sowie die verzweifelte Hoffnungslosigkeit in der Heimat. Dabei scheint es sogar, als fördere ein bescheidenes Wachstum im Ursprungsland die Abwanderung, da es den Aufbruchswilligen gewisse Mittel für den Neuanfang und die zu erwartenden Risiken an die Hand gibt. Deshalb muss man aber das Wachstum in der Dritten Welt keineswegs fürchten, sondern vielmehr nach Kräften fördern, damit es über diese Phase hinaus zunimmt und anhält. Wenn die armen

Länder beständig gegenüber den reicheren aufholen könnten, so würde die Migration gewiss erheblich nachlassen – oder zumindest dürften viele der Abgewanderten alsbald zurückkehren, um die sich jetzt bietenden Chancen in ihrer Heimat zu nutzen.

Auch Kriegsangst kann Anlass zur Sorge über die Ungleichheit sein. Dahinter steht meistens die Befürchtung, dass Staaten, die ihren Lebensstandard und internationalen Einfluss nicht durch herkömmliche ökonomische Mittel zu steigern vermögen, versucht sein könnten, in einer Art Kurzschlussreaktion militärische Mittel einzusetzen. Grundsätzlich ist dieses Argument nicht gerade überzeugend, denn arme Länder sind in der Regel auch militärisch schwach, wenngleich die Warschauer-Pakt-Staaten unter Führung der Sowjetunion der NATO im Kalten Krieg massiv zu schaffen machten. Jedenfalls werden die reichen Länder im Großen und Ganzen immer in der Lage sein, die armen zu besiegen – einmal abgesehen von Guerrillataktiken, die sich im Fall von Bürger- oder Befreiungskriegen bewähren mögen, andere Staaten indes nur in Form von Terroranschlägen ernsthaft gefährden könnten. Nur unter bestimmten Umständen kann die besagte Erwägung zutreffen. Zum Beispiel setzt Nordkorea die Drohung mit militärischen Angriffen, sei es auf den Süden, Japan oder gar die USA selbst, ein, um die reichen Staaten zu erpressen. Der Irak überfiel 1990 Kuwait, um sich seiner Ölquellen zu bemächtigen, zugleich aber auch um ein territoriales Fanal zu setzen. Kurz, Ungleichheit kann bewirken, dass immer mehr unberechenbare Diktaturen entstehen, und von diesen geht aufgrund des technischen Fortschritts wegen der zunehmend leichten Verfügbarkeit von Langstreckenraketen und Massenvernichtungswaffen eine wachsende, ja eine extrem tödliche Gefahr aus.

Ungleichheit birgt auch große Umweltrisiken, denn arme Länder sind oft nicht imstande, Giftstoffe sicher zu entsorgen, oder können angesichts ihres Bevölkerungswachstums und der Armut so verzweifelt sein, dass sie klimaschädliche Maßnahmen wie Abforstungen erlauben – von Müllimporten ganz zu schweigen. Im Großen und Ganzen gehen steigende Einkommen, wie ich im elften Kapitel zeigen werde, mit erhöhtem Umweltschutz einher. Doch einige extreme Ökoapostel äußern sich besorgt über jegliche Form von Wirtschaftswachstum in der Dritten Welt, da es kurzfristig neue Umweltgefahren mit sich bringe. Man denke nur an das Verfeuern von Kohle und anderen schmutzigen Brennstoffen in chinesischen Haushalten und Fabriken. Doch gewiss wäre es unerträglich arrogant, den armen Ländern allein aus diesem Grund eine Weiterentwicklung zu verwehren. Viel Besorgnis erregender ist dagegen das Ausmaß der Verzweiflung: der Umstand, dass die ärmsten der Armen von der Hand in den Mund leben und ständig auf Provisorien zurückgreifen müssen.

Die Abwägung von Umweltgefahren dagegen verweist auf ein noch grundsätzlicheres Problem der Ungleichheit zwischen Staaten: dass es nämlich sehr schwierig ist zu bestimmen, wie viel Gewicht man ihr beilegen muss. Wie die bisherige Aufzählung zeigt, gibt es genügend Gründe, sich über die weltweite Ungleichheit Sorgen zu machen. Wer ein Herz und ein Gewissen hat, muss aus tiefster Seele wünschen, dass die Armut verschwindet und die Lebensaussichten von Milliarden Menschen sich bessern. Doch Wunsch und Wirklichkeit sind zweierlei, und so stimmen alle Wehklagen über die Ungleichheit darin überein, dass keine davon einen starken, unwiderstehlichen Veränderungsdruck hervorbringt. Während sie *innerhalb* eines Landes aus Furcht vor Unruhen oder Aufständen politische Konzessionen erzwingen kann, fehlt *zwischen* den Staaten ein solcher zuverlässiger oder nachdrücklicher Mechanismus.

Man kann also kaum umhin zu schließen, dass von der internationalen Ungleichheit, wenn es wirklich darauf ankäme, längst entsprechender Druck ausgegangen wäre, sie zu beheben oder wenigstens zu lindern. Insofern bezeugt ihre stetige Verschärfung, dass von ihr eigentlich gar keine zunehmende Bedrohung für die Weltsicherheit ausgeht.

Das mag zwar – zumal angesichts der Terroranschläge vom 11. September – als eine ziemlich leichtsinnige, vielleicht sogar selbstgefällige Annahme erscheinen, enthält aber zumindest einen zutreffenden Befund über die Vergangenheit. Möglicherweise werden jüngere Entwicklungen diese Verhältnisse in naher Zukunft erheblich verändern. Zum Beispiel hat die Globalisierung durch beispiellos günstige Transport- und Kommunikationsmöglichkeiten zu einer weltweiten Öffnung der Märkte beigetragen, sodass die Armen heute sehr viel mehr als je zuvor über den Lebensstandard in anderen Teilen der Erde wissen, was zu einer Migrationswelle führen oder Drohungen provozieren könnte. Außerdem machen es rapide Fortschritte in der Miniaturisierungs- und Computertechnik sowohl Terroristen als auch niederträchtigen Diktatoren immer leichter, Massenvernichtungswaffen zu entwickeln und zu transportieren.

Andererseits setzt die Globalisierung auch dem entgegenwirkende Kräfte frei. So kann eine umfassendere Information die Armen vielleicht vor aufwieglerischen Radikalen schützen, da sie fortan nicht mehr ohne weiteres auf Versuche hereinfallen, den Westen zu dämonisieren. Im Übrigen trägt sie zur Modernisierung der rückständigen Länder bei und verringert so den Abstand zum Klub der Reichen. Gefährlich wäre der Fortschritt nur, falls er die traditionellen Institutionen aus den Angeln zu heben droht. So geschehen 1979 im Iran, als eine Islamische Revolution zu der Gegenreaktion führte, ein streng konservatives theokratisches Regime auszurufen. Heute, gut zwanzig Jahre danach, schwächt die allmähliche Modernisierung der Wirtschaft stetig den eisernen Griff der Theokraten. Das stimmt genau mit früheren Erfahrungen überein, denn in der Vergangenheit traten bedrohliche militärische Konflikte meist gerade dann auf, wenn gewisse Länder wirtschaftlich erstarkten.

Aus der weltweiten Ungleichheit ergibt sich allerdings kein klares und schlüssiges Bild der im 21. Jahrhundert drohenden Gefahren. Während die Globalisierung und der technische Fortschritt den Industrieländern auf die Dauer zunehmend Sorgen bereiten könnten, wäre es wegen der schon erwähnten Gegenkräfte auch möglich, dass sie ebenso viele Probleme lösen wie schaffen.

Doch anstelle der Ungleichheit sollte man sich besser auf die Armut selbst und auf die von ihr ausgehende moralische Herausforderung konzentrieren. Denn jene resultiert in erster Linie aus Erfolgen der Reichen und nicht aus einem Versagen der Armen. Doch die anhaltende Ausbreitung der Armut wirft einen moralischen Schatten auf ihren Erfolg. Eine Partizipation der Armen an den Segnungen des Fortschritts käme längerfristig allen zugute und wäre ein moralisch wie praktisch schönes Ergebnis, das sogar den hässlichen Begriff Globalisierung im hellsten Glanz erstrahlen ließe. Doch ist dieses Ziel auch erreichbar?

Zunächst eingeschoben eine ganz andere Frage: Warum eigentlich haben noch nicht mehr arme Länder aufgeholt? Die Antworten darauf fallen meist prinzipiell tautologisch aus: Ihnen fehle es an Fertigkeiten, ihre Erziehungssysteme seien unzureichend, alte Traditionen stünden im Wege, sie besäßen weder genügend Kapital noch eine Unternehmerkultur. Das sind aber im Grunde lediglich Variationen der Aussage, dass arme Länder eben arm sind.

Von den besagten Tautologien und Gemeinplätzen unterliegt besonders das Vorurteil über die Kultur einem klaren historischen Verdikt. Mexikaner halten lieber Siesta, als schwer zu arbeiten oder Firmen zu gründen. Statt dieses Klischees könnte man hier beliebige andere Nationalitäten einsetzen und damit Sprüche wiedergeben, die irgendjemand, möglicherweise ein im Ausland lebender Europäer oder Amerikaner an der Dinnertafel seines Botschafters, in nicht allzu ferner Vergangenheit über Bürger armer Länder klopfte. »Der Knackpunkt ist, dass diese Nigerianer/Inder/Mexikaner/Papuanesen nichts arbeiten wollen. So war es schon immer, und so wird es auch bleiben …«

Man könnte auch eines der neuerdings erfolgreichen ehemaligen Entwicklungsländer nehmen – Japan, Südkorea, China oder sogar ein europäisches wie Italien oder Spanien – und eine ähnliche Tradition abfälliger Urteile vorfinden: Bei *der* Kultur würden sie es niemals schaffen. Weit gefehlt. Während meiner Zeit als

Korrespondent in Tokio las ich viele angeblich gelehrte Artikel über ethnische Differenzen. Chinas individualistisch fragmentierte Form des Konfuzianismus sollte erklären, warum seine Wirtschaft auf der Stelle trat, wohingegen sich der Aufschwung Japans seiner kollektivistischen Kultur verdanke. Die Chinesen hätten gerade jene Fähigkeit verloren, auf der die sagenhafte Produktivität der japanischen Fabriken beruhte, nämlich in Gruppen zu kooperieren. Doch war die Tinte dieser Schreibereien noch nicht trocken, als schon der bisher zwanzigjährige wirtschaftliche Höhenflug Chinas einsetzte. Zweifellos gibt es heute wiederum Analysen, die Chinas Erfolg auf seine individualistische Kultur oder Ähnliches zurückführen, und ebenso gewiss machen viele die kollektivistische Kultur Japans für seinen Niedergang ab den frühen neunziger Jahren verantwortlich.

Die Problematik des »Kulturellen« beginnt schon mit der Vagheit des Begriffs, resultiert jedoch auch daraus, dass Kulturen nichts Starres sind, sondern sich mit den jeweiligen Verhältnissen ändern. Zwar beeinflussen sie, wie Völker auf wechselnde Bedingungen reagieren, unterliegen diesen selbst allerdings ebenfalls. Kurz, sie können für sich genommen nicht erklären, warum Länder arm bleiben.

Lässt sich das überhaupt sinnvoll erklären? Da die Ursachen von Armut und Reichtum zu den Grundproblemen der Wirtschaftstheorie und -geschichte gehören, wäre es töricht vorzutäuschen, dass über die Antwort ein allgemeiner Konsens herrscht. Obwohl man bei diesem komplexen Thema sehr leicht in die Fallstricke des Reduktionismus gerät, scheint die wachsende Distanz zum Kolonialismus und zur kommunistischen zentralen Planwirtschaft allmählich ein klareres Bild hervortreten zu lassen.

Die historischen Befunde liegen klar auf der Hand, was jedoch nicht für ihre Anwendung gilt. Um sie richtig zu verstehen, muss man sich zunächst einmal vor Augen führen, dass der Kapitalismus die bislang einzige erfolgreiche, für anhaltenden Wohlstand bürgende Wirtschaftsform ist, um dann zu bestimmen, was ihn zum Laufen bringt – oder anders gesagt, worin sich Länder, in denen er funktioniert, von den anderen unterscheiden.

Dieser Frage geht das Projekt »Economic Freedom of the World« von elf international tätigen Forscherteams unter der Leitung des kanadischen Fraser Institute seit 1996 mit jährlichen Studien nach. Die dabei festgestellten Korrelationen zwischen anhaltendem Wirtschaftswachstum und Aspekten der kapitalistischen Organisation legen nahe, dass die Ursachen der Rückständigkeit eher in der Regierungsform als in natürlichen Nachteilen oder in Heimtücken der reichen Länder zu suchen sind. Wer der freien Marktwirtschaft misstraut, notiere sich diese Schlussfolgerung: Entscheidend sind falsche oder fehlende staatliche Maßnahmen.

Die Ausgangsfrage jener Studie lautete, ob ein direkter Zusammenhang zwischen wirtschaftlichen Freiheiten und Wohlstand respektive Wachstum besteht. Zugleich wollte man definieren, was wirtschaftliche Freiheit ist, um so die Triebkräfte des Kapitalismus eingrenzen und messen zu können. Grundsätzlich versteht man darunter jedermanns uneingeschränkte Verfügungsgewalt über sein rechtmäßiges Eigentum, solange er dadurch nicht die Rechte Dritter verletzt. Waren und Dienstleistungen regnen jedoch leider nicht wie Manna vom Himmel herunter, sondern verdanken ihre Entstehung dem Anreiz, gewisse Chancen zu nutzen. Somit kommt es dabei auf folgende Aspekte an: Sind die Eigentumsrechte ausreichend geschützt? Wirken staatliche Vorschriften und Handelsschranken hemmend auf die Märkte, und drohen Konfiszierungen? Fressen hohe Inflationsraten die Ersparnisse auf, und herrscht Devisenfreiheit? Zahlt es sich aus, seine Kinder zur Schule zu schicken?

Ursprünglich fanden die Autoren siebzehn derartige Maßstäbe, 2001 um vier erweitert, die sie – nach Bedeutung gewichtet – sofern möglich im Jahr 1975 beginnend auf 102 (jetzt 123) Länder anwandten. Das Resultat ließ nichts an Eindeutigkeit zu wünschen übrig: je freier eine Wirtschaft, desto stärker das Wachstum und desto höher der Lebensstandard. In besonders ausgeprägtem Maße galt das für die Staaten mit einer längeren Tradition des Liberalismus, denn um zu investieren müssen die Betreffenden auf stabile Rahmenbedingungen vertrauen.

Das ist jedoch nicht als Rechtfertigung eines kruden *Laisserfaire* im Sinne von »Alles geht« misszuverstehen, sondern, wie bereits erwähnt, betont die Studie ausdrücklich, dass der Staat eine ganz entscheidende Rolle spielt. Wirtschaftliche Freiheit ist zwar ein weites Feld, scheint aber den Regierungen viel abzuverlangen, wenn sie wirklich gedeihen und den Lebensstandard im gewünschten Maße anheben soll. Der Staat muss für ein klares, berechenbares, streng geregeltes makroökonomisches Klima sorgen: Eigentumsrechte schützen, für Rechtsstaatlichkeit bürgen, die Inflation im Schach halten und, ebenso wichtig, mäßige Steuern erheben. Die Verhältnisse müssen so geordnet sein, dass Anreize zum Investieren bestehen, womit allerdings nicht bloß der Bau neuer Fabriken oder Anlagen gemeint ist, sondern auch die Entscheidung von Eltern, ihre Kinder auf höhere Schulen zu schicken, oder die von Arbeitskräften, eine Fortbildung zu absolvieren.

Menschen lassen sich nicht gerne etwas vorschreiben, und die Regulierer – Zentralplaner, wie sie in kommunistischen Systemen hießen – können ohnehin nie den Durchblick haben. Niemand könnte ihn haben, denn die Vielfalt der Bedürfnisse ist unüberschaubar. Was Investoren brauchen, um Zeit und Geld aufzuwenden, sind Rechtssicherheit, verfügbare Kredite und ein Rahmen, in dem die Früchte ihrer Initiativen nicht durch maßlose Steuern oder eine exzessive Inflation aufgezehrt werden. Der peruanische Ökonom Hernando de Soto hat dokumentiert, dass etwas so Elementares wie ein fehlendes Grundbuchwesen die unternehmerische Entwicklung enorm beeinträchtigen kann. Wenn es (wie in vielen Entwicklungsländern) nicht möglich ist, Immobilien rechtsverbindlich zu erwerben, gibt es mangels Hypotheken keine größeren Kredite und damit auch keine zügige Geschäftsexpansion. Ähnliches gilt für den absurd aufgeblähten Papierkrieg zahlreicher Staatsbürokratien.

Das nachkommunistische Russland bietet zwar eine Marktwirtschaft und einen ziemlich gediegenen Schutz der Eigentumsrechte, dem jedoch stehen Hemmnisse wie hohe Inflation, Devisen- und Kreditkontrollen sowie Kriminalität, Korruption, absolut unberechenbare Willkürmaßnahmen und politische Labilität gegenüber. Daher nahm es, trotz seines von Kritikern so bezeichneten lächerlich freien Marktes, der angeblich auf Geheiß führender »Fundamentalisten« westlicher Universitäten und des Internationalen Währungsfonds hergestellt wurde, in der oben zitierten Liberalitätsstudie für das Jahr 2002 unter 123 Staaten nur Rang 116 ein: Märkte möge es dort geben, jedoch keine echte Wirtschaftsfreiheit. Auch Indien erfüllt einige der Voraussetzungen, und seine Freiheitswerte sind seit 1990 gestiegen, aber Zulassungsverfahren, Preisbindungen, Staatseigentum, Devisenkontrollen und hohe Handelsschranken wirken nach wie vor genauso abschreckend wie die zügellose Korruption. In der besagten Studie für 2002 stand es auf Rang 73, damit zwar besser als im Vorjahr, doch deutlich hinter Entwicklungsländern wie Mexiko (66) oder den Philippinen (38).

Diese Analyse selbst gilt zwar schon als übertrieben vereinfacht, doch gegen ihre Grundprämisse, wonach arme Länder vor allem eine beständige Regierung, Rechtsstaatlichkeit und Wirtschaftsfreiheit brauchen, wurden zwei noch stärkere Einwände erhoben. Zum einen sei der Import moderner Techniken zu teuer. Das allerdings wird durch historische Tatsachen widerlegt. So hat Mancur Olson in einem Artikel* gezeigt, dass die Kosten für Lizenzgebühren und Technologietransfer beim Aufstieg Südkoreas in den siebziger Jahren gegenüber dem dadurch erzielten Wachstum kaum ins Gewicht fielen. Diese Methode des Lizenzerwerbs spielte auch für den langfristigen Erfolg Japans im 20. Jahrhundert eine wichtige Rolle. Zum anderen, so der zweite Einspruch, wirke die »Überbevölkerung« unausweichlich als Hemmschuh. Auch diese Annahme konnte Olson im besagten Artikel widerlegen, indem er nachwies, dass im Fall starker Abwanderung aus dicht besiedelten

* *Journal of Economic Perspectives*, Frühjahr 1996.

Gebieten die Einkommen der Zurückbleibenden keineswegs steigen, wie man erwarten müsste, wenn das Problem wirklich in der Überbeanspruchung des Landes oder Kapitals läge.

Ein triftigeres Gegenargument besagt indes, dass alle diese Beobachtungen ganz schön und gut sein mögen, aber ähnlich wie frühere Tautologien nicht sehr weit führen. Woran liege es denn eigentlich, dass so viele Regierungen außerstande seien, für jene maßgeblichen Freiheiten und Garantien zu sorgen? Die Theorie klinge ja einfach genug: Man müsse nur einen Staat gründen, für Schutz- und Eigentumsrechte sorgen, diese durch Polizei- und Justizbehörden absichern, alles Erforderliche zur Eindämmung der Inflation unternehmen, und schon könne das Land blühen und gedeihen.

Dieses Argument zieht tatsächlich, denn der innere Zusammenhang zwischen wirtschaftlichen, gesellschaftlichen und ökologischen Defiziten und der Labilität oder Nichtexistenz staatlicher Behörden erweist sich allzu oft als ein Teufelskreis. Prinzipiell lassen sich die rückständigen, in der Armut verharrenden Länder in zwei Gruppen unterteilen. Die einen haben wegen Anarchie, Bürger- oder sonstigen Kriegen keine wirklich beständige Regierung, bei den anderen wirft diese selbst das Problem auf, indem sie entweder den Staat ausplündert oder nicht die nötigen Freiheiten und Chancen ermöglicht.

Die Einschätzung der ersten, gleichsam »gescheiterten Staaten« gilt als ziemlich schwierig. Zu den Beispielen dafür gehören der Sudan, Sierra Leone, Afghanistan, Somalia und der Kongo; Grenzfälle bilden Georgien, Algerien und Kolumbien. Hier versuchen Außenstehende, ob nun Drittstaaten, die Vereinten Nationen oder nichtstaatliche Organisationen, zu helfen, ob es aber gelingen wird, wieder tragfähige Institutionen aufzubauen, hängt letztlich von der Mitarbeit örtlicher Fraktionen ab. Bei der zweiten Gruppe verweist die klarer ersichtliche Analyse zwar direkt auf geeignete Gegenmaßnahmen, aber diese bürgen nicht unbedingt für Erfolg.

Dennoch sieht es in dieser Sphäre jedenfalls etwas besser aus; zu ihr gehören die meisten Entwicklungsländer, mit Ausnahme der hartnäckigsten Diktaturen wie Nordkorea, Irak, Myanmar und Libyen. Viele Länder blieben auf dem Holzweg des Sozialismus stecken, der ihre Armut noch vertiefte. Seit dem Zusammenbruch der Sowjetunion 1991 bekennen sich jedoch immer mehr zu liberaleren Prinzipien, oft mit ermutigenden Tendenzen, darunter Indien, das einen starken Nachholbedarf hatte, ehemalige Ostblockstaaten und die autoritären Regimes Lateinamerikas, die zwischen 1950 und 1990 mit einer Sonderform von staatlicher Autarkie experimentierten. Sie alle vertrauten in erster Linie auf Privatisierung und das bewährte sich, sofern man dabei nicht einfach staatliche Monopole durch private ersetzte. Auch Investitionen in das öffentliche Bildungswesen nehmen zu. Im Übrigen geht man jetzt weitaus entschlossener als früher gegen die Inflation vor, diese Geißel Lateinamerikas. Daraus könnten weltweit viele solcher Staaten neue Hoffnung schöpfen.

Doch eine Regierung und nachahmenswerte Vorbilder zu haben reicht nicht aus, denn häufig gewährleisten Behörden keine wirtschaftlichen oder politischen Freiheiten und verschwenden obendrein noch dringend benötigte Mittel. Oft, wie im einstigen Zaire Mobutus (oder dem heutigen Kongo seines Nachfolgers Laurent Kabila), bei Nigerias Generalitätsregime der neunziger Jahre oder seit längerem der Militärjunta Myanmars, resultiert dies vor allem daraus, dass den Herrschern nicht das Wohl des Landes, sondern nur ihre persönliche Macht und Bereicherung am Herzen liegen. Dergleichen sind Gangster- und keine Nationalstaaten. Leider können auch anfangs gut geführt erscheinende Länder wie Robert Mugabes Simbabwe ins Gangstertum abgleiten.

In anderen Fällen erwachsen die Probleme gerade daraus, dass die Liberalisierung zu tief und zu abrupt einschneidet. Wenn sie alte Besitzstände gefährdet (wie im Fall der Staatsbetriebe oder genehmigten Monopole Indiens), wehren sich die potenziellen Verlierer heftig gegen derartige Neuerungen. Der Betrieb Hindustan Motors im nominell kommunistischen indischen Teilstaat

Westbengalen stellte viele Jahre lang fast unangefochten Autos für das gesamte Land her und ragt als ein Monument solchen Beharrungsvermögens heraus. Er produziert nach wie vor eine kaum modernisierte Version des 1950er »Ambassador« von Morris Oxford, und heute steht die Landesregierung vor dem heiklen Problem, wer für die Verluste des Unternehmens aufkommen soll, nachdem die inzwischen zugelassene Konkurrenz wirklich gefragte Autos anbietet.

Indien bildet das vielleicht eindrucksvollste Symbol für die entschlossene Bekämpfung der Armut – ein mühseliges Unterfangen schon wegen der immensen Bevölkerungszahl, aber auch wegen der Blockadepolitik eigennütziger Verfechter des Status quo, wegen der schweren Last von Analphabetismus und Seuchen und wegen der Umweltschäden. Dabei sieht man auch das große Potenzial dieses Riesenlandes mit seinen vielen begabten und strebsamen Unternehmern – eines Landes, in dem die Demokratie und das Justizwesen zunehmend auf lückenlose Rechtsstaatlichkeit hoffen lassen, nachdem es sich fünfzig Jahre lang vom Waren- und Kapitalverkehr ausgenommen und damit ausländischen Investitionen, Techniken und Märkten weitgehend verweigert hatte. Heute nun bestehen hier große Aussichten, die Armut zu lindern und den Lebensstandard zu heben.

Doch zu Beginn des 21. Jahrhunderts genügt das bloße Wissen nicht mehr, dass eine Anhebung des Lebensstandards in Ländern wie Indien möglich erscheint. Vielmehr geht es jetzt darum, wie wahrscheinlich eine solche Entwicklung in absehbarer Zukunft ist.

Dabei muss man sich stets vor Augen halten, dass die Lösung der Probleme im Inneren liegt – das heißt in den Strukturen der Entwicklungsländer selbst. Sie benötigen vor allem Regierungen, die für eine offene, wettbewerbsorientierte Wirtschaft einstehen, einen robusten makroökonomischen Rahmen gewährleisten, die Rechtsstaatlichkeit sichern, ein kräftiges öffentliches Gesundheits- und Erziehungswesen unterhalten, Preisverzerrungen unterbinden, Infrastrukturen planen und vielleicht mit Hilfe der Demokratien westlichen Stils den sozialen Frieden und Zusammenhalt wahren können. Auf dieser Basis, das zeigt die Geschichte, wird sich aller Wahrscheinlichkeit nach ein anhaltendes Wirtschaftswachstum herausbilden. Dabei kann auch die westliche Welt eine wichtige Rolle spielen: durch Förderung der Geldwertstabilität und freier Märkte, durch Beiträge zu Katastrophenabwehr- und Infrastrukturmaßnahmen sowie zur Lösung besonderer Probleme wie Aids, Malaria und anderer verheerender Seuchen, aber auch zur Wahrung des Regional- und Weltfriedens und schließlich durch eigene Konjunkturprogramme.

Zugegebenermaßen wirken die Erfahrungen des 20. Jahrhunderts nicht gerade ermutigend, denn bisher verharrten viele Entwicklungsländer über lange Strecken im wirtschaftlichen Stillstand, wurden zwar nicht merklich ärmer, aber auch nicht reicher – allerdings volkreicher, was dazu führte, dass jeder Wohlstandszuwachs unter mehr Menschen aufgeteilt werden musste.

Doch immerhin bestehen für das 21. Jahrhundert gewisse Hoffnungen, denn nie zuvor hatten mehr Länder bessere Wachstumsbedingungen: Die Waren- und Kapitalströme des Welthandels sind stetig angeschwollen, der Technologietransfer greift immer schneller um sich, und im Großen und Ganzen herrscht Frieden. Das Gesamtbild zeichnet sich schon seit den siebziger Jahren ab, nahm jedoch erst in den Neunzigern mit dem Sturz der Sowjetunion konkrete Form an. Dieses Ereignis ist noch zu jung, um darauf eine standhafte Zuversicht zu stützen. Außerdem wirkt ziemlich entmutigend, dass schon so bald in dieser neuen Globalisierungsphase Demonstranten auf die Straßen gingen, um Begrenzungen von Wachstum, Handel und Entwicklung zu fordern, zumal ihr berechtigtes Anliegen, die Ungleichheit zu lindern, zweifellos erst einmal genau das Gegenteil bewirken würde. Doch der Disput zwischen Befürwortern und Gegnern der Globalisierung wird und muss andauern, denn im Grunde geht es dabei um die Frage, ob und wie es bei sogar steigender Anzahl von Bedürftigen möglich sein wird, das Problem der Armut zu entschärfen.

Entscheidend ist, die Chancen der Globalisierung sichtbar zu machen und dauerhaft für sie zu werben. Dabei steht sehr viel auf dem Spiel. Das 21. Jahrhundert könnte den Armen der Welt tatsächlich eine wirtschaftliche und gesellschaftliche Entwicklung verheißen.

11. Die Belastung der Umwelt

»Die Umwelt ist erstaunlich gesund. Bitte nehmen Sie dazu Stellung.«

Wäre dieses ein Prüfungsthema, so würden die meisten Kandidaten eine lange Liste weit verbreiteter Klagen niederschreiben, angefangen beim örtlichen Smog über den Treibhauseffekt, die Abholzung der Wälder, das Wuchern neuer Straßennetze und Städte bis hin zu giftigen Häfen und der Ausrottung von Arten. Zwar erschiene ihre Sorge sehr berechtigt, überraschend ist aber dennoch, wie gut sich die Lage trotz all dieser Punkte darstellt. Und damit meine ich nicht bloß, dass alles noch schlimmer hätte kommen können. Weltweit, und ganz besonders in den Industrieländern, hat sich die Umwelt in den letzten Jahrzehnten eindeutig erholt. Gewiss stehen dem gravierende Ausnahmen gegenüber, doch diese bestätigen in der Tat nur die Regel.

Zweifellos beobachten wir tief greifende Veränderungen. Schließlich hat sich die Weltbevölkerung seit hundert Jahren mehr als verdreifacht und ist die Gesamtproduktion noch stärker gestiegen, was ja für die Erde als solche nicht folgenlos bleiben konnte – ebenso wenig allerdings für das Verhalten der Menschen, die nicht nur hinsichtlich Luft, Wasser und Nahrung auf Gedeih und Verderb von ihr abhängig sind. Insofern haben sie starke Anreize, ihre Umwelt sowohl im Dienste des Lebensnotwendigen als auch des Genusses zu schützen und dabei aus schlechten Erfahrungen gleichermaßen zu lernen wie aus neuen wissenschaftlichen Erfindungen. Wenn man heute im Wesentlichen noch so leben, produzieren und konsumieren würde wie im Jahr 1900 (ja sogar 1950 oder 1980), stünde es noch schlimmer um die Erde.

Die Gründe für den Kurswechsel in den reichen Industrieländern, dank dessen die Umwelt vor der Zerstörung bewahrt wurde, haben mit Preisen, technischen Neuerungen, dem sozialen Wandel und, in Demokratien, Regierungsmaßnahmen infolge öffentlichen Drucks zu tun – und lassen hoffen, dass auch die viel größeren Umweltprobleme der Entwicklungsländer im Prinzip lösbar sein müssten.

Entgegen dieser rosigen Sicht argwöhnen viele, dass die globalen Umweltprobleme tagtäglich zunehmen, da Wirtschafts- und Bevölkerungswachstum zusammenwirken, um die begrenzten Ressourcen unseres Planeten zu erschöpfen. Im Jahr 2001 brachten Annoncen für eine von dem sehr angesehenen und nachdenklichen Journalisten Bill Moyers präsentierte amerikanische Fernsehserie mit dem Titel »Earth on Edge« (»Erde am Abgrund«) diese Sorge in aller Klarheit zum Ausdruck:

»Die Hälfte der weltweiten Feuchtbiotope dahin. Die Hälfte der Wälder abgeholzt. Die Hälfte der Meere abgefischt. Allein die Bedürfnisse einer einzigen Gattung treiben unseren Planeten an den Abgrund: der unseren.«

Das klingt dramatisch. Wenn schon die Hälfte von diesem oder jenem aufgebraucht wäre und man dabei berücksichtigt, dass die Industrialisierung ja erst vor relativ kurzer Zeit begann, die Weltbevölkerung aber allein im letzten Jahrhundert von 1,6 auf sechs Milliarden gewachsen ist und auf die neun Milliarden zusteuert, so könnte die zweite Hälfte kaum noch lange vorhalten. Und höchstwahrscheinlich gilt diese Abbaurate auch für andere Ressourcen. Demnach müsste der Tag der Abrechnung nahen, und nach ihm würden dann die alten Science-Fiction-Visionen Realität, in denen Menschen auf der Suche nach Rohstoffen und neuen Lebensräumen das All mit Raumschiffen abklappern.

Derlei Sorgen und Argumentationsstile sind nicht neu. Schon im Jahr 1972 veröffentlichte der Club of Rome eine viel beachtete

Studie mit dem Titel *Die Grenzen des Wachstums* und der Prognose, dass der Menschheit bald viele Rohstoffe ausgehen würden: Gold 1981, Silber und Quecksilber 1985, Zink 1990, Erdöl 1992 und Kupfer, Blei und Erdgas 1993. Die Weltwirtschaft wucherte darin gleich einer Wasserlilie jeweils um das Zweifache des vorherigen Umfanges, sodass sie mit der letzten Verdoppelung den ganzen Teich bedecken würde. Jedenfalls drohe der eigennützige, kurzsichtige Mensch eines Tages den Planeten zu ersticken – oder besser, seine Vorräte auszuschöpfen.

Doch keine einzige der gestellten Prognosen ist eingetreten. Nun könnte man einwenden, dass ja noch nicht aller Tage Abend ist, sodass die Warnungen trotz ihrer fehlerhaften Datierungen berechtigt sein dürften. Diese Ansicht liegt dem Modebegriff der »nachhaltigen Entwicklung« zugrunde, der vielen Entwicklungen eine solche Nachhaltigkeit abspricht. Im Übrigen steht es Ökonomen kaum an, ihren Kollegen ungenaue Voraussagen anzukreiden.

Doch aller Wahrscheinlichkeit nach werden diese Prophezeiungen nie wirklich eintreten. Die Erde ist ziemlich groß, und in ihren Tiefen schlummern noch viele unangezapfte Quellen, deren Erschließung ständig voranschreitet, weshalb die heute bekannten Vorkommen der vom Club of Rome aufgeführten Rohstoffe sogar gestiegen und ihre Preise gesunken sind. Und selbst wenn diese jemals auszugehen begännen, ließen sich zum Beispiel viele Mineralien aus Seewasser gewinnen oder auf dem Meeresgrund fördern. Sogar für eine raubgierige Bestie wie den Menschen lockt also noch fette Beute genug. Im Fall des Erdöls und sonstiger fossiler Brennstoffe besteht die eigentliche Gefahr im Gegenteil dessen, was der Club 1972 weissagte: Ihre reichlichen Vorräte und damit geringen Preise könnten die alten Anreize zum Sparen und zur Entwicklung erneuerbarer Energien vergessen machen. Falsch wäre also die Sorge um das Versiegen der Quellen, richtig dagegen jene um die Erderwärmung und Umweltbelastung.

Doch zugleich lieferte die Umwelt ein scheinbar plausibles, und in den Augen mancher sogar zwingendes, Argument dafür, dass die Katastrophe, ungeachtet aller neueren Daten, gleichwohl in absehbarer Zukunft hereinbrechen werde. Das Ökosystem des Planeten, so lautet es, sei im höchsten Maße empfindlich und könne entsprechend jederzeit umkippen. Außerdem habe das Wirtschafts- und Bevölkerungswachstum seit Beginn der industriellen Revolution schon stark genug an der Erde gezehrt, sie nach Mineralien und anderen Bodenschätzen durchpflügt, Gase und Chemikalien aller Art freigesetzt, verarbeitet und genutzt. Ja, der Raubbau des Menschen sei in den gut zwei Jahrhunderten der Industrialisierung fast in jeder Hinsicht weiter gegangen als in den gesamten tausend Jahren oder gar je zuvor. Das ist jedoch nicht überraschend, wenn man berücksichtigt, dass rund ein Fünftel aller bisher angesammelten Menschenjahre allein auf das 20. Jahrhundert entfielen. So schätzt J. R. McNeil von der Georgetown University in dem Buch *Something New under the Sun: an Environmental History of the 20th-Century World,* im letzten Jahrhundert sei der Energieverbrauch höher gewesen als der Gesamtbedarf bis 1900.

Daraus schließen aufmerksame Umweltschützer, dass jenseits gewisser Schwellen so genannte »qualitative Sprünge« einsetzen können – also drastische, nicht vorhersehbare Veränderungen. Das augenfälligste Beispiel bildet der Zusammenhang zwischen den Meerestemperaturen und dem Klima. Solange die Wassertemperatur des Atlantik in den Tropen unter 26 °C liegt, treten dort keine, oberhalb dieses Wertes jedoch plötzlich viele heftige Wirbelstürme auf. Noch erheblich schlimmere Folgen befürchtet man vom so genannten Treibhauseffekt. So warnt der bekannte Biologe E. O. Wilson vor einem bevorstehenden massenhaften Artensterben, jedoch ohne eine lineare Beziehung zwischen Ursachen und Wirkungen darlegen zu können.

In dem ursprünglich 1992 veröffentlichten Buch *Wege zum Gleichgewicht* griff der damalige US-Vizepräsident Al Gore auf das Beispiel des Sandhaufens zurück, um zu veranschaulichen, was er mit dem postulierten Phänomen der »selbstorganisierten kritischen Zustände« meint. Fügt man einem solchen Haufen immer neue Sandkörner hinzu, so wächst er zunächst ständig, von kleinen Lawinen abgesehen. Doch das Gleichgewicht jedes der Körnchen hängt von dem aller anderen ab. Irgendwann erreicht der Haufen einen »kritischen Zustand«, bei dem viel größere Lawinen auftreten. Anhand dieses Bildes erläutert Al Gore seine Sorgen über das Klima, geht dann aber einen gewaltigen Schritt weiter, wenn er schreibt:

»Neben der wachsenden Bedrohung für die Funktionsfähigkeit des globalen Ökosystems werden wahrscheinlich auch tiefergreifende Veränderungen, die derzeit in der Zivilisation stattfinden, ernste Gefahren für den Zusammenhalt und die Stabilität der Zivilisation selbst mit sich bringen. Allein dadurch, daß alle zehn Jahre eine Milliarde Menschen hinzukommt, ergibt sich eine ganze Palette schwieriger Probleme, und schon die Bevölkerungsexplosion als solche ist dazu angetan, die Zivilisation in einem überkritischen Zustand zu drängen, so daß sie anfällig für sehr große ›Lawinen‹ unvorhergesehener Veränderungen wird.«

Wir leben also nicht nur auf einem planetarischen Sandhaufen, sondern bilden als Menschheit selber einen.

Derartige Argumente, ob von melodramatischen Politikern oder ehrenhaften Wissenschaftlern wie E. O. Wilson vorgetragen, sind kaum zu widerlegen, weil darin Tatsachen aus der Vergangenheit oder Gegenwart keine Rolle spielen. Die Theorie der kollabierenden Sandhaufen steht auf ziemlich tönernen Füßen und ist nicht verifizierbar, da sie ja gerade von der Annahme zehrt, dass die künftige Entwicklung ganz abrupt und drastisch vom Bisherigen abweichen könnte. Doch wie wahrscheinlich sind solche jähen Veränderungen? Könnten sie anders als durch Katastrophen wie Meteoriten- oder Asteroideneinschläge in weiten Teilen der Erde eintreten? Das lässt sich definitionsgemäß nicht eruieren. Denn wie sollte man das Unvorhersehbare voraussagen? Wir haben es also mit einer ebenso glänzenden wie aufreizenden Argumention zu tun, die insofern an Marxens Raffinement des »dialektischen Materialismus« oder des »falschen Bewusstseins« erinnert: Jede Widerlegung bestätigt sie nur.

Wir können jedoch einige Daten heranziehen, um die tatsächlichen Umweltprobleme von den herbeigeredeten abzugrenzen und zu zeigen, dass Schwarzweißmalerei dabei immer fehl am Platze ist. Einen geeigneten Ausgangspunkt bilden die alarmierenden Kernsätze aus der Werbung für die Fernsehserie »Erde am Abgrund«. Stimmten sie, auch nur annähernd?

- Wurde »die Hälfte der Wälder« abgeholzt? Nein. Zugegeben, man weiß weder genau, wie viel Land bewaldet war, bevor der Mensch zu roden begann, noch welches Vergleichsdatum dafür anzunehmen wäre. Jedenfalls begannen Rodungen spätestens in der Bronzezeit. Entsprechend stark schwanken die Schätzungen über das Ausmaß der Abforstungen seit dem Aufkommen der Landwirtschaft. McNeill rechnet in *Something New under the Sun* mit etwa sechsundzwanzig, andere Forscher veranschlagen sogar nur 7,5 Prozent. Das World Resources Institute dagegen ermittelt in einem neueren Umweltbericht sechsundvierzig Prozent, und diese Zahl könnte der zitierten Werbung zugrunde liegen. Doch ein so außergewöhnlich hoher Wert scheint auf sehr kühnen Annahmen über die einstigen Waldflächen wenig bekannter Gebiete (wie großer Teile Afrikas) zu basieren und nicht auf nachgewiesenen Entwaldungen infolge der wirtschaftlichen Entwicklung.

  Möglicherweise sollten wir ein neueres Ausgangsdatum wählen, um verlässlichere historische Quellen heranziehen zu können. Allerdings wäre auch das nicht narrensicher, denn nähme man zum Beispiel 1700 oder 1850, so bliebe die Bewaldung Afrikas nach wie vor unklar. McNeill präsentiert in seinem Buch eine Tabelle mit Schätzungen über den Gesamtanteil von Wäldern oder Waldungen in verschiedenen Epochen: Danach waren im Jahr 1700 zweiundsechzig und 1850 sechzig Prozent der Erdoberfläche bewaldet, 1990 aber nur noch achtundvierzig. Spricht das nun für einen rapiden Rückgang? Mit den Grunddaten schwanken hier auch die Maßstäbe, doch der UNO zufolge gab es 1950 weltweit 40,24 Millionen Quadratkilometer Wald, im Jahr 2000 dann nur noch 38,7 Millio-

nen. Das ist ein erheblicher, wenn auch kein drastischer Rückgang.
Allerdings haben sich die Waldarten im Lauf der Zeit verändert. In gemäßigten Zonen wächst der Wald wegen der relativ mäßigen landwirtschaftlichen Nutzung auf natürlichem Wege und daneben durch gezielte Aufforstung. So war Großbritannien 1895 zu nur fünf Prozent bewaldet, denen heute 11,8 Prozent gegenüberstehen. Ganz anders sieht es bei den tropischen Wäldern aus, die der UNO zufolge während der neunziger Jahre mit einer Quote von jährlich rund 0,8 Prozent abgeholzt wurden.

- Wahrscheinlich stimmt es, dass ein Großteil der weltweiten Feuchtbiotope verschwunden ist, doch erneut wissen wir mangels klarer Definitionen und verlässlicher historischer Daten nicht, ob der anzunehmende Wert nun bei fünfzig, siebzig oder dreißig Prozent liegt. McNeill meint, dass von den insgesamt etwa zehn Millionen Quadratkilometern dieser Gebiete allein im Laufe des 20. Jahrhunderts etwa fünfzehn Prozent trockengelegt wurden. Man muss sich indes auch fragen, ob und zumindest warum das überhaupt eine Rolle spielt. Würde ein verantwortlicher, umweltbewusster Mensch etwa fordern, sofort weite Teile der Niederlande zu evakuieren, um alle Polder dieses ehemaligen Feuchtbiotopes neuerlich auszuheben und zu fluten? Ähnliches gelte für die ganze Überschwemmungsebene des Mississippi oder große Flächen des heutigen Singapur. »Feuchtbiotope« gingen verloren, weil man Sümpfe und Moraste trockengelegt hat, dem Meer oder Seen nutzbares Land abgewann oder (mit wechselndem Erfolg) die Fluten der großen Gezeitenflüsse bezähmte. Daraus erwuchsen nicht nur hoch ertragreiche Agrarflächen, sondern auch Bauland für Siedlungen und Flughäfen. Das heißt, die Verdrängung der anderen Geschöpfe und Lebensformen erfolgte zum Vorteil des Menschen. Ob man diese Tendenz für segensreich oder verderblich hält, ist Einstellungssache.
- Sind die Meere bereits überfischt? Der UNO zufolge stammen

heute etwa fünfunddreißig Prozent des Gesamtfanges aus Fischgründen, deren Bestände sinken. Das heißt, sie sind in dem Sinne »erschöpft«, den Fischern keine beständigen oder steigenden Erträge mehr zu bieten. Gewisse Studien legen nahe, dass einige Meeresarten schon vor Jahrhunderten, also lange Zeit vor dem Beginn der industriellen Fischerei und lange bevor man überhaupt wusste, welche Fangquoten vertretbar wären, durch des Menschen ausgelöscht wurden. Das Gleiche widerfuhr im 19. und 20. Jahrhundert verschiedenen Walarten.

Inzwischen jedoch hat der Zuchtgedanke auch auf das Meer übergegriffen. Trotz sinkender Erträge steigt die Fangquote insgesamt, da weltweit ein wachsender Anteil des Fischverzehrs durch Zuchtfarmen gedeckt wird.

Augenscheinlich stellt also die Überfischung der natürlichen Bestände ein Problem dar, zumal bei solchen kollektiven oder freien Gütern erfahrungsgemäß aufseiten der Nutzer wenig Anreize bestehen, sie pflegend zu erhalten, sondern vielmehr alles für eine schnelle Aberntung spricht, damit andere ihnen nicht zuvorkommen. Insofern ist eine strenge – insbesondere international kooperative – Beaufsichtigung der Fischerei wichtig und notwendig. Denn auch im Meer gibt es ja, ebenso wie auf dem Lande, bedrohte Arten.

Insofern waren alle spezifischen Postulate jener Werbung falsch oder hochgradig irreführend. Doch vielleicht kam es darauf überhaupt nicht an: Anzeigen müssen eben übertreiben, und hier ging es ja nur um eine Fernsehserie. Allerdings stellte die darin geäußerte Ansicht keine Ausnahme oder Rarität dar. Die betreffende Liste mag der Serie selbst entsprochen haben, doch die darin aufgestellte Grundthese, dass der Planet »an den Rand des Abgrunds« gedrängt werde, findet fast allgemeine Zustimmung. Bevor wir daher nach Lösungen suchen, empfiehlt es sich, noch einige weitere der beklagten Missstände unter die Lupe zu nehmen.

- Betrachten wir zunächst das Artensterben beziehungsweise die schwindende Artenvielfalt, so wird auch dieses relativ grundlegende Problem dadurch kompliziert, dass wir keinen verbindlichen (oder zumindest konventionell festgelegten) Ausgangspunkt haben. Da wir nicht genau wissen, wie viele Arten es derzeit gibt, lässt sich auch unmöglich eine Aussage über ihre Zahl vor hundert, fünfhundert oder tausend Jahren treffen. Bislang hat man etwa 1,6 Millionen Spezies unterschieden, und Wissenschaftler schätzen ihre Gesamtzahl dem dänischen Statistiker und ehemaligen Greenpeace-Mitarbeiter Björn Lomborg* gemäß auf zwei bis achtzig oder, J. R. McNeill zufolge, auf drei bis hundert Millionen. Andererseits liegt auf der Hand, dass einige davon aussterben. Folgt man McNeill, so erlitten dies Schicksal seit 1600 bereits 484 Tier- und 654 Pflanzenarten. Dabei spielte die Jagd eine gewisse Rolle, doch wurden auch weltweit Arten in fremde Habitate verpflanzt, aus denen sie dann Konkurrenten vertrieben. Andere haben sich allerdings, durch die Landwirtschaft gefördert oder begünstigt, immens vermehrt.

Die Vernichtungsrate liegt deutlich über dem von Wissenschaftlern so bezeichneten »natürlichen Schwund«, das heißt den evolutionären, Klima- oder Bodenveränderungen et cetera. Doch wie Besorgnis erregend ist das Ganze? Der UNO zufolge sterben alle fünfzig Jahre etwa 0,1 bis ein Prozent der Arten aus, was nach zwei Jahrhunderten höchstens vier Prozent ergäbe. Lomborg plädiert, gestützt auf eine Biologenstudie, für eine Rate von 0,7 Prozent. Dies entspräche, auf die genannten 1,6 Millionen bezogen, einem Verlust von 11 200, also pro Jahrhundert 22 400 Arten.

Manche halten diese Schätzung für zu gering, da in den fortschreitend vernichteten tropischen Regenwäldern mehr als die Hälfte aller Landarten lebten. Würden diese weiter abgeholzt, dann könne es zu einem plötzlichen katastrophalen Artensterben kommen. Nach Berechnungen der World Conservation Union wurden die tropischen Regenwälder bereits um etwa

* Vgl. dazu sein Buch *Apokalypse no!*

zwanzig, der weltgrößte des Amazonas um vierzehn Prozent dezimiert. Das Tempo, in dem der Kahlschlag während der achtziger und frühen neunziger Jahre in Brasilien wütete, löste weltweites Entsetzen aus. Heute fällt im Amazonasgebiet zwar nur noch jährlich ein halbes Prozent der Gesamtfläche solchen Abholzungen zum Opfer, doch wenn dieser Prozess unvermindert anhielte, wäre in zweihundert Jahren der ganze Wald verschwunden. So weit wird es indes höchstwahrscheinlich nicht kommen: Zum einen wurden schon entsprechende gesetzliche Verbote erlassen, und zum anderen dürften Brasiliens Wähler auch noch verstärkt auf bestandsschonende Forstmethoden drängen. Zwar könnten dem Korruption und Kriminalität entgegenwirken, doch schließlich haben sich im letzten Jahrzehnt trotz allem schon klare Verbesserungen gezeigt. Ungeachtet dessen belegen Daten aus anderen tropischen Regionen, zum Beispiel das Material Lomborgs über Puerto Rico, dass Teilabholzungen nicht zu einem katastrophalen oder auch nur extremen Artensterben führen – vor allem deshalb, weil der Wald ja nicht einfach verschwindet, sondern teils nachwächst, teils durch Buschwerk ersetzt wird, sodass viele Arten überleben können. Dramatisch würde die Lage nur, wenn man ihn komplett abholzen und dann zubetonieren wollte.

- Die Luftverschmutzung geht, wie noch zu zeigen sein wird, mit dem brisanten und wahrhaft beunruhigenden Problem der Erderwärmung und Klimaveränderung einher. Offenbar hat sich durch menschliches Tun die Durchschnittstemperatur der Erdatmosphäre erhöht und steigt weiter an. Doch unterdessen wird die Luft in den reichen Industrieländern keineswegs immer schmutziger, sondern im Gegenteil zunehmend sauberer.
  Im 19. und frühen 20. Jahrhundert litten die größeren Städte Nordamerikas, Westeuropas und Japans unter wachsenden Emissionen aufgrund der Verbrennung von Kohle und Holz, zumal auch die Fabriken immer näher heranrückten. Dann jedoch sorgte zweierlei für Besserung: Zum einen stellten sich die

Betriebe und Haushalte allmählich auf Öl, Gas und Strom um, und zum anderen zogen alarmierende Berichte über die gesundheitlichen Folgen der schlechten Luft in demokratischen Staaten strenge gesetzliche Schadstoffrichtlinien nach sich. Daraufhin sanken die Messwerte aller Arten von Schwebestoffen und chemischen Spurenelementen wie Rauch, Ruß, Blei, Stickoxide, Schwefeldioxid, Ozon und Kohlenmonoxid. Diese Umstellung vollzog sich je nach den Emissionsquellen im Wesentlichen zwischen den frühen fünfziger und den siebziger Jahren, und das, obwohl die Anzahl und Nutzung der Kraftfahrzeuge in allen reichen Ländern gleichzeitig beachtlich zugenommen haben. In den Vereinigten Staaten zum Beispiel sank die Gesamtemission der sechs Hauptschadstoffe zwischen 1970 und 2000 landesweit um neunundzwanzig Prozent – während das Bruttoinlandsprodukt um hundertachtundfünfzig, der Energieverbrauch um fünfundvierzig und die Kraftfahrzeugnutzung um hundertdreiundvierzig Prozent stiegen.
Ganz ähnlich sieht es bei der Wasserverschmutzung aus, obschon hier die ersten Durchbrüche bereits deutlich früher gelangen. Im 19. Jahrhundert führte die Entdeckung von bakteriell erregten Krankheiten zum Bau aufwendiger Kanalisationssysteme und Klärwerke, dann jedoch unternahm man in Nordamerika, Westeuropa und Japan bis in die fünfziger Jahre hinein keine ernsthaften Anstrengungen mehr, die mit Industrie- und Haushaltsabwässern schwer belasteten Flüsse und Seen zu reinigen. Dies geschah schließlich doch, aus gesundheitlichen ebenso wie allgemein ästhetischen und ökologischen Erwägungen. Wegen der zunehmenden Freizeit kam nun auch verstärkt der Wunsch auf, in Flüssen, Seen oder Küstengewässern zu baden, und im Übrigen verabscheuten viele den Gedanken, biologisch tote Kloaken zu dulden.
Eine Dauersorge bereitet der Einsatz von Kunstdüngern und Pestiziden im Bereich der Landwirtschaft, da diese auf dem Weg über das Grund- später ins Trinkwasser gelangen können, zumindest aber die Kläranlagen extrem strapazieren. Sie gelten

als krebserregend und darüber hinaus in vieler Hinsicht gesundheitsschädlich, da Nitrate und Phosphate das Algenwachstum fördern können, was wiederum den Sauerstoffgehalt des Wassers senkt und damit andere Organismen schädigt. Bei diesem ganzen Komplex sind die wissenschaftlichen Ergebnisse noch vorläufig. Wie dem auch sei, das Thema veranschaulicht sehr klar, welche Abwägungen bei Umweltfragen häufig vorzunehmen sind: Bei vermindertem Kunstdüngereinsatz würde man für gleich hohe Erträge mehr Nutzflächen benötigen, also weitere Wälder abholzen müssen usw. Mancherorts steht es auch für eine Art Gesetz der unvorhergesehenen Konsequenzen, denn oft resultiert der Einsatz von Düngemitteln daraus, dass man Landwirte mit Subventionen dafür belohnt, aus möglichst geringen Anbauflächen das Äußerste herauszuholen. Würden aber mehr Lebensmittel aus den Entwicklungsländern importiert, die oft reichlich Ackerböden haben, so wäre weniger Dünger erforderlich, und die armen Bauern könnten mehr verdienen.

Mit den hier aufgeführten Tatsachen möchte ich keineswegs nahe legen, dass alles eitel Freude ist und sein wird. Schließlich hat das 20. Jahrhundert viele hausgemachte Umweltkatastrophen gesehen: schreckliche Kriege, zwei Atombombenabwürfe (und zahlreiche Tests), die Havarie von Tschernobyl, in Japan die Minamatakrankheit durch Quecksilbervergiftung, das Desaster des Werks von Union Carbide im indischen Bhopal, die grässlichen Ölpesten, ausgehend von den Tankerwracks der Atlantic Empress (1979) und der Exxon Valdez (1989), sowie Saddam Husseins Sprengung kuwaitischer Raffinerien, die Zerstörung des Aralsees im seinerzeit noch sowjetischen Zentralasien, die entsetzliche Luftverschmutzung vieler Städte durch Hausbrand, Fabrikschlote und Abgase. All diese Umweltprobleme – in einigen Fällen sogar -katastrophen – erwuchsen aus der wirtschaftlichen Entwicklung, der Konfliktneigung und der Fähigkeit des Menschen, immer neue Mord- und Zerstörungswerkzeuge zu erfinden. Und der

Treibhauseffekt ist dabei noch gar nicht berücksichtigt. Das 20. Jahrhundert war mit einem durchschnittlichen Temperaturanstieg der Erdoberfläche um 0,6 °C das wärmste des zweiten Jahrtausends, und ein Großteil des Anstiegs – die Wissenschaftler kennen allerdings nicht den genauen Wert – ging wahrscheinlich auf das Konto des Menschen.

Das 20. Jahrhundert hat jedoch gezeigt, dass man aus solchen Katastrophen lernen kann, wie es möglich ist, versehrte Flächen oder Meere wiederherzustellen (manchmal auch sich selbst heilen zu lassen), und Wege zu finden, solchen Unfällen durch Sicherheitsmaßnahmen vorzubeugen. Überdies haben sich Mensch und Natur als sehr anpassungs- und regenerationsfähig erwiesen. Grundsätzlich trat zutage, dass die wirtschaftliche Entwicklung zwar viele der oben genannten Verwerfungen mit sich brachte, der Wohlstand aber letzten Endes nicht das Problem, sondern eher die Lösung darstellte. Heute sind die reichen Länder zugleich auch diejenigen mit der am besten gepflegten und saubersten Umwelt. Ja, bei ihnen weisen Luft und Gewässer inzwischen eine höhere Qualität auf als seit Hunderten von Jahren. Die armen hingegen tragen zudem den Makel einer sehr starken Umweltbelastung.

Um sich eine Vorstellung davon zu machen, was die absehbare Zukunft bringen könnte, muss man nach den Ursachen dieser Entwicklungen fahnden. Zunächst einmal, und das klingt nicht gerade tröstlich, spielte der Umstand eine bedeutende Rolle, dass die schlimmsten Auswüchse der Luftverschmutzung auf »Verpulverung« beruhten. Schwebende Rauch- und Rußpartikel waren definitionsgemäß Abfall, sodass man sie eigentlich für die Energiegewinnung hätte nutzen müssen. Als später bessere – das heißt billigere und zuverlässigere – Energieträger, wie zum Beispiel Erdöl, auf den Markt kamen, wurden in der Tat weniger von diesen Partikeln freigesetzt. In einigen Städten kamen zu den wirtschaftlichen Anreizen noch gesetzliche Vorschriften, »rauchfreie« Brennstoffe zu benutzen. Ähnliches dürfte sich alsbald auch in den Entwicklungsländern vollziehen, denn Ineffizienz ist teuer, und die technischen Verfahren, sie abzubauen, liegen in den reichen Ländern bereits ausgereift vor. China verbrennt heute im gewerblichen wie privaten Bereich sehr viel Kohle. Das Streben nach Effizienz lässt allerdings hoffen, dass solche Länder nicht ebenso lange wie die alten Industriestaaten brauchen werden, um sich auf umweltfreundlichere Brennstoffe und Techniken umzustellen.

Erhebungen der Weltbank weisen zwei eher beruhigende Aspekte auf. Zum einen den völlig klaren Zusammenhang zwischen Wohlstand und Luftverschmutzung; demnach wächst die Belastung der Luft mit Partikeln und Abgasen bis zu einem bestimmten Pro-Kopf-Einkommen, um dann rapide abzunehmen.

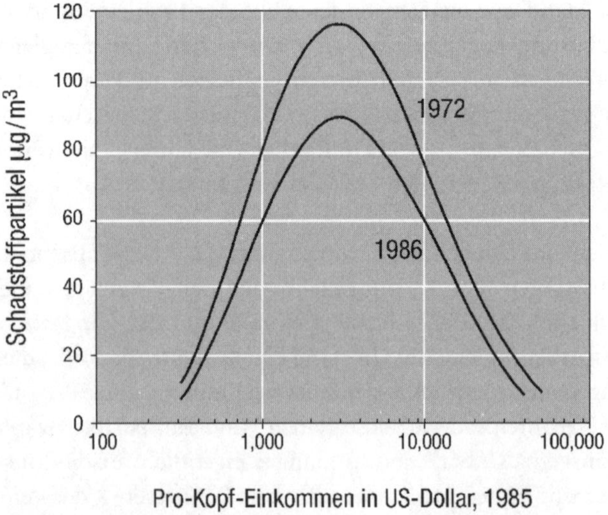

Abbildung 1
Der Zusammenhang zwischen dem pro Kopf erwirtschafteten Bruttoinlandsprodukt und den Schadstoffemissionen in 48 auf 31 Länder verteilten Städten

Aus: Lomborg, Björn, *Apokalypse no!* Lüneburg 2002

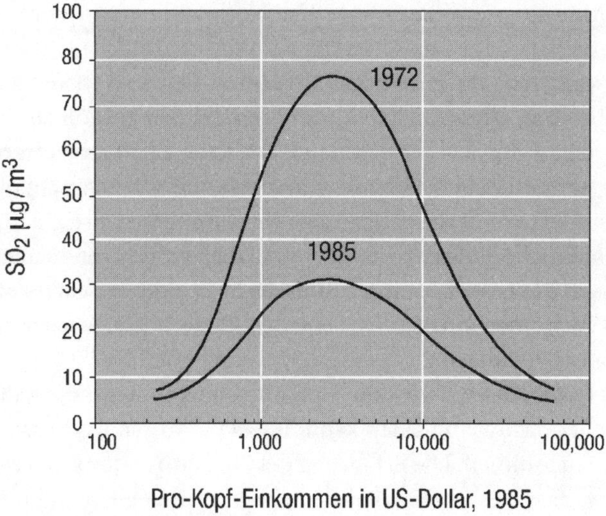

Abbildung 2
Der Zusammenhang zwischen dem pro Kopf erwirtschafteten Bruttoinlandsprodukt und der SO_2-Emission in 47 auf 31 Länder verteilten Städten

Aus: Lomborg, Björn, *Apokalypse no!* Lüneburg 2002

Zum anderen ist die Schadstoffbelastung, bei der dieser Umschwung einsetzt, im Lauf der Zeit beträchtlich gesunken. Die oben abgedruckten Abbildungen zeigen den Zusammenhang zwischen Luftverschmutzung und Einkommensniveau 1972 und Mitte der achtziger Jahre, wobei genau diese Tendenz des Wandels bei zunehmend geringerem Lebensstandard sichtbar wird.

Hier bedarf es jedoch einer klärenden Erläuterung, denn eine zentrale ökologische Grundregel besagt, dass steigende Effizienz prinzipiell nicht zu mehr Sauberkeit führt – und zwar deshalb, weil die Unternehmen nicht selbst für die Kosten ihrer Emissionen und sonstigen Belastungen der Umwelt aufzukommen haben. Müssten sie diese in ihre Kalkulationen einbeziehen, so würden sie sich, schon aus Gründen der Wirtschaftlichkeit, gewiss anders verhalten. Doch stattdessen können sie diese Lasten auf Dritte abwälzen, die dann gezwungen sind, sei es den Müll zu beseitigen, den Anblick einer verschandelten Landschaft zu ertragen oder gar gesundheitliche Schäden hinzunehmen. Oft hat nicht die Allgemeinheit, sondern die jeweilige Kommune den Preis dafür zu bezahlen: Die Firmenchefs oder -inhaber mögen im Grünen leben, doch die Anwohner ihrer Fabriken atmen deren Schadstoffe ein. Ökonomen betrachten derartige Umweltbelastungen als »externalisierte Kosten«.

Simpel ausgedrückt wird die Umwelt sauberer, wenn man die Verursacher dazu veranlassen kann, für diese Kosten und Lasten selbst aufzukommen. Die Erfahrung des 20. Jahrhunderts beweist eindeutig, dass dies in Demokratien einigermaßen gut gelingt, in Diktaturen (wenn überhaupt) jedoch eher nicht. In Ersteren haben die Leidtragenden genügend Möglichkeiten, sich mit ihren Beschwerden Gehör zu verschaffen und den Gesetzgeber zu Umweltmaßnahmen zu zwingen, zumal wenn sie eine Art Mehrheit bilden.

Der Kommunismus, dessen Spitzenfunktionäre sich vor niemandem zu verantworten hatten, trieb erheblich mehr Schindluder mit der Umwelt als die kapitalistischen Demokratien. Daher kann man nur hoffen, dass China aus rein ökonomischen Erwägungen in eine effiziente, umweltfreundliche Energienutzung investieren wird. Düster sieht es allerdings für jene Bereiche aus, in denen die Kosten scheinbar keine Rolle spielen, da man Emissionen einfach ohne Rücksicht auf Verluste in Kauf nehmen kann.

Die ökologischen Fortschritte der Industrieländer hingen eng mit dem Ausbau der Demokratie zusammen: Als diese in den fünfziger Jahren vielerorts merklich reifte, kamen auch die ersten konsequenten Umweltgesetze hinzu. In Japan grassierte damals die schreckliche durch Quecksilbervergiftung ausgelöste Minamatakrankheit, die in Verbindung mit anderen Schadstoffkatastrophen eine erste Protestbewegung aufkommen ließ, woraus dann etwas verspätet strenge Gesetze über toxische Abwässer und Luftverschmutzung resultierten. Demokratien können also, wie unvollkommen auch immer, das Gefahrenpotenzial schädlicher Emissionen öffentlich thematisieren und auch für einen angemessenen Ausgleich zwischen Verursachern und Leidtragenden sorgen.

Wenn es sich nur autoritäre Regimes leisten könnten, die Umwelt sträflich zu vernachlässigen, so gäbe uns die weltweit fortschreitende Demokratisierung (auf die ich im Schlusskapitel noch näher eingehen werde) Anlass zu vorsichtigem Optimismus. Es bleibt zu hoffen, dass die Bürger der neueren Demokratien in einer früheren Entwicklungsphase für soliden Umweltschutz eintreten werden als die Westeuropas, Amerikas oder Japans.

Doch Hoffnungen sind keine verlässlichen Prognosen, und wir müssen noch zwei wichtige Aspekte berücksichtigen: zum einen das Megaproblem der Erderwärmung und zum anderen unser Lieblingsspielzeug, das Auto. Fangen wir mit dem zweiten an. Das Auto stellt uns vor schwer wiegende Alternativen, allerdings nicht zwischen unberührter Natur und abscheulicher Industrie, sondern zwischen unterschiedlichen Verhaltensweisen und Umweltstrategien. Doch Schadstoffe spielen hier nur eine Nebenrolle. Denn vor allem geht es darum, welche Formen von Freiheit und städtischer Entwicklung sich durchsetzen werden. In aller Regel bedeutete zunehmender Wohlstand bisher stets, dass die Menschen mehr Mobilität, sprich mehr Autos wünschten.

Das Problem des Automobils liegt in seiner Allgegenwart und massenhaften Verbreitung, denn der Besitz eines Autos bleibt schon lange nicht mehr auf wenige Reiche beschränkt – das ist ein Preis, den wir für die Gleichheit bezahlen.

Doch bevor wir uns von Schwermut oder Abgasen umnebeln lassen, empfiehlt es sich, darüber nachzudenken, warum das Auto die wohl erfolgreichste und populärste Erfindung der letzten hundert Jahre ist und bleibt. Zunächst einmal brachte es den

Großstädten anfangs eine starke Entlastung. Wie der Historiker James Flink 1975 in seinem Buch *The Car Culture* ausführte, schieden Pferde um 1900 in New York City pro Tag rund 2,5 Millionen Pfund Kot und mehr als zweihundertfünfzigtausend Liter Urin aus. Im Durchschnitt mussten die Behörden jährlich etwa fünfzehntausend Pferdekadaver von den Straßen beseitigen lassen. Demgegenüber erschien das Auto doch mehr oder weniger hygienisch.

Hinzu kam die große Flexibilität. Die erste Alternative zu den equestrischen Ausscheidungen und Staus hatte der elektrische O-Bus gebildet, der jedoch neben festen Oberleitungen mit teuren, hässlichen und störenden Schienen und Plattformen einherging. Für Autos dagegen musste man lediglich die Straßen asphaltieren, was sie eher verbesserte, und ein Netz von Tankstellen einrichten. Sie brachten einen von jedem beliebigen Punkt A nach B und ließen die Entwicklung der Städte in alle Richtungen zu, und das ohne dicht gedrängte Häuserblocks, wie im Fall der Bus- und Bahnlinien. Auch die ländlichen Regionen profitierten davon, denn sie rückten nun, dank der Autos, näher an die Zentren heran. Das Postauto wurde zum Symbol für frohe Kunde.

Vor allem jedoch brachte das Kraftfahrzeug Freiheit und bürgte zudem für Gleichheit. Am schnellsten breitete es sich in Amerika aus, wo die Menschen in der Regel ganz gut verdienten, genügend Raum zur Verfügung stand und die Hersteller einander heftig Konkurrenz machten. Schon im Jahr 1927 lag der Weltanteil des ursprünglich in Frankreich entwickelten Gefährts dort bei gut achtzig Prozent, womit eines auf je 5,3 Einwohner kam. Auch in anderen Ländern mit weiten Räumen, europäischen Immigranten und einem solventen Publikum breitete sich die Technik schnell aus: In Neuseeland entfiel 1927 ein Auto auf je 10,5 Einwohner, in Kanada betrug der Wert 10,7, in Australien 16, in Argentinien 43, in Frankreich und Großbritannien jeweils 44 – während das wirtschaftlich gebeutelte Deutschland weit abgeschlagen bei 196 rangierte.

Das Gefühl von Unabhängigkeit, also jederzeit nach Belieben

irgendwohin fahren zu können, verbindet sich bis heute unmittelbar mit dem Auto. Im wachstumsstarken Japan der sechziger Jahre gehörten zur angestrebten Grundausstattung des Durchschnittshaushalts drei Dinge: Auto, Kühlschrank und Farbfernseher. Man prägte auch einen neuen Ausdruck: *mai car suru*, was so viel bedeutet wie am Wochenende mit dem Auto spazieren zu fahren. Ähnliche Wendungen dürften bald in den heutigen Entwicklungsländern kursieren, sobald die Pro-Kopf-Einkommen dort über die Marke von sechstausend Dollar steigen, ab der die Autoverkäufe offenbar immer stark zunehmen.

Seit die Umweltbelastung in den fünfziger Jahren zunehmend Sorgen bereitete, haben Gelehrte beständig – zu Unrecht – vorausgesagt, dass der Autoboom enden werde. Flink argumentierte in *The Car Culture*, dass der amerikanische Markt schon seit 1973 gesättigt sei. Überall würden Umweltprobleme und schwindende Ölreserven einen massenhaften Autoverkehr verbieten. Die politische Macht der Branche nehme ab – zumal sie in Amerika nur noch ein Sechstel der Arbeitsplätze stelle. »Die Voraussagen über eine in den nächsten Jahrzehnten zu erwartende starke Zunahme der Autos auf unseren Straßen«, schrieb der Historiker seinerzeit, »haben an Glaubwürdigkeit verloren.«

Weit gefehlt, denn von 1970 bis 1990 wuchs die Einwohnerzahl Amerikas um dreiundzwanzig, die der Kraftfahrzeuge indes um sechzig Prozent. Heute kommt dort ein Auto auf je 1,7, in Japan auf je 2,1 Personen. Zum Grundbestand von etwa fünfhundertfünfzig kommen jährlich fünfzig Millionen neue Autos – nicht gerechnet die Lastwagen. Wird dies anhalten? Zweifellos, denn die breite Masse will es so. Nehmen wir Indien, so hat es bisher nur ein Auto auf je dreihundertfünfzig Einwohner. Doch mit zunehmendem Wohlstand werden dort immer mehr Menschen irgendeine Art von unabhängigem, zuverlässigem und hinreichend schnellem Individualverkehr anstreben. Ist das die Tyrannei der Kraftfahrer? Kaum, denn heute sind wir ja (fast) alle selbst Kraftfahrer.

Infolgedessen steht zwar fest, dass freie und mündige Bürger am Auto festhalten, aber auch die Modalitäten seines Betriebs in dreierlei Hinsicht verändern wollen. Diese drei Aspekte sind die Schadstoffemission, der Verkehrsinfarkt und die Stadtentwicklung.

Unter dem wachsenden Druck der Öffentlichkeit kämpfen Regierungen spätestens seit Anfang der siebziger Jahre mit allen drei Problemen, doch ihre Maßnahmen erwiesen sich letztlich immer wieder als unzureichend. Planungsvorschriften und Grüngürtel geboten Wucherungen Einhalt, Quoten und Mautgebühren trugen ein wenig zur Entspannung bei, gleichzeitig investierte man gewaltige Summen vor allem in Umgehungsstraßen. Gesetzliche Fahrverbote, Grenzwerte und Steuern sollten den Schadstoffausstoß senken. Doch warum nicht einfach mittels drakonischer Einschränkungen direkt gegen das Auto vorgehen, um alle drei Einzelprobleme auf einen Schlag zu lösen? Einerseits würde das zu viele Wahlbürger treffen, doch andererseits sind die drei Probleme schon je für sich genommen ökonomisch und politisch schwierig genug.

Der endemische Stau findet wahrscheinlich weniger Augenmerk als die Abgasemission, denn unter ihm leiden fast nur die darin Gefangenen selbst – von gewissen Kosten wegen verspäteter Lieferungen oder dem Verzicht auf geplante Fahrten einmal abgesehen. Sofern in gewissen endlos verstopften Stadtzentren die Forderung nach Abhilfe laut wird, dürften Benutzungsgebühren für Linderung sorgen, doch im Großen und Ganzen müssen die Staus wahrscheinlich erst noch viel stärker anwachsen, bevor eine breite Mehrheit von Wählern für generelle Mautabgaben eintritt.

Zu den mittelbaren Folgen der Staus gehört die örtliche Luftverschmutzung durch all die Autos, Lastwagen und Busse. Zwar könnten Straßengebühren den Verkehrsfluss begünstigen, hätten indes wenig Einfluss auf die Gesamtlage, und gerade in Städten leiden ja nicht nur die Fahrer selbst unter den Abgasen, sondern alle – was die Wahrscheinlichkeit erhöht, dass die Politiker ebenso etwas dagegen unternehmen werden wie schon im Fall der

Rauch- und Rußemissionen durch Fabriken und antiquierte Heizungsanlagen.

Seit 1970 hat sich in den reichen Ländern, von straßenbaulichen Maßnahmen abgesehen, an der Staufront wenig, bei den Abgasen indes ziemlich viel getan, zumal diese ein größeres soziales Übel darstellen. Bisher überwogen dabei die gesetzlichen Vorschriften: über Grenzwerte, den Einbau von Katalysatoren, Sonderabgasuntersuchungen etc. Fast sicher werden in absehbarer Zeit weitere hinzukommen, um besonders die Einführung von Elektroautos mit Batterie- oder besser noch Brennstoffzellenbetrieb zu beschleunigen. Trotzdem dürften all diese Vorschriften nicht ausreichen.

Der Grund liegt darin, dass die meisten Emissionen vom derzeit vorhandenen Fahrzeugbestand ausgehen. Zwar könnten moderne Batterien und Brennstoffzellen ziemlich bald auf den Markt kommen, werden sich aber erst ganz allmählich durchsetzen, zumal dafür auch ein neues Netz von Wasserstoff-Ladestationen geschaffen werden muss. Wenn die Regierungen es also ernst meinen, sollten sie dann herkömmliche Benzin- oder Dieselmotoren speziell besteuern, um so Anreize für das Umsteigen zu schaffen. Während in weiten Teilen Westeuropas das Benzin selbst heute schon sehr hohen (zum Teil so genannten »Öko-«)Steuern unterliegt, regt die Preispolitik der USA als Inbegriff von Freiheit und Demokratie diesbezüglich kaum zur Nachahmung an.

Jede Regulierung des Autoverkehrs wird davon abhängen, ob die Wähler bereit sind, Auflagen hinzunehmen und die Politiker wiederwählen, die sie verhängt haben. Ähnliches gilt für den Komplex der Stadtentwicklung, mit neuen Häusern, Straßen, Schulen, Krankenhäusern, Bürogebäuden, Einkaufszentren. Falls und wenn diese Dinge gebaut und dafür wieder Flächen zubetoniert werden, was immer jemandem den Blick versperrt und in der Regel neuen Verkehr mit Staus anzieht, so deshalb, weil andere davon profitieren. Die Stadtentwicklung (respektive Zersiedelung) ist somit kein einfacher ethischer Verstoß des Menschen gegen die Natur oder des Kapitalismus gegen die Umwelt, sondern stets eine politische Abwägung zwischen verschiedenen Zielen und widerstreitenden Interessen.

Umweltschützer argumentieren gerne, dass man bei jenen gegensätzlichen Interessen auch das künftiger Generationen mit berücksichtigen müsste. Indem heutige Planer Grünflächen zupflastern, um Parkplätze daraus zu machen, verschandelten sie ihren Nachkommen die natürliche Landschaft. Das stimmt zwar, hat aber überhaupt keine praktische Relevanz, da wir nicht das Geringste über die möglichen Präferenzen späterer Erdenbürger wissen können. Nur wenn eine große Mehrheit so weit vorausdenken könnte, müssten wir diese Interessen bei unseren Entscheidungen mit einbeziehen. Zum Beispiel dürfen wir unterstellen, dass sie kaum neben einem See voller Quecksilber wohnen möchten – allerdings nicht, dass es ein See mit wilden, unberührten Ufern oder mit einer eleganten Promenade sein sollte. Wir können also nur für uns und nicht für sie entscheiden.

Nur eines lässt sich bei der Stadtentwicklung sicher absehen, nämlich dass die Konflikte, und die Notwendigkeit politischer Abwägungen, anhalten werden. Sie darf jedoch weder einseitig im Interesse der Umwelt noch auch des Wirtschaftswachstums erfolgen, sondern hier geht es um gesunde Kompromisse zwischen Kosten und Nutzen, Gewinn und Verlust, Wertschätzung der Natur und baulicher Annehmlichkeiten.

Ähnliche Überlegungen sind im Hinblick auf die Erderwärmung anzustellen, denn auch dabei gilt es politisch abzuwägen. Die Misslichkeit dieses sehr bedrohlichen Umweltproblems fängt schon damit an, dass wir seine wahren Ausmaße gar nicht kennen, von den Konsequenzen ganz zu schweigen. Schlimmer noch, es hat zwar globale Ursachen, doch was die Wirkungen anlangt, so wird es in Zukunft abwechselnd größere und kleinere Verlierer respektive Gewinner geben. Wenn man eindeutig sagen könnte, dass der Treibhauseffekt eine kollektive Notlage ist, unter der alle gleichermaßen leiden werden, so fände sich gewiss eine praktikable Lösung. Doch so verhält es sich nun einmal nicht.

Das Thema der so genannten Treibhausgase, ihrer Gefahren und möglicher Gegenmaßnahmen, füllt mittlerweile schon ganze Bände. Es gilt als das wichtigste Umweltproblem unserer Zeit – womit zweifellos das gesamte 21. Jahrhundert eingeschlossen ist –, lässt sich aber dennoch in relativ kurzer und einfacher Form abhandeln.

Die Wissenschaftler des von der UNO ins Leben gerufenen Zwischenstaatlichen Komitees für Fragen der Klimaveränderung (IPCC) haben in ihrem Bericht für das Jahr 2001 erklärt, dass bei den gegenwärtigen Trends für das 21. Jahrhundert mit einem Temperaturanstieg zwischen 1,4 und 5,8 °C zu rechnen ist. Dies gilt derzeit als die zuverlässigste Schätzung. Demgegenüber soll die Erwärmung im 20. Jahrhundert 0,6 °C betragen haben (und das nach einem als »kleine Eiszeit« bezeichneten Zwischentief, also auf eine ziemlich niedrige Ausgangsbasis bezogen). Damit ist der untere Schätzwert für das 21. Jahrhundert bereits mehr als doppelt so hoch wie der errechnete Anstieg im 20.

Bei einer Klimaschwankung solchen Umfanges fragt man sich natürlich, was sie bedeuten würde. Da es so etwas wie eine Idealtemperatur der Erdatmosphäre nicht gibt, sind fundierte Präferenzen kaum zu definieren. Erwärmung hieße Eisschmelze und Anstieg des Meeresspiegels. Dem IPCC zufolge könnte sich ein Anstieg um bis zu 2 °C für die Industrieländer sogar insgesamt positiv auswirken, da sie überwiegend in gemäßigten Zonen des Nordens liegen, die dadurch mildere Winter bekämen. Zudem könnten sie sich aufgrund ihres Wohlstandes relativ leicht auf veränderte Bedingungen einstellen. Für die Entwicklungsländer ergäben sich jedoch eher negative Folgen, zumal sie, von der Armut abgesehen, meist ohnehin schon unter starker Hitze leiden. Im unteren Schätzungsbereich ergäbe sich somit kein einheitliches Bild, sondern spürbare Nachteile für die armen und gewisse Vorteile für die reichen Länder.

Jenseits der Zwei-Grad-Marke ginge es dagegen nach Aussage der Wissenschaftler insgesamt allen schlechter, nur dass sich die Wohlhabenden wiederum besser auf die neuen Verhältnisse einstellen könnten.

Wenn nun einige etwas gewinnen, andere dagegen verlieren würden, so stellt sich als Nächstes die wichtige Frage nach dem Wieviel. Das ist jedoch schwer zu beurteilen. Einerseits wegen der komplizierten Auswirkungen auf die Land-, Energie-, Forst- und Wasserwirtschaft sowie den Bestand an nutzbaren Flächen; andererseits wegen der unabsehbaren Klimaentwicklung, zum Beispiel mit einer plötzlichen Zunahme von Wirbelstürmen, Überschwemmungen und Dürren. Ferner könnte das klimastabilisierende System der Meeresströmungen aus dem Gleichgewicht geraten und extreme Wetterschwankungen auslösen. Dadurch würden auch die Gesamtkosten sprunghaft ansteigen.

Allmähliche Veränderungen der Temperatur und des Klimas sind ökonomisch relativ leicht zu bewältigen, da man sich auf sie einstellen kann. So wäre es zum Beispiel zwecklos, ausrechnen zu wollen, wie viel die Erwärmung des 20. Jahrhunderts um 0,6 °C gekostet hat. Sinnvoll wäre eine solche Kalkulation nur unter der Annahme, dass man im Jahr 1999 auf genau die gleiche Weise lebte, arbeitete und produzierte wie 1900, was aber ganz augenscheinlich nicht zutrifft. Davon zeugt etwa, dass Erfindungen wie die Klimaanlage sowie medizinische Fortschritte im Bereich der Seuchenbekämpfung und Gesundheitsfürsorge auch in klimatisch schwierigen Städten ein erträgliches und ergiebiges Leben ermöglicht haben. Ähnliches und mehr dürfen wir für das 21. Jahrhundert erwarten: Technische und sonstige Neuerungen werden den Alltag weltweit auf heute unvorstellbare noch wirtschaftlich kalkulierbare Weise verändern.

Welche Aspekte müssen wir demnach als verlässliche Grundlagen für eine Prognose ansehen? Zunächst einmal den, dass die Erde sich tatsächlich erwärmt, und zwar sogar bei der untersten Schätzung des IPCC deutlich schneller als im letzten Jahrhundert. Dieses verzeichnete bereits einige Temperaturschwankungen, mit einem ziemlich steilen Anstieg von 1910 bis 1945, dann einer Abkühlung bis 1976 und seither einer neuerlichen Erwärmung, sogar noch stärker als in jener ersten Phase. Zweitens den, dass synthetische Treibhausgase zu dieser Entwicklung beitragen, wobei wir nicht genau wissen, in welchem Maße. Bekannt ist, dass zum Beispiel Kohlendioxid und Methan Wärme in der Atmosphäre einschließen wie in einem Treibhaus. Zwar hängt das Leben auf der Erde von diesem Treibhauseffekt ab, denn ansonsten wäre es viel zu kalt, doch hat unsere Lebensweise ihn zunehmend verstärkt. Den Wissenschaftlern des IPCC zufolge ist der Kohlendioxidanteil der Atmosphäre seit 1750 um ein Drittel gestiegen und wird bis 2100 um neunzig Prozent höher liegen als damals. Die seit fünfzig Jahren beobachtete Erwärmung sei »größtenteils« auf die erhöhte Treibhausgaskonzentration zurückzuführen.

Als dritter Aspekt kommt hinzu, dass die Gase in der Atmosphäre verbleiben. Würden jedoch die Waldflächen drastisch wachsen, so könnten sie größere Mengen Kohlendioxid absorbieren und damit die besagte Konzentration verringern. Allerdings wäre es unrealistisch anzunehmen, dass man dies in einem kalkulierbaren Planungszeitraum (rund dreißig Jahre) durch Aufforstung in hinreichendem Maße zu bewerkstelligen vermöchte. Theoretisch könnten Dämmfaktoren der Atmosphäre – wie Wolkenmassen, Aerosole oder andere Schwebestoffe – zunehmen und der Erwärmung entgegenwirken, doch auch das Gegenteil wäre möglich. Und in letzter Zeit habe, so die Experten des IPCC, die Verbreitung der Treibhausgase deutlich überwogen.

Wir wissen demnach, dass die Temperatur stetig steigt, zum Teil wenigstens durch Treibhausgase verursacht, und gewissen Erdenregionen, besonders den armen, wachsende Kosten auferlegen wird, die ab einer bestimmten Stufe jedoch alle treffen und in extreme Dimensionen ausufern könnten.

Konkrete Schätzungen müssen an den besagten Unwägbarkeiten scheitern. Lomborg wagt sie dennoch – obwohl er sich im Titel der Originalausgabe seines Buches als ein »Skeptiker« ausgibt – und kommt so auf einen Gesamtschaden von etwa fünf Trillionen Dollar. Diese Zahl, mag sie auch beliebig sein, vermittelt jedenfalls einen ungefähren Eindruck von der anzunehmenden Größenordnung: Sie entspricht etwa dem aktuellen Bruttosozialprodukt Japans als der zweitgrößten und der Hälfte dessen

Amerikas als der größten Wirtschaftsmacht – allerdings über einen viel längeren Zeitraum verteilt.

Wie gesagt, darf man diese Schätzung nicht für bare Münze nehmen, und viele zweifeln sie an. Doch ein allgemeiner Kostenrahmen von etwa fünfzig Milliarden Dollar jährlich würde, um nur ein Beispiel zu nennen, das Bruttoinlandsprodukt Japans um ein Prozent schmälern. Daher gilt es zwar, alle erdenklichen Gegenmaßnahmen zu treffen, doch dürften sie den genannten Rahmen nicht offenkundig sprengen. Selbstverständlich würde eine Abschwächung der Erderwärmung bedeuten, dass man sich besser darauf einstellen könnte, und außerdem, dass die Wahrscheinlichkeit von Naturkatastrophen wie Wirbelstürmen, Überschwemmungen und Dürren abnähme.

Wie dem auch sei, vorbeugend müssten alle Staaten, und gewiss nicht nur aus utilitaristischen Kostengründen, Privathaushalte und Betriebe ermuntern, die Emission von Treibhausgasen so schnell wie möglich abzubauen, entweder durch die Wahl geeigneter Energieträger oder durch Speichermöglichkeiten. Als man das Ozonloch über der Antarktis entdeckte, folgte bald der Konsens über die Notwendigkeit eines Verbots der kostengünstigen, zuvor als ungefährlich eingestuften, für Sprühdosen und Kühlaggregate verwandten Fluorchlorkohlenwasserstoffe (FCKW). Nach dem entsprechenden internationalen Abkommen von 1987 in Montreal waren binnen eines Jahrzehnts vollwertige umweltfreundliche Ersatzstoffe gefunden. Einfach ausgedrückt, müsste etwas Ähnliches auch im Fall der Treibhausgase geschehen.

Allerdings ist das viel leichter gesagt als getan, schon aus rein quantitativen Gründen. So fällt zum Beispiel das bei der Verheizung fossiler Brennstoffe wie Kohle, Erdöl und Erdgas entstehende Kohlendioxid in erheblich größerem Umfang an als früher die FCKW. Im Übrigen ist es auch deutlich schwieriger, solche Stoffe zu ersetzen. Hinzu kommt das vertrackte Problem, welche Staaten ihre Emissionen am stärksten senken müssen.

	BIP pro Kopf (1995 in $)	CO_2 pro Kopf (1995 in Tonnen)	CO_2 / BIP (kg / $)
USA	26 980	20,5	0,76
EU	19 050	7,9	0,41
Russland	4820	12,2	2,53
China	2970	2,7	0,91
Afrika	1760	1,1	0,63
Indien	1420	1,0	0,70

Quelle: World Resources Institute, zitiert nach Marina Cazorla und Michael Toman, »International Equity and Climate Change Policy«, in: *Resources for the Future*, Dezember 2000.

Die Tabelle zeigt, wie schwierig in dieser Frage eine internationale Einigung auf feste Quoten sein wird. Zwar haben die USA, auch pro Kopf, eindeutig den weltweit höchsten Ausstoß von Treibhausgasen, zumal als größte Wirtschaftsmacht (mit einem Drittel der Gesamtproduktion), doch ihre Industrien arbeiten viel umweltschonender als die Chinas und (vor allem) Russlands, die beide im Verhältnis zum Bruttoinlandsprodukt mehr Kohlendioxid absetzen. Gewiss fiele es den USA heute leichter, für die anfallenden Kosten aufzukommen, doch das Hauptproblem liegt ja in der Zukunft und resultiert im Wesentlichen aus dem zu erwartenden Wachstum von Ländern wie China, Indien und Russland, sodass besonders sie selbst für eine ökologisch vertretbare Entwicklung sorgen müssten. Wie oben dargelegt, werden Staaten ohnehin mit zunehmendem Wohlstand immer »grüner«, und die Erderwärmung könnte bald einen zusätzlichen Anreiz für sie bilden, diese Läuterung zu beschleunigen.

Doch die Quotenzuteilung dürfte auch innenpolitisch Furore machen. Prinzipiell müssten erst einmal die umweltschädlichen fossilen Brennstoffe durch verträglichere, und diese dann durch ganz andere, treibhausgasfreie Energieträger ersetzt werden. Die Umstellung dürfte Haushalte und Betriebe einiges kosten, bis hin zu Steuern und Abgaben – von den Erzeugern und Veredlern jener Brennstoffe, also Förderung, Raffinerie und Vertrieb, ganz zu schweigen.

Daher werden die nationalen und internationalen Gegenmaßnahmen vorerst einmal zaghaft und heftig umstritten bleiben, was nichts anderes bedeutet, als unzureichend in ihrer Realisierung zu sein. So viel folgt jedenfalls aus der Entwicklung seit den einschlägigen Gipfeltreffen von Rio 1992 und Kioto 1997. Dort hatten sich die Regierungen auf ein Rahmenabkommen geeinigt, nach dem die reichen Länder beginnen sollten, ihre Emissionen spürbar zu senken, ohne indes das künftige Engagement der Entwicklungsländer zu regeln. Infolgedessen und wegen Differenzen darüber, wie der besagte Abbau am besten zu erreichen oder durchzusetzen wäre, lehnte Washington alle Kioto-Pläne schließlich ab, zunächst durch einstimmigen Senatsbeschluss unter der Administration Clinton noch vor der Kioto-Runde selbst und 2001 dann als eine der ersten offiziellen Verlautbarungen der Bush-Administration. Zwar suchten andere Länder auch ohne die Mitwirkung der USA weiter nach Wegen, ihre Emissionen abzusenken, doch wirkte das Projekt jetzt nicht mehr sonderlich ehrgeizig und überzeugend.

Allerdings ist die notwendige Richtung des Wandels damit absolut eindeutig vorgegeben, und heute bestehen auch keine ernsthaften Zweifel mehr daran, dass der Ausstoß von Treibhausgasen drastisch gesenkt werden muss. Umstritten sind lediglich das Tempo, die Quotenregelung und die interne Verteilung der Lasten. Ökonomisch gesehen böte sich zum einen an, Anbieter und Verbraucher durch Anreize zur Erforschung respektive Nutzung alternativer Energieträger zu bewegen; zum anderen den Handel mit Emissionsrechten so zu gestalten, dass man den Wert von Einsparungen errechnet und die effizienteste Energienutzung durch Prämien belohnt; und zum dritten die Entwicklungsländer fortschreitend in das Bonussystem einzubeziehen, damit sie sich möglichst schnell auf erneuerbare Energien umstellen.

Was steht uns also bevor? Dreierlei lässt sich ziemlich zuverlässig voraussagen. Erstens, dass die letzten Endes gefassten Pläne hinter dem Ideal zurückbleiben werden. Da man sich jedoch grundsätzlich über das Notwendige geeinigt hat, dürfte die Abweichung in der gegenwärtigen Phase der Erderwärmung nicht wirklich Besorgnis erregend sein.

Zweitens, dass der technische Fortschritt diese Entwicklungen zunehmend dominieren und im Laufe der Jahrzehnte sogar überholen dürfte. Schon bei den aktuellen Preisen und bei der noch relativ geringen politischen Dringlichkeit des Treibhauseffekts zeugt manches davon, dass der technische Wandel die Energiewirtschaft völlig umkrempelt. Die Brennstoffzelle steht kurz vor der Serienreife. Zwar kann sie nicht über Nacht eingeführt werden, aber gemessen am Problem ziemlich schnell. Auch Ökosteuern, strengere Grenzwerte und wachsender öffentlicher Druck werden die Erschließung neuer Quellen beschleunigen, darunter die Solar- und hochmoderne Formen von Kernenergie. Lange bevor sich jemand hinsetzen kann, um ein Buch zum Thema Vision 21/22 zu schreiben, wird das fossile Zeitalter überwunden sein und ein neues mit ganz anderen Energieträgern begonnen haben.

Drittens wird diese Transformation der Energiewirtschaft geopolitische Konsequenzen zeitigen. Scheich Zaki al-Yamani, der bekannte saudi-arabische Erdölminister der siebziger und frühen achtziger Jahre, wies einmal darauf hin, dass die Steinzeit nicht deshalb geendet habe, weil die Steine ausgegangen seien. Ähnlich wird die Erdölepoche nicht, wie einige Umweltschützer es ankündigen, wegen des Versiegens der Ölquellen enden, sondern weil neue, kostengünstigere und umweltverträglichere Energieträger auf den Plan treten. Ölpreisschwankungen mögen die Suche nach Alternativen fördern oder hemmen, nicht jedoch unterbinden. In der Folge werden die Einnahmen und damit auch Rüstungsetats der erdölexportierenden Länder deutlich sinken, mit absehbaren Auswirkungen auf ihre Macht. Das betrifft in erster Linie die Golfstaaten des Nahen Ostens, darunter (wie Scheich Yamani warnend prophezeite) Saudi-Arabien, aber auch andere, die nach wie vor stark vom Öl abhängig sind, zum Beispiel Venezuela, Nigeria und – jedoch in sinkendem Maße – Mexiko. Wirtschaft und Politik lassen sich nie ganz voneinander trennen.

Als eine vierte Prognose könnte man ohne allzu großes Wagnis hinzufügen, dass die Menschen bei der Erderwärmung ebenso wie bei anderen Umweltproblemen an der Ansicht festhalten dürften, alles werde immer schlimmer, und es geschehe rein gar nichts, um eine Katastrophe zu verhindern. Auch wenn diese Wehklagen noch so unbegründet sein mögen, da sie die Aufmerksamkeit von echten Problemen wie dem der Armut ablenken, werden sie nicht verstummen. Denn der Mensch ist nie zufrieden.

Dritter Teil

Vom 20. zum 21. Jahrhundert

12. Plädoyer für einen skeptischen Optimismus

Die Fragen waren simpel, die Antworten dagegen nicht. Fassen wir sie kurz zusammen: Wird Amerika weiterhin die Welt führen und den Frieden erhalten? Dankenswerterweise ja, aber mit gewissen Spannungen und gegen manche Widerstände. Werden die Stärken des Kapitalismus seine Schwächen so eindeutig überwiegen, dass Bürger und Regierungen ihm in guten wie schlechten Zeiten die Treue halten? Wahrscheinlich ja, jedoch mit einem starken Potenzial an Rebellionen, Umstürzen und Anfeindungen.

In diesen Resümees lauert noch eine ganze Reihe von Wenns, Abers und Vielleichts, doch gerade in solchen maßgeblichen Einschränkungen, in den hier beschriebenen Chancen und Risiken, liegen die Geheimnisse des 21. Jahrhunderts für unsere Entdeckungsreise bereit.

Das fortan Wichtigste wird sein, jene Chancen und Risiken zu verstehen. Zwar kann niemand genau wissen, was das 21. Jahrhundert bringen mag, aber zum Beispiel war es im Jahr 1900 durchaus möglich, die aus der wachsenden Rivalität zwischen den Großmächten und der nachlassenden Fähigkeit Großbritanniens, über den Frieden und die Weltordnung zu wachen, resultierenden Gefahren zu erkennen. Gleiches gilt dafür, dass die Labilität und tendenzielle Ungerechtigkeit des Kapitalismus gesellschaftliche und politische Rückschläge nach sich ziehen würde. Sicherlich gab es Beobachter, die vor derlei Gefahren warnten, ebenso Regierungen, die ihre Warnungen beherzigten. Schwieriger war es jedoch, die potenziellen Wechselwirkungen einzuschätzen: die Art, wie der Konflikt zwischen den Großmächten den Kapitalismus verunstaltete und wie eine schwache, anfällige Weltwirtschaft ihrerseits zum politischen Extremismus, zur Enttäuschung über den Kapitalismus und die Demokratie und damit zu weiteren beunruhigenden Konflikten beitrug.

Auf ganz ähnliche Schwierigkeiten stoßen unsere Visionen heute. Zwar können wir versuchen, die internationalen Beziehungen und die Weltwirtschaft zu analysieren, sogar gewisse Prognosen und Empfehlungen wagen, aber letzten Endes greifen die beiden Felder ineinander: So werden politische Entwicklungen wohl oder übel wirtschaftliche Folgen haben und umgekehrt. Ähnlich wie im 20. Jahrhundert können die jeweiligen Trends und Veränderungen einander überlagern und so gewaltig verstärken.

Die Grundtendenzen des 20. Jahrhunderts waren ziemlich klar und einheitlich. Betrachtet man sein Anfangs- und sein Endjahrzehnt, so lässt sich auf eine unerbittliche Stringenz schließen: der wirtschaftliche und politische Aufstieg Amerikas, die Entwicklung Deutschlands zu einem wohlhabenden, geeinten Staat, Japans Weg zu einer modernen Industriegesellschaft, die Ausbreitung der Demokratie, das stetige Wachstum des weltweiten Handels- und Kapitalverkehrs, das Aufblühen der Börsen und multinationalen Konzerne, der Niedergang des Adels und die Ablösung seiner Werte durch das Mobilitäts- und Leistungsprinzip, der globale Siegeszug des Materialismus und der Wissenschaften, die Einführung neuer Kommunikations-, Verkehrs-, Energie-, Bio- und Waffentechniken. Im 20. Jahrhundert gelangen der Menschheit größere strukturelle Fortschritte als je zuvor – und am Ende standen außerdem ein Mehr an individueller Freiheit, höhere Lebenserwartung und eine bessere medizinische Versorgung als in jeder anderen Epoche. Doch enthielten die dazwischen liegenden achtzig Jahre auch zahlreiche Episoden der, um es gelinde zu sagen, Verwerfung und Perversion. Extrapoliert man von diesen ebenfalls starken Tendenzen, so kam auch ein mächtiger Schub in Richtung von Irritation und Verfall zum Tragen.

Ähnliches könnte wohl auch im 21. Jahrhundert geschehen. Möglich, ja sogar wahrscheinlich, sind längerfristig wiederum die gleichen mächtigen positiven Trends: die weitere Ausbreitung der Demokratie, die Entwicklung heute noch armer Länder wie China und Indien zu modernen, wohlhabenden Industriegesellschaften, flankiert durch anhaltendes Wachstum des Handels- und Kapitalverkehrs, Kontinuität des technischen Fortschritts, der alle Lebensbereiche und zuletzt sogar das Leben selbst transformieren wird, Ausbau der individuellen Autonomie, auch in den Entwicklungsländern, da der Staat zunehmend zurückweicht und die Erziehung den Einzelnen mehr Entscheidungs- und Freiheitsspielraum eröffnet. Im Grunde wären die Aussichten heute sogar besser als zu Beginn des 20. Jahrhunderts – falls wir die beiden anfangs gestellten großen Fragen wirklich mit Ja beantworten dürften.

Die Vereinigten Staaten von Amerika sind fähig und bereit, zum Schutz des Weltfriedens, der Sicherheit und des ungehinderten Handels eine deutlich stärkere Führungsrolle zu spielen, als Großbritannien dies nach 1900 zu tun vermochte, da die USA selbst und Deutschland damals mächtig aufholten und allein schon der Zusammenhalt des Empire alle Kräfte beanspruchte. Amerika hat zwar weltweite Verpflichtungen und Militärbasen, wenngleich in geringerem Umfang als Großbritannien um 1900, aber kein regelrechtes »Imperium«. Doch auch ohne die Macht, alle politischen und wirtschaftlichen Probleme der Welt zu lösen, ist es jedenfalls militärisch stark genug, um Dritte davon abzuhalten, anderen ihren Willen aufzuzwingen oder auf der globalen Ebene Unheil zu stiften. Die Fehlkalkulation Deutschlands von 1914, mit Westeuropa kurzen Prozess machen zu können, käme heute angesichts der amerikanischen Übermacht allenfalls noch einem armen Irren in den Sinn.

Allerdings besteht theoretisch die Möglichkeit, dass andere Staaten sich irgendwann zu einem großen Bündnis gegen diese amerikanische Übermacht zusammenschließen – so zum Beispiel Indien, China und Russland oder eine dann außen- und verteidigungspolitisch handlungsfähige Europäische Union. Der Haken an dieser Theorie ist jedoch, dass dafür Umstände eingetreten sein müssten, in denen es wegen großer Interessengegensätze bereits zum Konflikt gekommen wäre – keinem militärischen Kräftemessen wohlgemerkt, sondern lediglich einer Spannung, bei der man wegen einer stark eskalierten Feindseligkeit die Grenzen geschlossen, die Arsenale in Stellung gebracht, rivalisierende Organisationen aufgebaut hätte etc. Doch ist kaum absehbar, dass ein solcher Konflikt im Interesse der USA selbst liegen könnte, deren wirtschaftliche und politische Anliegen seit langem für Frieden, Demokratie, freie Märkte und Rechtsstaatlichkeit einstehen, die dadurch im höchsten Maße gefährdet wären. Zwar wird es viele Streitigkeiten über einzelne Aspekte geben, auch weil Washington mitunter von seinen Idealen abweicht, solange es jedoch an jenen Orientierungen und Grundwerten festhält und nicht anstrebt, ein förmliches Imperium aufzubauen, stellt Amerika für ebenso gesinnte Staaten keine Bedrohung dar.

Die Führung der USA weist im Kern sogar ein Paradox auf, das vorderhand für ihre weitgehend segensreiche Wirkung bürgt, nämlich dass die von ihnen propagierten und praktisch auch exportierten Werte die betreffenden Staaten nicht etwa schwächen, sondern stärken. Das heißt, sie dienen nicht der Unterdrückung oder Ausbeutung, sondern dem Aufbau. China oder Indien zum Beispiel können nur dann wirklich vorankommen, wenn sie eine Kombination der von Amerika verkörperten politischen und wirtschaftlichen Rechte erfolgreich einführten. Die Vereinigten Staaten sind die historisch erste Führungsmacht, deren Ideale, sofern sie sich auf breiter Basis durchsetzen, den Verlust der eigenen Vorherrschaft mit sich bringen würden. In diesem Sinne mag es zwar sein, dass die Amerikaner, wenn der Zeitpunkt X näher rückt, doch noch anderen Sinnes werden, um die drohende Machteinbuße abzuwenden. Aber das ist eine in der fernen Zukunft liegende und ziemlich vage Möglichkeit.

Bislang habe ich die Weltpolitik im Wesentlichen isoliert von der Wirtschaft betrachtet. Doch wie das 20. Jahrhundert bewies, muss man stets das Ganze im Blick behalten. Allein schon das Jahr 2002 zeigte ja, wie gefährlich es sein kann, Wechselwirkungen außer Acht zu lassen. Als der Kampf gegen den Terrorismus das Augenmerk auf die geballte militärische und politische Macht Amerikas richtete und eine Mischung aus Ehrfurcht, Neid und Zittern aufkommen ließ, regte sich unter der Oberfläche der amerikanischen Wirtschaft etwas weniger Eindrucksvolles. Woche für Woche machte die Amerika-AG durch neue Skandale von sich reden, da nicht nur groß angelegte Bilanzfälschungen, sondern auch schwere Betrugsfälle ans Licht kamen. Was während des Internetbooms der Jahre 1997 bis 2000 als ein unaufhaltsamer Aufschwung, ein nachahmenswertes Modell erschienen war, stellte sich nun erheblich düsterer dar. Das drohte nicht bloß den weltweiten wirtschaftlichen Ruf der USA zu schädigen, da ihr viel gepriesenes System des Turbokapitalismus nunmehr tiefe Risse aufwies, sondern letzten Endes auch ihren politischen und militärischen Einfluss in Mitleidenschaft zu ziehen, sofern Washington wegen jener ökonomischen Schwächung nicht mehr bereit wäre, sich im gleichen Maße wie ehemals in Übersee zu engagieren.

Noch lässt sich nicht beurteilen, was aus der Neubewertung des amerikanischen Kapitalismus folgen wird. Eine seiner großen Stärken lag immer in der Flexibilität und Anpassungsfähigkeit, sowohl was Probleme als auch was neue Chancen angeht. So oder so ist jene Umwertung aber jedenfalls eine heilsame Erinnerung daran, dass die hier im zweiten Teil behandelten Themen auch im 21. Jahrhundert schwer ins Gewicht fallen werden. Der Kapitalismus ist wegen seiner Neigung zur Gier und Unbarmherzigkeit unpopulär; er kann beängstigend labil sein; er bringt Einkommensunterschiede hervor, die politische Rückwirkungen haben können; und er erzeugt Ressentiments. Wenn er in Ungnade fällt, wächst meist der Einfluss des Staates, da es dann in der Öffentlichkeit eine starke Tendenz gibt, für mehr Regulierung, Kontrolle und Intervention einzutreten. Die Geschichte legt nahe, dass solche Pendelausschläge unvermeidlich sind, aber auch Nachteile eigener Art haben, da die neuen Vorschriften initiativlähmend wirken und die Eingriffe sich oft als unangemessen erweisen.

Es gibt jedoch gute Gründe, nicht nur die Perspektiven der amerikanischen Führung, sondern auch die des Kapitalismus optimistisch zu beurteilen. Auch wenn diesem niemals eine heftige Zuneigung entgegenschlagen wird, ist er heute in den Industrie- und einer zunehmenden Anzahl von Entwicklungsländern erheblich straffer organisiert als noch vor hundert Jahren, sodass verheerende Schwankungen, Ungleichgewichte oder gar Umweltschäden immer unwahrscheinlicher werden. Zwar können kurzfristige Defekte auftreten, die es dann mit neuen Methoden zu beheben gilt, aber der Staat ist bereits mächtig und sein Regelwerk umfassend genug, um die Hoffnung auf ihre sichernde Wirkung zu rechtfertigen. Zudem neigen fast alle Länder politisch dazu, an der heutigen Form der relativ (aber keineswegs völlig) freien Marktwirtschaft mit ihrem relativ (aber keineswegs völlig) freien Handelssystem festzuhalten, da die Erinnerungen an die Folgen des Sozialismus, des Kommunismus und anderer Varianten staatlicher Kontrollsysteme noch frisch sind.

Für eine positive Erwartungshaltung, gepaart mit ausgeprägtem Risikobewusstsein, gibt es unter Winzern den Ausdruck »skeptischer Optimismus«. Dieser beruht, wie man mir sagte, auf der Zuversicht, dass jeder Jahrgang dank der fortlaufend gesammelten Erfahrung besser sein wird als der vorherige, allerdings gedämpft durch die Furcht vor verderblichen Einflüssen – wie zu viel Regen, zu wenig Sonne oder Schädlingsbefall. Dabei helfe die Skepsis, Vorkehrungen zu treffen, um Gefahren zu begrenzen oder zumindest im Blick zu behalten, ändere jedoch nichts an der optimistischen Grundeinstellung.

Man braucht nicht viel Phantasie, um sich auszumalen, warum jemand bei Themen der Politik, Gesellschaft, Ökonomie oder Ökologie skeptisch sein könnte. Eine Reihe von Anlässen habe ich in diesem Buch erörtert. Nuklearterroristen könnten Großstädte angreifen, China in einem Bürgerkrieg versinken, Flüchtlinge und sonstige Migranten ihren Anteil vehement einklagen, das Wirtschaftswachstum einer Depression weichen, das Klima kippen, Nahrung, Wasser und Luft von Gift strotzen, ein neuer Dr. Frankenstein, bewaffnet mit den neuesten Gentechniken, Ungeheuer schaffen, die sogar eine Mary Wollstonecraft Shelley erblassen ließen, oder eine Flut von Gewalt und Kriminalität aufkommen. Doch fragt sich, ob solche Skepsis zum Pessimismus führen muss oder, wie in diesem Buch, als ein wesentliches Korrektiv des Optimismus dienen kann.

Viele schwelgen in ziemlich düsteren Vorahnungen und stützen ihren Pessimismus zum Teil auf wilde Spekulationen über die Zukunft, etwa die Annahme, dass Arten plötzlich millionenfach aussterben könnten wie einst die Dinosaurier oder dass die Atombombe doch noch das Ende der Zivilisation herbeiführen werde. Viele andere stützen ihren Pessimismus dagegen auf ein düsteres Bild der Gegenwart und der jüngsten Vergangenheit, wobei sie wehklagen, dass alles schon schlimm genug sei und die derzeitigen Trends schnurstracks in die Hölle führten. Doch Optimisten wie unsereiner erkennen darin eine perverse Verdrehung der Tatsachen – in der es so erscheint, als sähe sich die Menschheit immer stärker dem Tadel des erwiesenen oder direkt bevorstehenden Scheiterns ausgesetzt. Dies ist eine hemmungslose Variante jenes *Catch 22*, das Joseph Heller 1961 für Soldaten im Zweiten Weltkrieg erfand. In dem Roman, der um die Sinnlosigkeit des Kriegs und den verzweifelten Überlebenskampf der Soldaten kreist, lassen es die Dienstregeln der Bomberschwadron zu, einen Flieger wegen Verrücktheit nach Hause zu schicken, zugleich besagen sie aber auch, dass jemand, der sich zu drücken versucht, alles andere als verrückt ist.

Eine solche aberwitzige Logik hat offenbar vom Denken vieler Menschen Besitz ergriffen. So halten Biologen zum Beispiel das Wachsen von Populationen bei allen anderen Gattungen für einen eindeutigen Erfolgsindikator, da sie offenbar gegen Räuber und Naturkatastrophen bestanden, hinreichend Nahrung und Wasser gefunden und sich kräftig reproduziert haben. Im Laufe des 20. Jahrhunderts hat sich die Zahl der Menschen von rund 1,6 auf gut sechs Milliarden fast vervierfacht. Bereits im 19. Jahrhundert hatte sich das Bevölkerungswachstum auf damals beispiellose 0,5 Prozent jährlich erhöht, doch im 20. war dann, begünstigt durch den Sieg über zahlreiche Seuchen sowie neuartige Agrar- und Erschließungstechniken, eine Zunahme auf fast 1,4 Prozent gefolgt. Die Lebenserwartung, ein aus der Sicht des Individuums grundlegender Erfolgsmaßstab (der allerdings für die Spezies – oder zumindest ihre Gene – nebensächlich ist), zog zwischen 1900 und heute in den reicheren Ländern von 45 bis 50 auf 70 bis 80 und in den ärmeren von 20 bis 40 auf 50 bis 60 Jahre an, mit weiter steigender Tendenz.

Doch obwohl dieses Bevölkerungswachstum eine Folge von Verbesserungen ist, fürchtet man es insgesamt als etwas ganz Schlechtes: als eine »Explosion«, die Verknappung, Überfüllung, Konflikte und vielleicht sogar Katastrophen heraufbeschwören könnte. Zwar trifft dies zu, aber die mit Abstand größte Gefahr besteht eben in diesen Konflikten. Bemerkenswert erscheint dabei, dass trotz der Bevölkerungszunahme die Agrarpreise – als bester Knappheitsmaßstab – fast die ganze Zeit über praktisch durchgängig gesunken, jedoch diejenigen für das überreichlich vorhandene Gut, den Menschen nämlich, in Form von Löhnen stetig gestiegen sind.

Im Übrigen ist mit einer echten Bevölkerungsexplosion kaum noch zu rechnen, was zum Teil leider Gottes auf das verheerende Wüten von Aids in Afrika zurückgeht. Der Hauptgrund liegt aber im drastischen Nachlassen der Fruchtbarkeit in den meisten armen und allen reichen Ländern. Den Vereinten Nationen zufolge wächst die Weltbevölkerung inzwischen – mit jährlich etwa 1,2 Prozent – langsamer als im 20. Jahrhundert, woraus sich als »mittlere« Prognose für 2050 ein Wert von 9,3 Milliarden ergibt, bei einer bis auf 0,47 Prozent sinkenden Wachstumsquote (das »Mittel« umgreift neben der Fruchtbarkeitsrate auch andere Faktoren mit Einfluss auf die Geburten- und Sterbeziffern). Selbst diese Zahlen könnten sich noch als zu hoch erweisen, da langfristige demographische Voraussagen von kleinsten Abweichungen in den Geburten- und Sterberaten abhängen; und 9,3 Milliarden Menschen sind eine unvorstellbar große Zahl. Doch für eine optimistische Haltung spricht, dass Menschen weltweit offenbar angesichts der verbesserten Wohlfahrtspflege und höheren Lebenserwartung weniger Kinder bekommen. Auf die Herausforderungen des Bevölkerungswachstums antworten sie mit neuen Anbau- und Produktionsmethoden. Insofern hängt vieles davon ab, ob sich die Sozialleistungsangebote der armen Länder in Zukunft verbessern oder ob das Wirtschaftswachstum sie übergehen und nur die reichen begünstigen wird.

Materiell gesehen ist die Menschheit als Ganze heute wohlhabender denn je: Nie zuvor wurden mehr Waren und Dienstleistungen produziert, hielt das Wachstum beständiger an und lag das Pro-Kopf-Einkommen höher als heute – und zwar in allen Erdregionen. Wie die folgende Tabelle zeigt, erreichte sogar Afrika von 1900 bis 2000 eine Steigerung seiner pro Kopf erwirtschafteten Zuwachsrate um jährlich real ein Prozent, mehr als das Doppelte der im 19. Jahrhundert (für das die Daten allerdings extrem unzuverlässig sind) gebrachten Leistung. Zwar war es damit von allen das Gebiet mit dem geringsten Wachstum, doch in der ersten Hälfte des 20. Jahrhunderts war dies noch Asien (Japan ausgenommen), dessen jährliches Pro-Kopf-Wachstum, mit lediglich 0,1 Prozent, kaum ein Zehntel des afrikanischen ausmachte. Überschattet von Kriegen, politischen Wirren, dem Kolonialismus, Seuchen, dem heißen Klima und, vorgeblich, kulturellen Schranken wie Chinas scheinbar marktfeindlichem Konfuzianismus, stellten sich die Aussichten Asiens um 1950 ebenso düster dar wie heute die Afrikas. Doch in der zweiten Jahrhunderthälfte dann mauserte sich Asien zu der mit Abstand produktivsten Region und notierte jährliche Wachstumsraten von pro Kopf 3,5 Prozent. Eine der großen Aufgaben der kommenden Jahrzehnte wird für Afrika darin liegen, die von Asien im 20. Jahrhundert vollzogene Wende nachzuahmen.

Wachstum des Bruttoinlandsprodukts pro Kopf (Jahresdurchschnittsraten in Prozent)

	1820–1900	1900–1950	1950–2000	1900–2000
OECD*	1,2	1,3	2,6	2,0
Osteuropa	0,7	1,3	1,2	1,2
Lateinamerika	0,6	1,7	1,5	1,6
Asien (ohne Japan)	0,2	0,1	3,5	1,8
Afrika	0,4	1,0	1,0	1,0
Welt	0,8	1,1	2,5	1,9

Quelle: *Oxford Review of Economic Policy*, Bd. 15, Nr. 4, »The Assessment: The Twentieth Century«.

Das globale Wirtschaftswachstum hätte selbst einen so großen Ökonomen wie John Maynard Keynes überrascht. Bereits vor den zwanziger Jahren hatte die Welt das von ihm als hinreichend definierte Niveau überschritten, und doch bleiben viele Bedürfnisse sogar in der reichen Welt unbefriedigt, einerseits weil der Kapitalismus um des Profits willen neue schafft, andererseits weil jedenfalls unsere Vorstellungen vom »Grundbedarf« einem stetigen Wandel unterliegen und – vom nackten Überleben abgesehen – eher psychischer als physischer Natur sind.

Während die Welt, oder besser, die Menschheit als Ganzes, im Materiellen reicher geworden ist, gilt das für einige Regionen deutlich mehr als für andere. Wie im zehnten Kapitel dargelegt, öffnet sich die Einkommens- und Wohlstandsschere zwischen den reichsten und den ärmsten Staaten der Erde seit Anfang des vorigen Jahrhunderts immer weiter – mit den entsprechenden Folgen in allen Lebensbereichen. Das erzeugt nicht nur Schuldgefühle, sondern auch Neid, und dabei können die Schuldigen leicht Angst vor den Neidischen bekommen. Doch liefert diese wachsende Ungleichheit ein weiteres Beispiel für die Logik jenes *Catch 22*, denn sie resultierte ja nicht aus einem Versagen, sondern aus Erfolg: Im Großen und Ganzen sind die Ärmsten der Ar-

* Nordamerika, Westeuropa, Japan, Australien, Neuseeland.

men nur viel langsamer vorangekommen als die Reichen ihrerseits.

Eine neue Variante der betreffenden Sorge bildet die so genannte »Digitalscheide« – die im zehnten Kapitel erörterte Annahme, dass bei der Verbreitung und Nutzung von Informationstechniken im Allgemeinen und des Internet im Besonderen eine zunehmende Ungleichheit besteht, was jedoch kein ganz aktuelles Problem mehr ist: Wenn man seinerzeit auf den Gedanken gekommen wäre, hätte es vermutlich im 19. Jahrhundert schon eine Eisenbahn-, Telegraphen- und Dampfschiffscheide gegeben, später dann etwas Ähnliches für das Telefon, das Auto und eine Zeit lang sogar das Radio und Fernsehen. Dies alles ist jedoch nur eine bildhafte Art auszudrücken, dass einige reicher sind als andere und der Besitz neuer Techniken mitunter die Vorteile der Wohlhabenden noch verstärkte. Die Digitalscheide trat ja nicht auf, weil die Armen, sondern im Gegenteil, weil die Reichen ihre Kommunikations- und Informationsgepflogenheiten von Grund auf umstellten. Wäre die Innovation nicht so überaus erfolgreich gewesen, wir hätten dieses Defizit gewiss vermeiden können.

Das wachsende Ungleichgewicht schadete auch den Ökonomen selbst, die ansonsten während des letzten Jahrhunderts einen stetigen Aufstieg erlebten. Denn damit hätten sie ganz bestimmt nicht gerechnet. Als die Basis des Wirtschaftswachstums gelten gute Ideen, die nicht so leicht zu finden, jedoch umso einfacher zu kopieren sind. Wenn daher zunächst einmal die Erfinder selbst vom technischen Fortschritt profitieren sollten, müssten Dritte dann später immerhin mühelos aufholen können. Da erfolgreiche Techniken in Form von Lizenzen oder Kopien die Grenzen überschreiten, wäre demnach zu erwarten, dass die Ungleichheit nicht zu-, sondern abnimmt. Dafür steht beispielhaft Japan, das ab dem Ende des 19. Jahrhunderts auf spektakuläre Weise mit genau diesen Methoden an den Westen herankam. Doch bildete Japan als Nachahmer die Ausnahme, später lediglich von ein paar wenigen anderen asiatischen Ländern gefolgt: Die große Masse holte nicht auf, sondern fiel immer weiter zurück.

Dafür gibt es viele Erklärungen, von denen eine der Aufholtheorie selbst innewohnt: Sie liegt darin eingebaut, dass jahrzehntelang starre Schranken die Grenzüberschreitung von Techniken, Kapital und modernen Investitionsgütern verhinderten. Derartige Schranken wurden auch aus anderen Gründen beklagt. Ab 1947 war die Erde mehr als vierzig Jahre lang sowohl durch den Eisernen respektive Bambusvorhang als auch durch Ideologien, Feindseligkeiten und Waffen in zwei weitgehend geschlossene Lager gespalten, und sogar innerhalb der so genannten freien Welt geißelte man die Übel des Nationalismus, der starken Abschottung und des engstirnigen Provinzialismus, warnte vor den Gefahren des Nationalstaates, lobte dagegen die Vorzüge der Einheit, offenen Denkens und freien Ideenaustausches, kurz: eines Globus ohne Grenzen. Der Groll über den kleinlichen Nationalismus nahm sogar romantische Züge an und motivierte so im reichen Westen eine Art Jugendbewegung. Man muss nur an John Lennons »Imagine« denken.

Heute, zu Beginn des 21. Jahrhunderts, zeichnet sich eine derart betörende Vision tatsächlich zumindest als eine konkrete Utopie ab. Sie heißt Globalisierung, die Abschaffung aller Handelsschranken, freier Kulturaustausch und (leider in geringerem Maße) Personenverkehr, der Abbau von Behörden, Nationalstaaten und Grenzen. Seit den achtziger und frühen neunziger Jahren erlebt dieses Ideal eine beispiellose Hochzeit, da große Teile der Welt, besonders der Dritten, sich für offene Grenzen und Ideenmärkte entschieden, um Geld, Handelsverkehr, Technologietransfer, hoch begabte Fachkräfte und die – auch politische und moralische – Unterstützung des Westens zu gewinnen. Die beiden volkreichsten Staaten der Erde, China und Indien, haben seinerzeit beschlossen, ihre Grenzen derart zu öffnen, worauf die globalen Einkommensunterschiede etwas zu schrumpfen begannen. Zwar wuchs die Kluft zwischen den Ersten und den Letzten weiter, doch in der Mitte vollzog sich eine Annäherung. Auch wenn die Globalisierung noch ein recht junges Phänomen ist, hält sie für die kommenden Jahrzehnte enorme Verheißungen bereit: Nichts veranlasst mehr zum Optimismus als gerade sie.

Doch leider Gottes löste dieser Aufbruch in die eine grenzenlose Welt heftige Kritik aus, als moderne Jünger John Lennons die Straßen und Fernsehstudios, Leitartikel und sogar Hitlisten stürmten, um zu beklagen, dass es bei dieser Entwicklung bald keine Staaten mehr geben werde; dass die Globalisierung gerade die Dritte Welt bedrohe, da sie örtliche Kulturen verändere oder sogar vernichte, ausländische Einflüsse und Dominanzen bringe, den Planeten irreparabel schädige, indem sie alle Unsitten der Reichen auch unter den gewaltigen Massen der Armen verbreite. Im Dezember 1999 demonstrierten sie in Seattle und danach bei jedem sich bietenden Anlass gegen die Welthandelsorganisation, dieses von seinen hundertvierundvierzig Mitgliedstaaten mit der Durchsetzung gemeinsamer Handelsregeln »für alle Völker der Erde« beauftragte Gremium – aber auch, besonders bei Gipfeltreffen der G7/8, gegen den Internationalen Währungsfonds und die Weltbank.

Die Globalisierungsgegner betonen gerne ihre tiefe Solidarität mit den Unterdrückten, da sie gegen Ausbeutung, aber für Liebe, Frieden und die Bewahrung des Planeten seien. Der Erfolg des Kapitalismus müsse unweigerlich auf Ausbeutung beruhen, also dem Gegenteil von Liebe, und schädige jedenfalls die Umwelt, womit er sich in Wahrheit als ein eklatantes Scheitern erweise.

Könnte etwa die ewige Unzufriedenheit, die beständige Sorge um den Gang der Dinge und dringend zu lösende Probleme, die Erfolgsserie des Menschen erklären? Auf der einfachsten Ebene müsste man diese Frage gewiss bejahen. Die gefährlichste und unhaltbarste Lage der Menschheit träte ein, wenn viele annähmen, dass es jetzt an der Zeit sei, den Sieg zu verkünden, einander auf die Schultern zu klopfen, sich hinzusetzen und kollektiv die Hände in den Schoß zu legen.

Doch ist das noch nicht alles. Dem heutigen Erfolg oder zumindest den Aussichten dafür liegt eine innere Unsicherheit über das Kommende, eine Zukunftsangst zugrunde, und diese zwingt uns auch, die Vergangenheit infrage zu stellen. Das soeben abgeschlossene, hoch erfolgreiche Jahrhundert war schließlich zugleich auch ein sehr unstabiles, mit zwei Weltkriegen, diversen Hungersnöten, der Abschlachtung von Millionen seitens ihrer eigenen Regierungen, dem über Jahrzehnte hinweg drohenden Atomkrieg und einer schweren Weltwirtschaftskrise, aber auch einer Reihe von hässlichen regionalen und nationalen Rezessionen. Unsere Skepsis veranlasst daher zu der mehr als berechtigten Annahme, dass sich derlei wiederholen könnte oder sogar neue, noch schlimmere Desaster bevorstehen. Allerdings verbietet es uns die Geschichte, Skepsis in allgemeinen Pessimismus umzumünzen. Dennoch muss ich meine optimistische Beurteilung der heutigen Ausgangslage besonders unter zwei Hauptaspekten erheblich einschränken.

Zum einen bergen die beiden größten Hoffnungen zugleich auch die größten Risiken. So ist es eine Tragödie, dass Indien mit einer Milliardenbevölkerung und dem gewaltigen Potenzial an technischem Fachwissen und unternehmerischem Elan Hunderte von Millionen in Armut lebende Bewohner hat, außerdem eine hohe Analphabentenquote von fünfunddreißig Prozent (gemäß der Volkszählung von 2001, die allerdings 1991 noch bei rund fünfzig Prozent gelegen hatte); im benachbarten Pakistan, mit hunderteinundvierzig Millionen Menschen, beträgt sie sogar fünfundfünfzig Prozent. Entwicklungsländer wie diese, und mehr noch die ganz unzureichend regierten Staaten in Zentralasien, Nahost und Afrika, leiden unter Chaos, Gewalt und Umweltverschmutzung. Zwar scheinen sie ebenso immense Chancen wie Probleme zu haben, aber es dürfte alles andere als leicht sein, die sich bietenden Gelegenheiten beim Schopf zu ergreifen.

Zum zweiten ist die Globalisierung selbst ein paradoxes oder zumindest doch ambivalentes Phänomen. Zwar hat ihre Liberalisierung und Integration in die Weltwirtschaft jüngst viele arme und ehemals kommunistische Länder erreicht und beflügelt, aber Globalisierung bedeutet auch Wandel, und der wiederum wirkt destabilisierend, denn im Kern zielt sie ja auf das, was der österreichische Ökonom Joseph Schumpeter, wie im zweiten Kapitel dargelegt, als »kreative Vernichtung« bezeichnet hat – wobei naturgemäß der erste Aspekt immer willkommener sein wird als der zweite. Kurz, Wandel ist immer gleichbedeutend mit gesellschaftlicher und politischer Labilität.

Kann die Globalisierung ihren gegenwärtigen Kurs halten und den Milliarden von Armen in der Dritten Welt alsbald einen höheren Lebensstandard bescheren? Das lässt sich heute noch nicht sicher beurteilen. Die Befreiung der Entwicklungsländer von Kommunismus, Zentralplanung, autoritärer Herrschaft und geschlossenen Grenzen – das heißt die Ausbreitung der Demokratie durch Globalisierung – ist ein noch recht junges Phänomen. Viele Entwicklungsländer hatten Mitte des Jahrhunderts gerade erst den Kolonialismus abgeschüttelt, als ihre Regierungen sie neuerlich verknechteten und prompt in die Zwangsjacke des Kommunismus, des Sozialismus oder anderer autoritärer Regimes steckten. Während China 1978 begann, marktwirtschaftliche Prinzipien einzuführen, steht seine Demokratisierung noch aus. Das seit langem demokratisch verfasste Indien konnte sich indes erst 1991 dazu durchringen, die Grenzen für den Handel zu öffnen und die Unternehmen vom Bann des »Raj Konzession« zu befreien. Für Russland und seine ehemaligen kommunistischen Satellitenstaaten gilt das gleiche Ausgangsdatum. Im Fall Lateinamerikas bildete die Schuldenkrise der achtziger Jahre den maßgeblichen Impuls dafür, die autoritären Regimes zu stürzen und eine relativ freie Marktwirtschaft einzurichten.

Im Umfeld der Industrieländer selbst ist die Globalisierung ein alter Hut. Als John Maynard Keynes 1919 über das Europa der Vorkriegszeit, die »Welt von gestern« schrieb, berichtete er in einer berühmt gewordenen Passage seiner Polemik *The Economic Consequences of the Peace*:

»Londoner konnten, ihren Frühstückstee im Bett trinkend, telefonisch alle Produkte dieser Welt in beliebiger Menge bestellen und frei Haus geliefert bekommen. Außerdem konnten sie … in die Bodenschätze oder neuen Unternehmen jedes Winkels der Erde investieren ... Sie konnten billig und bequem, ohne Pässe oder sonstige Formalitäten, in fernste Länder und Klimazonen reisen ... Die Projekte und Strategien des Militarismus und Imperialismus, der ethnischen und kulturellen Rivalität ... schienen fast keinen Einfluss auf den gewöhnlichen Gang des sozialen und wirtschaftlichen Lebens zu nehmen, dessen Praxis ein fast vollendeter Internationalismus kennzeichnete.«

Selbstverständlich beschrieb Keynes damit die Möglichkeiten einer Elite. Dennoch waren viele der bahnbrechenden Voraussetzungen für das Schrumpfen der Welt bereits eingetreten – allen voran der Telegraph, zumal nach Verlegung zuverlässiger transozeanischer Kabel. 1866 entstand die Verbindung zwischen New York und London, 1878 kam Buenos Aires und 1900 Tokio hinzu. Im Jahr 1914 brauchten Telegramme von London nach New York weniger als eine Minute, sodass die Börsenkurse für Waren und Wertpapiere beiderseits des Atlantiks konvergierten. Das Telefon beschleunigte die Kommunikation noch mehr, und Dampfschiffe beförderten Personen und Güter rund um den Globus.

Keynes wollte hauptsächlich davor warnen, dass alle diese Fortschritte seinerzeit gefährdet waren, und damit hatte er sehr Recht. Die wirtschaftliche Integration fand in der Politik kein angemessenes Pendant, und infolgedessen schlug sie während der dreißiger Jahre in ihr Gegenteil um. Neben massiven Handelsschranken traten strenge Einwanderungsvorschriften in Kraft (man beachte, dass Keynes keinen Pass brauchte). Zahlreiche Staaten verboten ausländische Investitionen, ja sogar den Kulturaustausch. All diese Maßnahmen nahmen die Integration weitgehend zurück, bis in den fünfziger Jahren die Schranken zwischen Westeuropa, Nordamerika und Japan nach und nach abbröckelten. Erst in den Sechzigern erreichte das Handelsvolumen im Verhältnis zum Bruttoinlandsprodukt wieder das Niveau der Zeit vor 1914. Doch sorgte die Politik durch ihre Ideologien und Autarkiebestrebungen dafür, dass die übrige Welt weiterhin abgeschottet blieb. So nahmen die Entwicklungsländer und kommunistischen Staaten nicht an der Globalisierung und damit auch nicht an dem bis dahin stärksten Wirtschaftswachstum aller Zeiten teil.

Erst der Fall dieser politischen Barrieren ermöglichte die im letzten Jahrzehnt zu beobachtende Beschleunigung der globalen Integration und ihre Ausdehnung auf viele – wiewohl noch nicht alle – Teile der Dritten Welt. Bemerkenswert ist hierbei, dass die raumgreifende Entscheidung der neunziger Jahre, Märkte zu öffnen, ausländische Investitionen zuzulassen, den Handel auf Trab zu bringen und die Film- und Fernsehbranchen zu liberalisieren, eine rein politische war und von nationalen Regierungen kam. Sie wurde ihnen weder von der Technik noch von den Amerikanern aufgezwungen, sondern erfolgte aus freien Stücken – was allerdings auch bedeutet, dass sie erweitert oder wieder rückgängig gemacht werden könnte.

Die Haupttriebkraft für den Fort- wie Rückschritt ging wahrscheinlich von den Finanzmärkten aus. Wenn arme Länder vorankommen wollen, benötigen sie Kapital von außen zur Ergänzung ihrer heimischen Ersparnisse. So wurde die Dritte Welt Anfang der neunziger Jahre, als immer mehr Staaten dies zuließen, zu einem beliebten Investitionsraum, der nun durch »aufstrebende Märkte« geprägt schien. Von 1994 bis 1997 erhielten die neunundzwanzig attraktivsten dieser Kandidaten insgesamt 655 Milliarden Dollar an Krediten, Anleihen und Investitionen. Solche Geldströme können indes schnell wieder versiegen, und so bekamen sie in den folgenden vier Jahren nur noch neunzehn Milliarden Dollar. Bei derartigen Schwankungen nimmt es nicht Wunder, dass es dort während der neunziger Jahre so viele Finanzkrisen gab. Das Geld ist willkommen, wenn es zufließt, verursacht aber beim Abfluss große Probleme.

Ebenso wenig überraschend ist, dass nicht alle Länder von der globalen Integration profitieren konnten – oder mochten, da die zu erwartenden Veränderungen sie abschreckten. Eine neuere Studie der Weltbank zeigt, dass es im Laufe der letzten zwei Jahrzehnte vierundzwanzig armen Staaten mit insgesamt drei Milliarden Einwohnern (das heißt der Hälfte der Weltbevölkerung) gelang, den Anteil des Außenhandels an ihrer Wirtschaft stark aufzustocken. Bei ihnen wuchs die Pro-Kopf-Produktion während der neunziger Jahre im Jahresdurchschnitt um fünf Prozent, und die Armutsquote sank. Demgegenüber lebten etwa zwei Milliarden Menschen in schlecht integrierten Staaten, darunter Pakistan, Afghanistan sowie weite Teile von Nahost und Afrika, bei denen die Wirtschaft schrumpfte, das Wachstum stagnierte und die Armut zunahm. Solche Länder litten nicht unter der Globalisierung, sondern profitierten einfach nicht davon, weil die Regierungen sich dagegen entschieden hatten. Meist sind sie besonders abhängig vom Export lokaler Produkte, wie Kakao, Erdöl und andere Mineralien, deren Preise schwanken und die keine hohen Löhne abwerfen, da ihre Gewinnung kaum wertschöpfend wirkt. In diesen Ländern sind auch Krieg und Terrorismus enorm verbreitet.

Wie stehen nun die Aussichten dafür, die beachtlichen Erfolge der erwähnten vierundzwanzig Länder auch jenen anderen zwei Milliarden Menschen zu ermöglichen? Und wie groß könnte, umgekehrt, die Gefahr sein, dass sich solche Erfolge wieder zerschlagen? Die Erfahrungen des 20. Jahrhunderts belegen, dass sich Regierungen angesichts wirtschaftlicher Turbulenzen oder sonstiger Bedrohungen ihrer Macht leicht nach innen wenden können, indem sie ihre Grenzen schließen und versuchen, das Heft fest in die Hand zu nehmen. Momentan sieht es zwar nicht danach aus, zumal die Erinnerungen an das bescheidene Leben hinter geschlossenen Grenzen noch frisch sind, aber das kann sich jederzeit ändern.

Große Hoffnung macht jedoch die schnelle Ausbreitung der Demokratie in den letzten gut zehn Jahren. Gewiss ist dieser Prozess ebenso umkehrbar wie die Globalisierung, allerdings wegen des Drucks der Öffentlichkeit und der internationalen Kritik deutlich schwerer als die Öffnung der Grenzen.

Auch in der reichen Welt hatte die Demokratie um 1900 noch kaum Fuß gefasst. Zwar ließen einige wenige Länder wie Großbritannien und die Vereinigten Staaten wählen und gaben sich als Demokratien aus, ohne jedoch schon ein allgemeines Wahlrecht zu besitzen. Ein Teil der Männer – darunter in Amerika die meisten Schwarzen – und alle Frauen waren seinerzeit noch davon ausgeschlossen. Während die beiden genannten das Frauenwahlrecht in den zwanziger Jahren einführten, ließen die großen Fortschritte bis nach 1945 auf sich warten, als auch Deutschland, Italien und Japan endlich den Weg zum Parlamentarismus fanden. Die heutigen EU-Mitglieder Spanien, Portugal und Griechenland folgten erst in den siebziger Jahren.

In der Dritten Welt bildete das unabhängig gewordene Indien, bekanntermaßen die weltgrößte Demokratie, jahrzehntelang die gewichtige Ausnahme von einer regelhaften autoritären Herrschaft. Weltweit blieben demokratische Systeme mit Grundrechten und soliden Verantwortlichkeiten die Domäne einer kleinen Minderheit. Im Jahre 1980 waren erst siebenunddreißig der damals hunderteinundzwanzig Staaten (was fünfunddreißig Prozent der Weltbevölkerung entsprach) demokratisch verfasst, doch in den neunziger Jahren kamen zahlreiche weitere hinzu. Nach Erhebungen von Freedom House, einem amerikanischen Institut zur Förderung der Freiheit, hatten im Jahr 2000 hundertzwanzig der seinerzeit hundertzweiundneunzig Staaten (mit nun sechzig Prozent der Weltbevölkerung) eine »auf freien Wahlen basierende Demokratie«.

Intellektuelle mit einer Neigung zur Schwarzseherei könnten bezweifeln, dass darin überhaupt ein Anlass zur Hoffnung liegt: Immerhin lautete eine der Parolen sowohl des Faschismus als auch des Kommunismus, jener beiden ideologischen Geißeln des 20. Jahrhunderts, die Demokratie sei unheilbar krank. Gewiss hangeln sich Demokratien eher durch, dabei jeweils ein Interesse gegen das andere abwägend, als einen klaren, erfrischenden Kurs zu fahren. Und als Systeme, die auf Mehrheitsentscheidungen beruhen, fällt ihnen der Umgang mit den Ansichten gewichtiger Minderheiten besonders schwer. Doch heute üben sie einen mächtigen Reiz aus, weniger weil sie Großes vollbringen, als weil sie Schlimmes verhindern können – namentlich die grauenvollen mörderischen Tatsachen, die sich in China, der UdSSR, Nazideutschland, im faschistischen Italien, in Nordkorea, Argentinien und im Kambodscha der Roten Khmer mit einer niemandem verantwortlichen Staatsgewalt verbanden.

Der demokratische Fortschritt vollzieht sich keineswegs schnell und unkompliziert. Manche Länder, die sich als Demokratien ausgeben, haben entschieden unredliche oder zumindest lückenhafte Systeme. Unter den hundertzwanzig von Freedom House ermittelten förmlichen Demokratien findet man etliche Staaten, deren Bürger bei näherem Hinsehen alles andere als frei sind. Zwar veranstalten sie Wahlen, beschränken aber die Grundrechte in vielen anderen Sphären. Daher stuft Freedom House selbst nur sechsundachtzig Nationen als wahrhaft frei ein. Wenn man es optimistisch ausdrückte, so befänden sich einige »im Übergang« zur umfassenden Demokratie, und eine Mischung aus öffentlichem Druck und privaten Diskussionen unter Diplomaten und Politikern könnte dazu beitragen, sie auf diesem Wege voranzubringen. Auch wenn dies zur Einsicht führen mag, dass Wahlen notwendig sind, reicht es bei weitem nicht aus; ebenso wichtig sind die Rede- und Pressefreiheit, eine unabhängige Justiz und, von dieser überwacht, die unvoreingenommene Durchsetzung der Rechtsstaatlichkeit. Mexiko, das 2000 zum ersten Mal seit siebzig Jahren die Wahl eines Präsidenten aus einer Oppositionspartei erlebte, liefert ein Beispiel für echten Fortschritt, obwohl er sich quälend langsam vollzog. Indonesien fiel es 1998, nach dem Ende der jahrzehntelangen Diktatur, überaus schwer, eine ordentliche Polizei und Justiz aufzubauen, vom Kampf gegen die Behördenwillkür und Korruption ganz zu schweigen. Ähnliches gilt für Russland, wo die Ansichten über das Demokratieverständnis von Präsident Vladimir Putin heftigen Schwankungen unterworfen sind. Doch mit Hilfe von außen, Geduld und Ermutigung ist es zu schaffen.

Einige der Schwindler wurden bereits an den Pranger gestellt, darunter Perus Präsident Alberto Fujimori, der im Jahr 2000 seine (verfassungswidrige) Wiederwahl fälschte. Doch zum Glück gelang es dann, ihn nach Korruptions- und anderen Skandalen im Umfeld des Geheimdienstes aus dem Amt zu vertreiben, sodass sich die Demokratie dort wiederherstellen ließ. Auch Haiti gehört zu den Attrappen, obwohl auf der Insel seit dem Eingriff Washingtons 1994 angeblich wieder demokratische Verhältnisse herrschen. Ebenso Malaysia: Premier Mahathir Mohamad hat sich zwar in seiner mehr als zwei Jahrzehnte währenden Amtszeit (offenbar will er im Oktober 2003 abtreten) meist an demokratische Regeln gehalten, inzwischen jedoch seinen Hauptrivalen (Anwar Ibrahim) unter frei erfundenen Vorwürfen inhaftieren lassen, die Presse mundtot gemacht und die Justiz gleichgeschaltet. Simbabwes Präsident Robert Mugabe – bei seinem Machtantritt 1980 noch ein Hoffnungsträger – setzt heute Gewalt und andere Formen der Einschüchterung ein, um Wahlen zu gewinnen. Im Jahresbericht 2002 beurteilte Freedom House sein Vorgehen in Simbabwe als den drittschwersten »Rückschlag« für die Demokratie, nach den Terroranschlägen vom 11. September und dem Nahostkonflikt. Zu den mit Abstand interessantesten und am schwersten einzuschätzenden Fällen gehört der Iran: Er hat zwar eine Verfassung, ein gewähltes Parlament und einen Präsidenten, aber in Wahrheit liegt die Macht, speziell über die Justiz, die Armee und die Polizei, in den Händen von Geistlichen, die weder gewählt noch irgendwem außer sich selbst und, wie sie sagen, Allah verantwortlich sind.

Ist das nun besser oder schlechter als gar nichts? Alle diese Länder haben mit ihren verstümmelten Demokratien zwar mehr Zurechenbarkeit, als dies ohne Grundrechte der Fall wäre, doch auch sie hält sich in sehr engen Grenzen. Der Trend zur weltweiten Durchsetzung liberaler Systeme ist noch jung und daher ebenso kräftig und stürmisch wie leicht erschütterbar und fragil. Doch in den vielen Staaten, die keine bloßen Attrappen zur Schau stellen, entwickeln sich die Dinge seit 1990 stetig in die richtige Richtung. Die Menschen scheinen Demokratie zu wollen oder ziehen sie in den letzten Jahrzehnten zumindest den Alternativen vor.

»Stetig in die richtige Richtung«: Darin äußert sich die Grundauffassung des Optimisten. In den Augen jener, die eher an das Nahen des Weltuntergangs glauben, erinnert diese Formulierung jedoch zweifellos an die berühmteste Stelle aus Voltaires Satire *Candide*, in der Dr. Pangloss postuliert, dass, wie hoffnungslos die Lage auch erscheinen möge, »alles zum Besten steht in der besten aller Welten«. Oder an die engstirnige Ansicht von verhätschelten Mitgliedern der westlichen Elite, die gewaltigen Probleme und Entbehrungen von Millionen, nein Milliarden, mit einer Generalisierung abtun zu können. Oder vielleicht an die dünkelhafte Meinung eines heutigen Anhängers der Aufklärungsthese, dass der menschliche Fortschritt unabdingbar und alle Probleme durch Vernunft lösbar seien, zumal der Mensch immerfort zu neuen Ufern der Erkenntnis und der Vervollkommnung aufbreche.

Tatsächlich beruht das Argument für einen durch Skepsis abgemilderten Optimismus auf der Einsicht in die guten Chancen für weitere Fortschritte. Der Boden dafür, den Lebensstandard in der Dritten Welt zu heben und damit die Kluft zu den reicheren Ländern zu schließen, ist bereitet, wenn auch bisher noch in einer nur vorläufigen, unausgereiften Form. Märkte öffnen sich, die Welt wächst zusammen. Immer neue Länder finden den Weg zur Demokratie, mit mehr oder weniger zuverlässigen Institutionen und rechtsstaatlichen Prinzipien. Trotz der terroristischen Umtriebe und internationalen Spannungen befindet sich die Welt weitgehend im Frieden, und Amerika ist bereit, durch seine Führung die größten Bedrohungen der Sicherheit abzuwenden, auch wenn es niemals allmächtig oder allwissend sein kann. Wellen starker Entwicklungen in den Informations-, Bio- und Energietechniken breiten sich über den gesamten Erdball aus und verheißen, die Produktivität weiter zu steigern sowie den Alltag, die Arbeitswelt, die Freizeit und den Verkehr von Grund auf zu erneuern – überwiegend zum Besseren. Damit bestehen in der Tat Chancen für wahrhaft bemerkenswerte Fortschritte, für den Abbau der Armut und der Umweltverschmutzung, für den Sieg über weitere Seuchen, ja für eine weitere Anhebung des weltweiten Lebensstandards.

Doch sind das eben nur Chancen, die man ergreifen oder verpassen kann. Der Optimismus der Aufklärung war sicherlich in dem Punkt unbegründet, dass er den Fortschritt als unvermeidlich ausgab – sogar im doppelten Sinne, wenn er mit der Annahme einhergeht, unser Wissen über die Welt und ihre Gesetze vertiefe sich zunehmend, weshalb wir am Ende alle Probleme lösen könnten, sobald sie auftreten. Vielmehr hat das 20. Jahrhundert gezeigt, dass die Fähigkeit des Menschen, wirtschaftliche, gesellschaftliche und politische Kräfte zu steuern, streng begrenzt ist. Und die größten humanitären, ökonomischen und sogar ökologischen Katastrophen traten ein, wenn Menschen sich einbildeten, bereits alle Antworten auf die Frage nach den richtigen und erforderlichen Maßnahmen gefunden zu haben.

Vorstellungen von erreichbaren Utopien, der Perfektionierbarkeit der menschlichen Natur und Verfassung sind nicht bloß trügerisch, sondern gefährlich. Ersteres weil das Leben zu komplex, zu schwer durch widersprüchliche Wünsche, Triebe und Bedürfnisse zerrissen ist, um je einen Garten Eden zuzulassen. Letzteres weil sie einen falschen Anschein von Sicherheit erwecken, Dogmen fördern, auf die gestützt Menschen, notfalls mit Gewalt, verlangen, bestimmte Ideen und Pläne durchzusetzen.

Schließlich gehörten die zu Schutt und Asche gewordenen Verheißungen, in Desaster verwandelten Dogmen, zu den Wesensmerkmalen des 20. Jahrhunderts. Dieses mögen viele philosophische oder literarische Werke versinnbildlichen, doch meine Wahl fiele auf das vielleicht sonderbar unbeschwert erscheinende Kinderbuch *Der Zauberer von Oz* des Amerikaners L. Frank Baum. Genau im Jahr 1900 erschienen, ist es im Grunde ein Märchen über falsche Utopien. Die Heldin Dorothy wandert gemeinsam mit dem Löwen, dem Blechholzfäller und dem Krähenschreck auf der gelben Ziegelstraße nach Oz, alle vier in dem Glauben, der Zauberer dort könne ihre Probleme lösen. Dieser jedoch erweist sich als ein mit Rauch, Spiegeln und Tricks arbeitender Scharlatan, sodass statt seiner nur sie selber den Lösungsschlüssel in Händen halten. Im Vorwort zu seiner Erzählung schrieb Baum, er wolle »das Staunen und die Freude bewahren, den Kummer und die Albträume dagegen vertreiben«. Als jedoch Judy Garland dann 1939 die Hauptrolle in dem MGM-Film spielte, gab es in der Realität jede Menge Kummer und Albträume, ausgelöst durch falsche Zauberer und trügerische Utopien, und es sollte noch viel schlimmer kommen.

An manchen davon war genau jene Wissenschaft beteiligt, die einen Großteil der Fundamente für unser heutiges Staunen und ungeahnte technische Perspektiven legte. Auf dem Höhepunkt des im 19. Jahrhundert um sich greifenden Fanatismus gelangten Schwärmer zu der Auffassung, die Naturwissenschaft sei eine moralisch überlegene Instanz. So etwas wie Sünde oder Böses gebe es nicht, dachten die radikal mechanistisch eingestellten Forscher, sondern nur Ignoranz; alsbald würden sie in der Lage sein, den Menschen zu erneuern und die Natur zu beherrschen. Im Jahr 1899 schrieb Ernst Haeckel, ein deutscher Anhänger Charles Darwins, den Bestseller *Welträtsel*, in dem er behauptete, die Naturwissenschaften stünden kurz davor, alle Probleme zu lösen und dadurch den Krieg endgültig abzuschaffen. Angesichts der Gaskammern Hitlers, der Experimente Stalins sowie der japanischen Reichsarmee im Bereich der Agrar- respektive Humanbiologie wurde die von solchen Fanatikern der Wissenschaft zugeschriebene Autorität zusammen mit ihren Opfern beerdigt. Fortan lag auf der Hand, dass die Wissenschaften keine klare moralische Ausrichtung kennen: Sie können sowohl Gutes als auch Böses bewirken.

Heute haben die Autorität und das öffentliche Ansehen der Naturwissenschaft zu Recht wieder ein hohes Niveau erreicht, doch darf man ihr keine moralische Überlegenheit oder gar Gewissheit zuschreiben, weder was die Umwelt noch den Ursprung des Universums, noch das Geheimnis des Lebens oder anderer Phänomene angeht. Alles Wissen ist vorläufig, wird beständig durch neue Theorien und Entdeckungen erweitert und infrage gestellt. Das

Erstaunlichste an dieser großen Ära des Szientifismus ist nicht wie viel, sondern wie wenig wir wissen. So schrieb Sir John Maddox, der langjährige Herausgeber des renommierten Fachjournals *Nature*, in seinem beachtlichen Buch *Was zu entdecken bleibt* von 1998: »Besonders fällt auf, dass kein einziges Wissensgebiet frei ist von blinden Flecken, ja sogar Widersprüchen.« Das mag als ein krasses, vernichtendes Urteil erscheinen, ist jedoch nicht so gemeint, sondern versteht sich eher als ein anregender Aufruf an die Forscher von morgen.

Vielleicht hilft das auch, einen Wesenszug des frühen 21. Jahrhunderts zu erklären, der viele Naturwissenschaftler und sogar Ökonomen des 19. gewiss verblüfft hätte: die Überlebensfähigkeit des religiösen Glaubens. Als Darwin 1859 seine Evolutionstheorie vorlegte, hatte man schließlich weithin gefürchtet, dass sie das Fundament der Religion unterhöhlen könnte. Wahrscheinlich wirkte sie, flankiert durch Wohlstand und Bildung, tatsächlich in diese Richtung. Denn heute stellen die wahrhaft frommen Menschen in den reichen, ehemals jüdisch-christlichen Ländern nur noch eine größere Minderheit dar, und immer weniger haben einen gefestigten Glauben an Himmel und Hölle oder an ein Leben nach dem Tode. Dennoch spielen religiöse Bräuche und Bekenntnisse nach wie vor eine überraschend starke Rolle. Darin bilden zugegebenermaßen die Vereinigten Staaten den extremsten Fall von allen Industrieländern. Gallup-Umfragen aus den späten neunziger Jahren ergaben, dass achtundachtzig Prozent der Erwachsenen Amerikas den Glauben in ihrem Leben für etwas ziemlich bis sehr Wichtiges hielten, ein unverhofft geringer Rückgang gegenüber dem 1952 festgestellten Wert von fünfundneunzig Prozent.

Das hat gewiss nicht nur religiöse, sondern auch gesellschaftliche Gründe, darunter sehr wahrscheinlich die in der Verfassung festgeschriebene Trennung von Kirche und Staat. In Europa, wo die seit langem bestehenden katholischen und protestantischen Kirchen meist eng mit dem jeweiligen Staat verquickt waren, richtete sich die nach dem Zweiten Weltkrieg aufkeimende Ablehnung der alten autoritären Strukturen dann zunehmend auch gegen die Amtskirchen. In Westeuropa hatten zwar die Mitgliedschaft und der Gottesdienstbesuch drastisch abgenommen, doch auch dort lässt sich seit zwanzig Jahren eine gewisse Wiederbelebung feststellen. Und ganz ähnlich wie in den Vereinigten Staaten verbirgt sich hinter den Statistiken eine massive Abwanderung von den traditionellen zu neuen, unabhängigen Kirchen. Eine parallele Entwicklung hat auch in Japan stattgefunden. So erlebten alle Industrienationen das Heraufziehen eines »New Age« mit vielfältigen spirituellen Überzeugungen. Angesichts des in den westlichen Gesellschaften unübersehbaren wissenschaftlichen Fortschritts sowie der Zunahme des Wohlstandes und der individuellen Autonomie muss nicht die schwache, sondern die relativ starke Verbreitung der Religiosität Wunder nehmen.

Dieses Nebeneinander von Wissenschaft und Religion sollte man im Hinterkopf behalten, nur für den Fall, dass demnächst wieder jemand den, besonders im vorigen Jahrzehnt sehr modischen, Begriff der »Wissensökonomie« bemüht, der einen aus zwei Gründen verstimmen kann: erstens weil er ein alter Hut ist, nachdem sich die sozioökonomischen Akzentverschiebungen von der Arbeitskraft auf die Intelligenz bereits seit gut einem Jahrhundert vollziehen; zweitens jedoch, weil er überhaupt nicht zutrifft. Das Argument von Sir John Maddox über die Wissenschaften lässt sich nämlich erweitern: Prinzipiell betreffen die wichtigsten Einsichten stets das Ausmaß unserer Unwissenheit.

Das gilt vielleicht in allererster Linie für die Ökonomie. Zu selbstsichere Ökonomen und ihre Anhänger haben nämlich nicht nur Exzesse der Arbeitslosigkeit, Inflationen und Hyperinflationen auf dem Gewissen, sondern auch schwere Depressionen. Gemeinhin spotten die meisten Politiker und viele Ökonomen über die Vorstellung, die Ökonomie sei eine Wissenschaft in dem Sinne, menschliches Verhalten akkurat erklären und die Folgen bestimmter Maßnahmen voraussagen und steuern zu können. Doch wenn sie Regierungen angehören, ob in der kapitalistischen oder kommunistischen Welt, strafen ihre Entscheidungen diesen Spott meist Lügen, indem sie ihre Volkswirtschaften so verwalten, als könnten sie der Ergebnisse völlig gewiss sein, was sich in der Regel als falsch erweist.

Was Wirtschafts- und sonstige Politiker am dringendsten bräuchten, wäre Demut – gerade jene Demut, die bei vielen anderen dem religiösen Glauben zugrunde liegt. Aufrufe zur Utopie sind gefährlich, aber das gilt gleichermaßen für die gegenüber der Komplexität sozioökonomischer und politischer Probleme vorgetäuschte Allwissenheit. Diese Erwägung wiederum spricht für die Philosophie des Liberalismus: den Glauben an Toleranz, Freiheit und Empirie anstelle der Anmaßung, Lösungen von oben durchsetzen zu wollen.

Das liberale Eintreten für den Markt, den Kapitalismus und die Freiheit selbst entspringt jener intellektuellen Demut und erkennt damit ausdrücklich an, dass ein beständiges Experimentieren, an dem sich viele mit Wort und Tat beteiligen können, wahrscheinlich bessere und insgesamt tauglichere Resultate zeitigen wird als die Beratungen einer Runde von Ökonomen, Politikern, Bürokraten, Geschäftsleuten und sogar Journalisten, mit dem Ziel, einen großartigen Entwurf vorzulegen. Das liberale Denken zeugt von Demut, weil es das Ausmaß unserer Unwissenheit anerkennt.

Liberalismus geht mit dem Bewusstsein einher, dass weder die Wissenschaften alle Antworten bieten können noch der technische Fortschritt immer zum Besseren führen muss. Insofern sollte er einsehen, dass es nicht den einen, einzig richtigen Weg gibt, Organisationen zu leiten oder gesellschaftliche Beziehungen zu gestalten, auch wenn manche Soziologen und Psychologen etwas anderes behaupten mögen. Vor allem aber muss man sich stets das folgende Paradox vor Augen halten: Wenn man meint, eine Reihe von Lösungen für politische oder praktische Probleme gefunden zu haben, besteht die größte Gefahr darin, dass jemand genügend Macht erringen könnte, um sie wirklich alle durchzusetzen.

Bekanntlich hat Lord Acton, der große Liberale des 19. Jahrhunderts, bemerkt, dass »Macht in der Regel korrumpiert und absolute Macht absolut korrumpiert«. Gewöhnlich wird jedoch nur die zweite Hälfte seines Spruches zitiert, zumal gerade das 20. Jahrhundert so viele Beispiele für die Schrecken der absoluten Macht lieferte, obwohl eigentlich der erste Teil des Zitats wichtiger ist. Und dessen Pointe, dass Macht teils bewusst, teils unbewusst dazu verleitet, sie zu persönlichen Zwecken zu missbrauchen, begründet das Misstrauen des Liberalen nicht nur gegenüber Regierungen – sogar demokratischen –, sondern auch Großunternehmen, Gewerkschaften, Interessengruppen und allen Institutionen, die viel Macht verkörpern. Denn genauso wenig wie der Mensch selbst sind seine Organisationen perfektionierbar.

Dies ist einer der Hauptgründe dafür, dass wir uns neben dem berechtigten Optimismus für die wirtschaftlichen, gesellschaftlichen und wissenschaftlichen Möglichkeiten der ersten Dekaden des 21. Jahrhunderts an der Skepsis der Winzer orientieren sollten. Dinge können schief gehen – nicht nur infolge von Zufällen und göttlichen Launen, sondern auch weil menschliches Tun, ob nun vorsätzlich oder fahrlässig, unsere Handlungs- und Entscheidungsfreiheit bedroht und, selbst in den ausgereiftesten Demokratien, uns mittels falscher Gewissheitsansprüche in neue, gefährliche Richtungen schickt. Frank Baums wunderbare Smaragdstadt Oz erwies sich als ein Reich des Schwindels und der falschen Versprechungen. Dass gegen Ende des 20. Jahrhundert viele Schwindeleien entlarvt wurden und damit der Einfluss des Liberalismus weithin zuzunehmen begann, muss als ein gutes Omen für das 21. gelten. Das Aufdecken von Schwindeleien zählt zu den Hauptanliegen des Journalismus, dem Inbegriff der Skepsis. Diesen Weg der Enthüllungen müssen wir weitergehen.

Quellen und ausgewählte Bibliographie

Viele der hier aufgeführten Bücher, Artikel, Webseiten und statistischen Angaben liegen dem gesamten Text zugrunde. Zunächst nenne ich die allgemeinen Quellen, um dann die spezielleren nach den betreffenden Kapiteln zu unterteilen.

Allgemeine Geschichtswerke

Boltho, Andrea und Tonolo, Gianni, »The Assessment: the Twentieth Century – Achievements, Failures, Lessons«, in: *Oxford Review of Economic Policy*, Bd. 15, Nr. 4 (Winter 1999, Sonderausgabe über das 20. Jahrhundert).

Brewster, Todd und Jennings, Peter, *The Century*, Doubleday 1998.

Briggs, Asa und Snowman, Daniel, *Fins De Siecle: How Centuries End, 1400–2000*, Yale University Press 1996.

Conquest, Robert, *Reflections on a Ravaged Century*, John Murray 1999.

Davies, Norman, *Europe: A History – a Glorious Chronicle of the Full History of Europe, from Kings to Peasants, from the Urals to the Faroes*, Oxford University Press 1996.

De Long, J. Bradford, *Slouching towards Utopia* (im Satz), Downloads von Texten über Bradford De Long's Webseite http://econ161.berkeley.edu/TCEH/Slouch_title.html.

Evans, Harold, *The American Century*, Knopf 1998.

Howard, Michael Eliot und Louis, William Roger, *The Oxford History of the Twentieth Century*, Oxford University Press 1998.

Kennedy, Paul, *Preparing for the Twenty-First Century*, Random House 1993. (Deutsche Ausgabe: *In Vorbereitung auf das 21. Jahrhundert*, Frankfurt am Main: S. Fischer 1996.)

– Ders., *The Rise and Fall of the Great Powers*, Random House 1987. (Deutsche Ausgabe: *Aufstieg und Fall der großen Mächte*: S. Fischer 2000.)

Keylor, William R., *The Twentieth-Century World: An International History*, WW Norton & Co. 1998.

Mazower, Mark, *Dark Continent: Europe's Twentieth Century*, Allen Lane/The Penguin Press 1998. (Deutsche Ausgabe: *Der dunkle Kontinent*, Frankfurt am Main: FTV 2002.)

Roberts, J. M., *Twentieth Century: A History of the World from 1901 to the Present*, Allen Lane/The Penguin Press 1999.

Simon, Julian L., *The State of Humanity*, Blackwell 1995.

Vinen, Richard, *A history in fragments: Europe in the Twentieth Century*, Little Brown 2000.

Yergin, Daniel und Stanislaw, Joseph, *The Commanding Heights: The Battle between Government and the Marketplace that is Remaking the Modern World*, Simon and Schuster 1998. (Deutsche Ausgabe: *Staat oder Markt. Die Schlüsselfrage unserer Zeit*, München: Econ 2001.)

Datenquellen

Asian Development Bank, *Asian Development Outlook 2002*, Manila 2002.

Census Bureau, *Statistical Abstract of the United States 2001*, Washington D.C.: Department of Commerce 2001.

Development Assistance Committee, *Development Co-operation 2001 Report*, Paris: OECD 2002.

Economist Intelligence Unit, verschiedene Länderberichte und Prognosen.

Gwartney, James und Robert Lawson, *Economic Freedom of the World 2002*, Jahresbericht, Vancouver: Fraser Institute 2002.

International Institute for Strategic Studies, *Strategic Survey 2001/2002*, London: Oxford University Press 2002.

International Institute for Strategic Studies, *The Military Balance 2001/2002*, London: Oxford University Press 2001.

International Monetary Fund, *Direction of Trade Statistics Yearbook 2001*, Washington, D.C.: IMF 2001.

International Monetary Fund, *International Financial Statistics, June 2002*, Washington, D.C.: IMF 2002.

Inter-American Development Bank, *Annual Report 2001*, Washington, D.C. 2002.

Maddison, Angus, *The World Economy: A Millennial Perspective*, Paris: OECD 2001.

Office of the Secretary of Defense, *Quadrennial Defense Report September 2001*, Washington, D.C.: Department of Defense 2001.

SOPEMI, *Trends in International Migration 2000*, Paris: OECD 2001.

Statistics Bureau and Statistics Center, *Statistical Handbook of Japan 2001*, Tokio: Ministry of Public Management 2001.

United Nations Food and Agriculture Organization, *State of the World's Forests 2001*, New York: United Nations 2001.

United Nations Population Division, *World Population Prospects: The 2000 Revision*, New York: United Nations 2001.

United Nations Statistics Division, *1998 Energy Yearbook*, New York: United Nations 1998.

World Bank, *Global Development Indicators 2002*, CD-ROM, Washington, D.C. 2002.

World Bank, *World Development Finance 2002*, Washington, D.C. 2002.

World Health Organization, *World Health Report 1998. Life in the 21st Century: A Vision For all*, New York: United Nations 1998.

World Trade Organization, *WTO International Trade Statistics 2001*, Genf: WTO 2001.

Webseiten

AIRS, die Datenbank der US-Umweltschutzbehörde über die Luftqualität amerikanischer Städte, *www.epa.gov/airs/links*

Arms Control Association, eine maßgebliche Forschungs- und Datenquelle zum Thema Rüstungskontrolle, *www.armscontrol.org.*

Bureau of Economic Analysis, die Webseite des US-Handelsministeriums für Statistiken über das Bruttoinlandsprodukt, den Außenhandel und so fort, *www.bea.doc.gov.*

Center for International Earth Science Information Network, geführt von der Columbia University, unter anderem mit Statistiken über Umweltschutzprojekte, *www.ciesin.or.*

Center for Nonproliferation Studies, die Hauptforschungsstätte des Monterey Institute, *www.cns.miis.edu/index.hat.*

Office of the Iraq Program, das UNO-Programm Öl gegen Lebensmittel mit Einzelheiten über Sanktionen und UN-Resolutionen, *www.un.org/Depts/oip.*

POPIN, das Population Information Network der UNO mit Daten und Prognosen, *www.un.org/popin.*

PovertyNet, Informationen über Projekte zur Erforschung und Linderung der Armut, *www.worldbank.org/poverty.*

UN-HABITAT, die Datenbank des Human Settlements Program der UNO mit Statistiken über weltweit mehr als tausend Städte, *www.unchs.org/programmes/gno.*

World Income Inequality Database, Armutstatistiken der UNO, Social Development and Poverty Elimination Division, *www.undp.org/poverty/initiatives/wider/wiid.htm.*

1. Vision 20/21

Angell, Norman, *The Great Illusion*, Heinemann 1910 (Erstveröffentlichung als *Europe's Optical Illusion*, 1909)

Easterlin, Richard A., *Growth Triumphant; the 21st Century in Historical Perspective*, University of Michigan Press 1996.

Howard, Michael, *The Invention of Peace*, Profile Books 2001.

Livi-Bacci, Massimo, *Europa und seine Menschen: eine Bevölkerungsgeschichte*, München: Beck 1999.

Rummel, R. J., *Death by Government*, Transaction Publishers 1994.

Sachs, Jeffrey, »Twentieth Century Political Economy: A Brief History of Global Capitalism«, in: *Oxford Review of Economic Policy*, Bd. 15, Nr. 4 (Winter 1999).

Skidelsky, Robert, *The World After Communism: A Polemic for our Times*, Picador 1995.

2. Die Führungsrolle Amerikas

Baily, Martin Neil, »Macroeconomic Implications of the New Economy«, Referat für ein Symposion der Federal Reserve Bank of Kansas City, 30. August bis 1. September 2001, Jackson Hole, Wyoming.

Blight, James G. und McNamara, Robert S., *Wilson's Ghost*, Public Affairs 2001.

Center on Policy Attitudes, University of Maryland, Program on International Policy Attitudes, diverse Referate, insbesondere Kull, Steven, Ramsay und Clay, »American Public Attitudes to Fatalities in the Post-Cold-War Period«.

Chace, James, *Acheson: The Secretary of State who Created the American World*, Simon & Schuster 1998.

Dertouzos, Michael L., Lester, Richard K. und Solow, Robert M., *Made in America: Regaining the Productive Edge*, MIT Press 1989. (Deutsche Ausgabe: *Die Krise der USA. Potential für neue Produktivität*, Frankfurt am Main: Keip Verlag 1990.)

Frankel, Jeffrey A. und Orszag, Peter R. (Hg.), *American Economic Policy in the 1990s*, MIT Press 2002.

Gaddis, John Lewis, *The United States and the End of the Cold War: Implications, Reconsiderations, Provocations*, OUP 1992.

– Ders., *We Now Know: Rethinking Cold War History*, OUP 1997.

Haass, Richard N., *The Reluctant Sheriff: The United States after the Cold War*, Council on Foreign Relations 1997.

Kissinger, Henry R., *Does America Need a Foreign Policy?*, Simon & Schuster 2001. (Deutsche Ausgabe: *Die Herausforderung Amerikas*, Berlin: Propyläen 2002.)

Lester, Richard K., *The Productive Edge: How US Industries are Pointing the Way to a New Era of Economic Growth*, WW Norton 1998.

Mead, Walter Russell, *Special Providence: American Foreign Policy and How it Changed the World*, Alfred Knopf 2001.

Nau, Henry R., *The Myth of America's Decline*, Oxford University Press 1990.

Nye, Joseph S. jr., *Bound to Lead: The Changing Nature of American Power*, Basic Books 1990.

– Ders., *The Paradox of American Power: Why the World's Only Superpower Can't Go it Alone*, Oxford University Press, 2002.

Skidelsky, Robert, *John Maynard Keynes: Fighting for Britain, 1937–1946*, MacMillan 2001.

3. Chinas Ehrgeiz

Becker, Jasper, *The Chinese*, John Murray 2000.

Buruma, Ian, »China and Liberty«, in: *Prospect*, Mai 2000.

Gill, Bates und Lardy, Nicholas, »China: Searching for a Post-Cold-War Formula«, in: *Brookings Review*, Herbst 2000, Bd. 18, Nr. 4.

Fairbank, John King, und Goldman, Merle, *China: A New History*, Harvard University Press 1998.

Kristof, Nicholas D. und WuDunn, Sheryl, *China Wakes: the Struggle for the Soul of a Rising Power*, Times Books 1994. (Deutsche Ausgabe: *China erwacht*, Düsseldorf: Econ 1997.)

Ma, Ying, »China's America Problem«, in: *Policy Review*, Nr. 111, Februar 2002.

Maddison, Angus, *Chinese Economic Performance in the Long Run*, OECD Development Centre 1998.

Miles, James, »A Dragon out of Puff: A Survey of China«, in: *The Economist* vom 14. Juni 2002.

Segal, Gerald, »Does China Matter?«, in: *Foreign Affairs*, September 1999.

Short, Philip, *Mao: A Life*, Henry Holt & Co 1999.

Ziegler, Dominic, »Now Comes the Hard Part: A Survey of China«, in: *The Economist* vom 8. April 2000.

4. Japans Verwundbarkeit

Bracken, Paul, *Fire in the East: The Rise of Asian Military Power and the Second Nuclear Age*, Harper Collins 1999.

Curtis, Gerald L., *The Logic of Japanese Politics: Leaders, Institutions and the Limits of Change*, Columbia University Press, 1999.

Dower, John, *Japan in War and Peace: Essays on History, Race and Culture*, Harper Collins 1993.

Emmott, Bill, *The Sun Also Sets: Why Japan will not be Number One*, Simon & Schuster 1989. (Deutsche Ausgabe: *Japans begrenzte Macht*, Frankfurt am Main: FAZ Informationsdienste 1990.)

– Ders., *Japanophobia: The Myth of the Invincible Japanese*, Times Books 1993.

Hartcher, Peter, *The Ministry: The Inside Story of Japan's Ministry of Finance's Economic Power*, Harper Collins 1998.

Posen, Adam, »Japan 2001 – Decisive Action or Financial Panic«, in: *International Economic Policy Briefs*, Institute for International Economics, März 2001.

Wolferen, Karel van, *The Enigma of Japanese Power*, Vintage Books 1990. (Deutsche Ausgabe: *Vom Mythos der Unbesiegbaren*, München: Droemer Knaur 1992.)

5. Die Aussichten Europas

Duchene, François, *Jean Monnet: The First Statesman of Interdependence*, WW Norton & Co. 1996.

Grant, Charles, *Delors: Inside the House that Jacques Built*, Nicholas Brealey 1994.

Jack, Andrew, *The French Exception*, Profile Books 1999.

Layard, Richard und Parker, John, *The Coming Russian Boom: A Guide to New Markets and Politics*, Free Press 1996.

Marsh, David, *Germany and Europe: The Crisis of Unity*, Heinemann 1994. (Deutsche Ausgabe: *Der zaudernde Riese. Deutschland und Europa*, München: Bertelsmann 1994.)

Messerlin, Patrick, *A Measuring the Costs of Protection in Europe: European Commercial Policy in the 2000s*, Institute for International Economics 2001.

Pedder, Sophie, »La Grande Illusion: a Survey of France«, in: *The Economist* vom 5. Juni 1999.

Siedentop, Larry, *Democracy in Europe*, Allen Lane/The Penguin Press 2000. (Deutsche Ausgabe: *Demokratie in Europa*, Stuttgart: Klett-Cotta 2002.)

Thurow, Lester, *Head to Head: The Coming Economic Battle among Japan, Europe and America*, William Morrow & Co 1992. (Deutsche Ausgabe: *Kopf an Kopf*, Düsseldorf: Econ 1993.)

Young, Hugo, *This Blessed Plot: Britain and Europe from Churchill to Blair*, Macmillan 1998.

6. Aufruhr und Terror

Buruma, Ian und Margalit, Avishai, »Occidentalism«, in: *The New York Review of Books* vom 17. Januar 2002.

Butler, Richard, *Saddam Defiant: The Threat of Weapons of Mass Destruction and the Crisis of Global Security*, Weidenfeld & Nicolson 2000.

Lewis, Bernard, *The Middle East: 2000 Years of History From the Rise of Christianity to the Present Day*, Weidenfeld & Nicolson 1995.

Rashid, Ahmed, *Jihad: The Rise of Militant Islam in Central Asia*, Yale University Press 2002

– Ders., *Taliban: The Story of the Afghan Warlords*, Pan 2001. (Deutsche Ausgabe: *Taliban*, München: Droemer 2002.)

Shawcross, William, *Deliver us from Evil: Warlords and Peacekeepers in a World of Endless Conflict*, Bloomsbury 2000.

Chanda, Nayan und Talbott, Strobe, *The Age of Terror: America and the World after September 11th*, Perseus 2001. (Deutsche Ausgabe: *Das Zeitalter des Terrors*, Berlin: Propyläen 2002.)

7. Die Härten des Marktes

Berle, Adolf und Means, Gardiner, *The Modern Corporation and Private Property Commerce*, Clearing House 1932.
Cantril, Hedley, *The Politics of Despair*, Basic Books 1958.
Chandler, Alfred D., *Scale and Scope: The Dynamics of Industrial Capitalism*, Bellknap 1990.
– Ders., *The Visible Hand: The Managerial Revolution in American Business*, Bellknap 1977.
Chernow, Ron, *The House of Morgan: An American Banking Dynasty and the Rise of Modern Finance*, Simon & Schuster 1991.
Drucker, Peter F., *Management Challenges for the 21st Century*, Butterworth-Heinemann 1999. (Deutsche Ausgabe: *Management im 21. Jahrhundert*, München: Econ 1999.)
– Ders., *The End of Economic Man: The Origins of Totalitarianism*, John Day 1939.
– Ders., *The Concept of the Corporation*, John Day 1946.
– Ders., *The Unseen Revolution: How Pension Fund Socialism Came to America*, Harper Trade 1976. (Deutsche Ausgabe: *Die unsichtbare Revolution*, Düsseldorf: Econ 1977.)
Emmott, Bill, »Everybody's Favourite Monsters: A Survey of Multinationals«, in: *The Economist* vom 27. März 1993.
Furet, François, *Das Ende der Illusion*, München: Piper 1999.
Graham, Edward M., *Global Corporations and National Governments*, Institute for International Economics 1996.
– Ders., *Fighting the Wrong Enemy*, Institute for International Economics 2001.
Handy, Charles, *The Hungry Spirit. Beyond Capitalism: A Quest for Purpose in the Modern World*, Arrow 1998. (Deutsche Ausgabe: *Gute Egoisten*, München: Goldmann 1999.)
Hertz, Noreena, *The Silent Takeover: Global Capitalisthe Death of Democracy*, Heinemann 2001. (Deutsche Ausgabe: *Wir lassen uns nicht kaufen. Keine Kapitulation vor der Macht der Wirtschaft*, München: Econ 2001.)

Klein, Naomi, *No Logo*, Flamingo 2001. (Deutsche Ausgabe: *No Logo!*, München: Riemann 2001.)

Oswald, Andrew, »Happiness and Economic Performance«, in: Warwick Economic Research Paper Nr. 478, University of Warwick, April 1997.

Packard, Vance, *The Hidden Persuaders*, David McKay 1957. (Deutsche Ausgabe: *Die geheimen Verführer*, Düsseldorf: Econ 1992.)

Sampson, Anthony, *Company Man: The Rise and Fall of Corporate Life*, Harper Collins 1995. (Deutsche Ausgabe: *Die Manager*, Hamburg: Hoffmann und Campe 1996.)

Strouse, Jean, *Morgan: American Financier*, Random House 1999.

Williamson, Oliver G. und Winter, Sidney G., *The Nature of the Firm: Origins, Evolution, and Development*, Oxford University Press 1991.

Whyte, William H. jr., *The Organisation Man*, Doubleday 1956.

8. Ein krisenanfälliges System

Bagehot, Walter, *Lombard Street*, Kegan Paul 1873.

Bordo, Michael, Eichengreen, Barry, Klingebiel, Daniela und Martinez-Perla, Maria Soledad, »Is the Crisis Problem Growing more Severe?«, in: *Economic Policy*, April 2001.

Crook, Clive, »The Visible Hand: A Survey of the World Economy«, in: *The Economist* vom 20. September 1997.

Delargy, P. J. R. und Goodhart, Charles, »Plus Ça Change, plus C'est la Même Chose«, in: LSE Financial Markets Group Special Paper 108, Januar 1999.

Dow, Christopher, *Major Recessions: Britain and the World 1920–1995*, Oxford University Press 1999.

Eichengreen, Barry, *A History of the International Monetary System*, Princeton University Press 1996.

Emmott, Bill, »The Ebb Tide: A Survey of Global Finance«, in: *The Economist* vom 27. April 1991.

Friedman, Milton, *Capitalism and Freedom*, University of Chicago Press 1963. (Deutsche Ausgabe: *Kapitalismus und Freiheit*, Frankfurt am Main: Eichborn 2002.)

Keynes, John Maynard, *A General Theory of Employment, Interest and Money*, MacMillan 1936. (Deutsche Ausgabe: *Allgemeine Theorie der Beschäftigung, des Zinses und des Geldes*, 6. Aufl., Berlin: Duncker & Humblot 1983.)

Kindleberger, Charles P., *The World in Depression, 1929–1939*, University of

California Press 1973. (Deutsche Ausgabe: *Die Weltwirtschaftskrise*, München: dtv 1973.)
– Ders., *Manias, Panics and Crashes: A History of Financial Crises*, John Wiley & Sons, 1999. (Deutsche Ausgabe: *Manien – Paniken – Crashs*, Kulmbach: Börsenmedien 2001.)
Malkiel, Burton Gordon, *A Random Walk Down Wall Street*, WW Norton & Co. 1996. (Deutsche Ausgabe: *Börsenerfolg ist kein Zufall*, München: Finanz-Buch 2000.)
Minton Beddoes, Zanny, »Time for a Redesign? A Survey of Global Finance«, in: *The Economist* vom 30. Januar 1999.
Shiller, Robert J., *Irrational Exuberance*, Princeton University Press 2000. (Deutsche Ausgabe: *Irrationaler Überschwang. Warum eine lange Baisse an der Börse unvermeidlich ist*, Frankfurt am Main: Campus 2000.)
Shleifer, Andrei und Vishny, Robert, *The Grabbing Hand: Government Pathologies and Their Cures*, Harvard University Press 1999.
Skidelsky, Robert, *Beyond the Welfare State*, Social Market Foundation 1997.

9. Das Wohlstandsgefälle

Atkinson, A. B., »The Distribution of Income in the UK and OECD Countries in the Twentieth Century«, in: *Oxford Review of Economic Policy*, Bd. 15, Nr. 4, Winter 1999.
Costa, Dora, »Less of a Luxury: The Rise of Recreation since 1888«, in: *NBER Working Paper* Nr. 6054, Juni 1997.
Daedalus, »On Inequality«, in: *Journal of the American Academy of Arts and Sciences*, Winter 2002, Sonderausgabe.
Keynes, John Maynard, »Economic Possibilities for Our Grandchildren«, in: *Essays in Persuasion*, 1930.
Russell, Bertrand, *In Praise of Idleness and Other Essays*, Allen & Unwin 1935. (Deutsche Ausgabe: *Lob des Müßiggangs*, München: dtv 2002.)

10. Die ausgelagerte Armut

Cohen, Stephen P., *India: Emerging Power*, Brookings Institution Press 2001.
Connors, Michael, *The Race to the Intelligent State: Towards the Global Information State*, Blackwell 1993.

Jacobs, Jane, *Cities and the Wealth of Nations; Principles of Economic Life*, Vintage Books 1985.

Landes, David S., *The Wealth and Poverty of Nations: Why Some Are So Rich and Some So Poor*, WW Norton 1998. (Deutsche Ausgabe: *Wohlstand und Armut der Nationen*, Berlin: Siedler 1999.)

Olson, Mancur J., »Big Bills Left on the Sidewalk: Why some Nations are Rich and Others Poor«, in: *Journal of Economic Perspectives*, Bd. 10, Nr. 2, Frühjahr 1996.

– Ders., *Power and Prosperity: Outgrowing Communist and Capitalist Dictatorships*, Basic Books 2000. (Deutsche Ausgabe: *Macht und Wohlstand*, Tübingen: Mohr 2002.)

– Ders., *The Rise and Decline of Nations: Economic Growth, Stagflation and Social Rigidities*, Yale University Press 1982. (Deutsche Ausgabe: *Aufstieg und Niedergang von Nationen*, Tübingen: Mohr 1985.)

Powelson, John P., *Centuries of Economic Endeavor: Parallel Paths in Japan and Europe and Their Contrast with the Third World*, University of Michigan 1994.

Pritchett, Lant, »Divergence, Bigtime«, in: *Journal of Economic Perspectives*, Sommer 1997, Bd. 11, Nr. 3.

Ramesh, Jairam, *Yankee Go Home – and Take Me with You*, New York: Asia Society, Monographie, 1998.

Rubinstein, W. D., *Capitalism, Culture and Decline in Britain 1750–1990*, Routledge 1993.

Sala-i-Martin, Xavier, »The Disturbing ›Rise‹ of Global Income Inequality, in: *NBER Working Paper*, Nr. 8904.

Sen, Amartya K., *Development as Freedom: Human Capability and Global Need*, Oxford University Press 1999. (Deutsche Ausgabe: *Ökonomie für den Menschen*, München: Hanser 2000.)

Wade, Robert, »Winners and Losers«, in: *The Economist* vom 28. April 2001.

11. Die Belastung der Umwelt

Cairncross, Frances, *Costing the Earth: The Challenge for Governments, the Opportunities for Business*, Earthscan 1995.

Cazorla, Marina und Toman, Michael, »International Equity and Climate Change Policy Resources for the Future«, in: *Climate Change Issues Brief*, Nr. 27, Dezember 2000.

Easterbrook, Gregg, *A Moment on the Earth: The Coming Age of Environmental Optimism*, Penguin 1995.

Flink, James J., *The Car Culture*, MIT Press 1975.

Gore, Al, *Earth in the Balance: Forging a New Common Purpose*, Earthscan 1992. (Deutsche Ausgabe: *Wege zum Gleichgewicht*, Frankfurt am Main: Fischer 1994.)

Huber, Peter, *Hard Green: Saving the Environment from the Environmentalists*, Basic Books 1999.

Inter-Governmental Panel on Climate Change, »Summary for Policy-Makers: a Report of Working Group 1«, January 2001 *http://www.ipcc.ch*.

Jones, Daniel T., Roos, Daniel und Womack, James P., *The Machine that Changed the World: the Story of Lean Production*, Harper Collins 1991. (Deutsche Ausgabe: *Die zweite Revolution in der Autoindustrie*, Frankfurt am Main: Campus 1991.)

Litvin, Daniel, »Dirt Poor: a Survey of the Environment and Developing Countries«, in: *The Economist* vom 21. März 1998.

Lomborg, Björn, *The Sceptical Environmentalist: Measuring the Real State of the World*, Cambridge University Press 2001. (Deutsche Ausgabe: *Apokalypse no! Wie sich die menschlichen Lebensgrundlagen wirklich entwickeln*, Lüneburg: zu Klampen 2002.)

McNeill, J. R., *Something New Under the Sun: An Environmental History of the Twentieth-Century World*, WW Norton 2000.

Ridley, Matt, *Down to Earth: a Contrarian View of Environmental Problems*, Institute of Economic Affairs 1995.

Shogren, Jason und Toman, Michael, »How Much Climate Change is Too Much? An Economics Perspective Resources for the Future«, in: *Climate Change Issues Brief*, Nr. 25, September 2000.

Sloan, Alfred P., *My Years with General Motors*, Doubleday 1964. (Deutsche Ausgabe: *Meine Jahre mit General Motors*, München: Verlag Moderne Industrie 1965.)

12. Plädoyer für einen skeptischen Optimismus

Brierley, Peter W. und Verwer, George, *Future Church*, Monarch Publications 1998.

Dahl, Robert A., *On Democracy*, Yale University Press 1999.

Davis, Bob und Wessel, David, *Prosperity: The Coming Twenty-Year Boom and What It Means to You*, Times Books 1998.

Friedman, Milton, *Capitalism and Freedom*, University of Chicago Press 1963. (Deutsche Ausgabe: *Kapitalismus und Freiheit*, Frankfurt am Main: Eichborn 2002.)

Friedman, Thomas L., *The Lexus and the Olive Tree*, Farrar, Strauss & Giroux 1999. (Deutsche Ausgabe: *Globalisierung verstehen*, Berlin: Ullstein 1999.)

Garbade, Kenneth und Silber, William, »Technology, Communication and the Performance of Financial Markets 1840–1975«, in: *Journal of Finance*, Juni 1978.

Hayek, Friedrich von, *The Road to Serfdom*, Routledge 1944. (Deutsche Ausgabe: *Der Weg zur Knechtschaft*, Zürich: Rentsch 1945.)

Henderson, David, »Changing Fortunes of Economic Liberalism –Yesterday, Today and Tomorrow«, in: *Institute of Economic Affairs Occasional Paper*, 105, 1998.

Irwin, Douglas A., *Against the Tide: An Intellectual History of Free Trade*, Princeton University Press 1996.

Irwin, Douglas A., »The United States in a New Global Economy? A Century's Perspective«, in: *AEA Papers and Proceedings*, Mai 1996.

Keynes, John Maynard, *The Economic Consequences of the Peace*, London 1919.

Lutz, Wolfgang, Sanderson, Warren und Scherbov, Sergei, »The End of World Population Growth«, in: *Nature*, Bd. 412, 2. August 2001.

Kiplinger, Knight, *World Boom Ahead: Why Business and Consumers Will Prosper*, Kiplinger Books 1998.

Maddox, John, *What Remains to Be Discovered: Mapping the Secrets of the Universe, the Origins of Life, and the Future of the Human Race*, The Free Press 1998. (Deutsche Ausgabe: *Was zu entdecken bleibt*, Frankfurt am Main: Büchergilde Gutenberg 2001.)

Micklethwait, John und Wooldridge, Adrian, *A Future Perfect: The Challenge and Hidden Promise of Globalisation*, Crown Business 2000. (Deutsche Ausgabe: *Futur II – Globalisierung als Erfolgsgeschichte*, München: Financial Times Prentice Hall 2000.)

Sen, Amartya K., »Democracy as a Universal Value«, Grundsatzrede bei der Global Conference on Democracy, Neu Delhi, 14.–17. Februar 1999.

Smart, Ninian, *The World's Religions*, Cambridge University Press 1998. (Deutsche Ausgabe: *Atlas der Weltreligionen*, Köln: Könemann 2000.)

Standage, Tom, *The Victorian Internet: The Remarkable Story of the Telegraph and the Nineteenth Century's On-Line Pioneers*, Walker and Co. 1998.

Namenregister